Hubertus Knabe

Die Täter sind unter uns

Hubertus Knabe

Die Täter sind unter uns

Über das Schönreden der SED-Diktatur

Propyläen

3. Auflage 2007

Propyläen ist ein Verlag der Ullstein Buchverlage GmbH
www.propylaeen-verlag.de
ISBN 978-3-549-07302-5

Gesetzt aus der Aldus
bei Pinkuin Satz und Datentechnik, Berlin
Druck und Bindung Friedrich Pustet, Regensburg
Printed in Germany

Inhalt

Vorwort

Fast zwei Jahrzehnte ist es her, dass Bürgerproteste das Ende der SED-Diktatur herbeiführten. Das sozialistische Regime im Osten Deutschlands ist seitdem langsam in Vergessenheit geraten. Eine ganze Generation ist herangewachsen, die die DDR nur noch vom Hörensagen kennt.

Für viele Deutsche schien das Thema DDR erledigt zu sein, da meldete es sich unerwartet zurück. Im Frühjahr 2006 berichteten die Medien von einem Aufmarsch hoher Stasi-Offiziere in Berlin. Von Vereinen war die Rede, in denen sie sich organisiert hätten, von Versammlungen, Büchern und Internet-Publikationen, in denen das 1989 gestürzte Unterdrückungssystem verherrlicht werde. Während Florian Henckel von Donnersmarcks Kinofilm »Das Leben der Anderen« einem großen Publikum die infamen Methoden des DDR-Staatssicherheitsdienstes vorführte, behaupteten dessen frühere Offiziere vor laufenden Kameras, dass in der DDR keine Andersdenkenden, sondern lediglich Straftäter inhaftiert worden seien.

Seither ist klar, dass im Herbst 1989 zwar das Regime der SED verschwunden ist, nicht aber die Schicht der Funktionäre und Stasi-Offiziere, die es vierzig Jahre lang gestützt hat. Die Täter sind unter uns, und sie bedienen sich hemmungslos der Vorzüge der Demokratie. Wenn sie die Geschichte schon nicht zurückdrehen können, so wollen sie wenigstens den Kampf über die Erinnerung für sich entscheiden. Man könnte darüber vielleicht hinwegsehen, wenn ihre Aktivitäten nicht vor dem Hintergrund einer weitergreifenden Auseinandersetzung über die Deutung der DDR stattfänden. Die ehemaligen Kader des SED-Staates spüren, dass ihre Untaten immer weniger präsent sind. Die Linkspartei.PDS – mit 8,7 Prozent Wähleranteil im Bundestag vertreten – propagiert ein Geschichtsbild, das die DDR als sozialpolitisches Großexperiment und nicht als menschenverachtende Diktatur zeichnet. Auch unter Historikern und Journalisten mehren sich diejenigen, die lieber vom Alltag im Sozialismus als von den Unterdrückungsapparaten sprechen wollen.

Tatsächlich ist noch nicht entschieden, als was die DDR in die Geschichte eingehen wird. Während Täter, Mitläufer und wohlwollende Betrachter an Zustimmung gewinnen, befinden sich Opfer und Kritiker in der Defensive. Ihr strategischer Nachteil liegt darin, dass die Menschen das Schlechte lieber vergessen und das Gute im Gedächtnis behalten wollen. Und dass immer mehr junge Leute heranwachsen, die überhaupt keine eigene Erinnerung mehr an die DDR haben. Je weiter das SED-Regime zurückliegt, desto schwerer wird es, seine bedrückende Wirklichkeit wachzuhalten.

Dieses Buch beschreibt, wie die Diktatur der SED in Deutschland nach und nach mit einem verklärenden Schleier bedeckt wurde. Es fragt, wie das Land nach 1989 mit Tätern und Opfern umgegangen ist. Und es zeigt, wie sich die alten Kader neu organisiert haben. Eher unfreiwillig stößt es dabei immer wieder auch auf rechtliche Fragen, denn in der Bundesrepublik werden viele Dinge, die für die Aufarbeitung eines Unrechtssystems von Bedeutung sind, nicht von Politikern, sondern von Staatsanwälten und Richtern entschieden. Es wird Zeit, auch über deren folgenreiche Entscheidungen in Deutschland eine Debatte zu führen.

In seinem Film »Die Mörder sind unter uns« hat der Regisseur Wolfgang Staudte für das NS-Regime gezeigt, wie die Unterdrücker von gestern ohne Unrechtsgefühl in eine neue Zeit gewechselt sind. Für die DDR steht ein solcher Film noch aus. Dass die Täter in beiden Fällen meistens keine Schuld empfanden, ist möglicherweise nicht zu ändern. Dafür zu sorgen, dass sich ihre Sicht auf die Geschichte nicht durchsetzt, ist hingegen Aufgabe aller, denen die politische Kultur der Bundesrepublik am Herzen liegt.

»Die Würde des Menschen ist unantastbar. Sie zu achten und zu schützen ist Verpflichtung aller staatlichen Gewalt«, lautet der erste Satz im Grundgesetz.

Der Autor bedankt sich bei allen, die am Zustandekommen dieses Buches Anteil hatten: Alan Posener, Kommentarchef der *Welt am Sonntag*, für die Titelidee; Hubert Leber für das sorgfältige Lektorat; Christian Seeger, Programmleiter des Propyläen Verlages, für die geduldige Betreuung; vor allem aber dankt er seiner Familie, die es erneut auf sich genommen hat, zahllose Wochenenden und Abende ohne ihn zu verbringen.

Erstes Kapitel

Die schöne Welt der Diktatur

Eine Trauerfeier in Berlin

Eigentlich hat sich gegenüber früher nichts geändert. Hier, auf dem Zentralfriedhof in Berlin-Friedrichsfelde, setzte die Partei- und Staatsführung der DDR schon immer ihre verdientesten Kämpfer bei. In der kleinen Kapelle lauschen an diesem Samstag achtzig handverlesene Gäste den Trauerreden. Per Lautsprecher werden sie nach draußen übertragen, wo sich über tausend Genossen drängen, um dem verstorbenen Funktionär die letzte Ehre zu erweisen. Am Eingang der Kapelle hängt ein Bild des Toten, der am 9. November 2006, dem siebzehnten Jahrestag des Mauerfalls, im Alter von 83 Jahren entschlafen ist.

Es ist die Trauerfeier für Markus Wolf, einst stellvertretender Minister für Staatssicherheit der DDR und zweiter Mann hinter Stasi-Chef Erich Mielke. Mehr als dreißig Jahre lang leitete er die Hauptverwaltung A (HVA), die mit viertausend Mitarbeitern die größte Diensteinheit des DDR-Staatssicherheitsdienstes war. Wolf, der im Westen der »Mann ohne Gesicht« genannt wurde, weil es erst Ende der siebziger Jahre gelang, ihn auf einem aktuellen Foto zu identifizieren, war zuständig für die Arbeit im »Operationsgebiet« – so bezeichnete die Stasi die Bundesrepublik. Seine Inoffiziellen Mitarbeiter (IM) saßen in allen wichtigen westdeutschen Institutionen: von der Sekretärin Christel Broszey in der CDU-Parteizentrale über die Bundestagsabgeordneten Paul Gerhard Flämig (SPD), William Borm (FDP) und Dirk Schneider (Grüne) bis hin zu den Geheimdienstlern Klaus Kuron und

Gabriele Gast. Wolf war dafür verantwortlich, dass Willy Brandt 1974 vom Amt des Bundeskanzlers zurücktreten musste, nachdem dessen persönlicher Referent Günter Guillaume als Stasi-Agent enttarnt worden war. Auch im Innern der DDR lenkte er Tausende Spitzel, die nicht nur im Spionagebetrieb zum Einsatz kamen, sondern ebenso über kritische Äußerungen in Zeitungsredaktionen, Universitäten oder Betrieben berichteten. Wegen mehrerer Entführungen wurde Wolf 1995 der Körperverletzung, Nötigung und Freiheitsberaubung für schuldig befunden und zu einer Freiheitsstrafe von zwei Jahren verurteilt.

Bei der Trauerfeier für den Generaloberst spricht als Erster der russische Botschafter in Berlin, Wladimir Kotenew. Er sagt, dass Deutschland mit Markus Wolf einen »großartigen Menschen« und »einen seiner besten Söhne« verloren habe. Selbst in seinen schwersten Stunden habe er den Glauben an seine Ideale nicht verloren, auch wenn manche versuchten, »aus ihm eine dunkle Figur zu machen«. Auf die Umstände seines Todes bezogen, zitiert der Botschafter eine russische Volksweisheit: »Nur die, die reinen Herzens sind, verabschieden sich im Schlaf aus dem Leben.«[1] Als Nächster ergreift Manfred Wekwerth das Wort, einst Präsident der DDR-Akademie der Künste sowie Mitglied des Zentralkomitees (ZK) der SED und zwanzig Jahre lang als Stasi-IM »Manfred« erfasst; heute gehört er dem »Rat der Alten« der PDS an. Er behauptet, Wolf, der »weltbeste Spionagechef«, habe dazu beigetragen, dass der Kalte Krieg kein heißer wurde, während »Geheimdienste heute daran arbeiten, dass ein Krieg nach dem anderen entsteht«. Der stellvertretende Stasi-Chef habe gewusst, »dass Vielfalt notwendige Voraussetzung jeder wirklichen Gemeinschaft ist«. Das habe ihn veranlasst, »andere Meinungen mit Geduld anzuhören und, was viele eben nicht können, zu ertragen«.[2]

Nach den Reden setzt sich der Trauerzug in Bewegung. Hinter der Urne schreitet die Familie, zusammen mit dem russischen Botschafter. Dahinter formieren sich Hunderte von ehemaligen DDR-Kadern aus Politik, Kultur und dem Sicherheitsapparat zu einer langen Kolonne, viele mit einer roten Nelke oder einer weißen Rose in der Hand. Zahllose frühere Stasi-Offiziere sind gekommen, um sich von Wolf zu verabschieden, darunter die beiden Mielke-Stellvertreter Gerhard Neiber und Werner Großmann. Erschienen ist auch der ehemalige Vizekulturminister Klaus Höpcke, der in der DDR darüber entschied, ob und wie ein Buch erscheinen durfte, ferner Ex-Vizeverteidigungsminister Fritz Streletz, der 1993 wegen mehrfachen Totschlags an Flüchtenden zu fünfeinhalb Jahren Gefängnis verurteilt wurde. Nahezu geschlossen angetreten ist die Spitze der Linkspartei.PDS: Ehrenvorsitzender Hans Modrow, Parteichef Lothar Bisky, Bundesgeschäftsführer Dietmar Bartsch, der Berliner Landeschef Klaus Lederer; selbst der westdeutsche Bundesgenosse, der WASG-Vorsitzende Klaus Ernst, ist erschienen. Wenige Tage zuvor hatte Bundestagsvizepräsidentin Petra Pau (PDS) im ehemaligen SED-Zentralorgan *Neues Deutschland* eine Anzeige veröffentlicht, in der es hieß: »Wir trauern um unseren Freund und Genossen, einen streitbaren Kämpfer, der aufrecht durch sein Leben ging.«[3]

Die Spitze des Zuges erreicht das Urnengrab im sogenannten Pergolenweg, dem zu DDR-Zeiten geschaffenen Ehrenhain für verdiente Funktionäre. Während die Trauergäste darauf warten, daran vorbeidefilieren zu können, wird die Urne in die Erde gesenkt. Wie früher, wenn in der DDR hohe Genossen zu Grabe getragen wurden, bläst ein Solist das Lied vom kleinen Trompeter, »ein lustiges Rotgardistenblut«. Das letzte Wort hat PDS-Chef Bisky, der die Grabrede hält. Er sagt, Wolf sei seinen Idealen stets treu geblieben und habe gleichzeitig zu seinen Fehlern gestanden. Sichtlich bewegt, verneigt er sich zum Abschluss vor dem Toten.

Sehnsucht nach der Vergangenheit

Siebzehn Jahre nach der friedlichen Revolution lebt die DDR in den Köpfen und Herzen der Menschen fort. Die ehemaligen Funktionäre versammeln sich nicht nur, wenn einer der Ihren zu Grabe getragen wird. Auch die alten Jahrestage – der »Tag der Befreiung« am 8. Mai, das Gründungsjubiläum der Nationalen

Volksarmee (NVA) am 1. März, der »Tag der Grenztruppen« am 1. Dezember – werden mit pathetischen Veranstaltungen gewürdigt. Die SED-Kader bilden eine verschworene Gemeinschaft, die mit der Beseitigung der DDR ihre Privilegien verloren hat und sich deshalb als Verlierer der Geschichte empfindet. Hier, bei der Trauerfeier für Markus Wolf, ist es fast wieder wie früher. Wie Kriegsveteranen, die die gemeinsamen Erlebnisse an der Front aufleben lassen, genießen sie es, unter Gleichgesinnten zu sein und sich gegenseitig bestätigen zu können, dass sie für eine gute Sache gekämpft haben. Weil sie in der Gegenwart nicht angekommen sind, leben sie weiter in der Vergangenheit.

Doch es sind nicht nur ehemalige SED-Funktionäre, die eine Sehnsucht nach der alten Zeit entwickelt haben. Auch andere Ex-DDR-Bürger fühlen sich fremd in der Bundesrepublik und verklären das Leben im Sozialismus. 31 Prozent der Ostdeutschen sind der Meinung, die DDR sei keine Diktatur gewesen – obwohl sie wissen, dass es dort weder demokratische Wahlen noch Meinungsfreiheit gab. 74 Prozent der Ostdeutschen glauben, der Sozialismus sei im Grunde eine gute Idee gewesen – obgleich die meisten dabei waren, als diese »gute Idee« 1989 gescheitert ist.[4] Sie sehnen sich nicht nach der wirklichen DDR mit ihren Bedrückungen und Beschwernissen, sondern nach einer imaginierten, in die sie ihre Wünsche hineinprojizieren.

Das menschliche Gedächtnis erinnert sich der Vergangenheit nicht, wie sie tatsächlich war, sondern wie sie ihm heute erscheint. Aus einzelnen Erinnerungsstücken konstruiert der Mensch sich eine neue Vergangenheit, die ihm das Leben in der Gegenwart erleichtert. Dazu gehört es, störende Erfahrungen auszublenden und vor allem solche aufzubewahren, die das eigene Selbstbild stabilisieren. Ängste, Krisen und Niederlagen werden gut verpackt oder verdrängt, positive oder neutrale Erlebnisse so miteinander verknüpft, dass sie scheinbar logisch ins gegenwärtige Leben münden. Die Erinnerung, so sagt es in Thomas Brussigs Film »Sonnenallee« der Erzähler, »vollbringt beharrlich das Wunder, einen Frieden mit der Vergangenheit zu schließen, in dem sich jeder Groll verflüchtigt und sich der weiche Schleier der

Nostalgie über alles legt, was mal scharf und schneidend empfunden wurde«.

Es ist ein merkwürdig gespaltenes Leben, das die Menschen zwischen Oder und Elbe führen. Äußerlich beherrscht längst die westliche Moderne ihren Alltag, sind die Unterschiede zwischen Ost und West kaum noch wahrzunehmen. Doch innerlich sind die Gräben eher tiefer geworden, klammern sich viele an das Gestern, das ihnen Halt zu geben scheint in einer unübersichtlichen Zeit. Während die alten Autos, Kleider und Möbel verschwunden sind, haben sich Einstellungen und Befindlichkeiten als unerwartet langlebig erwiesen. »Dass die DDR tot ist«, hat der Schriftsteller Ulrich Plenzdorf einmal gesagt, »ist eine Legende. Alle diese Leute, die DDR waren, leben noch.«[5]

Die Sehnsucht nach der Vergangenheit ist nicht gleichbedeutend mit dem Wunsch, dass alles wieder so sein möge wie früher. Es handelt sich eher um die Kultivierung eines alten Lebensgefühls, das Sicherheit und Selbstvertrauen geben soll. Den DDR-Krimiserien »Polizeiruf 110« oder »Der Staatsanwalt hat das Wort« verschafft nicht die packende Handlung oder die hohe künstlerische Qualität ihre treue Zuschauergemeinde im Osten, schreibt der Historiker Stefan Wolle in seinem Buch »Die heile Welt der Diktatur«. »Vielmehr findet vor der Mattscheibe eine Art Wiedersehensfeier statt. Die grauen Plaste-Telefone von RFT mit einer richtigen Wählscheibe, die Schrankwand ›Sybille‹ aus dem VEB-Möbelkombinat Zeulenroda und das typische Design der HO-Gaststätten, die Blümchentapeten und die lappigen Gardinen – all dies verbreitet jene unnachahmliche und trauliche Atmosphäre der DDR.«[6]

Tatsächlich war der Systembruch von 1989/90 so tiefgreifend wie selten einer in der Geschichte. Über vierzig Jahre lang hatte die SED der Gesellschaft ihren Stempel aufdrücken können. Sie verdrängte die christlichen Traditionen, kreierte einen neuen Alltag, durchdrang das Leben in den Betrieben, den Schulen und der Freizeit. Nahezu jeder Schüler gehörte den Jungen Pionieren und der Freien Deutschen Jugend (FDJ) an, fast jeder Erwachsene trat einer der offiziellen Massenorganisationen bei. 2,3 von gut 16 Millionen Menschen waren Mitglied der SED. Der Staat organisierte das Leben seiner Bürger von der Kinderkrippe über Schullaufbahn und Berufswahl bis hin zu Urlaub und Freizeitgestaltung. Am Ende gelang es ihm in einer Hochburg des Protestantismus sogar, die Konfirmation durch die sozialistische Jugendweihe zu ersetzen. Auch die private Nebenwelt, die sich viele zu Hause oder auf dem Wochenendgrundstück errichteten, war geprägt vom kleinbürgerlichen Geist des real existierenden Sozialismus.

Der plötzliche Zusammenbruch dieser heimeligen Welt, der mit den Massendemonstrationen im Herbst 1989 erkämpft wurde, war für viele ein Schock, mit dem sie nicht gerechnet hatten. Die Währungsunion brachte nicht nur die D-Mark, sondern auch die Qual der Wahl zwischen Dutzenden von Angeboten – und die neue Erfahrung, dass man nur einen Bruchteil der Produkte bezahlen konnte. Der Beitritt zur Bundesrepublik bedeutete nicht nur, dass die Ostdeutschen nun dieselben Rechte hatten wie die Alt-Bundesbürger, sondern auch den Sprung in ein anderes, kompliziertes Gesellschaftssystem, das dem Einzelnen sehr viel mehr Selbstverantwortung abverlangt, als es der Staatssozialismus tat. Als dann noch durch den unrealistischen Umtauschkurs von DDR-Mark zu D-Mark ein Großteil der Betriebe zusammenbrach und viele ohne geregelte Arbeit dastanden, schlugen die Hoffnungen auf ein Leben in Freiheit und Wohlstand in Frust und Existenzangst um.

Anders als viele damals annahmen, sollte die Verunsicherung nicht nur vorübergehender Natur sein. Vor allem jene, die in den neuen Verhältnissen beruflich nicht mehr Fuß fassen konnten, und die Älteren, denen die Umstellung nach vierzig Jahren DDR naturgemäß am schwersten fiel, entwickelten ein Gefühl dauerhaften Gekränkt-Seins, weil sie sich und ihre Erfahrungen nicht mehr gebraucht sahen. Der Selbsthass, der aus den Schwächen und Ängsten resultierte, suchte sich ein Objekt, auf das er abgeleitet werden konnte: den Westen, der all diese Unsicherheiten gebracht hatte und mit seiner ungebremsten Vitalität dem Empfinden von Unterlegenheit und Überforderung täglich neue Nahrung gab. Das Gegenbild zu ihm war die kollektive Identität als ehemalige DDR-Bürger.

Paradoxerweise ist diese DDR-Identität erst *nach* dem Ende der SED-Herrschaft entstanden. Vorher war die allabendliche Emigration über das Westfernsehen die Regel. Im Gegensatz zu den Alt-Bundesbürgern, die sich in der Bonner Republik eingerichtet hatten und kaum mehr an ein mögliches Ende der Teilung dachten, fühlte sich die Mehrheit der Ostdeutschen zeitlebens fremd im eigenen Land. Sie identifizierten sich nicht mit dem Staat, in dem sie lebten, begeisterten sich für westdeutsche statt für ostdeutsche Fußballclubs, kannten den Namen des Bonner Innenministers, aber nicht den seines DDR-Amtskollegen. Nach der Wiedervereinigung schlug diese Einstellung ins Gegenteil um. Plötzlich gewannen Bücher oder Filme, die man im Westen nicht kannte, einen Kultstatus, da sie ein Gefühl exklusiver Vertrautheit vermittelten. Bestimmte Produkte, die es früher nur in der DDR gegeben hatte und die nach dem Zusammenbruch des SED-Systems erst einmal verschmäht wurden, stifteten bald einen trotzigen Stolz, selbst wenn nur die alten Markennamen geblieben waren. Geschäftstüchtige Unternehmer machten sich diese Sehnsucht zunutze, indem sie zuhauf sogenannte Ostalgieprodukte auf den Markt warfen – so wie die Möbelfirma Höffner, die im Februar 2004 in Berlin 20 000 Kaffeetassen mit dem Staatswappen der DDR und dem Emblem der SED anbot, bis Opferverbände dagegen protestierten. Auch das Fernsehen sprang auf diesen Zug auf und präsentierte in »Ostalgieshows« ein klischeehaftes DDR-Bild; Eiskunstläuferin Katarina Witt kam dabei sogar im Pionierhemd auf die Bühne, andere führten das SED-Pendant zum Rock 'n' Roll, den »Lipsi«, vor. Selbst die Symbole der Macht wie der Berliner »Palast der Republik«, den der Volksmund früher als »Erichs Lampenladen« verspottet hatte, erschienen auf einmal in einem anderen Licht: Sein Abriss wegen gesundheitsschädlicher Asbestbelastung wurde als westlicher Angriff auf die ostdeutsche Identität interpretiert.

Wie empfindlich die Seele vor allem älterer Ostdeutscher auf positive oder negative Bewertungen des Lebens in der DDR reagiert, kann man immer dann studieren, wenn in Deutschland einschlägige Reizthemen debattiert werden. Als der niedersächsische Kriminologe Christian Pfeiffer 1999 einen Zusammenhang zwischen dem Krippensystem der DDR und dem Rechtsradikalismus in Ostdeutschland herstellte, brach ein Sturm der Entrüstung los. Weil Pfeiffer sogar Morddrohungen erhielt, erwog man ernsthaft, ihn bei Vortragsveranstaltungen im Osten unter Personenschutz zu stellen. Als der brandenburgische Innenminister Jörg Schönbohm (CDU) im August 2005 nach dem Fund von neun Babyleichen in Brieskow-Finkenheerd bei Frankfurt (Oder) erklärte, dass die »von der SED erzwungene Proletarisierung eine der wesentlichen Ursachen ist für Verwahrlosung und Gewaltbereitschaft«, kam es zu einer ähnlichen Hysterie. Selbst in der eigenen Partei brachte Schönbohm mit seiner Äußerung viele Menschen dermaßen gegen sich auf, dass er sich genötigt sah, den Parteivorsitz aufzugeben.[7] Politiker, die im Osten etwas werden wollen, haben nur dann eine Chance, wenn sie behutsam, um nicht zu sagen: therapeutisch mit der Geschichte der Landeskinder umgehen.

Umgekehrt richten sich viele Ostdeutsche bis heute daran auf, dass ein ehemaliger DDR-Sportler eine Medaille gewinnt oder irgendjemand ein Stück sozialistischer Lebenswirklichkeit als besonders vorbildlich preist. Als die *Berliner Zeitung* im Dezember 2006 das Schulsystem der DDR lobte, überschütteten die Leser das Blatt förmlich mit Zuschriften. »Weil nicht sein konnte, was nicht sein durfte, wurde das Bildungssystem der DDR beseitigt«, schrieb ein Leser aus dem Bezirk Friedrichshain. »Die (bundesdeutsche) Arroganz feierte einen ihrer (vermeintlich) größten Triumphe.« Ein Leser aus dem Stadtteil Friedrichshagen zeigte sich ebenso begeistert von dem Artikel und meinte, »er hätte bereits viel, viel früher und auf der Seite 1 erscheinen müssen. Es kann doch nicht 16 Jahre dauern, ehe man erkennt, dass das Bildungssystem der DDR gar nicht so schlecht war?« Eine Lehrerin für Deutsch und Geschichte schrieb, der Autor des Artikels habe »in allem recht«, während ein männlicher Kollege erklärte: »Meinen Dank und Begeisterung an Herrn Harmsen, dass er mutig eine Lanze für das DDR-Bildungssystem gebrochen hat. Das war zum

Nikolaustag ein Geschenk für die Seelen aller DDR-Lehrer, die jetzt an deutschen Schulen unterrichten und deren Erfahrungen systematisch negiert werden.« Nur ein Einziger erinnerte an das »Spitzel- und Terrorsystem« an den DDR-Schulen, wo sogar das Tragen von Jeans lange Zeit verboten und der Schuldirektor dazu verpflichtet gewesen sei, »alle systemkritischen Äußerungen von Schülern, Lehrern oder Eltern innerhalb von zwei Stunden an das Schulamt (Verbindungsstelle zur Stasi) zu melden«.[8] War der Autor des Artikels darüber hinweggegangen, weil er selbst früher im Wachregiment des Staatssicherheitsdienstes gedient hatte?

Clevere Politiker haben nach der Wiedervereinigung versucht, die Sehnsucht nach der Vergangenheit auf andere Weise zu stillen. Die Besinnung auf die 1952 aufgelösten Länder sollte den Ostdeutschen Sicherheit und Selbstbewusstsein gegenüber den als überlegen empfundenen Westdeutschen geben – eine kollektive Identität, die die besonderen Erfahrungen in der DDR bewahrt, ohne das SED-Regime zu rehabilitieren. »Wir Brandenburger« wurde zu einer der beliebtesten Floskeln des früheren Ministerpräsidenten Manfred Stolpe (SPD), der damit bei der Bevölkerung erfolgreich auf Stimmenfang ging. In Sachsen und Thüringen gelang es auf diese Weise tatsächlich teilweise, die Menschen für einen Aufbruch in die neue Zeit zu mobilisieren – zum Beispiel beim Wiederaufbau der Dresdner Frauenkirche. Selbst im künstlich hergestellten Mecklenburg-Vorpommern bediente man sich dieses Tricks, sich eine politisch unbelastete Vergangenheit quasi selbst zu erschaffen. Doch Umfragen zufolge identifizieren sich die meisten Menschen in den neuen Ländern nach wie vor in erster Linie mit Ostdeutschland und nicht mit ihrem Bundesland.

Dabei besaß man eigentlich etwas viel Naheliegenderes, um eine neue Identität zu stiften: die friedliche Revolution. Hier waren die Ostdeutschen den Alt-Bundesbürgern für jedermann sichtbar überlegen gewesen, denn sie und nicht der Westen hatten das SED-Regime gestürzt. Während die Westdeutschen 1945 von Amerikanern und Briten befreit worden waren, hatte sich die DDR-Bevölkerung die Freiheit im Herbst 1989 selbst erkämpft. Mit machtvollen Demonstrationen, der Besetzung der Stasi-

Dienststellen und der ertrotzten Öffnung der Grenzübergänge am 9. November zwangen sie eine waffenstarrende Diktatur in die Knie, ohne dass ein einziger Schuss abgegeben wurde. In Frankreich erweist sich ein solcher Epochenwechsel noch nach über zweihundert Jahren als Bindemittel der Nation. Doch statt diese Sternstunde der deutschen Geschichte zum Kern einer neuen Identität zu machen, ließ man in Deutschland das Erbe der friedlichen Revolution langsam in Vergessenheit geraten.

Die Beharrungskraft der Vergangenheit kann man zum Beispiel an Deutschlands Straßennamen studieren. Wer zwischen Ostsee und Thüringer Wald zu einer Landpartie aufbricht, könnte leicht auf die Idee kommen, die SED sei dort noch immer an der Macht: Ernst-Thälmann-Straße, Rosa-Luxemburg-Straße, Straße der (sozialistischen!) Einheit, Straße der Freundschaft – so heißen in nahezu jedem Dorf die wichtigsten Wege. Die Namen haben nicht nur die friedliche Revolution im Herbst 1989 überdauert, sondern auch Wiedervereinigung und siebzehn Jahre Demokratie.

Als die Kommunisten nach dem Krieg im Osten an die Macht kamen, betrieben sie kaum etwas so beharrlich wie die Verewigung ihrer Helden auf Straßen und Plätzen. Ob Komponisten, Tiere oder Pflanzen – sie alle mussten weichen für die Epigonen der SED. Auch Fußballstadien oder Eisenwalzwerke erhielten die Namen hoher kommunistischer Führer. Sogar ganze Städte wurden umbenannt. Aus Chemnitz wurde Karl-Marx-Stadt, aus dem heutigen Eisenhüttenstadt Stalinstadt. Vieles davon hat bis heute überlebt – obwohl die SED die schlimmsten Auswüchse noch selbst beseitigte: Der sowjetische Diktator Josef Stalin wurde damals ebenso getilgt wie der in Ungnade gefallene SED-Chef Walter Ulbricht. Die Berliner Stalinallee erhielt 1962 ihren alten Namen Frankfurter Allee zurück.

Nach dem Sturz der SED-Diktatur richtete sich der Zorn der Bevölkerung auch gegen den Missbrauch des öffentlichen Raumes als Propagandainstrument. Vor allem in den großen Städten wurden Namen wie Otto Grotewohl (erster DDR-Ministerpräsident), Otto Winzer (DDR-Außenminister) oder Georgi Dimitroff (Chef der Komintern) beseitigt. Doch da der Elan bald verflog und nicht in die Winkel des Landes vordrang, hat sich der sozialistische Straßenalltag vor allem in der ostdeutschen Provinz fast unverändert erhalten.

Untersucht man die heutigen Straßennamen in Ostdeutschland, stellt man fest, wie viel vom alten Regime überdauert hat. Allein der Gründungsvater der kommunistischen Bewegung, Karl Marx, ist auf den Straßen der Bundesrepublik noch 550-mal verewigt (davon einige Male auch im Westen). Sein Mitstreiter Friedrich Engels kommt auf 243 Straßen oder Plätze. Rosa Luxemburg und Karl Liebknecht, die 1919 nach einem kommunistischen Putschversuch ermordet wurden, erreichen zusammen 596 Straßen. Absoluter Spitzenreiter ist jedoch Ernst Thälmann, der als KPD-Chef die Weimarer Republik beseitigen wollte und von den Nationalsozialisten im Konzentrationslager getötet wurde – an ihn erinnern 613 Straßen und Plätze.

In vielen ostdeutschen Ortschaften werden auch die vermeintlichen Errungenschaften des Sozialismus bis heute gefeiert: 337-mal erinnern Straßen der Jugend an den kommunistischen Jugendkult im Arbeiter- und Bauernstaat. 285-mal glorifizieren Straßen der Einheit die Zwangsvereinigung von SPD und KPD. 220-mal bewahren Straßen der Freundschaft die »unverbrüchliche« Bruderbeziehung zur Sowjetunion. 90-mal preisen Straßen der Pioniere die Kinderorganisation der SED. Sogar die Kürzel der damaligen Politsprache haben vielerorts überlebt – obwohl wahrscheinlich immer weniger Menschen etwas damit anfangen können: 48 Straßen der DSF, 44 LPG-Straßen und 36 Straßen der MTS feiern die Gesellschaft für Deutsch-Sowjetische Freundschaft, die Landwirtschaftlichen Produktionsgenossenschaften und die Maschinen-Traktoren-Stationen der DDR.

Selbst Parteifunktionäre, die an der Errichtung und Aufrechterhaltung der SED-Diktatur beteiligt waren, sind noch in zahlreichen ostdeutschen Orten verewigt: Neunzig Straßen erinnern an den ersten SED-Chef und DDR-Staatspräsidenten Wilhelm Pieck, der bei der Gleichschaltung des politischen Systems in Ostdeutschland eine führende Rolle spielte, siebzehn an Regierungschef Otto Grotewohl, der den Volksaufstand vom 17. Juni 1953 niederschlagen ließ. Auch ZK-Mitglieder wie Otto Arndt, Kurt Bürger, Erwin Kramer und Otto Winzer finden heute noch ihr Andenken. Da fallen die 20 Straßen, die an im Dienst getötete Grenzsoldaten erinnern, kaum noch ins Gewicht.

Während die SED-Diktatur auf diese Weise fortlebt, spielt der Widerstand gegen das Regime auf Straßen und Plätzen so gut wie keine Rolle. Ein 2003 verfasster Aufruf prominenter Bürgerrechtler, daran etwas zu ändern, blieb weitgehend unbeachtet. An den Volksaufstand von 1953 erinnern heute nur sechzehn Straßennamen, an Robert Havemann zehn. Andere Opfer des SED-Regimes wie Arno Esch, Jürgen Fuchs, Walter Janka oder Walter Linse kommen in Deutschland zusammen gerade einmal auf ein Dutzend Straßen.

Die große Unwissenheit

Der Beschönigung der Vergangenheit steht eine wachsende Unwissenheit über die SED-Diktatur gegenüber. Schon früher war die DDR im Westen Deutschlands für die meisten eine Terra incognita. Mit dem Leben im Sozialismus hatte man kaum Berührung, es sei denn, man hatte »drüben« Verwandte, die man gelegentlich besuchte. Siebzehn Jahre nach der Vereinigung hat sich dieser Zustand eher noch verschlimmert, da der zeitliche Abstand immer größer wird. In Freiburg, Wuppertal oder Oldenburg ist die DDR für die meisten so weit weg wie das Römische Reich.

Doch auch im Osten Deutschlands ist mittlerweile eine neue Generation herangewachsen, die die DDR persönlich nicht mehr kennengelernt hat. Selbst Grundbegriffe dieser Zeit sind vielen Jugendlichen gänzlich unbekannt. Beim Kürzel »DDR« denken einige an ein Speicherteil im Computer, bei »Stasi« an einen Mädchennamen oder einen Müsliriegel, die Pionierorganisation »Ernst Thälmann« halten manche für eine Einheit der Bundeswehr. Abkürzungen wie SED, FDJ oder NVA können junge Leute heute kaum noch auflösen, geschweige denn erklären, was damit gemeint war. Auch Personen und Ereignisse sind völlig in Vergessenheit geraten: Nennt man Jugendlichen den Namen von Stasi-Chef Erich Mielke, vermuten viele in ihm einen Schriftsteller; Erich Honecker hielt man bei einer Straßenumfrage in Berlin für jenen Mann, der »während des Nationalsozialismus viele Juden vor dem sicheren Tod bewahrt« habe.[9] Als ein Fernsehteam junge Leute auf der Straße des 17. Juni in Berlin nach der Bedeutung des Straßennamens fragte, tippten diese auf das Datum der Loveparade.

Umfragen unter Jugendlichen haben ergeben, dass die DDR mittlerweile fast völlig aus dem Gedächtnis entschwunden ist. So brachte eine repräsentative Befragung von 5600 Schülern in ganz Deutschland enorme Wissensdefizite zum Vorschein. Nur 17 Prozent wussten 2005, dass Robert Havemann ein Wortführer der DDR-Opposition war, fast genauso viele hielten ihn für ein bekanntes Todesopfer an der Mauer. Nur 29 Prozent gaben an, dass Wolf Biermann ein oppositioneller Liedermacher war, dafür dachten 7,5 Prozent, er sei ein langjähriger SED-Generalsekretär gewesen. Lediglich 22 Prozent erinnerten sich, dass Erich Honecker der letzte SED-Chef war, während 7,5 Prozent der Meinung waren, er sei der zweite Bundeskanzler und Begründer des Wirtschaftswunders gewesen. Bei einer anderen Fragetechnik wären die Ergebnisse wohl noch verheerender ausgefallen, denn die Schüler mussten die sieben Namen und ihre Bedeutung nur richtig miteinander verbinden.[10]

Entsprechend krude sind die Vorstellungen der Jugendlichen. So lehnten bei einer Befragung durch die Freie Universität Berlin knapp zwei Drittel von mehr als zweitausend Berliner Schülern die Aussage ab, dass der Alltag in der DDR für viele durch Diktatur und Überwachung geprägt gewesen sei. Etwa gleich viele stimmten zumindest teilweise der Feststellung zu, dass die Regierung der DDR durch demokratische Wahlen legitimiert worden sei. Nur etwa jeder Zweite verneinte den Satz »Die DDR war keine Diktatur – die Menschen mussten sich nur wie überall anpassen«. Im Vergleich zwischen DDR und alter Bundesrepublik konnte sich jeder Zweite mit der These anfreunden, die Bundesrepublik sei anders, aber nicht besser als die DDR gewesen.[11]

Bei der deutschlandweiten repräsentativen Befragung waren 88 Prozent der (falschen) Meinung, dass in die wieder genutzten NS-Konzentrationslager in der sowjetischen Besatzungszone Kriegsverbrecher gesperrt worden seien. Jeder Dritte sagte, bei den Ereignissen am 17. Juni 1953 habe es sich um einen »antisozialistischen Putschversuch« gehandelt, und 35 Prozent glaubten, es habe innerhalb der SED eine Opposition gegeben. Mehr als die Hälfte aller Befragten dachte auch, mit der »Deutschen Frage« sei gemeint, dass von Deutschland kein Krieg mehr ausgehen dürfe. Genauso viele gaben an, dass die Vollbeschäftigung und das Sozialsystem in der DDR das vierzigjährige Bestehen des SED-Staates garantiert hätten, und 83 Prozent erklärten, die Sicherheit des Arbeitsplatzes – statt Überwachung und Repression – sei der Grund für »eine gewisse Duldsamkeit der Menschen gegenüber dem Gesellschaftssystem der DDR« gewesen. Besonders alarmierend aber war, dass 52 Prozent der ostdeutschen Schüler meinten, das sowjetische Modell des Sozialismus sei ein gutes Konzept gewesen, das man lediglich schlecht ausgeführt habe.[12]

Zu den Ursachen dieser Ergebnisse dürfte gehören, dass viele Schüler im Unterricht nur wenig über die DDR erfahren. Bei der repräsentativen Befragung gaben 31 Prozent der Schüler an, die DDR – anders als im Lehrplan vorgeschrieben – bis zum Ende der zehnten Klasse im Unterricht gar nicht behandelt zu haben. Doch auch die höheren Klassen konnten die gestellten Fragen kaum besser beantworten, so dass die Schlussfolgerung nahe liegt, dass der Wissenstransfer offenbar überhaupt nicht richtig funktioniert. Dabei dürfte unter anderem eine Rolle spielen, dass die Lehrpläne erhebliche Lücken aufweisen. Eine Studie von 2004 zum Stellenwert des Themas DDR-Geschichte ergab, dass manche Bundesländer (Hamburg und Bremen) immer noch mit Lehrplänen aus der Zeit vor der Wiedervereinigung arbeiteten. Bei der Darstellung der Nachkriegsentwicklung wurde vor allem der wirtschaftliche Aufschwung der Bundesrepublik in den Mittelpunkt gestellt, während das SED-Regime und die Rolle des Staatssicherheitsdienstes kaum eine Rolle spielten. »Von Repressionen in der DDR erfahren die Schüler nur an wenigen Stellen, die Lehrplananlage thematisiert diese Fragen nicht«, heißt es in der Studie lapidar.[13] Auch Jugendkultur und Opposition in der DDR oder die deutsch-deutschen Beziehungen spielten nur vereinzelt eine Rolle. Eine aktuelle Studie von 2006 hat diese Befunde unterstrichen. In den westdeutschen Lehrplänen für das Fach Geschichte findet sich das Thema Staatssicherheitsdienst – bis auf den Lehrplan für Realschulen in Bayern – so gut wie gar nicht wieder. Nur in den ostdeutschen Bundesländern ist seit einigen Jahren vorgeschrieben, dass die Stasi im Fach Geschichte behandelt wird.[14]

Auch die Schulbücher scheinen nicht besonders geeignet, der großen Unwissenheit entgegenzuwirken. Eine Analyse von 64 Lehrbüchern brachte zum Teil erhebliche Mängel zum Vorschein. So wurde die Weiternutzung der ehemaligen NS-Konzentrationslager Jamlitz, Sachsenhausen und Buchenwald durch die sowjetische Geheimpolizei nur in ganz wenigen Fällen erwähnt. Vor allem aber geriet die gesonderte Darstellung der SED-Diktatur als Machtsystem durch die Schilderung historischer Abläufe vielfach ins Hintertreffen. Es wird, so heißt es in der entsprechenden Studie, »zwar partiell, jedoch nicht in seiner Komplexität abgebildet, was eine mögliche Unterschätzung in sich birgt«. Ebenso punktuell wurden oppositionelle Bestrebungen behandelt. »Eine übergreifende und systematische Gesamtsicht der Herausbildung von Widerstand und Opposition in der DDR erfolgt in den Schulbüchern nicht, wodurch das Gewinnen von Kenntnissen und Erkenntnissen seitens der Schülerinnen und Schüler zum Zustandekommen einer friedlichen Revolution erschwert wird.«[15] Dasselbe galt für Repression und Unterdrückung, die ebenfalls nur in Bezug auf bestimmte Ereignisse oder Personen angesprochen wurden.

Zu ähnlichen Ergebnissen kommt eine Studie über die Behandlung des Staatssicherheitsdienstes in den Unterrichtsmaterialien. »Insgesamt ist festzustellen, dass das Gros der aktuellen Geschichts- und Politikschulbücher das MfS in einem weit geringeren Maß thematisiert, als dies vor dem Hintergrund der zu Beginn der 90er Jahre geführten öffentlichen Diskussion zu vermuten war«, heißt es darin resümierend. In sieben von fünfzig

Geschichtsbüchern wird das Thema überhaupt nicht erwähnt, elf handeln es auf weniger als einer Seite ab. Lediglich fünfzehn Lehrwerke nennen konkrete Personen (in der Regel Erich Mielke), wenn es um die Verantwortung für die Stasi-Verbrechen geht. Auf die Entwicklung und den Aufbau des Unterdrückungsapparates gehen nur achtzehn Bücher ein. Bei den Politik- und Sozialkundebüchern ist die Bilanz noch schlechter. Hier sprechen gerade einmal zwölf von 31 Büchern das Thema an, mehr als die Hälfte behandelt nicht einmal die DDR. »Die (mögliche) Allgegenwart des MfS auch nur annähernd zu verdeutlichen, gelingt im Grunde nur zwei Buchkonzeptionen«, kann man in der Studie lesen.[16]

Erfahren junge Menschen schon in der Schule kaum etwas über die DDR, so wird dies, wenn sie an die Universität kommen, nicht besser. Nach einer Untersuchung des Lehrangebotes von 1990 bis 2000 hat die Bedeutung der DDR dort seit Mitte der neunziger Jahre kontinuierlich abgenommen. Zu Beginn des neuen Jahrtausends boten 54 von 88 deutschen Universitäten – also 62 Prozent – keinerlei Lehrveranstaltungen zu diesem Thema an. Vor allem im Westen gab es ganze Landstriche, in denen die DDR an den Hochschulen nur eine geringe (Bayern, Baden-Württemberg) oder überhaupt keine Rolle (Bremen, Saarland, Schleswig-Holstein, aber auch Brandenburg) spielte. Selbst dort, wo die DDR noch Thema war, ging es meistens um die Übergangsperioden nach 1945 und nach 1989. Die eigentliche Geschichte des SED-Staates wurde dagegen kaum behandelt. Mit Abstand an der Spitze standen zudem Lehrveranstaltungen zu Kulturleben und Kulturpolitik und hier vor allem zur DDR-Literatur. »Opposition, Widerstand und Repression zählen nicht zu den zentralen Gegenständen der Lehre an den deutschen Hochschulen«, heißt es noch zurückhaltend in der Studie. »Nur fünf Prozent der Lehrveranstaltungen seit 1990 galten diesen Themen.«[17] Da an den Universitäten die Historiker und Lehrer von morgen ausgebildet werden, dürfte sich die Unwissenheit also noch verstärken.

Auch in der Erwachsenenbildung spielt die DDR nur eine Nebenrolle. Eine im Sommer 2006 veröffentlichte Studie kam zu dem Ergebnis, dass es in den zurückliegenden Jahren zwar eine stattliche Anzahl qualifizierter Bildungsangebote gab, doch die DDR in vielen Gegenden und zahlreichen Einrichtungen auffallend unbeachtet blieb und das Angebot seit dem Jahr 2000 deutlich rückläufig ist. Unterbelichtet waren, besonders im Westen Deutschlands, die Themen DDR-Opposition, Gesellschaftsgeschichte, Wirtschaft, Arbeit und Ideologie in der DDR, aber auch deren internationale Verflechtungen. Auch hier wurden die sowjetischen Lager der Nachkriegszeit, die Parteiherrschaft und das Fehlen von Demokratie und Pluralismus nur selten behandelt. Ausgerechnet die PDS-nahe Rosa-Luxemburg-Stiftung bot mit Abstand die größte Zahl an Veranstaltungen zur DDR-Geschichte an: mehr als doppelt so viele wie alle anderen parteinahen Stiftungen zusammen. Dass es dabei nicht um kritische Aufklärung, sondern nostalgische Verklärung ging, kann man schon an Titeln wie »Die DDR war anders« oder Referenten wie den einstigen Mielke-Stellvertretern Markus Wolf und Werner Großmann ablesen. Im für Deutschland besonders wichtigen Geschichtsdiskurs über Totalitarismus und Gewaltherrschaft spielte die DDR ebenfalls kaum eine Rolle. So konstatieren die Autoren der Studie: »Auffällig ist die Marginalität der kommunistischen Geschichte und ihrer Verbrechen in diesem Zusammenhang. So werden Tagungen zur Erinnerungskultur in Deutschland angeboten, in deren auch längeren Ankündigungen kein Satz, kein Wort zur SED-Diktatur fällt.«[18]

Beunruhigend ist, dass auch das Interesse der Medien am Thema DDR stark zurückgegangen ist. Zwischen 1994 und 2004, so eine andere Studie, hat sich der Umfang der entsprechenden Berichterstattung halbiert. Der Anteil an allen veröffentlichten Beiträgen lag 2004 bei nur noch einem Prozent. Gleichzeitig wurde die Berichterstattung immer positiver. »War die Darstellung bis 1998 noch bei knapp der Hälfte der Beiträge negativ, so lag dieser Negativ-Anteil im ›Ostalgie‹-Jahr 2003 bei nur etwa einem Drittel«, so das Ergebnis der Untersuchung von mehr als 16000 Beiträgen, in denen es um die DDR-Vergangenheit ging. »In den Fernsehnachrichten 2003 überwogen die negativen Wertungen über die DDR gegenüber den positiven nur um etwa 15 Prozent. In den Sat.1-18.30-Nachrichten 2003/2004 war bereits jeder dritte Beitrag mit explizitem DDR-Bezug positiv.« 2003 hatte sich das DDR-Bild auf den bis dahin besten Imagewert von –0,30 verbessert. Regelmäßig kritisch berichteten der Studie zufolge in erster Linie nur noch die politischen Fernsehmagazine sowie der *Focus* und der *Rheinische Merkur*.

Was für die DDR insgesamt gilt, gilt ebenso für den Unterdrückungsapparat: Seit dem Jahr 2000 ging die Berichterstattung über den Staatssicherheitsdienst deutlich zurück, zugleich wurde er immer weniger kritisch betrachtet. Außerdem fanden Stasi-Mitarbeiter sehr viel mehr Beachtung als Oppositionelle. »In der Berichterstattung über die DDR«, so die Studie, »sind die Opfer der Verbrechen des SED- Regimes nicht im Blickfeld: Vor allem in der Prozessberichterstattung stehen automatisch die Angeklagten im Mittelpunkt. Opfer, Betroffene, Politiker, Experten kommen in der Diskussion in den Medien selten zu Wort.«[19]

Das alles wäre möglicherweise halb so schlimm, wenn man es lediglich als ein Indiz dafür nehmen könnte, dass die DDR endgültig Geschichte geworden ist. Doch das Verschwinden der kommunistischen Diktatur aus der kollektiven Erinnerung bedeutet zugleich, dass aus der Vergangenheit keine Schlussfolgerungen mehr gezogen werden können. Die nachwachsenden Generationen haben keine Chance, aus den Erfahrungen ihrer Eltern und Großeltern zu lernen. Anders als in der Naturwissenschaft können Experimente mit der Organisation menschlichen Zusammenlebens nicht im Labor durchgeführt werden, sondern nur in der Realität. Wenn sie misslingen, stürzen sie leicht Millionen Menschen ins Unglück. Um die Wirkung bestimmter Ideologien oder Systeme abschätzen zu können, gibt es deshalb nur den Blick zurück. Funktioniert die Weitergabe von Diktatur-Erfahrungen nicht, ist die Gefahr groß, dass dieselben Fehler noch einmal begangen werden.

Dabei wäre die DDR ein lehrreiches Studienobjekt. Vieles, was uns heute als selbstverständlich erscheint, lernt man erst dann zu schätzen, wenn man sieht, was passiert, wenn es abgeschafft wird.

Wenn Jugendliche erfahren, wie in Stasi-Gefängnissen die Rechte von Untersuchungshäftlingen mit Füßen getreten wurden, begreifen sie besser, warum der Rechtsstaat vor die Verhaftung und Verurteilung eines Menschen so hohe Hürden setzt. Wenn sie davon hören, wie die sowjetische Geheimpolizei Verdächtige unter Folter zu falschen Geständnissen zwang und anschließend hinrichten ließ, verstehen sie eher, warum in Deutschland die Folter verboten und die Todesstrafe abgeschafft ist. Wenn man weiß, wie das verknöcherte SED-Regime Politik betrieb, sieht man den Alltag einer parlamentarischen Demokratie mit ihren ermüdenden Debatten, dem ständigen Streit und den oft als bedeutungslos empfundenen Wahlen vielleicht mit anderen Augen. Und wer einmal in seinem Leben das SED-Zentralorgan *Neues Deutschland* mit seinen Lobhudeleien auf Erich Honecker und die DDR gelesen hat, wird den Wert der vielgescholtenen Medien in Deutschland wieder mehr zu schätzen wissen.

Vor allem aber kann man an der DDR studieren, wohin es führt, wenn Gewalt als Mittel der Politik dient und die Menschen zu ihrem Glück gezwungen werden sollen. Politikentwürfe, die Freiheit versprechen, sie aber zu diesem Zweck »vorübergehend« einschränken wollen, disqualifizieren sich selbst. Der real existierende Sozialismus lehrt, dass der Traum von der kommunistischen Gleichheit aller Menschen in Wirklichkeit ein Albtraum ist, weil er ihre Unterschiede gewaltsam einebnet und bürokratische Willkür an die Stelle von Kreativität und Eigenverantwortung setzt. Der Blick in die Vergangenheit ist das Einzige, was wir haben, um Wiederholungsversuchen vorzubeugen.

Bleibt schließlich die DDR als Lehrstück für Zivilcourage. Die Geschichte der SED-Diktatur ist auch eine große Erzählung über Menschen, die sich aufgelehnt haben, die sich nicht gleichschalten ließen, die sich weigerten, Freunde und Nachbarn zu denunzieren, die Freiräume verteidigt oder das Regime frontal angegriffen haben. Die Erinnerung an Widerstand und Opposition entspricht nicht nur dem moralischen Gebot, dass man diejenigen, die unter großem persönlichen Risiko für Menschlichkeit und Demokratie eingetreten sind, wenigstens im Nachhinein würdigen sollte. Sie liegt vor allem im Eigeninteresse einer Gesellschaft, die darauf angewiesen ist, dass die Bürger aktiv für die Freiheit eintreten. Das Beispiel von Menschen, die dies unter viel größerer Gefahr getan haben, könnte dazu ermutigen, sich nicht immer nur nach den vermeintlich Stärkeren zu richten.

Doch den meisten sind die Namen der Unerschrockenen aus der Zeit der kommunistischen Diktatur völlig unbekannt. So gibt es zwar zwei große Kinofilme und zahlreiche Straßen und Schulen, die den Geschwistern Scholl gewidmet sind, doch nichts erinnert an den Leipziger Studenten Herbert Belter, der wenige Jahre später, im Oktober 1950, dasselbe Schicksal erlitt – Flugblätter gegen die Diktatur verteilte und deshalb verhaftet, verurteilt und hingerichtet wurde. Auch die Helden des Aufbegehrens vom 17. Juni 1953 sind den Deutschen nicht in Erinnerung geblieben. Wer kennt schon Paul Othma, den »Löwen von Bitterfeld«, der sich im Elektrochemischen Kombinat an die Spitze der demonstrierenden Arbeiter stellte und dafür wegen »Boykotthetze« und »faschistischer Provokation« zu zwölf Jahren Zuchthaus verurteilt wurde? Wer hat schon von Herbert Stauch gehört, der mit dem Magdeburger Polizeichef über die Freilassung der politischen Gefangenen verhandelte und dafür am nächsten Tag erschossen wurde? Der Volksaufstand von 1953, bei dem Hunderttausende für freie Wahlen und den Rücktritt der DDR-Regierung auf die Straße gingen, hat bis heute kein Gesicht. Selbst die friedliche Revolution vom Herbst 1989 und ihre wichtigsten Akteure sind in der kollektiven Erinnerung kaum noch präsent.

Das wundersame Überleben der SED

Paradoxerweise konnte sich ausgerechnet jene Partei, die die Bevölkerung jahrzehntelang tyrannisiert hatte, zum Sprachrohr ehemaliger DDR-Bürger stilisieren. Dass die SED 1989 nicht – wie die KPdSU 1991 in Russland und die NSDAP 1945 in Deutschland – aufgelöst und verboten wurde, gehört zu den folgenreichsten Fehlentscheidungen während der friedlichen Revolution. Clevere Funktionäre nutzten damals die Toleranz der Bürgerrechtler, die Gleichgültigkeit der westdeutschen Eliten und die Naivität vieler Demokraten, um ungeniert das Überleben der SED zu sichern. Nach und nach gelang es ihnen entgegen allen Erwartungen, die abgewirtschaftete Diktaturpartei an die neuen Bedingungen anzupassen und politisch wieder handlungsfähig zu machen. Heute ist sie eine machtvolle Organisation, die vor allem in Ostdeutschland über erheblichen politischen Einfluss verfügt. Trotz aller innerparteilichen Differenzierungen ist sie das organisatorische Zentrum aller Kräfte, die die DDR als »Versuch einer gerechteren Gesellschaft« verklären.

Dabei war die SED 1989 praktisch am Ende. Nach dem Sturz Erich Honeckers am 18. Oktober verlor die scheinbar allmächtige Partei in rasender Geschwindigkeit die Kontrolle über Staat und Gesellschaft. Doch auch die SED selbst befand sich in heilloser Auflösung. Innerhalb weniger Wochen verlor sie fast eine Million Genossen und sank von 2,3 auf zunächst 1,4 Millionen (Dezember 1989), dann 650 000 (Februar 1990), schließlich 400 000 Mitglieder (Mai 1990). Auch bei denen, die noch nicht ihren Austritt erklärt hatten, war völlig unklar, ob sie weiter dazugehören wollten oder nicht (heute beträgt die Mitgliederzahl der PDS nur noch 61 500). Die SED-Grundorganisationen in den Betrieben und Institutionen zerfielen damals in kurzer Zeit oder wurden von den Belegschaften hinausgedrängt. Auch die territorialen Gliederungen waren in zahlreichen Kreisen und Bezirken handlungsunfähig. Das an den »Demokratischen Zentralismus« gewohnte Funktionärskorps war ebenso paralysiert und wartete vergeblich auf Anweisungen von oben.

Der rapide Zerfall der Partei zeigte sich bereits bei der ZK-Tagung vom 8. bis 10. November 1989. Während drinnen die Delegierten Egon Krenz als neuen SED-Generalsekretär bestätigten, forderten draußen unzufriedene Parteimitglieder die Einberufung eines Sonderparteitags. Sogar der frühere Mielke-Stellvertreter Markus Wolf protestierte, zusammen mit zweihundert weiteren SED-Genossen, in einem Brief gegen die erneute Wahl der »willfährigsten Helfer ins Politbüro«.[20] Andere Funktionäre zeigten offen ihre Verzweiflung angesichts des wirtschaftlichen und politischen Offenbarungseides der neuen Führung: Die DDR war 1989 praktisch zahlungsunfähig, mehr als 200 000 DDR-Bürger hatten seit Jahresbeginn das Land verlassen und überall tiefe Lücken hinterlassen. Fassungslos sagte der Intendant der Städtischen Theater Leipzig Karl Kayser, ZK-Mitglied seit 1963, auf der Sitzung: »Wir sind belogen worden, die ganze Zeit über. [...] Ich bin erschüttert über das, was ich hier gehört habe. In mir ist alles zerbrochen. Mein Leben ist zerstört.« Anschließend verkündete er mit den Worten »Mich ekelt das alles an« seinen Rücktritt.[21] Vollends in die Krise geriet die SED, als in der Nacht vom 9. zum 10. November 1989 die Mauer fiel. Während das ZK ein neues »Aktionsprogramm« beschloss, strömte die Bevölkerung bereits in Scharen in den Westen. Bei einer Kundgebung von SED-Mitgliedern im Berliner Lustgarten forderte die Basis deshalb einen radikalen Bruch mit der bisherigen Politik und eine komplette Erneuerung der Führung.

Als das Zentralkomitee am 3. Dezember abermals zusammentrat, war von der Partei nicht mehr viel übrig; die Tagung glich einem Scherbengericht. Altgediente Größen wie Erich Honecker, Willi Stoph und Erich Mielke wurden aus der SED ausgeschlossen. Das gerade erst gewählte Politbüro, einschließlich Generalsekretär Krenz, musste abdanken, weil es keinerlei Unterstützung mehr fand. Auch das Zentralkomitee erklärte geschlossen seinen Rücktritt und löste sich auf – die Partei wurde jetzt nur noch von einem provisorischen Arbeitsausschuss gelenkt. Die Stimmung auf der Sitzung illustriert ein Redebeitrag des SED-Bezirkschefs von Schwerin, Bernhard Quandt: »Genosse Egon Krenz, wir haben im Staatsrat die Todesstrafe aufgehoben, ich bin dafür, dass wir sie wieder einführen, dass wir die strangulieren und erschießen, die unsere Partei in eine solche Schmach gebracht haben, dass die ganze Welt vor einem solchen Skandal steht, den sie noch niemals gesehen hat.«[22]

Der Zorn über die SED war 1989 so groß, dass nicht nur die Bevölkerung, sondern auch viele Mitglieder die Auflösung der Partei verlangten – doch eine kleine Gruppe von Funktionären verhinderte damals den Selbstmord der SED. Neben dem neuen DDR-Ministerpräsidenten Hans Modrow gehörten dazu vor allem Ex-Spionagechef Wolf und der Vorsitzende des DDR-Rechtsanwaltskollegiums, Gregor Gysi, die das Vertrauen der Moskauer Führung genossen.[23] Als die SED in die größte Krise ihrer Geschichte geriet, nahmen sie das Ruder in die Hand, um die Partei vor dem Untergang zu retten. Sie wussten – wie es Cheftheoretiker Otto Reinhold bereits auf der ZK-Tagung im November formuliert hatte –, dass es ohne die SED keinen Sozialismus in der DDR geben würde und ohne Sozialismus auf Dauer keine zwei deutsche Staaten.[24] Modrow warnte deshalb davor, die Partei zu zerbrechen. Es gehe »um unser Land, um diesen deutschen Staat«.[25]

Weil die Rufe immer lauter wurden, die SED aufzulösen und an ihrer Stelle eine neue, unbelastete sozialistische Partei zu gründen, beschloss der Arbeitsausschuss, für den 8. Dezember in der Berliner Dynamo-Sporthalle einen außerordentlichen Parteitag einzuberufen. Eine überwältigende Mehrheit der Delegierten wählte dort Gysi zum letzten SED-Vorsitzenden. Mit einer geschickten Parteitagsregie und einer eindringlichen Rede Gysis in geschlossener Sitzung verhinderte die neue Führung damals die Selbstauflösung. »Die Auflösung der Partei wäre meines Erachtens eine Katastrophe«, machte Gysi den Delegierten Angst.[26] Und Modrow sekundierte: »Wenn bei der Schärfe des Angriffes auf unser Land dieses Land nicht mehr regierungsfähig bleibt, weil mir, dem Ministerpräsidenten der Deutschen Demokratischen Republik, keine Partei mehr zur Seite steht, dann tragen wir alle die Verantwortung dafür, wenn dieses Land untergeht.«[27]

Stattdessen beschloss die Partei ein Wochenende später – die Delegierten bekamen zum ersten Mal nicht mehr frei für einen Parteitag – nur ein neues Statut, das den »Demokratischen Zentralismus« beendete, die Partei aber immer noch als »marxistische Partei« bezeichnete. Der Name wurde in »SED-PDS« erweitert. Die neue Führung um Gysi und Modrow hoffte damals noch, die Lage in der DDR stabilisieren und zumindest einen Teil ihrer Macht erhalten zu können. »Eine Vereinigung beider deutscher

Staaten«, so Gysi zu den Delegierten, »das wäre die von keinem Politiker zu verantwortende Entscheidung, die DDR in ein unterentwickeltes Bundesland mit ungewisser sozialer Zukunft seiner Bürger zu verwandeln, das heißt sie zum Armenhaus der BRD zu machen.«[28] Auch der (bereits in »Amt für Nationale Sicherheit« umbenannte) Staatssicherheitsdienst sollte unter dem Namen »Verfassungsschutz der DDR« soweit wie möglich bestehen bleiben. Doch schon wenig später ging es nur noch darum, die Partei – und die Interessen der alten DDR-Eliten – so gut es ging im sich entwickelnden Mehrparteiensystem zu behaupten.

Um die Partei zu retten, leitete der neue Vorstand eine Gegenoffensive ein. Die Mitglieder der bisherigen Grundorganisationen in den Betrieben wurden in Territorialorganisationen neu erfasst. Sogenannte Initiativgruppen PDS versuchten, Auflösungsbeschlüsse an der Basis zu verhindern und bereits aufgelöste Parteiorganisationen wieder aufzubauen. Anfang Februar 1990 wurde das diskreditierte Kürzel »SED« aus dem Parteinamen gestrichen und das Symbol des brüderlichen Handschlags abgeschafft. Die Mitglieder wurden aufgerufen, innerparteiliche Auseinandersetzungen bis zu den Volkskammerwahlen am 18. März zurückzustellen. Als Reaktion auf die restaurativen Tendenzen hatten führende Reformer um Wolfgang Berghofer, den stellvertretenden Parteivorsitzenden und Ex-Oberbürgermeister von Dresden, bereits im Januar ihren Austritt erklärt. In einer öffentlichen Erklärung schrieben sie: »Wir, die wir uns persönlich aktiv für die radikale Erneuerung der SED/PDS eingesetzt haben, sehen nicht die politische Kraft dieser Partei, sich grundsätzlich zu verändern und die tiefe Krise in unserem Land an der Seite der demokratischen Kräfte mit zu überwinden.«[29]

Das Motiv der Funktionäre, die Gründung einer neuen Partei zu vereiteln, war nicht nur die Angst vor dem totalen Machtverlust. Sie fürchteten auch, im Fall einer Selbstauflösung das gigantische Vermögen der SED zu verlieren. Zudem hätten die mehr als 44 000 hauptamtlichen Mitarbeiter kaum noch eine Perspektive gehabt. »So waren es letztlich materielle Argumente, mit denen die formale Liquidierung einer Organisation verhindert wurde, die sich im Zustand tiefer Agonie befand«, schreiben die Politologen Gero Neugebauer und Richard Stöss über die Ursachen für den Fortbestand der Partei.[30]

Wie viel die SED damals genau besaß, weiß bis heute niemand zu sagen. Sie selbst bezifferte ihre Geldbestände zum 31. Dezember 1989 auf 6,1 Milliarden DDR-Mark – Angaben, die sie erst Monate später lieferte, nachdem die Volkskammer 1990 die Offenlegung des Parteivermögens verlangt hatte. Zum 1. Juli 1990 wurde das gesamte Geldvermögen im Zuge der Währungsunion zum Kurs von 2:1 in DM umgestellt. Die von der Partei gelieferten Zahlen stellten sich später als keineswegs vollständig heraus, weil sie unter anderem ihre Geldbestände im Ausland – allein auf Schweizer Bankkonten lagen über elf Millionen D-Mark – verschwiegen hatte. Als die Unabhängige Kommission zur Überprüfung des Vermögens der Parteien und Massenorganisationen der DDR 2006 ihre Arbeit nach sechzehn Jahren abschloss, resümierte sie: »Die SED/PDS verfolgte eine Strategie der Vermögensverschleierung.«[31]

Die SED besaß aber nicht nur Milliardenbeträge, sondern auch zahllose Betriebe und Immobilien. Zu ihrem Firmenimperium – dessen Gewinne zu DDR-Zeiten nicht besteuert wurden – gehörten nicht nur fast alle Zeitungs- und Großdruckereien in Ostdeutschland mit allein 35 000 Beschäftigten, sondern auch die DEFA-Filmgesellschaft, diverse Buchverlage, die GENEX Geschenkdienst GmbH oder das Außenhandelsunternehmen Novum. Hinzu kamen mehr als tausend Grundstücke und Gebäude. Teilweise wurden sie von den Parteibetrieben genutzt, teilweise befanden sich dort Büroräume, Schulungszentren oder Erholungsheime für Funktionäre. Ihr Wert wurde nach der Währungsunion auf zehn Milliarden D-Mark geschätzt, von der Partei damals jedoch nur mit 642 Millionen angegeben. Blieben schließlich noch die Panzerschränke des Zentralkomitees, die 1989 mit Dollars, Silberbarren, Münzen, Uhren und einer Reserve an Zahngold für Plomben von Politbüro-Mitgliedern vollgestopft waren.

Unter dem Vorsitz von Gregor Gysi tat die Partei alles dafür, den angehäuften Schatz in die neue Zeit hinüberzuretten. Bereits im Dezember 1989 konstituierte sich eine »Arbeitsgruppe zum Schutz des Vermögens der SED-PDS«. Sie hatte die Aufgabe, »wirksame Schritte gegen Angriffe auf das Eigentum der SED-PDS einzuleiten«.[32] Mit ihrer Hilfe wurden innerhalb weniger Monate Millionenbeträge beiseitegeschafft. Zu diesem Zweck erhielten der Partei verbundene Einrichtungen großzügige »Spenden«. Das Bildungs- und Konsultationszentrum »Cafe-Treff-CT« in Magdeburg bekam zum Beispiel 200 000 DDR-Mark, das Anglerparadies Chemnitz 600 000 und die Personen-Trans und Fahrschule GmbH sogar 1,5 Millionen DDR-Mark. Eine zweite Methode war die Darlehensvergabe an Genossen und Verbündete. Einem Bericht der PDS-Vermögensarbeitsgruppe zufolge wurde den Bezirks- und Kreisvorständen wiederholt empfohlen, »zuverlässige Genossen bei der Übernahme von Gaststätten, die als Treffpunkte der Partei genutzt werden können, zu unterstützen. Dazu beschloss das Präsidium des Parteivorstandes die gezielte Ausgabe von Darlehen.« Mindestens dreißig GmbHs wurden neu gegründet und mit riesigen Darlehen unterstützt. »Die Sicherung des Einflusses der PDS erfolgte durch Beteiligung am Stammkapital durch natürliche und juristische Personen als Treuhänder der PDS«, hieß es in dem Bericht der Arbeitsgruppe. »Dazu sind Treuhandverträge abzuschließen, die die Eigentumsrechte der PDS und ihren Gewinnanspruch sichern.«[33] Zum Abschluss solcher Verträge gab Gysi dem Leiter der Vermögens-AG im April 1990 eine entsprechende Vollmacht. Die noch von der letzten DDR-Volkskammer eingesetzte Untersuchungskommission, die den Verbleib des verschwundenen Parteivermögens klären sollte, fand später unter großen Schwierigkeiten mehr als 160 Firmen, die mit der PDS finanziell verbunden waren. »Die PDS ist ihrer von der Volkskammer beschlossenen Berichtspflicht zu den Firmen in ihrem Eigentum nicht nachgekommen«, heißt es im Abschlussbericht der Kommission.[34]

Um die Gelder beiseitezuschaffen, entwickelte die Partei ein hohes Maß an krimineller Energie. »Sie hat gezielt und systematisch versucht, riesige Millionenbeträge vor dem staatlichen Zugriff zu sichern«, erklärte der Vorsitzende der Untersuchungskommission, Christian von Hammerstein, im August 2006, als die Suche nach den SED-Millionen für beendet erklärt wurde.[35] Auch der sogenannte KoKo-Untersuchungsausschuss des Bundestages, der den Verbleib des DDR-Vermögens zu ermitteln suchte, kam 1998 zu dem Ergebnis, dass die damals und größtenteils auch später noch Verantwortlichen in der PDS durch ihre geschlossene Aussageverweigerung die Aufklärungsarbeit »in geradezu konspirativer Weise« behindert hätten. Die Haltung der SED/PDS war demzufolge »von Anfang an darauf gerichtet, einen möglichst großen Teil der in der Zeit ihrer Herrschaft angeeigneten Vermögenswerte für sich zu sichern«.[36]

Tatsächlich war die Partei ein Meister der Tarnung und Täuschung. Gegen ihre illegalen Geldverschiebungen nimmt sich die Spendenaffäre der CDU geradezu harmlos aus. Mehrfach gab es Durchsuchungen der Berliner Zentrale und weiterer Räumlichkeiten der Partei. Weil sich die PDS trotz mehrmaliger Aufforderung weigerte, ihr Vermögen entsprechend den gesetzlichen Vorgaben offenzulegen, wurden ihre Büros im Karl-Liebknecht-Haus 1992 von oben bis unten durchkämmt und zahlreiche Papiere beschlagnahmt. Die geheimen Darlehensverträge – die Geldempfänger mussten sich zu absolutem Stillschweigen verpflichten – flogen zum Teil erst nach Hausdurchsuchungen in Notariatskanzleien auf. Insgesamt musste die Untersuchungskommission die Polizei zu mehr als fünfzig Orten anrücken lassen.

Wie ein Krimi liest sich zum Beispiel der Bericht des KoKo-Untersuchungsausschusses über den sogenannten Putnik-Deal, eine der größten bekannt gewordenen Vermögensverschiebungen der PDS. Danach beauftragte das Präsidium im Sommer 1990 den stellvertretenden Parteivorsitzenden Wolfgang Pohl und den Leiter des Bereichs Parteifinanzen, Wolfgang Langnitschke, mit Hilfe der KPdSU Gelder ins Ausland zu transferieren. Nach entsprechenden Konsultationen in Moskau holte sich Pohl die Zustimmung des Präsidiums, um das Geld als fingierte Tilgung von Altschulden auf Auslandskonten eines sowjetischen Unternehmens zu überweisen. Der damalige Kreisvorsitzende der PDS in Halle, Karl-Heinz Kaufmann, ließ sich daraufhin von der Moskauer

Firma Putnik eine Generalvollmacht ausstellen und richtete im In- und Ausland verschiedene Konten ein. Zugleich verfasste er im Namen von Putnik mehrere Mahnschreiben, in denen bei der PDS Altforderungen in Höhe von 107 Millionen D-Mark geltend gemacht wurden. Zwölf Millionen DM sollte zum Beispiel die Behandlung von Augenkrankheiten von Dritte-Welt-Studenten gekostet haben, 25 Millionen die Errichtung eines »Zentrums der Internationalen Arbeiterbewegung«. In Absprache mit dem Präsidium durfte Kaufmann zudem 3,2 Millionen DM für Unkosten und Provisionen verwenden. Anschließend veranlassten Pohl und Langnitschke unter Vorlage der Putnik-Mahnungen, dass die Gelder über die Deutsche Handelsbank in Ost-Berlin und weitere Banken nach Norwegen und in die Niederlande überwiesen wurden.

Doch die Empfängerbanken machten der PDS einen Strich durch die Rechnung. Sie schöpften Verdacht, sperrten die Beträge und informierten das Bundeskriminalamt. Noch am selben Tag, dem 18. Oktober 1990, wurde ein Ermittlungsverfahren eingeleitet sowie – unter Protest der Funktionäre, die einen Vergleich zu Durchsuchungen im Jahr 1933 zogen – die PDS-Parteizentrale und Kaufmanns Wohnung durchsucht. Bei Langnitschke fand man einen Zettel für Parteivize Pohl, dem zufolge der Direktor der Ost-Berliner Handelsbank »dringend entweder mit Dir oder Gregor sprechen« müsse. »Er meint, es laufen Dinge, welche für die Partei eine äußerste Gefahr darstellen«, hieß es darauf. Am nächsten Morgen flog PDS-Chef Gysi nach Moskau – »entrüstet über den Dilettantismus«, wie es im KoKo-Abschlussbericht heißt –, um dort die KPdSU »zur Aufrechterhaltung der Legende hinsichtlich bestehender Altforderungen zu bewegen«. Nach Gysis Rückkehr am Abend des 25. Oktober 1990 fand noch in derselben Nacht eine Krisensitzung in der Wohnung von Hans Modrow statt, an der neben Gysi und Modrow auch der damalige Parteivize André Brie teilnahm. Man vereinbarte, dass Pohl und Langnitschke am nächsten Tag die alleinige Verantwortung für den Putnik-Deal übernehmen sollten. Während Pohl sich dazu bereit erklärte, lehnte Langnitschke ab, weil er der festen Überzeugung war, im Auftrag der Partei gehandelt zu haben. Tatsächlich sprach das Landgericht Berlin 1993 beide vom Vorwurf der Untreue frei, »da sie im Auftrag und mit Wissen der Verantwortlichen der PDS sowie ohne persönliche Bereicherungsabsicht mit dem Ziel gehandelt hätten, die entsprechenden Gelder für die PDS zu sichern«.[37] Während Langnitschke dem KoKo-Ausschuss später bereitwillig Auskunft über die Transaktion gab, verweigerten die Parteifunktionäre Bisky, Brie und Gysi die Aussage. Wenig später kam Langnitschke bei einem Verkehrsunfall im schweizerischen Lugano ums Leben.

Der KoKo-Bericht nennt noch weitere Transaktionen dieser Art, darunter die spektakuläre Zahlung von 75 Millionen DDR-Mark an eine »Islamische Religionsgemeinschaft«. Der palästinensische Waffenhändler Abdul Majid Younes hatte sie erst im Februar 1990 gegründet. Der Scheck für ihn wurde auf den 31. Mai 1990 zurückdatiert, weil nach einem Beschluss der Volkskammer das Vermögen der DDR-Parteien ab dem 1. Juni unter treuhänderischer Verwaltung stand. Ein weiterer Vorgang flog 1993 auf, als die Partei mehr als vierzehn Millionen DM für linke Parteien im Ausland nach Luxemburg umleitete. Laut Bundesinnenministerium waren die PDS-Verantwortlichen entgegen ihrer gesetzlichen Verpflichtung nicht bereit, an der Aufklärung des Sachverhalts mitzuwirken. Sie hätten vielmehr versucht, »falsche Tatsachen vorzuspiegeln und den Eindruck zu erwecken, dass es sich bei den Ausgaben [...] um endgültig abgeflossene Zahlungen für politische Zwecke handele«.[38]

Viel zu lange sah die Untersuchungskommission diesem Treiben der PDS tatenlos zu. Erst im Sommer 1991 beschlagnahmte die Treuhandanstalt alle ihre Parteikonten. Von nun an musste sie sich jede Einzelausgabe genehmigen lassen, freien Zugriff hatte sie nur noch auf ihr Neuvermögen. Auch den riesigen Immobilienbesitz verwaltete jetzt die Treuhand. Die Partei, die es bis dahin gewohnt war, aus dem Vollen zu schöpfen, stand schon nach wenigen Tagen vor dem Ruin, so dass ihr die Treuhand einen Kredit in Höhe von 5,45 Millionen DM bewilligen musste. Der Streit um das Parteivermögen zog sich noch über Jahre hin. 1994 ketteten sich Gysi und Bisky im Büro der Untersuchungskommission an und drohten mit Hungerstreik, weil die Partei eine Steuerforderung über 67 Millionen DM nicht bezahlen konnte. Im Juli 1995 einigten sich PDS, Untersuchungskommission und die Bundesanstalt für vereinigungsbedingte Sonderausgaben (BVS) schließlich auf einen Vergleich: Die PDS verzichtete auf einen Großteil ihres noch vorhandenen Altvermögens, damals ein Wert von etwa 1,8 Milliarden DM; nur fünf Immobilien durfte sie als rechtmäßig erworbenen Besitz behalten. Im Gegenzug erklärte die Bundesrepublik ihren Verzicht, die Gelder zurückzufordern, die die PDS 1990 beiseitegeschafft hatte. Vieles davon ist für immer in dunklen Kanälen versickert.

Bei einem Prozess im thüringischen Mühlhausen kam zum Beispiel heraus, dass die PDS dem ehemaligen Armeeoffizier und Parteifunktionär Wolfgang Engelmann im Frühjahr 1990 1,6 Millionen DDR-Mark überlassen hatte, zuzüglich Autos und Inventar im Wert von einer weiteren halben Million. Mit dem Geld, für das er weder Zins noch Tilgung zahlen musste, verwandelte er den von ihm verwalteten Fuhrpark der SED-Bezirksleitung Gera zum Minikonzern mit Werkstatt, Fahrschule, Bus- und Taxibetrieb. Engelmann verschob die Parteigelder an ein Autohaus und eine Leihwagenfirma und revanchierte sich mit Autorabatten und fingierten Rechnungen für Genossen. Als die Treuhand im September 1991 aufwachte, waren 1,5 Millionen DM verloren. In einem anderen Fall sind sogar mindestens 15 Millionen DM verschwunden. Die Chefin der SED-Firma All Goods International hatte zwischen November 1989 und Mai 1991 bei der Ost-Berliner Handelsbank mehrere Millionen DM abgehoben und zudem Überweisungen auf ausländische Konten veranlasst. Im September 2003 wurde sie zwar zu 530 000 Euro Schadensersatz verurteilt, doch die veruntreuten Millionen sind nie wieder aufgetaucht.

Bis heute ist nicht bekannt, wie viel Geld die PDS damals beiseiteschaffen konnte und wer davon heute profitiert. Zwischen Januar und Juli 1990 verringerte sich das Vermögen der Partei jedenfalls – nach *ihren* Angaben – von 9,5 auf 3,5 Milliarden

DDR-Mark. Das bewegliche Anlagevermögen, also Autos, Geräte, Möbel etc., reduzierte sich zwischen Oktober 1989 und August 1991 von knapp einer halben Milliarde auf nur noch vier Millionen D-Mark. Immerhin konnte die Untersuchungskommission in sechzehnjähriger Arbeit mehr als eine Milliarde Euro an Immobilien, Geldbeständen und anderen Vermögenswerten aus dem Besitz der SED/PDS sicherstellen. Vielfach erfolglos blieben jedoch die Ermittlungen im Ausland. Zwar fand die Kommission ein Schwarzgeldkonto in Liechtenstein mit 2,6 Millionen Euro, doch ein dreistelliger Millionenbetrag wird immer noch vermisst. Trotz vieler Anhaltspunkte führten auch die Recherchen in Ungarn, wo der frühere DDR-Geschäftsmann und Stasi-Agent Günter Forgber diverse Transaktionen eingefädelt hatte, zu keinem Ergebnis. Im Frühjahr 2006 kam er – wie 1998 schon Langnitschke – bei einem Verkehrsunfall ums Leben.

Die Ost-Partei

Das wundersame Überleben der SED wäre freilich kaum möglich gewesen, wenn sie nicht auch eine politische Strategie entwickelt hätte. Dazu gehörte vor allem, sich als Sachwalter ostdeutscher Interessen zu präsentieren. Ausgerechnet die Partei, die für die Misere des Landes verantwortlich war, schob deren Auswirkungen nun anderen in die Schuhe und erhob sich selbst zum Ankläger. Die PDS entwickelte einen radikalen Sozialpopulismus, der auf reale Handlungsspielräume und wirtschaftliche Vernunft keine Rücksicht nahm. In der Bevölkerung weckte sie damit Illusionen, die zwangsläufig enttäuscht werden mussten. Für die Partei hatte diese Strategie gleich mehrere Vorteile: Ihre Verantwortung für das heruntergewirtschaftete Land rückte in den Hintergrund, da es scheinbar nur am mangelnden Willen der heute Zuständigen – und am neuen System – lag, dass die Lebensverhältnisse in Ost und West weiter auseinanderklafften. Im Wettbewerb der Parteien konnte sie zugleich mit populären Forderungen punkten, die sie selbst nicht erfüllen musste. Der so erzeugte Druck auf die Regierungen, wenigstens einen Teil davon umzusetzen, führte schließlich dazu, dass sich die wirtschaftlichen Probleme weiter verschärften. Da die Anhebung des Lebensstandards in Ostdeutschland nicht durch ein entsprechendes Wachstum der Produktivität gedeckt war, wuchsen Arbeitslosigkeit und Haushaltsdefizite. Dadurch vergrößerte sich die Zahl derer, die ihre Situation nicht aus eigener Kraft verbessern konnten, sondern auf staatliche Alimentierung angewiesen waren – also genau jene Klientel, die die PDS brauchte, um sich als Sprachrohr der Unzufriedenen zu profilieren.

Vehement setzte sich die Partei vor allem für diejenigen ein, die in irgendeiner Weise von der SED-Herrschaft profitiert hatten. So bekämpfte die PDS jede Form von Kappung der üppigen Zusatz- und Sonderrenten für die einstigen Staatskader. Sie agitierte gegen die Rückgabe von Häusern oder Grundstücken an die vertriebenen Alteigentümer und verteufelte die Enttarnung und Entlassung ehemaliger Stasi-Mitarbeiter. Selbst Plattenbaubewohner, die zu DDR-Zeiten eine Garage gepachtet hatten und jetzt fürchteten, diese zu verlieren, fanden in der PDS einen eifrigen Fürsprecher. Die Vokabel des »Vereinigungsunrechts« avancierte zum Kampfbegriff, der die unterschiedlichen Interessengruppen bündelte und der PDS ein sicheres Stammwählerpotential verschaffte.

Der Sozialpopulismus wurde begleitet vom völligen Desinteresse am Erfolg des Einigungsprozesses. Da die Partei von der Unzufriedenheit in Ostdeutschland profitierte, kam ihr eine Verschärfung der Probleme nur zupass. Verantwortung für den Zustand des Gesamtstaates wollte sie nicht entwickeln. Der Populismus ging so weit, dass sie 2004 im brandenburgischen Landtagswahlkampf fast wörtlich dieselben Parolen verwendete wie die rechtsradikale DVU. Die Einstellung der Partei offenbarte sich auch im August 2005, als herauskam, dass im Wahlkreisbüro der PDS-Bundestagsabgeordneten Gesine Lötzsch Tipps gegeben wurden, wie man als Hartz-IV-Empfänger das Arbeitsamt betrügen kann.

Es waren aber nicht nur soziale Forderungen, mit denen die

PDS in Ostdeutschland auf Stimmenfang ging. Bewusst schürte sie in der Bevölkerung auch Ressentiments gegenüber der alten Bundesrepublik, den Westdeutschen und der westlichen Welt insgesamt. Der von den DDR-Bürgern durchgesetzte Beitritt zur Bundesrepublik wurde – in Analogie zur Übernahme von Österreich durch die Nationalsozialisten 1938 – als »Anschluss« diskreditiert; die frei gewählte Bundesregierung, die beständig riesige Summen in den Osten Deutschlands transferierte, als »Besatzungsmacht« verunglimpft; und die strafrechtliche Ahndung der Verbrechen von SED-Führern als »Siegerjustiz« denunziert. Auf plumpe Weise versuchte die PDS, aus der Verunsicherung vieler Ostdeutscher Kapital zu schlagen, indem sie deren Unzufriedenheit auf das politische und wirtschaftliche System der Bundesrepublik lenkte.

Zu diesem Zweck schuf man in Ostdeutschland ein ganzes Arsenal an Organisationen, die im gesellschaftlichen Vorfeld der PDS aktiv sind. Eine wichtige Rolle bei den Kampagnen gegen den Vereinigungsprozess spielt vor allem die 1991 gegründete Gesellschaft für Bürgerrecht und Menschenwürde e.V. (GBM). Hinter dem wohlklingenden Namen verbergen sich alte Funktionäre, die der DDR nachtrauern und um ihre Privilegien kämpfen. Was in der Satzung als »Feststellung, Erforschung und Dokumentation von Menschenrechtsverletzungen« bezeichnet wird, ist in Wahrheit ein organisierter Kampf für die Interessen von Stasi- und SED-Kadern. Dem Verein, der sich selbst als gemeinnützig bezeichnet, gehören über 3500 DDR-Nostalgiker an, die in vierzig Ortsverbänden in ganz Ostdeutschland aktiv sind. Darüber hinaus haben sich ihm mehrere Vereinigungen ehemaliger Stasi-Mitarbeiter angeschlossen – wie das »Insiderkomitee zur kritischen Aufarbeitung der Geschichte des MfS« und die Gesellschaft für rechtliche und humanitäre Unterstützung (GRH). Mit von der Partie sind auch die »Initiative für die volle Gewährung der verfassungsmäßigen Grundrechte und gegen Berufsverbote«, die sich für eine Weiterbeschäftigung früherer Stasi-Leute einsetzt, oder das Berliner Alternative Geschichtsforum, das eine DDR-verherrlichende Geschichtsschreibung betreibt.

Im Juli 1992 initiierte Gysi zusammen mit dem ehemaligen DDR-Innenminister Peter-Michael Diestel die Bildung sogenannter Gerechtigkeitskomitees. In einem von 69 Personen unterzeichneten Gründungsmanifest hieß es damals, die Bürger in den neuen Bundesländern fühlten sich als »Menschen zweiter Klasse«. Deindustrialisierung, Zerstörung der Landwirtschaft, Massenarbeitslosigkeit, sozial unverträgliche Mietsteigerungen und andere Negativerscheinungen hätten die »Hoffnungen zerstört, die mit der deutschen Einheit verknüpft waren«. Die Ostdeutschen müssten deshalb »ihre Interessen selber aussprechen und wahrnehmen«, wozu überparteiliche »Komitees für Gerechtigkeit« gebildet werden sollten.[39] Die Kampagne, die später wieder im Sande verlief, sollte der PDS ein größeres außerparlamentarisches Umfeld verschaffen, um die Partei aus ihrer damaligen politischen Isolation herauszuführen. Zu Recht wies die ostdeutsche Bürgerbewegung Neues Forum seinerzeit darauf hin, dass viele der Unterzeichner kompromittiert waren: »Alte DKPler wie Hannes Wader und Franz Josef Degenhardt, denen die Interessen der DDR-Bevölkerung bis 1989 gleichgültig waren, [...] die der DDR-Führung nahestehenden Professoren Jürgen Kuczynski und Hans Mottek, die als Wirtschaftswissenschaftler die realsozialistische Ökonomie gerechtfertigt haben, die Oberkirchenrätin Christa Lewek, eine Zeitlang Sekretärin des CDU-Chefs Otto Nuschke, die sich auf das Behindern der kirchlichen Opposition und westlicher Korrespondenten verstanden hat.«[40]

Um die Komitees und weitere Organisationen, die die Ziele der PDS unterstützten, zusammenzuführen, wurde im Oktober 1993 der 1. Ostdeutsche Bundeskongress der Verbände durchgeführt. Dort schlossen sich ehemalige DDR-Vereinigungen wie der Demokratische Frauenbund mit neu gegründeten PDS-nahen Organisationen zum Ostdeutschen Kuratorium von Verbänden (OKV) zusammen. Offiziell trat die PDS in dieser Volksfront gegen die deutsche Einheit nicht in Erscheinung, ideologisch und organisatorisch nahm sie darin jedoch eine dominierende Stellung ein. Ursprünglich wollte sie das Kuratorium sogar zu einer dritten ostdeutschen Kammer (neben Bundestag und Bundesrat) machen, die das Recht bekommen sollte, Parlamente und Behörden zu kontrollieren – eine Forderung, die Gysi im Februar 1994 in seinem sogenannten Ingolstädter Manifest propagierte.[41] Die etwa einhundert PDS-nahen Organisationen, die der Partei in leninistischer Manier als »Transmissionsriemen« in die Gesellschaft dienen, haben alles in allem schätzungsweise 100 000 Mitglieder und überziehen die neuen Länder mit einem dichten Netz an Kadern.

Während alle anderen im Bundestag vertretenen Parteien seit 1990 darum bemüht waren, Ost und West wieder zusammenzuführen und die Probleme gemeinsam zu lösen, tat die PDS das Gegenteil: Sie schürte die Spannungen und vertiefte die Entfremdung, um sich dann umso besser als Partei der ehemaligen DDR-Bürger präsentieren zu können. Keine andere politische Kraft hat nach der Wiedervereinigung so viel Hass zwischen den beiden Landesteilen geschürt wie die PDS. Die antiwestliche Stimmungsmache der SED-Erben hat dabei nicht nur den Prozess des Zusammenwachsens behindert. Sie stellt auch eine nicht zu unterschätzende Gefahr für die Demokratie in der Bundesrepublik dar, weil sie sich gegen das wirtschaftliche und politische System insgesamt richtet. Bewusst bedient sich die PDS dabei auch eines dumpfen Antiamerikanismus, der nahtlos an die »antiimperialistische« Propaganda der SED anknüpft. Wenn heute nur noch 64 Prozent der Ostdeutschen die Demokratie für die beste Staatsform halten, dann ist dies auch eine Folge der Agitation der PDS, die radikalen Parteien Tür und Tor öffnet.

Kleine DDR

Zu den Missverständnissen der Öffentlichkeit gehört es, dass eine demokratisch gewählte Partei auch demokratisch sei. Während bei rechtsradikalen Organisationen diese Gleichung nur von wenigen gezogen wird, ist sie in Bezug auf die PDS durch stetige Wiederholung fast schon Konsens geworden. Dass ausgerechnet die Partei, die für eine vierzigjährige Diktatur verantwortlich ist, heute den Kampf »aller demokratischen Parteien« gegen den Neonazismus fordert und dabei kaum noch ein Stirnrunzeln auslöst, zeigt, wie sehr es ihr gelungen ist, sich ein neues Image zuzulegen.

Zum Erfolg der PDS trug vor allem eine geschickte Personalpolitik bei. Während mehr als die Hälfte der 61 500 Mitglieder älter als 65 Jahre sind, suggerierte sie der Öffentlichkeit mit jungen, unbelasteten Kadern ein ganz anderes Bild. Schon in den neunziger Jahren ging die Partei mit der Wahlkampfparole »Gysis bunte Truppe« und unabhängigen Kandidaten wie dem SED-kritischen Schriftsteller Stefan Heym erfolgreich auf Stimmenfang. Weil sich die so rekrutierten Abgeordneten jedoch von der Partei nur schlecht steuern ließen, ging man bald dazu über, zunehmend solche Politiker ins Rampenlicht zu schieben, die schon aus Altersgründen mit der DDR wenig zu tun gehabt haben können. So wählte die Berliner PDS 2001 den damals 29-jährigen Stefan Liebich zum Parteichef – als die Mauer fiel, war der wie ein Oberschüler wirkende Politiker gerade siebzehn Jahre alt. 2006 folgte ihm der smarte 32-jährige Klaus Lederer – er war beim Sturz des SED-Regimes sogar nur fünfzehn Jahre alt. 2003 machten die Parteistrategen die 25-jährige Katja Kipping zur stellvertretenden Bundesvorsitzenden – sie hatte im Herbst 1989 gerade das zwölfte Lebensjahr erreicht.

Hinter dieser bunten Fassade sieht die PDS ganz anders aus, dort hat die Welt der SED fast bruchlos überdauert. Studieren kann man das zum Beispiel in Brandenburg, das vom früheren Ministerpräsidenten Manfred Stolpe (SPD) zuweilen liebevoll »die kleine DDR« genannt wurde. Die Fäden in der brandenburgischen PDS hält noch immer der letzte SED-Chef des Bezirks Potsdam Heinz Vietze in der Hand, heute Geschäftsführer der PDS-Landtagsfraktion. Der Mann, der als Strippenzieher der PDS gilt, diente der SED nach seinem Studium an der Parteihochschule »Karl Marx« zunächst als hauptamtlicher FDJ-Funktionär. Die Stasi registrierte ihn als »Gesellschaftlichen Mitarbeiter für Sicherheit« (GMS), die einfachste Form des IM. Doch beteiligte er sich weniger inoffiziell als vielmehr offiziell daran, die SED-Diktatur aufrechtzuerhalten. So zitierte er 1982 den heutigen brandenburgischen Finanzminister Rainer Speer zu sich, der damals in einem FDJ-Kulturhaus arbeitete, und zwang ihn, ein geplantes Fest abzusagen, weil auch kirchliche Gruppen daran teilnehmen wollten. »Seine Bücher standen hinter Modellen von russischen Panzern und Raketen«, erinnerte sich Speer später an die Situation. »Er griff einen Lenin-Band heraus und las vor.« Dem uneinsichtigen Mitarbeiter drohte er, ihn »in die Produktion« zu schicken, wenn er sich nicht füge.[42]

1984 wurde Vietze der jüngste Kreissekretär, den die SED je hervorbrachte. Der Vizepräsident des DDR-Schriftstellerverbandes, Gerhard Holtz-Baumert, widmete dem Parteichef von Oranienburg bei Berlin damals ein schwülstiges Porträt, das den »Ersten von O.« zum Vorbild erhob: »Wofür ist ein Erster in einem Kreis wie O. verantwortlich?«, fragte der Autor darin. »Für alles!«, lautete die Antwort. Und dann folgte die Aufzählung: hundert VEBs, 25 LPGs, sechs Krankenhäuser, 45 Jugendklubs, eine Musikschule und fünfzig Bibliotheken. Nach Vietzes Worten hatte die SED noch viel mit ihm vor; wäre die DDR nicht zusammengebrochen, säße er heute vielleicht im Politbüro. Im Spätsommer 1989 gehörte Vietze zu den Einpeitschern der Partei. Was er am 14. September auf der 7. Tagung der SED-Kreisleitung Potsdam sagte, zirkuliert in verschiedenen Versionen, er selbst kann sich nicht mehr daran erinnern. »Wenn der Gegner sich zum direkten Kampf in seinem Schützengraben gegen uns erhebt und scharf zielt und alles einsetzt, worüber er verfügt, dann muss in der Deutschen Demokratischen Republik in diesem Schützengraben die Diskussion über das letzte Flugblatt oder die Schützengrabenzeitung aufhören, sondern wir müssen darüber reden, wer zielt auf diesen Gegner, und zwar mit Kampfkraft, mit klassenmäßiger Position«, gab die *Berliner Zeitung* seine Rede wieder.[43] Im November wurde er SED-Chef in Potsdam und damit mächtigster Mann in einem der wichtigsten DDR-Bezirke. Kurz darauf traf er Rainer Speer, der bis zum Ende der DDR als Möbelrestaurator überwinterte, am Runden Tisch wieder. »Am liebsten wäre ich sofort aufgestanden und wieder gegangen, als ausgerechnet Vietze auf ›Basisdemokratie‹ pochte«, erzählte Speer später.[44]

Vietze betrachtet es als sein Lebenswerk, dass die Partei, die ihn groß gemacht hat, damals nicht untergegangen ist. Er verpasste der SED ein neues Gesicht, indem er Leute wie Lothar Bisky an die Spitze schob. Mit dem früheren Ministerpräsidenten Stolpe hat er auch aus der Opposition heraus eng zusammengearbeitet – gemeinsam begründeten sie den »Brandenburger Weg«, bei dem die vierzig Jahre DDR nicht aufgearbeitet, sondern als »Leistung unserer Menschen« deklariert wurden. Im Wahlkampf 2004 machte er Dagmar Enkelmann, die ehemalige Miss Bundestag, zur Spitzenkandidatin, auch die populistische Plakatparole »Hartz IV ist Armut per Gesetz. Weg damit« stammt von ihm. Die streitbare Landtagsabgeordnete Esther Schröder, der er 1999 einen sicheren Listenplatz für die Landtagswahlen verschafft hatte und deren Ausschluss er später betrieb, nannte ihn »eine graue Eminenz«. Als sie 2002 zur SPD wechselte, sagte sie, in der PDS habe sie »SED live« erlebt.[45]

SED live erlebt man auch, wenn man sich in die Niederungen der Partei begibt – zum Beispiel in den Ortsverband von Werder. Im Februar 2006 fand dort das zweite »Militärhistorische Forum« statt – aus Anlass des fünfzigsten Jahrestages der NVA-Gründung. Der Raum des Hotels »Zur Insel«, in dem der Ortsverband gewöhnlich seine Versammlungen abhält, platzte bei der Veranstaltung aus allen Nähten – so viele PDS-Genossen wollten den Ex-Generaloberst Horst Stechbarth hören, der bis 1989 Vizeverteidigungsminister der DDR und Mitglied des SED-Zentralkomitees war. Der ehemalige Chef der Landstreitkräfte, einst Anwärter der NSDAP, hat ein Buch über sein Leben als »Soldat im Osten« geschrieben, in dem er die alten Propagandamythen über die NVA noch einmal aufwärmt.[46] Die DDR-Armee schützte danach nicht die Existenz der SED-Diktatur, sondern sicherte den Frieden – obwohl sie sich in Übungen darauf vorbereitete, im Kriegsfall über die Bundesrepublik und Belgien bis nach Frankreich zu marschieren. »Wenn man mich fragt, ob ich meinen Weg noch einmal gehen würde, wäre ein klares ›Ja‹ die Antwort«, schreibt Stechbarth in seinem Buch, wie ein PDS-Genosse in seinem Veranstaltungsbericht hervorhebt. »Für alle Anwesenden waren die zweieinhalb Stunden ein beeindruckender und nachdenklicher Abend.« Die überwiegend älteren Teilnehmer hätten sich an die Zeit zurückerinnert, in der man versucht habe, eine bessere und gerechtere Gesellschaft zu schaffen, »die auch geschützt werden muss«.[47]

Verklärung einer Diktatur

Wenn man die PDS auf DDR-Verherrlichungen dieser Art anspricht, behaupten ihre Funktionäre regelmäßig, unwiderruflich mit der Vergangenheit gebrochen und sich mit den Fehlentwicklungen in der DDR sogar besonders intensiv auseinandergesetzt zu haben. Die Wirklichkeit sieht freilich anders aus: Noch nie hat die PDS das sozialistische Regime im Osten Deutschlands ohne Wenn und Aber verurteilt. Im Gegenteil: Keine andere Partei hat die SED-Diktatur so oft verharmlost und verklärt wie die PDS.

Es sind vor allem drei Behauptungen, mit denen die kommunistische Diktatur im Nachhinein schöngeredet wird. Zum einen begründet die PDS die Entstehung der DDR aus der Geschichte. Nach den Erfahrungen des Nationalsozialismus sei sie der »legitime Versuch« gewesen, die Konsequenzen aus dem Hitler-Regime zu ziehen und eine »bessere Gesellschaft« aufzubauen. Mit diesem antifaschistischen Gründungsmythos hatte die SED schon früher ihre Gewaltherrschaft zu rechtfertigen versucht. Die PDS unterschlägt dabei nicht nur, dass es auch in der DDR acht Minister und zwei stellvertretende Ministerpräsidenten gab, die zuvor der NSDAP angehört hatten, und in der SED 1953 mehr als 96000 ehemalige NSDAP-Mitglieder gezählt wurden. Sie übergeht damit vor allem, dass die Ostdeutschen nach der Katastrophe des Nationalsozialismus gerade nicht die Chance erhielten, die Konsequenzen aus der Geschichte zu ziehen und eine funktionierende Demokratie aufzubauen. »So gilt Kritik an der SED letztlich als Geschichtsschreibung der Sieger und der antitotalitäre Konsens soll durch einen antifaschistischen ersetzt werden, der die Verurteilung des Kommunismus ausspart«, schreibt der Leipziger Historiker Rainer Eckert über das Geschichtsverständnis der PDS.[48]

Die zweite Behauptung lautet, dass das sozialistische Regime in der DDR im Prinzip der Idee einer menschlicheren Gesellschaft gefolgt sei. Seine Unzulänglichkeiten und sein Scheitern seien lediglich auf »Fehler« der Führung zurückzuführen, die »unfähig« gewesen sei, die politischen und wirtschaftlichen Probleme zu lösen. Nicht zuletzt aufgrund der Bedrohung durch den Westen hätten die damals Verantwortlichen die Demokratie eingeschränkt, leider auch innerhalb der SED. »Im Ergebnis des Kalten Krieges und geschuldet einer falschen Gesellschaftskonzeption«, so stellte das Präsidium des Parteivorstandes schon im Oktober 1990 in einer Erklärung fest, »kam es zu einer menschenunwürdigen Ausweitung des Repressionsapparates.«[49] Diesen »Demokratiedefiziten« werden jedoch die »sozialen Errungenschaften« der DDR gegenübergestellt, so dass es unter dem Strich zu einer Art Ausgleich kommt. Die Behauptung von der guten Idee, die lediglich schlecht ausgeführt worden sei, täuscht freilich darüber hinweg, dass die Durchsetzung des Sozialismus von Anfang an mit brutaler Gewalt erfolgte. Auch später konnte das System nur mit einem gigantischen Gewaltapparat – dem Grenzregime, dem Ministerium für Staatssicherheit etc. – aufrechterhalten werden. Die kommunistische Idee selbst zielt darauf ab, gewaltsam die Diktatur des Proletariats über die Bourgeoisie zu errichten. Der PDS eröffnet diese Argumentation jedoch die Möglichkeit, Missstände und sogar einzelne »Verbrechen« zu verurteilen, ohne das System als Ganzes in Frage stellen zu müssen. Verantwortlich für die begangenen Fehler ist eine nicht mehr vorhandene Führung, während die Masse der Funktionäre ausschließlich achtbare Absichten verfolgt haben soll.

Die dritte Methode, mit der man die Verantwortung für das SED-Regime relativiert, ist die Forderung, man müsse bei der Beurteilung der DDR die »historischen Umstände« berücksichtigen. Nicht der kommunistische Machtwille, sondern das verbrecherische NS-Regime oder die Bedrohung der DDR durch den Westen im Kalten Krieg haben demnach die Gewaltmaßnahmen der SED ausgelöst. »Die Zustände an der früheren Staatsgrenze, die zugleich eine Konfrontationslinie hochgerüsteter Militärblöcke war, hätte es – wie diese Grenze selbst – nie gegeben, wenn es das Dritte Reich und seinen Weltkrieg nicht gegeben hätte«, heißt es zum Beispiel in einer Erklärung des Parteivorstands vom August 1997.[50] In diesem Zusammenhang wird auch die angebliche Verfolgung Zehntausender Kommunisten in der Bundesrepublik, deren »Rehabilitierung« die PDS regelmäßig im Bundestag fordert, gerne gegen die Repressalien in der DDR aufgerechnet. Die PDS versucht damit, die Verantwortung für den Terror auf externe Ursachen abzuschieben. Die fundamentalen Unterschiede zwischen Diktatur und Demokratie werden dadurch verwischt und jene, die an den Unterdrückungsmaßnahmen mitgewirkt oder diese befohlen haben, von ihrer persönlichen Haftung befreit.

Kritik an der DDR erfolgt meist nur auf äußeren Druck. So distanzierte sich die Partei unter dem Eindruck der Massenproteste im Herbst 1989 öffentlich von der bisherigen SED-Politik. Im Vorfeld der Bildung rot-roter Koalitionen in Berlin und Mecklenburg-Vorpommern kritisierte sie auch die Zwangsvereinigung von KPD und SPD oder den Bau der Berliner Mauer. Sie tut dies jedoch immer so, dass sich die DDR-Anhänger nicht auf den Schlips getreten fühlen müssen. Um diesen Spagat zwischen Außen- und Innenwirkung zu absolvieren, hat sie inzwischen ein hohes Maß an politischer und sprachlicher Raffinesse entwickelt. So referierte Parteivorstandsmitglied Michael Schumann bereits auf dem Sonderparteitag im Dezember 1989 über das Thema »Wir brechen unwiderruflich mit dem Stalinismus als System«.[51] PDS-Funktionäre nutzen dies gerne als Beweis, dass die Partei schon damals mit dem SED-Regime gebrochen habe. In Wahrheit wird die Kritik an der DDR mit dem Begriff des Stalinismus auf die allerersten Jahre eingeschränkt – Stalin starb im März 1953 – und zusätzlich noch auf einen einzigen Führer hin personalisiert. Schon Stalins Nachfolger Chruschtschow hatte auf diese Weise versucht, die schlimmsten Auswüchse zu verurteilen, ohne die Parteiherrschaft insgesamt in Frage zu stellen. Eine wirkliche Abkehr vom SED-Regime würde hingegen den Bruch mit dem sozialistischen System oder der kommunistischen Diktatur verlangen.

Eine andere Form selektiver Vergangenheitskritik besteht darin, an kommunistische Funktionäre oder sozialistische Oppositionelle zu erinnern, die politisch verfolgt wurden. Auf den ersten Blick erweckt die PDS damit den Eindruck, dass die Opfer der SED-Diktatur auch in ihr einen Fürsprecher hätten. Tatsächlich grenzt das PDS-Gedenken jedoch den größten Teil der Verfolgten – Mitglieder demokratischer Parteien, Vertreter des antikommunistischen Widerstands, Fluchtwillige und willkürlich Verhaftete – aus. Als sich die PDS im Dezember 2006 daran beteiligte, auf dem DDR-Prominentenfriedhof in Berlin-Friedrichsfelde einen Gedenkstein »Für die Opfer des Stalinismus« zu errichten, wurde die Erinnerung sogar gleich doppelt eingeschränkt: Wie die zuständige PDS-Bürgermeisterin des Bezirks Lichtenberg erklärte, sollte der Stein ausschließlich den unter Stalin verfolgten Kommunisten und Sozialisten gewidmet sein – die Masse der SED-Opfer blieb unberücksichtigt.

Mittlerweile haben führende PDS-Politiker einen fein ziselierten Sprachcode entwickelt, mit dem sie der Öffentlichkeit ein kritisches Verhältnis zur SED-Diktatur suggerieren können, ohne tatsächlich zu ihr auf Abstand zu gehen. Eine beliebte Formulierung ist zum Beispiel, sich zur eigenen Biographie, manchmal auch zu den Fehlern der SED zu »bekennen« – statt sich klar und deutlich davon zu distanzieren. Auf dem Parteitag der Linkspartei[52] im April 2006 in Halle beteuerte ihr Ehrenvorsitzender Modrow etwa, dass er sich zu Fehlern, Entstellungen und Verstößen gegen das Recht immer »bekannt« habe. Dieser nichtssagenden Feststellung fügte er im nächsten Satz hinzu: »Aber genauso deutlich bekenne ich mich zu historischen Leistungen, die mit der Bewahrung des Friedens, mit sozialem Fortschritt und den Aufbauleistungen von vielen Millionen Menschen verbunden sind.«[53] Eine vergleichbare Formulierung ist die Behauptung, sich mit der Geschichte der DDR »offensiv« auseinandergesetzt zu haben – mit welchem Ergebnis, bleibt dabei offen. Auch der Beschluss der Berliner PDS, die Mauer als »Ausweis für das Scheitern des Staatssozialismus« zu betrachten, umgeht geschickt eine politische Bewertung des Grenzregimes. Unklar bleibt nicht nur, wer sie zu verantworten hatte, sondern auch, ob sie nun schwerwiegendes Unrecht darstellte oder nicht.

Umso vehementer wenden sich führende PDS-Politiker gegen Begriffe, die die DDR als Unterdrückungsregime qualifizieren. Mit Händen und Füßen wehrt man sich zum Beispiel gegen das Wort »Unrechtsstaat«, obwohl sogar im Einigungsvertrag vom »Unrechtsregime der SED« die Rede ist. Genauso wenig möchte man die DDR als »Diktatur« bezeichnen, obgleich bekanntlich sogar die SED von der »Diktatur des Proletariats« sprach. Entweder flüchtet man sich in ausschweifende Differenzierungen oder man greift auf die Schrecken des Nationalsozialismus zurück, die es angeblich verbieten würden, die DDR ebenfalls als Diktatur zu kennzeichnen. Mit Nachdruck wendet man sich gegen alle Versuche einer »Delegitimierung der DDR«. Im Umkehrschluss bedeutet das, dass man das SED-Regime bis heute für legitim hält.

Doch selbst diese begrenzte Auseinandersetzung mit der DDR wird nur von wenigen Mitgliedern – meist ehemaligen DDR-Historikern – und nicht von der Partei als Ganzes betrieben. Zur Einweihung des erwähnten Gedenksteins erschienen gerade einmal dreißig Personen, während fünfzig Gegendemonstranten aus der PDS und linksradikalen Gruppierungen dagegen protestierten. Auch die bereits im Juni 1990 eingerichtete Historische Kommission der PDS dient vor allem dem Nachweis, dass sich die SED-Erben mit ihrer Geschichte aktiv auseinandersetzen. Mit der Organisation beauftragte die Parteiführung damals ausgerechnet Klaus Höpcke, den abgesetzten Vizekulturminister der DDR. Zudem gehören der Kommission nur ein Dutzend Mitglieder an.

Größere Teile der Partei betreiben dagegen eine offene Verherrlichung der Diktatur. Dies gilt insbesondere für die Kommunistische Plattform (KPF), die innerhalb der PDS über eine eigene Organisationsstruktur mit etwa tausend Mitgliedern verfügt. Dieser Sonderstatus geht auf das Jahr 1989 zurück, als die SED kurz vor der Auflösung stand. Als die orthodoxen Kräfte damals die Gründung einer neuen kommunistischen Partei planten, hielt Gysi sie in der SED-PDS, indem er ihnen die Bildung einer eigenständigen Plattform anbot. Die KPF, die von der Partei finanzielle Sonderzuwendungen erhält, vertritt einen traditionellen kommunistischen Standpunkt. In ihren Gründungsthesen vom Dezember 1989 wird als vornehmste Aufgabe definiert, »aufgrund der marxistisch-leninistischen Analyse der realen Gesellschaftsentwicklung Strategie und Taktik zu bestimmen und Politik zu organisieren«.[54] Laut Satzung will sie »kommunistisches Gedankengut innerhalb der PDS stärker zum Wirken bringen«. Angestrebt wird »ein breites Bündnis mit kommunistischen Parteien, Gruppen, Zusammenschlüssen und Kräften, vorrangig bundes- bzw. europaweit«.[55] Ihren Hauptverbündeten sieht sie daher in der orthodoxen DKP. In einer Selbstdarstellung vom Februar 1995 heißt es, dass sie »in der Tradition der Kommunistischen Bewegung in Deutschland und ihrer unbedingten politischen und geistigen Unabhängigkeit von der herrschenden Klasse« stehe. »Sie stellt sich bewusst und kritisch dem Erbe von Marx, Engels und Lenin.« Die in ihr zusammengeschlossenen Genossen würden sich zum »Sozialismus als Ziel einer längst notwendigen gesellschaftlichen Umgestaltung« bekennen.[56]

Als Hardlinerin profilierte sich insbesondere die Plattformvertreterin im PDS-Parteivorstand, Sahra Wagenknecht. Schon 1992 verfasste sie einen Artikel, in dem sie Stalin als legitimen, in seinen theoretischen Fähigkeiten zu Unrecht unterschätzten Nachfolger Lenins charakterisierte. »Was immer man – berechtigt oder unberechtigt – gegen die Stalin-Zeit vorbringen mag, ihre Ergebnisse waren jedenfalls nicht Niedergang und Verwesung, sondern die Entwicklung eines um Jahrhunderte zurückgebliebenen Landes in eine moderne Großmacht während eines weltgeschichtlich einzigartigen Zeitraums«, schrieb sie bewundernd über den größten Massenmörder der Geschichte. Bis 1971, also unter dem skrupellosen SED-Parteichef Walter Ulbricht, habe sich auch die DDR auf dem richtigen Weg befunden.[57] In einem einige Jahre später erschienenen Buch gab sie sich noch offener als Stalinistin zu erkennen.[58] Die PDS hat zu keinem Zeitpunkt Anstalten gemacht, Wagenknecht und andere Diktaturanhänger aus der Partei auszuschließen – obwohl sich der Bundesvorstand im November 1992 sogar genötigt sah, ihre Positionen für unvereinbar mit den Positionen der PDS zu erklären. In einem Interview mit der DKP-Zeitung *Unsere Zeit* erklärte der heutige PDS-Chef Bisky 1993 vielmehr, er sei »froh, dass es die Kommunistische Plattform gibt. [...] Ich habe überhaupt keine Lust, mich von der Kommunistischen Plattform in der PDS in irgendeiner Weise abzugrenzen.«[59] Letztlich profitiert die Parteiführung nämlich davon, sich im Vergleich zur KPF als »pragmatisch« in Szene setzen zu können. Obwohl Gysi und Bisky auf dem 4. Parteitag im Januar 1995 erklärten, Wagenknecht sei für den Parteivorstand nicht tragbar, und deshalb mit Rücktritt drohten, gehört sie der Parteispitze bis heute an.

Ähnliche Auffassungen vertritt das sogenannte Marxistische Forum in der PDS. Seine Gründung wurde im Mai 1995 auf einer Veranstaltung in Berlin-Hohenschönhausen verkündet. 38 Unterzeichner warfen damals der Parteiführung in dem Aufruf »In großer Sorge« eine »Verabschiedung vom Klassenkampf« und eine angebliche Absage an SED und DDR in Gestalt eines Stalinismusverdiktes vor. Für die politische Strategie der PDS dürfe »das, was wir bei Marx Wichtiges und Richtiges gelernt haben, nicht leichtfertig zugunsten neuer Moden über Bord« geworfen werden.[60] Die Gruppierung, der etwa sechzig frühere DDR-Funktionäre angehören, tritt seitdem vor allem durch theoretische Ausarbeitungen hervor und hat sich unter anderem eine marxistische »Aufarbeitung« der DDR- und Sozialismusgeschichte vorgenommen. Sie arbeitet dabei eng mit anderen diktaturverklärenden Organisationen zusammen.

Selbst eklatante Gewaltakte der SED werden von der PDS bis heute verharmlost. Die erzwungene Vereinigung von SPD und KPD im April 1946 wird zum Beispiel – wie in DDR-Zeiten – immer noch als freiwilliger Zusammenschluss hingestellt. Dass bei der einzig zugelassenen Urabstimmung in Berlin über 80 Prozent der SPD-Mitglieder dagegen gestimmt hatten, verschweigt die PDS. Als die SPD 1998 in Mecklenburg-Vorpommern die Verurteilung der damaligen Repressalien gegen Sozialdemokraten zur Voraussetzung einer gemeinsamen Regierungsbildung machte, rangen sich die SED-Erben nur eine gewundene Erklärung ab. Im November 2006 kam es in Berlin zu einem Eklat, weil Linkspartei-Staatssekretärin Almuth Nehring-Venus öffentlich die Deutschlandpolitik Stalins in Schutz nahm und sich dagegen wandte, die Zwangsvereinigung so darzustellen, als habe es »in Ost und West, in KPD wie SPD gar keine Vereinigungsanhänger« gegeben. Sie wies mit Blick auf die Nachkriegszeit auch den Eindruck zurück, dass »die politischen Gegner der KPD [...] per se demokratisch, die KPD selbst undemokratisch und willkürlich« gehandelt habe.[61]

In ähnlicher Weise relativierte die Partei auch das Aufbegehren der Bevölkerung am 17. Juni 1953 und die gewaltsame Niederschlagung der Proteste. In PDS-Kreisen macht man wie zu DDR-Zeiten immer noch in erster Linie den Westen und vor allem den US-Sender RIAS für den Volksaufstand verantwortlich. In einer ausführlichen Erklärung aus Anlass des fünfzigsten Jahrestages verkündete die Historische Kommission der PDS, dass nicht nur die Bürger zu respektieren seien, die gegen das SED-Regime demonstrierten, sondern »auch jene, die es verteidigten, weil sie Errungenschaften der antifaschistisch-demokratischen Umwälzung gefährdet sahen«. In Wirklichkeit hatte die SED die Demokratie in den Jahren zuvor gerade beseitigt. Selbst der brutale Einsatz von Truppen der Roten Armee und der Kasernierten Volkspolizei, der über fünfzig Menschen das Leben kostete, wurde von der Kommission gerechtfertigt. »Solange ihr Einsatz dem Schutz von Personen und öffentlichen Einrichtungen sowie der Wiederherstellung der Ordnung galt, war er legitim«, hieß es in der Erklärung.[62]

Selbst den Bau der Mauer und die Todesschüsse an der Grenze hat die PDS nicht eindeutig verurteilt. So lehnte es die Partei 2001 zum vierzigsten Jahrestag des Mauerbaus ab, sich für die Opfer des Grenzregimes durch einen Parteitagsbeschluss zu entschuldigen. Die damalige PDS-Chefin Gabi Zimmer erklärte zu entsprechenden Forderungen, die Debatte über diese Themen könne nicht »Anliegen von Beschlussgremien« sein. Unterstützung erhielt sie vom damaligen stellvertretenden Ministerpräsidenten in Mecklenburg-Vorpommern, Helmut Holter, der meinte, dass der Mauerbau vor dem Hintergrund des Kalten Krieges beurteilt werden müsse.[63] Der sächsische PDS-Fraktionschef Peter Porsch sagte sogar, die Mauer habe »1961 den Frieden in Europa und der Welt erhalten«.[64] Erst unter dem Druck der Öffentlichkeit und weil die PDS in Berlin nach den für Oktober anstehenden Wahlen mit der SPD koalieren wollte, fand man sich wenig später doch noch zu einer Art Ablasshandel bereit: In einer gewundenen Erklärung distanzierte sich der PDS-Parteivorstand im Juli 2001 von der Mauer, die darin euphemistisch als »Symbol des Demokratiedefizits in der DDR« bezeichnet wurde. Immerhin stand in der Erklärung auch der Satz: »Ein Staat, der sein Volk einsperrt, ist weder demokratisch noch sozialistisch.«[65]

Doch einzelne Funktionäre versuchen immer wieder, dahinter zurückzugehen. So erklärte der Berliner Landesgeschäftsführer Carsten Schatz im August 2005, die Mauer sei zur Stabilisierung der DDR »nicht irrational« gewesen.[66] Der Ehrenvorsitzende Hans Modrow gab der Bundesrepublik gar eine »Mitschuld an der innerdeutschen Grenze«. In einem Interview mit dem Magazin *Cicero* im April 2006 antwortete er auf die Frage, ob die Führung der DDR die Mauertoten nicht billigend in Kauf genommen habe: »Die Verantwortung für die Toten tragen die Verantwortlichen auf beiden Seiten.« Die Prozesse gegen Mitglieder des SED-Politbüros und gegen »sogenannte Mauerschützen« hielt er für völkerrechtlich nicht gedeckt. Als Modrow gefragt wurde, ob die DDR für ihn eine Diktatur oder eine Demokratie gewesen sei, meinte er schließlich: »Sie ist für mich der Versuch einer sozialistischen Entwicklung, in der auch Demokratie mit Einschränkungen wirksam war.« Sogar der stellvertretende Fraktionsvorsitzende der Linkspartei im Bundestag, Bodo Ramelow, sah sich daraufhin genötigt, mit Blick auf den geplanten Zusammenschluss mit der WASG zu Modrows Äußerungen auf Distanz zu gehen. Konsequenzen – die in anderen Parteien unvermeidlich wären – hatten seine Äußerungen jedoch nicht.[67]

Die verharmlosende Tendenz der PDS beim Thema DDR-Todesstreifen zeigt sich besonders in ihrer Haltung zu den Prozessen um die Mauertoten. Als das Landgericht Berlin im August 1997 den früheren SED-Chef Egon Krenz wegen Totschlags in vier Fällen zu sechseinhalb Jahren Haft verurteilte, protestierte der Parteivorstand mit einer Erklärung. Die PDS versuchte darin, das Grenzregime als eine Folge des Nationalsozialismus hinzustellen, und erklärte, »dass sie nicht gewillt ist, die nachträgliche historische und völkerrechtliche Delegitimierung der DDR und Negierung ihrer innerstaatlichen Rechtsordnung hinzunehmen«. Schwere Vorwürfe erhob die Partei auch gegen das Bundesverfassungsgericht, das es für rechtens erklärt hatte, die Verantwortlichen zu bestrafen. Den Karlsruher Richtern warf die PDS vor, das Recht so hingebogen zu haben, dass die Gerichte »der vorherrschenden politischen Erwartungshaltung – der erst durch die symbolische Kraft des ›unparteiischen‹ Strafgerichts vollendbaren Delegitimierung der DDR und des deutschen Kommunismus – entsprechen konnten«. Dahinter stehe der Versuch, »den politischen Gegner von einst über die politische Entmachtung, moralische Ächtung und soziale Isolierung hinaus durch den Strafprozess zum kriminellen Totschläger zu erniedrigen«. Schließlich behauptete die PDS: »Zweieinhalb Millionen ehemalige SED-Mitglieder und ungezählte weitere früher staatsloyale DDR-Bürgerinnen und -Bürger sitzen bei dieser Gerichtsfarce unsichtbar mit auf der Anklagebank – als Dummköpfe, als hemmungslose Opportunisten, als bewusstlose Werkzeuge, wenn nicht Spießgesellen einer hochkriminellen Staatsführung, deren sozialistische Gesinnung – das Resultat allseitiger Aneignung ›marxistischer Einseitigkeiten‹ – von der Justiz als Motivstruktur eines verbrecherischen Täterwillens denunziert wird. Das ist eine Demütigung von Millionen Staatsbürgerinnen und Staatsbürgern.«[68]

Wie in diesem Fall drehen PDS-Funktionäre auch sonst häufig den Spieß um und verteufeln auf demagogische Weise die kritische Auseinandersetzung mit der Vergangenheit. So erhob der brandenburgische Landtagsabgeordnete Hans-Jürgen Scharfenberg, zugleich Fraktionschef der Linkspartei in der Potsdamer Stadtverordnetenversammlung und ehemaliger Stasi-IM, im

Sommer 2006 massive Anschuldigungen gegen den CDU-Abgeordneten Wieland Niekisch, der die DDR 1983 nach einem Ausreiseantrag verlassen hatte. Im Landtag hatte dieser die Frage gestellt, ob die Obere Denkmalbehörde daran arbeite, die fünftausend aus DDR-Zeiten übernommenen Denkmale kritisch auf eine möglicherweise notwendige Aberkennung des Denkmalschutzes zu sichten. Zudem wollte er von der Landesregierung wissen, ob es neben einer Lenin-Statue, die gerade wieder in der Potsdamer Innenstadt aufgestellt werden sollte, noch weitere Denkmale gebe, die Gewaltherrscher oder Gewalttaten darstellten. Unter der Überschrift »Zensur für Denkmale aus DDR-Tagen« erklärte Scharfenberg anschließend im ehemaligen SED-Zentralorgan *Neues Deutschland*, dass sich der promovierte CDU-Abgeordnete durch seine »Thesen« als Historiker diskreditiert habe. In dieser Profession müsse er »eine Grundobjektivität an den Tag legen« – was er jedoch unternehme, sei der Versuch der Geschichtsfälschung.[69] Als die Potsdamer Stadtverordneten gegen die Stimmen der PDS wenig später beschlossen, die Lenin-Statue doch nicht wieder aufzustellen, nahm Scharfenberg auch dagegen Stellung: Der Gründer der Sowjetunion müsse »aus seiner Zeit heraus« verstanden werden, und das Denkmal sei »Teil der Potsdamer Geschichte«.[70]

Partei der Spitzel

Der schönfärberische Umgang mit der DDR-Vergangenheit zeigt sich besonders beim Thema Staatssicherheitsdienst. Die PDS hat die Tätigkeit für die ostdeutsche Geheimpolizei seit jeher bagatellisiert. Damit spiegelt sie die Auffassung vieler ihrer Mitglieder wider, für die der Kontakt zum MfS früher eine Selbstverständlichkeit war. Zwar wies die Partei Anfang der neunziger Jahre verbal auf von der Stasi verübtes Unrecht hin, doch konkret wurde sie dabei nie. Mit der Floskel, man müsse das Thema »differenziert« betrachten, hat sie sich im Einzelfall vielmehr fast immer hinter die zahlreichen Ex-Stasi-Mitarbeiter in den eigenen Reihen gestellt. Zugleich hat sie bei jeder sich bietenden Gelegenheit Stimmung gegen die Überprüfungen auf eine frühere Stasi-Tätigkeit gemacht. In den vergangenen Jahren hat die PDS sogar immer wieder Stasi-belastete Personen mit herausgehobenen politischen Ämtern betraut – so oft und so beharrlich, dass man dies kaum mehr für einen Zufall halten kann. Mit dem ständig wiederholten Tabubruch versucht die PDS, die Spitzeltätigkeit für den Staatssicherheitsdienst Schritt für Schritt salonfähig zu machen – nicht ohne Erfolg, muss man sagen, denn auf öffentliche Kritik braucht die Partei bei diesem Thema mittlerweile kaum noch Rücksicht zu nehmen.

Dabei drängten anfangs auch in der PDS Teile der Mitgliedschaft darauf, vom Image der Stasi-Partei loszukommen. Angesichts immer neuer Enthüllungen über führende Funktionäre lösten manche Beobachter das Parteikürzel PDS bereits mit »Partei der Spitzel« auf. Vor allem im Berliner Landesverband wollte man deshalb für mehr Transparenz sorgen. Auslöser dafür war die Enttarnung des Berliner Parteichefs Wolfram Adolphi, der 1991 wegen seiner Zusammenarbeit mit der Stasi zurücktreten musste. Einige Genossen brachten daraufhin auf dem Landesparteitag einen Antrag ein, der den programmatischen Titel trug: »Zur konsequenten, offenen und öffentlichen Auseinandersetzung mit der Problematik SED/DDR/MfS«.

Die angekündigte Konsequenz hielt sich freilich in Grenzen. Die Delegierten strichen zunächst den Hinweis auf »SED/DDR« aus dem Titel des Antrags. Zudem war eine Spitzeltätigkeit für den Staatssicherheitsdienst nach der Beschlussvorlage kein Hindernis, politische Funktionen zu übernehmen, geschweige denn ein Grund für den Parteiausschluss. PDS-Mitglieder, die für die Stasi gearbeitet hatten und sich um ein hohes Parteiamt oder ein Mandat in einer Volksvertretung bewerben wollten, sollten lediglich vor dem Gremium, das sie zu wählen oder zu bestätigen hatte, ihre MfS-Tätigkeit vorher offenlegen. Taten sie das nicht, sollten sie bei einer späteren Enttarnung ihr Mandat niederlegen und notfalls auch aus der Fraktion ausgeschlossen werden können. Unehrliche Parteifunktionäre sollten von ihren Ämtern entbunden werden, wobei man die letzte Entscheidung den jeweiligen Delegiertengremien überlassen wollte. Die PDS verfolgte dabei vor allem das Ziel, nicht ständig durch unverhoffte Enthüllungen in die Schlagzeilen zu geraten. Nachdem der Berliner Landesverband 1991 den Beschluss in dieser Weise verabschiedet hatte, machte ihn sich auch der Bundesparteitag zu eigen.

Doch die Festlegungen wurden niemals umgesetzt. In der Partei lösten sie vielmehr einen Sturm der Entrüstung aus. Auf dem Berliner Landesparteitag erklärte PDS-Chef Gregor Gysi den Beschluss ein Jahr später für falsch. Schon bei der ersten Bewährungsprobe rückte die Partei deshalb wieder davon ab: Als der Berliner Landesvorsitzende und Parteivize André Brie 1992 nachträglich einräumen musste, fast zwanzig Jahre lang als IM gearbeitet zu haben, bat ihn der PDS-Vorstand ausdrücklich, im Amt zu bleiben. Trotz der Parteitagsbeschlüsse hatte Gysi, nachdem ihm Brie seine Stasi-Tätigkeit unter vier Augen bereits gestanden hatte, dessen Karriere weiter gefördert – und seinerseits darüber geschwiegen. Als diese und weitere Details bekannt wurden, trat Brie unter dem Druck der Öffentlichkeit schließlich zurück. Allerdings fiel der Gysi-Intimus weich, da ihn die Partei zum Wahlkampfleiter machte und er seinen Posten als Chef der Grundsatzkommission behalten durfte. Bereits 1993 kehrte er in den Bundesvorstand zurück, und 1999 zog er für die PDS ins Europaparlament ein. Dort vertritt er die Partei noch heute.

1993 rückte die PDS auch offiziell von ihrem Stasi-Beschluss ab. Der Bundesparteitag lockerte damals die Sanktionen für den Fall, dass ein Funktionär seine Stasi-Kontakte der Partei verschwiegen hat. Seitdem muss er nur noch vor dem zuständigen Gremium die Vertrauensfrage stellen. Entscheidet es sich gegen den Genossen, bedeutet dies noch immer nicht das Aus für ihn. Die Abstimmung muss vielmehr bei der nächsten Sitzung wiederholt werden. Erst wenn ihm zweimal das Misstrauen ausgesprochen wird, gilt er als abgewählt – wozu es praktisch noch nie gekommen ist. Im Vorfeld des Parteitags begründete der Vorstand seinen Sinneswandel so: »Die PDS hat aus Furcht, als ›Stasi-Partei‹ diffamiert zu werden, die [...] berechtigten sozialen Interessen ehemaliger

Mitarbeiterinnen und Mitarbeiter des MfS nicht nachdrücklich genug artikuliert und verteidigt. […] Das hat insgesamt zu einer Schwächung der Partei und ihrer Politikfähigkeit geführt.«[71] Im Juni 2006 versuchte der PDS-Ehrenvorsitzende Modrow, auch noch diese letzten Festlegungen abzuschaffen. Im Bundesvorstand forderte er, auf die Offenlegung früherer Stasi-Kontakte ganz zu verzichten. Nach zweistündiger Diskussion hinter verschlossenen Türen entschied die Mehrheit jedoch, an dem alten Beschluss festzuhalten – ein »Kniefall vor den Medien«, wie die Wortführerin der Kommunistischen Plattform der PDS, Sahra Wagenknecht, anschließend kritisierte.[72]

In schöner Regelmäßigkeit sind führende PDS-Funktionäre dabei, die Arbeit der Stasi zu bagatellisieren. So forderte Modrow auf dem Parteitag im April 2006 in Halle einen Kurswechsel beim Umgang mit früheren Stasi-Mitarbeitern. Auch mit den Millionen Aktenblättern müsse anders umgegangen werden, denn nicht jedes davon sei bedeutsam und rechtlich glaubhaft. In dem erwähnten *Cicero*-Interview meinte er darüber hinaus, von der Stasi sei auch viel »Mist« aufgeschrieben worden. »Die Berge [an Akten], von denen uns Frau Birthler erzählt, sind eigentlich Harmlosigkeiten.«[73] In dieselbe Richtung zielt auch Fraktionschef Gysi. Als ihn die *Welt* im April 2006 fragte, warum sich die Linkspartei nicht eindeutig von den geschichtsrevisionistischen Auftritten einstiger Stasi-Größen bei einer Veranstaltung in Berlin-Hohenschönhausen[74] distanziert habe, räumte er zwar ein, dass die Stasi Unrecht begangen habe, fügte aber sogleich hinzu: »Aber jetzt sage ich mal etwas Löbliches über sie. Sie hat sich friedlich auflösen lassen.«[75] Wenig später verteidigte Gysi die ehemaligen Stasi-Mitarbeiter auch auf dem Bundesparteitag der PDS in Halle. Mit Blick auf deren Auftritte in Berlin erklärte er, dass er sowohl diejenigen verstehe, die heute »ihr Leben gern anders beurteilt sähen«, als auch die Opfer, die sich darüber ärgerten. Beide artikulierten lediglich ihre Sicht auf die Geschichte. Auch wenn jene der ehemaligen Stasi-Mitarbeiter falsch sei, sei dies »kein Verbrechen«. Die Linkspartei müsse »immer beide Gruppen im Gedächtnis haben«.[76]

Entsprechend tolerant geht man in der PDS mit früheren Stasi-Mitarbeitern um. Sie üben oft maßgebliche Funktionen für die Partei aus – in Vorständen und sonstigen innerparteilichen Gremien, aber auch als Parlamentarier. Der Parteivorsitzende Bisky steht selbst seit Jahren unter Stasi-Verdacht. Aus politischer Überzeugung siedelte er 1959 aus dem Westen in die DDR über, die er damals – woran sich wohl bis heute nichts geändert hat – für das bessere Deutschland hielt. Sieben Jahre später registrierte ihn die Spionageverwaltung des Staatssicherheitsdienstes unter dem Decknamen »Bienert« als Inoffiziellen Mitarbeiter. Da die Akte vernichtet wurde, gibt es kaum noch Unterlagen über ihn, doch das wenige, was überlebt hat, würde ausreichen, um ihn in jeder anderen Partei für politische Führungsämter zu disqualifizieren. Gleich vier Mal hintereinander ließ ihn der Bundestag deshalb durchfallen, als er im November 2005 für das Amt des Vizepräsidenten kandidierte – obwohl sogar der damalige SPD-Fraktionschef Franz Müntefering die Abgeordneten aufgerufen hatte, Bisky zu wählen.

Laut elektronischem Posteingangsbuch der Spionageverwaltung – abgekürzt: SIRA – gingen aus der Quelle »Bienert« mehrfach Informationen und Papiere ein. Die Führungsoffiziere stuften den IM als »zuverlässig« ein – die beste Kategorie der Stasi. In der Akte seiner Frau kann man nachlesen, dass diese vom Staatssicherheitsdienst zur »Absicherung der inoffiziellen Zusammenarbeit« mit ihrem Ehemann erfasst wurde.[77] 1979 sollte Bisky an die Überwachungsabteilung der Leipziger Stasi-Filiale übergeben werden, weil er, wie es in einem Schreiben heißt, »für die Lösung der spezifischen Aufgaben Ihrer Linie nützlich sein könnte«.[78] Bisky arbeitete in Leipzig als Abteilungsleiter am Zentralinstitut für Jugendforschung. Als er 1980 Dozent an der Akademie für Gesellschaftswissenschaften beim ZK der SED wurde, schrieb die Stasi über ihn: »In der langjährigen erfolgreichen Zusammenarbeit mit dem Gen[ossen] B[isky] erwies sich dieser als ein zuverlässiger und einsatzbereiter Genosse. An die Erfüllung ihm übertragener Aufgaben geht er verantwortungsbewusst, parteilich und mit politischer Klarheit heran.«[79] 1986 wurde er schließlich Rektor der Hochschule für Film und Fernsehen in Potsdam. Die Stasi stellte damals in einem Vermerk fest: »Erkenntnissen der HVA zufolge ist B[isky] als zuverlässiger Genosse einzuschätzen, der sich strikt an die gegebenen Anweisungen hält und gegenüber dem MfS stets ehrlich war.«[80]

Auf die belastenden Dokumente angesprochen, räumte Bisky ein, er habe zwar Kontakte zur Stasi gehabt, doch diese seien aus »dienstlichen« Gründen zustande gekommen. »Über Reisen ins westliche Ausland habe ich die üblichen Reiseberichte für meine zuständigen Leitungen angefertigt und an sie weitergeleitet«, gab er 2003 in einer Presseerklärung an.[81] Bei diesen und anderen Auskünften ist er jedoch immer vage geblieben. Zu keinem Zeitpunkt hat er öffentlich Rechenschaft darüber gegeben, wann er sich wo mit welchen Personen traf. Auch die PDS hat niemals eine Untersuchung seiner Stasi-Kontakte verlangt.

Bei der Bundestagswahl 2005 schickte die Partei gleich elf Stasi-verdächtige Kandidaten ins Rennen. Zwei weitere, die in Bayern und Hamburg auf den Landeslisten standen, waren als Mitglieder einer geheimen Militärorganisation der DKP geführt worden – die vom Staatssicherheitsdienst betreute Truppe sollte im Kriegsfall Partisaneneinsätze in Westdeutschland durchführen. Zu ihrem Wahlkampfmanager in Schleswig-Holstein machte die PDS zudem den Ex-Agenten Bernd Michels (IM »Bernhard«), der, weil er der Stasi für viel Geld hochkarätige Informationen über die Landes-SPD geliefert hatte, 1996 wegen Spionage zu achtzehn Monaten Haft auf Bewährung verurteilt worden war.

Sechs der Stasi-verdächtigen Kandidaten schafften tatsächlich den Einzug in den Bundestag. Neben Gysi und Bisky gehört dazu der sächsische Abgeordnete Ilja Seifert, der bereits Anfang der neunziger Jahre hatte einräumen müssen, mit der Stasi – unter den Decknamen »Ilja« und »Robert« – zusammengearbeitet zu haben. Auch im Fall des Abgeordneten Roland Claus stellte der Immunitätsausschuss des Bundestages im November 2006 eine inoffizielle Tätigkeit für den Staatssicherheitsdienst als »erwiesen« fest. Den Unterlagen zufolge hatte ihn die Spionageverwaltung der Stasi 1977 als IM »Peter Arendt« erfasst. Dem MfS sollte er Tipps zu möglichen IM-Kandidaten geben. Nach den Aktenresten – die eigentliche IM-Akte ist vernichtet – stellte es 1985 die Zusammenarbeit mit ihm ein, weil er hauptamtlicher Parteifunktionär geworden war. Im Herbst 1989 wurde er letzter SED-Chef von Halle, später PDS-Fraktionsvorsitzender im Bundestag. Wie Gysi und Bisky bestreitet auch Claus eine inoffizielle Zusammenarbeit und bedient sich der Lieblingsformel ehemaliger Stasi-Informanten in der PDS – er habe lediglich »dienstliche Kontakte« zum Staatssicherheitsdienst unterhalten.

Seit 2005 sitzt mit Lutz Heilmann sogar erstmals ein ehemaliger hauptamtlicher MfS-Mitarbeiter im Bundestag. Seit 1985 arbeitete er in der Stasi-Hauptabteilung Personenschutz, die für die Sicherheit der SED-Funktionäre zuständig war. Trotz eines Verstoßes gegen die Parteitagsbeschlüsse von 1991 und 1993 – bei seiner Kandidatur deklarierte er sein Vorleben als »Wehrdienst« – sprach ihm die Bundestagsfraktion Ende 2005 das Vertrauen aus. Auch einen Misstrauensantrag in seinem Landesverband Schleswig-Holstein überstand er knapp.

Im Bundestag finden sich jedoch nicht nur ostdeutsche Stasi-Mitarbeiter, auch ein West-IM hat es mit Hilfe der PDS dorthin gebracht – eine durchaus konsequente Form der erhofften West-Ausdehnung. Der Abgeordnete Diether Dehm, früher Sozialdemokrat, beschaffte in den siebziger Jahren als IM »Willy« vor allem Informationen über die Jungsozialisten und den SPD-Unterbezirk Südhessen. Da er als linker Liedermacher im Wahlkampf keine unwichtige Rolle spielte, konnte er auch mit sozialdemokratischen Parteigrößen sprechen und die Stasi anschließend darüber in Kenntnis setzen. Zudem berichtete er über linke politische Gruppierungen, die Universität Frankfurt, das Bundesministerium für Forschung und Technologie, die Internationale Gesellschaft für Menschenrechte und vieles mehr. Mengenweise übermittelte er auch nachrichtendienstlich relevante »Personenhinweise«, zum Teil sogar mit »Bildmaterial«. Besonders wertvoll für die Stasi wurde er ab 1977, als er Konzertmanager des ausgebürgerten Dissidenten Wolf Biermann wurde und diesen hautnah ausforschen konnte.[82] Vor diesem Hintergrund kann man nur staunen, dass er sich dreißig Jahre später in der Presse als Stasi-Opfer darstellte und gegen die Verleihung der Berliner Ehrenbürgerwürde an Biermann Stimmung zu machen wagte.[83]

Auch auf Landesebene bekleiden frühere Stasi-Mitarbeiter bei der PDS hohe politische Ämter. In Brandenburg gehören dazu zum Beispiel der Landesvorsitzende Thomas Nord und der Landtagsabgeordnete Hans-Jürgen Scharfenberg. Auch die PDS-Fraktionsvorsitzende im Potsdamer Landtag, Kerstin Kaiser, ließ sich 1979 anwerben. Während ihres Studiums in Leningrad denunzierte sie als IM »Kathrin« Kommilitonen bei der Stasi – beispielsweise weil diese Westkontakte unterhielten, »keinen gefestigten Standpunkt« hatten, sich »nachlässig kleideten«, Nickis »auf bloßer Haut« trugen oder »egoistisch und arrogant« waren.[84] Als dies 1994 bekannt wurde, musste sie auf ihr Bundestagsmandat verzichten, auf ihrer Homepage sucht man in ihrer Biographie allerdings vergebens danach. Nachdem sie vorübergehend als Mitarbeiterin bei der brandenburgischen PDS-Fraktion Unterschlupf gefunden hatte, entsandte sie die Partei 1999 in den Landtag. 2001 wurde sie dort mit den Stimmen der SPD ausgerechnet in die Parlamentarische Kontrollkommission (PKK) gewählt – das Gremium, das die Aufsicht über den Verfassungsschutz führt.

In den Thüringer Landtag schickte die Linkspartei ebenfalls mehrere ehemalige Stasi-Mitarbeiter. Wie aus MfS-Unterlagen hervorgeht, hatte Frank Kuschel, der kommunalpolitische Sprecher der PDS-Fraktion, seit 1987 mit dem Staatssicherheitsdienst zusammengearbeitet und 1988 eine Verpflichtungserklärung als IM »Fritz Kaiser« unterschrieben. Sein Führungsoffizier hielt schon vor der Anwerbung erfreut fest, dass sein Kandidat bereit sei, »Personen vorbehaltlos zu belasten«. Handschriftlich erklärte Kuschel bei seiner Verpflichtung, ihm sei bewusst, »dass der Gegner durch die Organisierung und Inspirierung von übersiedlungsersuchenden DDR-Bürgern ein[en] politischen Untergrund und eine innere Opposition schaffen will«.[85] Als stellvertretender Bürgermeister für innere Angelegenheiten im thüringischen Ilmenau wurde er vor allem zur »Zurückdrängung« von Ausreisewilligen eingesetzt. So gab er unter anderem Informationen über eine ausreisewillige Familie weiter. Er denunzierte aber auch thüringische Karnevalisten, in deren Büttenrede er etliche »negative Passagen« bemängelte. Im Januar 1989 erhielt er für die »Erarbeitung« seiner Informationen – ungewöhnlich für DDR-IM – sogar eine Prämie von 200 Mark. Noch im Oktober 1989 berichtete er über Sympathisanten der Bürgerrechtsbewegung Neues Forum. Die Stasi-Kommission des Thüringer Landtags erklärte deshalb, Kuschel sei »unwürdig, dem Parlament anzugehören«.[86] Der Landesvorsitzende der Linkspartei, Knut Korschewsky, kommentierte diesen Beschluss mit den Worten, der Landtag sei erneut alten Denkstrukturen gefolgt und habe »keinen wirklichen Beitrag« zur Aufarbeitung der DDR-Vergangenheit geleistet.[87]

Für parlamentsunwürdig erklärte die Landtagskommission auch die PDS-Abgeordnete Ina Leukefeld. Der Staatssicherheitsdienst hatte sie als IM »Sonja« ebenfalls gegen Übersiedlungsersuchende eingesetzt. Eine weitere Abgeordnete, die frühere DDR-Athletin Ruth Fuchs, war zwar nur als IM-Vorlauf erfasst worden, doch musste sie öffentlich einräumen, mit der Stasi über Sportkameraden »gesprochen« zu haben – etwa wenn diese mit bundesdeutschen Sportlern getrunken hätten.[88] Ein vierter Abgeordneter, André Blechschmidt, früher bei der SED-Bezirksleitung Erfurt für Kirchenfragen zuständig, wurde von der Spionageverwaltung als »Inoffizieller Mitarbeiter mit Arbeitsakte« (IMA) registriert. Seine Akte gilt als vernichtet.

Bezeichnend für den Umgang mit der Vergangenheit ist nicht zuletzt der Fall des PDS-Fraktionschefs im sächsischen Landtag Peter Porsch. Beim MfS war er seit 1970 unter dem Decknamen »Christoph« als IM der Spionageverwaltung HVA registriert. In einer Aktennotiz heißt es, dass er »positiv erfasst ist und zuverlässig arbeitet«.[89] Obwohl die Vorgangsakte nicht mehr vorhanden ist, fanden sich in Opferakten diverse IM-Berichte wieder. Danach lieferte Porsch sogar Informationen über seine spätere Ehefrau, als diese im März 1984 in ihrer Wohnung eine illegale Schriftstellerlesung organisierte. Den Vermerken zufolge »lieh« sich damals die Leipziger Stasi-Verwaltung Porsch von der HVA aus, um die Lesung zu überwachen. Laut einem Treffbericht erhielt er dazu den Auftrag, die Teilnehmer zu identifizieren, den Verlauf der Lesung einzuschätzen und die Pläne der SED-kritischen Schriftstellerin Christa Moog zu ermitteln – was er wenig später auch tat. Der IM »Christoph« berichtete sogar, dass die Autorin westdeutschen Journalisten ihre Beschwerdebriefe an DDR-Staatsorgane gezeigt hatte und ihnen unbedingt ein Manuskript hatte übergeben wollen – nach SED-Recht eine Straftat, zumal einer der Journalisten anschließend über die Briefe im Rundfunk berichtete. Auch über den von der Stasi verfolgten hessischen Literaturredakteur Karl Corino sollte der IM »Christoph« Informationen beschaffen – ein entsprechender Bericht fand sich prompt in dessen Opferakte. »Die vom IM erarbeiteten Informationen besitzen hohen operativen Wert«, lobte seinerzeit die Stasi.[90]

Nach Bekanntwerden der ersten Unterlagen behauptete Porsch zunächst, dass er möglicherweise bei öffentlichen Äußerungen über die Schriftstellerlesung »abgeschöpft« worden sei. Später erklärte er, dass ihn ein Mitarbeiter der »Kriminalpolizei« vorher befragt habe. Das Treffen hatte jedoch nicht in einer Polizeidienststelle, sondern in einem konspirativen Zimmer im Leipziger Interhotel stattgefunden. Als weitere Dokumente auftauchten, gab Porsch auch noch ein Treffen *nach* der Lesung zu, bestritt aber, Aufträge erfüllt oder den überlieferten Tonbandbericht diktiert zu haben. Zu seiner Unterstützung mobilisierte er sogar den zuständigen Stasi-Offizier Friedheim Opelt, der Porsch in eidesstattlichen Versicherungen zu entlasten versuchte, so dass es das Landgericht Hamburg verbot, ihn als IM zu bezeichnen. Die beiden verhedderten sich jedoch in Widersprüche; so erklärte Opelt, Porsch habe ihm, dem angeblichen Kriminalpolizisten, die verlangten Informationen sehr wohl geliefert – aus »staatsbürgerlichem Bewusstsein«, wie er sich ausdrückte. Die Leipziger Staatsanwaltschaft leitete daraufhin Ermittlungen wegen des Verdachts auf eidesstattliche Falschaussage ein. Obwohl der Landtag sogar ein Verfahren zur Aberkennung seines Abgeordnetenmandats beschloss, ist Porsch bis heute PDS-Fraktionschef in Sachsen. Weiterhin für die Partei im Landtag sind auch Volker Külow (IM »Ostap«) und Klaus Bartel (IM »Andreas Förster«).

Der Fall Gysi

Der Fall des Fraktionsvorsitzenden der Linkspartei im Bundestag, Gregor Gysi, ist in besonderer Weise geeignet, den Umgang der PDS mit den Stasi-Verstrickungen führender Parteifunktionäre zu illustrieren. Trotz zahlreicher belastender Dokumente hat die Partei immer an ihm festgehalten. Nach gründlichem Studium der Unterlagen besteht für den Autor jedoch kein Zweifel, dass der DDR-Anwalt nicht nur eng mit dem Staatssicherheitsdienst zusammengearbeitet, sondern auch führende Oppositionelle bespitzelt hat. Auch ein Gutachten der Stasi-Akten-Behörde und der Immunitätsausschuss des Deutschen Bundestages sind zu dem Ergebnis gekommen, dass Gysi mit dem MfS zusammengearbeitet habe. Gysis Klagen dagegen wurden vom Bundesverwaltungsgericht und vom Bundesverfassungsgericht zurückgewiesen (wobei Letzteres nicht über Wahrheit und Unwahrheit des Spitzelvorwurfs zu entscheiden hatte). Eigentlich müsste ihm deshalb wegen Mandantenverrats die Zulassung als Anwalt entzogen werden. Doch die Zivilgerichte in Berlin und Hamburg haben wiederholt geurteilt, dass ihm anhand der überlieferten Dokumente eine IM-Tätigkeit nicht nachgewiesen werden könne. Und da er jeden, der ihm diesen Vorwurf macht, deshalb mit einem Ordnungsgeld von bis zu 250 000 Euro bedroht, wagt es kaum noch jemand, Gregor Gysi als Stasi-Spitzel zu bezeichnen.

Einem Stasi-Bericht zufolge wurde Gysi, der über die »Vervollkommnung des sozialistischen Rechts im Rechtsverwirklichungsprozeß« promovierte, zunächst von der Spionageabteilung registriert. »G. wurde 1975 in Zusammenhang mit der Überprüfung eines Vorgangs aus dem Operationsgebiet für die Legende eines juristischen Beraters inoffiziell zur Zusammenarbeit gewonnen«, hielt die Stasi später über ihn fest. »Die ihm gestellten Aufgaben hat er umsichtig und parteilich gelöst.« Als der Einsatz beendet gewesen sei, habe man ihn »für die Lösung bestimmter Aufgaben« der für die Überwachung von Andersdenkenden zuständigen Hauptabteilung XX zeitweilig zur Verfügung gestellt.[91]

Über diese »bestimmten Aufgaben« geben zahlreiche Dokumente Aufschluss. Demnach war Gysi zunächst mit dem Fall des Regimekritikers Rudolf Bahro befasst. Wegen der Veröffentlichung eines Buches im Westen war dieser im August 1977 verhaftet worden, und Gysi hatte seine Verteidigung übernommen. Nach über einem Jahr Untersuchungshaft durfte Bahro im November 1978 erstmals mit seinem Anwalt ein Gespräch – im Stasi-Jargon: »Sprecher« – führen. In einem Vermerk hielt die zuständige Abteilung danach fest: »Im Anschluss an den Sprecher führte der Rechtsanwalt gegenüber dem Unterzeichnenden aus, dass er die Verteidigung Bahros nur ungern übernommen habe [...]. Er persönlich, so führte er weiter aus, halte Leute wie Bahro für unverbesserliche Feinde des Sozialismus, die man besser rechtzeitig versuchen sollte, in die Bundesrepublik abzuschieben, da eine ideologische Umerziehung unmöglich sei. In diesem Zusammenhang bot er sich an, Bahro gegebenenfalls, so ›staatlicherseits‹ ein Interesse daran bestünde, den Gedanken einer Übersiedlung in die BRD nahezulegen, um ›unnötigen Ärger nach der Haftentlassung in die DDR‹ zu ersparen.«[92] Drei Monate später teilte Gysis Vater, der damals DDR-Botschafter in Italien war, dem MfS vertraulich mit, »dass sein Sohn G., Gregor, zu unserem Organ direkten Kontakt aufnehmen möchte. Er hat die Verteidigung von R. Bahro übernommen und möchte die Verteidigung gern in Abstimmung mit der Position der Staatsanwaltschaft durchführen.«[93] Gemeint war damit das MfS, das in der DDR bei politischen Delikten als »Untersuchungsorgan« mit staatsanwaltschaftlichen Befugnissen fungierte.

Für die Folgezeit dokumentieren Aktenvermerke mehrere Gespräche Gysis mit MfS-Mitarbeitern der Hauptabteilung XX. »Am 28.9.1978 wurde in der Wohnung von Rechtsanwalt Dr. Gysi auf dessen Wunsch ein weiteres Gespräch geführt«, heißt es zum Beispiel in einem Vermerk vom 2. Oktober 1978.[94] Gysi berichtete demzufolge von einem Zusammentreffen mit Bahro in der Strafvollzugsanstalt Bautzen, nachdem dieser zu acht Jahren Zuchthaus verurteilt worden war. Zwei Monate später hält ein weiterer Vermerk fest: »Am 6.12.1978 wurde mit Gen[osse]

Gysi in seiner Wohnung ein weiteres Gespräch geführt. Er berichtete über die am 2.12.1978 erfolgte Aussprache mit Bahro in der Haftanstalt Bautzen, deren Inhalt er im Extrakt auf Tonband sprach (Tonbandabschrift siehe Anlage).« In der beigefügten Tonbandabschrift wird dann unter der Quellenbezeichnung »IM-Vorl[auf] ›Gregor‹« unter anderem rapportiert: »Aus Furcht, dass das Gespräch abgehört werden könnte, notierte er [Bahro] auf meinem Zettel, dass er bereits eine Meldung nach drüben lanciert habe, die eine Berichtigung der ADN-Nachricht über seine Verurteilung darstellen würde.«[95] Die DDR-Nachrichtenagentur ADN hatte gemeldet, dass Bahro wegen »Spionage« verurteilt worden sei.

Den Unterlagen zufolge fanden in den nächsten Monaten weitere MfS-Gespräche mit Gysi statt. Im Januar 1979 informierte danach Gysi den Stasi-Offizier Günter Lohr über einen Brief Bahros, den Gysi zwei Tage zuvor erhalten hatte. Obwohl der inhaftierte Regimekritiker dringend mit dem Anwalt sprechen wollte, wurde festgelegt, dass Gysi ihm zunächst nur schreiben sollte, was er fünf Tage später auch tat. Im Februar 1979 berichtete Gysi laut einem weiteren Vermerk, dass er Bahro nunmehr besuchen werde. Er »bat um Klärung, dass der Termin realisiert werden kann, sowie Entscheidung, ob er das Gespräch mit Bahro ohne Aufsicht führen soll bzw. kann.« Drei Tage nach seinem Bautzen-Besuch informierte Gysi den Akten zufolge in einem erneuten Gespräch »über die am 10.3.1979 erfolgte Aussprache mit Bahro in der Haftanstalt Bautzen II, deren Inhalt er im Extrakt auf Tonband sprach (Anlage)«. In der beigefügten Tonbandabschrift, die als Quelle den »IM-Vorlauf ›Gregor‹« nennt, heißt es unter anderem: »Letztlich bin ich auch der Meinung, dass ihm eine Schreibmaschine zur Verfügung gestellt werden sollte; dies erleichtert eine Kontrolle seiner schriftlichen Aufzeichnungen und würde im übrigen auch rechtfertigen, weshalb ihm nur noch Schreibmaschinenpapier und keine eigenen Stifte zur Verfügung gestellt werden könne, so dass das Anfertigen von Kassibern wesentlich erschwert wäre.«[96] In einem weiteren Dokument vom September 1979 wird ausgeführt: »Streng vertraulich wurde zuverlässig durch GMS [Gesellschaftlicher Mitarbeiter für Sicherheit] ›Gregor‹ bekannt, dass sich Bahro unter den derzeitigen Haftbedingungen sehr wohl fühle. […] Ihm würde, wie er beim letzten Besuch von ›Gregor‹ zum Ausdruck brachte, lediglich die Zeitung ›Unitad‹ vorenthalten, so dass er diesbezüglich über seinen Rechtsanwalt Beschwerde einlegen will.«[97]

Im Juni 1979 übernahm Gysi auch die anwaltliche Vertretung Robert Havemanns, des neben Bahro damals prominentesten DDR-Dissidenten. Seine West-Veröffentlichungen wurden seinerzeit von der SED-Justiz als »Devisenvergehen« verfolgt. In einem Dokument der Hauptabteilung XX vom Juni 1979 heißt es dazu: »Am 27.6.1979 habe ich Prof. Havemann auf seinem Grundstück in Grünheide getroffen. Er hat die Vollmacht unterzeichnet und war mit meiner Vertretung im Berufungsverfahren einverstanden.« Der Bericht beschreibt sodann ein Gespräch zwischen Gysi und Havemann und endet mit dem Vermerk: »Wegen Quellengefährdung offiziell nicht auswertbar.«

Auch aus dem Mandatsverhältnis zu Havemann findet sich eine Fülle von Berichten, die meist der erwähnte Stasi-Offizier Lohr unterzeichnet hat. So existiert ein in Ich-Form verfasstes Stasi-Dokument vom Juli 1979, das ein Mandantengespräch mit Havemann wiedergibt. In einer MfS-Information vom November 1979 »über ein Gespräch des Rechtsanwaltes Genossen Dr. Gregor Gysi mit Robert Havemann« wird dieses so wiedergegeben, als ob der Informant das Gespräch selbst geführt hat. So heißt es nach einer Bemerkung Havemanns: »Gen[osse] Gysi betonte hierbei, das er die Ernsthaftigkeit dieser Äußerung von Havemann nicht einschätzen kann.« An anderer Stelle wird berichtet: »Havemann verabschiedete den Rechtsanwalt lächelnd.« Die Information schlägt schließlich vor, dass zur Beantwortung einer Eingabe Havemanns »Gen[osse] Gysi einen entsprechenden Entwurf erarbeiten und zur Abstimmung übergeben wird«. Tatsächlich findet sich in den MfS-Unterlagen wenig später ein solcher Briefentwurf, an den die Notiz geheftet ist: »Anliegend der Briefentwurf von Rechtsanwalt Dr. Gysi an Robert Havemann in Beantwortung seiner Eingabe. Es wird um kurzfristige

Meinungsäußerung gebeten, ob so verfahren werden soll bzw. welche Änderungsvorschläge es gibt.«[98]

Im Februar 1980 wollte die Stasi, dass Gysi Informationen über den geplanten Ablauf von Havemanns siebzigstem Geburtstag beschafft. Das MfS befürchtete insbesondere das Erscheinen westlicher Korrespondenten. Tatsächlich suchte Gysi Havemann am Vorabend des Geburtstages auf. Laut einem »Lagefilm« rief noch am selben Tag um 22.45 Uhr ein IM »Gregor«, der »in den Abendstunden auftragsgemäß bei Havemann weilte«, bei der Stasi an. Er berichtete, das Havemann »keine westlichen Presseleute« erwarte. In einer Stasi-Information vom nächsten Tag heißt es sodann: »Seinem am Vorabend erschienenen Rechtsanwalt erklärte er (Havemann), dass nach seiner Kenntnis zahlreiche Gäste, jedoch keine Vertreter von westlichen Presse- und Publikationsorganen erscheinen werden.« Auch die Aussagen von Havemanns Ehefrau an diesem Abend werden in beiden Dokumenten übereinstimmend wiedergegeben.

Den Akten zufolge kooperierte Gysi in ähnlicher Weise, als es um eine Feier zum 35. Jahrestag der Befreiung des Zuchthauses Brandenburg ging. Während der NS-Zeit war Havemann dort – nach seiner Verurteilung zum Tode im Dezember 1943 – zusammen mit Erich Honecker inhaftiert gewesen. In einem detaillierten Stasi-Plan »zur Verhinderung von Provokationen Robert Havemanns« war vorgesehen, dass der IM »Gregor« Havemann aufsucht und ihn instruiert, wie er sich dort zu verhalten habe. In einer Bundestagsanhörung gab Gysi später zu, Havemann tatsächlich solche Instruktionen gegeben zu haben. Er habe diese jedoch nicht vom MfS, sondern vom Zentralkomitee der SED, möglicherweise aber auch von beiden bekommen. Da die Stasi bereits anderthalb Tage später eine Information über das Gespräch zwischen Gysi und Havemann gefertigt hatte, hielt es der Bundestagsausschuss jedoch für ausgeschlossen, dass diese den Umweg über das ZK genommen haben könnte.[99] Zudem geht aus dem Plan hervor, dass nicht das ZK, sondern das MfS für die Sicherung der Veranstaltung zuständig gewesen war. »Alle getroffenen Feststellungen sind an Major Lohr weiterzuleiten«, heißt es darin wörtlich, »denn Major Lohr ist verantwortlich für die Durchsetzung aller operativen Belange mit Havemann.«[100]

Eine andere Tonbandabschrift dokumentiert einen mit »gez. ›Gregor‹« unterzeichneten »Bericht über den Besuch des Rechtsanwaltes Gysi bei Dr. Havemann am 21.7.1980 in den frühen Abendstunden«. Darin wird unter anderem über den möglichen Verkauf eines Holzhauses auf Havemanns Grundstück berichtet, das dessen geschiedener Ehefrau gehörte. Die Stasi wollte es einem IM zuschanzen, um Havemann besser überwachen zu können – eine Angelegenheit, in der Gysi den Unterlagen zufolge »auf Havemann in der vom MfS gewünschten Form« einwirken sollte. Auf der vierten Seite wechselt der Bericht, der bis dahin in der dritten Person verfasst ist, unvermittelt in die Ich-Form und wartet mit juristischen Ratschlägen auf: »Meiner Meinung nach gibt es zur Zeit keine Möglichkeit, Havemann zu zwingen, dem Kaufinteressenten am Haus der geschiedenen Ehefrau den Zutritt zu gewähren. Allerdings kann die geschiedene Frau verlangen, dass sie selbst und selbstverständlich auch ein staatlicher Taxator die Möglichkeit zum Betreten des Hauses erhalten.«[101] In einer weiteren Tonbandabschrift vom August 1980 wird schließlich eine »Rücksprache« mit Havemann geschildert, bei der es schwerpunktmäßig um »die zivilrechtliche Angelegenheit mit dem Holzhaus auf seinem Grundstück« ging. Als Quelle wird der »IM-Vorlauf ›Gregor‹« angegeben.

Zu diesem Zeitpunkt war Gysi formal immer noch bei der Spionageverwaltung registriert. Diese hatte den Vorgang jedoch bereits ins Archiv gegeben. Die für die Überwachung Havemanns zuständige Hauptabteilung XX besorgte sich deshalb im September 1980 die Genehmigung, Gysi für sich zu erfassen. Im Oktober legte sie unter dem Decknamen »Gregor« einen förmlichen IM-Vorlauf an und entwarf wenig später einen »Vorschlag zur Werbung« Gysis als IM »Notar«. Es lohnt sich, diesen Vorschlag ausführlich zu zitieren: »Der Kandidat wurde 1978 während der operativen Bearbeitung des OV [Operativvorgangs] ›Konzeption‹ bekannt, als er in Vorbereitung des Prozesses gegen Bahro, Rudolf, den Rechtsbeistand übernahm. […] Durch seine Tätigkeit als Rechtsanwalt vertritt der Kandidat Mandanten, die operativ interessant sind, teilweise in Vorgängen und OPK [Operativen Personenkontrollen] durch unsere DE [Diensteinheit] bearbeitet werden bzw. anderweitig operativ angefallen sind. So bewies er in der bisherigen Zusammenarbeit Zuverlässigkeit und eine hohe Einsatzbereitschaft, als er den Rechtsbeistand im Prozeß gegen Bahro übernahm und im Verfahren gegen Robert Havemann wegen Verstoßes gegen das Devisengesetz unter strenger Einhaltung der Konspiration über geplante Aktivitäten, über das weitere Vorgehen von Verbindungspersonen, Ziele und Absichten, über die Rechtslage und ihre Folgen, berichtete. [...] Im Interesse der Einhaltung der Konspiration und der politisch operativen Notwendigkeit wurden dem Kandidaten bereits im Rahmen der Vorbereitung und Durchführung des Bahro-Prozesses die Aufgaben des MfS eingehend erläutert. Auf Grund der beruflichen Tätigkeit und der politischen Zuverlässigkeit erkannte der Kandidat schon damals die Notwendigkeit einer inoffiziellen Zusammenarbeit und Einhaltung der Konspiration. Dies bewies er durch die Übergabe operativ auswertbarer Informationen, seiner [sic!] Einsatzbereitschaft und der durchgeführten Aufgaben. Es ist deshalb vorgesehen, beim nächsten Treff und im Rahmen der ihm zu erteilenden Aufträge unter besonderer Berücksichtigung der sich verschärfenden Klassenkampfsituation, dem Kandidaten nochmals die Bedeutung der Zusammenarbeit aufzuzeigen. Der Kandidat soll mündlich durch Handschlag verpflichtet werden und den Decknamen ›Notar‹ erhalten.«[102]

Entgegen diesen Festlegungen wurde Gysi bis 1986 weiterhin als IM-Vorlauf geführt – warum, geht aus den Unterlagen nicht hervor. Die entsprechende Vorgangsakte wurde vermutlich gesäubert, da sie nicht ein einziges Papier enthält, das auf eine inoffizielle Tätigkeit Gysis zurückgeht. Anderswo aufgefundene Vermerke dokumentieren jedoch, dass die Zusammenarbeit weiter fortgesetzt wurde. Quittungen legen die Vermutung nahe, dass die Stasi ihrem Informanten »Gregor« sogar verschiedene Präsente zum Geburtstag und zum Jahreswechsel kaufte. Ein Bericht vom April 1981 informiert zum Beispiel darüber, wie Havemanns Rechtsanwalt – also Gysi – in der Angelegenheit mit dem Holzhaus weiter verfahren wolle. Zudem wird erwähnt, dass er einer Nachbarin eine Rechtsauskunft gegeben habe, als er den Dissidenten zu Hause aufsuchte. Ein Beobachtungsbericht der Stasi vermerkt, dass die Nachbarin tatsächlich genau zu dem Zeitpunkt dort vorsprach, als Gysi bei Havemann war. Als Quelle dieser Tonbandabschrift wird der Gesellschaftliche Mitarbeiter für Sicherheit (GMS) »Notar« angegeben. Eine weitere Tonbandabschrift, die ein »Gespräch zwischen Rechtsanwalt Gysi und Havemann am 5.1.1982« wiedergibt, stammt ebenfalls von »Notar«. Nach den Beobachtungsberichten der Stasi besuchte an diesem Tag nur Gysi den unter Hausarrest stehenden Regimekritiker.

Ein weiteres Dokument informiert über ein Treffen mit »Notar« in einer konspirativen Wohnung des Staatssicherheitsdienstes. Darin heißt es: »Mit ›Notar‹ wurde die Möglichkeit eines weiteren Besuches bei Robert Havemann in Grünheide beraten und festgelegt, dass er ihn zum Zwecke der Informierung über den Stand des Holzhauses am 10.4.1981 aufsucht.« Der IM sollte ihn dabei zu bestimmten politischen Fragen und zur familiären Situation aushorchen. Bereits einen Tag später fertigte das MfS die Tonbandabschrift eines IM-Berichtes, in dem das Gespräch mit den gewünschten Informationen genau referiert wird. Aufschlussreich ist vor allem dieser Satz aus dem Treffbericht: »Der GMS teilte anschließend zu seinen Mandanten Rathenow, Lutz und Matthies, Frank-Wolfgang folgendes mit: Im wesentlichen sind die Anwaltsaufgaben abgeschlossen.« In der DDR gab es nur einen einzigen Anwalt, der Havemann, Rathenow und Matthies vertrat: Gregor Gysi. Daher muss es sich nach Meinung des Autors bei Gysi und dem GMS um ein und dieselbe Person handeln. Weiter heißt es dann noch in dem Bericht: »Abschließend sprach der GMS einen Bericht über die Sängerin Bettina Wegener auf Tonband (Anlage), die im Herbst 1980 an Rechtsanwalt Dr. Gysi einen Auftrag zur Verteidigung für den Liedermacher Karl-Ulrich Winkler übergab.«[103] Auch diese Abschrift ist überliefert.

Dokumente, die auf einen Einsatz Gysis für den Staatssicherheitsdienst hindeuten, existieren bis ins Jahr 1989. Belastend ist vor allem eine Tonbandabschrift, in der über ein Gespräch zwischen Gysi und dem *Spiegel*-Korrespondenten Ulrich Schwarz im Mai 1986 berichtet wird. Als Quelle wird erneut der IM »Notar« angegeben. Da das etwa halbstündige Gespräch zufällig zustande kam und lediglich die Äußerungen des Korrespondenten wiedergegeben werden, ist es kaum vorstellbar, dass das Gespräch abgehört oder von einem Dritten belauscht wurde. Kurz danach wurde Gysis IM-Vorlauf archiviert. Begründet wurde dies damit, dass der Kandidat zwar in der ersten Zeit über die Dissidenten Bahro und Havemann informiert, dann jedoch an seiner Schweigepflicht als Rechtsanwalt festgehalten habe.

Gregor Gysi hat dem Immunitätsausschuss des Bundestages, der sich mit all diesen Dokumenten in einem langwierigen Überprüfungsverfahren drei Jahre lang beschäftigte, die verschiedensten Erklärungen präsentiert. Der Autor kann diese nur als Ausflüchte werten. So behauptete Gysi zu beinahe jedem Tonbandbericht, er habe lediglich einen Mitarbeiter des Zentralkomitees informiert, der die Angaben dann an den Staatssicherheitsdienst weitergeleitet haben müsse; der Stasi-Offizier Lohr sei ihm stets als Staatsanwalt begegnet. Abgesehen davon, dass dies für seine Mandanten kaum einen Unterschied machte, gibt es in den Unterlagen nicht den geringsten Hinweis auf einen solchen Umweg oder eine derartige Legende. Interne ZK-Informationen wurden beim MfS auch nicht zu IM-Berichten umdeklariert, sondern als solche zu den Akten genommen. Dass, wie Gysi glauben machen will, ein Gespräch mit einem ZK-Mitarbeiter innerhalb von 24 Stunden protokolliert, dem MfS übermittelt und dort zu einem fiktiven Treffbericht umformuliert worden wäre, erscheint schlechterdings unmöglich. Ebenso an den Haaren herbeigezogen muten Gysis Spekulationen an, bei dem IM »Notar« habe es sich angeblich bloß um eine »Materialsammlung« verschiedenster Informationen gehandelt oder in seiner Anwaltskanzlei habe womöglich eine andere Person den Staatssicherheitsdienst informiert.

Auch das Berliner Verwaltungsgericht bezeichnete es im Juni 2006 als »eine nicht glaubhafte Schutzbehauptung« Gysis, dass sich die Stasi einen Text über ein Mandantengespräch mit Havemann illegal aus seiner Anwaltskanzlei beschafft haben müsse. Es wies damit Gysis – von ihm ausgerechnet mit dem Mandantengeheimnis begründete – Klage ab, die Herausgabe des Stasi-Dokuments an den *Spiegel* zu untersagen.[104] Ebenso wenig gibt es für Gysis Hypothese, dass seine Besuche bei Havemann abgehört worden sein könnten, irgendein Indiz – abgesehen davon, dass sich das notierte Lächeln Havemanns beim Abschied nicht abhören lässt. Der Immunitätsausschuss des Bundestages hat vor diesem Hintergrund Gysis Erklärungen bereits 1998 als unglaubwürdige Schutzbehauptungen qualifiziert und »eine inoffizielle Tätigkeit des Abgeordneten Dr. Gregor Gysi für das Ministerium für Staatssicherheit der ehemaligen Deutschen Demokratischen Republik als erwiesen festgestellt«.[105]

Zweites Kapitel
Täter ohne Strafe

Mord am Grenzstreifen

Für Stasi-Minister Erich Mielke war es eine ungeheure Provokation: In der Nacht zum 30. März 1976 schlich sich der ehemalige DDR-Häftling Michael Gartenschläger von der westdeutschen Seite aus an den Grenzzaun des SED-Staates und demontierte am Grenzknick Wendisch-Lieps eine der dort installierten Selbstschussanlagen vom Typ SM 70. Fünfzehn Jahre zuvor war Gartenschläger als Jugendlicher wegen Protesten gegen den Mauerbau zu lebenslanger Haft verurteilt worden. Zehn Jahre später hatte ihn die Bundesregierung freigekauft. Jetzt präsentierte er den Todesautomaten im *Spiegel* und widerlegte damit die Behauptung des DDR-Außenministers Oskar Fischer, es gebe keine Selbstschussapparate an der innerdeutschen Grenze.

Sein Wagemut wurde Gartenschläger zum Verhängnis. Kurz nach dem Coup an der DDR-Grenze baute der 32-Jährige eine zweite Anlage ab, um sie dem Berliner Mauermuseum zu schenken. In der Nacht zum 1. Mai 1976 begab er sich zum dritten Mal an die Sperranlagen, weil er ein weiteres Gerät abschrauben und aus Protest vor der Ständigen Vertretung der DDR in Bonn aufbauen wollte. Doch diesmal erwartete ihn ein Einsatzkommando des Staatssicherheitsdienstes. Als sich Gartenschläger dem Grenzzaun näherte, eröffneten Spezialkämpfer das Feuer und durchsiebten seinen Körper mit Maschinengewehrkugeln.

Die Tötung des jungen Mannes war präzise vorbereitet worden. Mitte April hatte Mielke den Befehl erteilt, den Abbau weiterer Selbstschussanlagen mit allen Mitteln zu verhindern. Generalleutnant Karl Kleinjung unterschrieb daraufhin einen Maßnahmeplan, der vorsah, die regulären Grenzsoldaten durch Spezialkräfte zu ersetzen, um mit deren Hilfe »weitere Angriffe auf die SM 70 zu verhindern und den oder die Täter festzunehmen oder zu vernichten«.[1] Als Gartenschläger zur Grenze kam, hielten sich dort vier ausgebildete Scharfschützen versteckt. Wie seine Begleiter später erklärten, eröffneten sie ohne Vorwarnung das Feuer. Als einer der Schützen feststellte, dass Gartenschläger noch lebte, gaben seine Genossen weitere Feuerstöße auf den am Boden Liegenden ab. Alle vier wurden nach der Tat mit dem Kampforden in Silber ausgezeichnet. Die zuständige Hauptabteilung I des Staatssicherheitsdienstes hielt später fest: »Bevor er die Tat ausführen konnte, wurde Gartenschläger durch Sicherungskräfte der DDR liquidiert.«[2]

Der Mord an Michael Gartenschläger ist niemals gesühnt worden. Unter dem Beifall ehemaliger Stasi-Mitarbeiter sprach das Landgericht Schwerin die drei Todesschützen Walter Lieberamm, Uwe Wienhold und Peter Raupach im März 2000 vom Mordvorwurf frei. Weil Gartenschläger eine Pistole bei sich getragen hatte, behaupteten die Stasi-Kämpfer, dass er als Erster auf sie geschossen habe. Der frühere MfS-Vernehmer Frank Osterloh, der als Verteidiger auftrat, erklärte zudem, der Auftrag, Gartenschläger zu »vernichten«, habe nichts mit Töten zu tun gehabt, sondern Entwaffnen bedeutet. Nach Meinung der Richter konnte deshalb nicht ausgeschlossen werden, dass die Schützen aus Notwehr gehandelt hätten. Mit derselben Begründung verwarf der Bundesgerichtshof auch die Revision von Gartenschlägers Schwester, die als Nebenklägerin auftrat. Gegen den vierten Schützen Herbert Linß hatte die Staatsanwaltschaft erst gar keine Anklage erhoben, da er ihr als Kronzeuge diente.

Auch die Auftraggeber des Mordes wurden nie bestraft. Der Chef der Einsatzkompanie, Ex-Oberstleutnant Wolfgang Singer, wurde 1997 angeklagt, weil er maßgeblich an dem Liquidierungsplan mitgewirkt hatte. Der Prozess wurde erst fünf Jahre später vor dem Berliner Landgericht eröffnet, kurz danach aber schon wieder abgebrochen, weil ein Richter erkrankte. In einem zweiten Anlauf sprach das Gericht 2003 den Stasi-Offizier zwar schuldig, verurteilte ihn jedoch nicht. Begründung: Es sei nicht auszuschließen, dass die Todesschützen in Notwehr gehandelt hätten – die Tat könne deshalb, so wörtlich, nur als »misslungene Anstiftung zum Mord« gewertet werden. Dies sei nach DDR-Recht seit drei Jahren verjährt.[3] Im Jahr 2005 wandelte der Bundesgerichtshof die Verfahrenseinstellung »aus rechtlichen Gründen« in einen Freispruch um.[4]

Einen weiteren Schreibtischtäter, Ex-Stasi-Oberst Helmut Heckel, hatte das Berliner Landgericht bereits 2003 freigesprochen. Er habe den Plan zur Vernichtung Gartenschlägers zwar unterschrieben, aber nicht selbst erarbeitet, erklärten die Richter. Da er an der Durchführung nicht direkt beteiligt gewesen sei, habe er als unschuldig zu gelten. Mit derselben Begründung war in einem gesonderten Verfahren schon sein Vorgesetzter Kleinjung freigesprochen worden – obwohl dieser noch mindestens einen weiteren Mord in Auftrag gegeben hatte. Die Revisionsverhandlung gegen das Urteil wurde im Mai 2002 wegen Verhandlungsunfähigkeit des Angeklagten eingestellt.

Zahnlose Sieger

Der Fall Gartenschläger ist symptomatisch für die strafrechtliche Aufarbeitung der kommunistischen Diktatur in Deutschland. Keiner der für seinen Tod Verantwortlichen musste ins Gefängnis. Ähnlich wie nach dem Ende des Nationalsozialismus versagte die Justiz, als es darum ging, die Täter eines Unrechtsstaates zur Rechenschaft zu ziehen. Sie ließ den größten Teil ihrer Verbrechen ungesühnt.

An einem Mangel an Straftaten kann es nicht gelegen haben. Während der SED-Diktatur wurden weit über tausend Menschen aus politischen Gründen getötet. Allein die zwischen Elbe und Oder operierenden sowjetischen Militärtribunale verurteilten zwischen 1950 und 1955 mehr als 1100 Menschen wegen »konterrevolutionärer Verbrechen« zum Tode. DDR-Gerichte ließen mindestens 52 weitere politische Gefangene enthaupten oder erschießen. In wenigstens einem Fall wandelte SED-Chef Walter Ulbricht persönlich die ursprünglich vorgesehene Zuchthausstrafe in ein Todesurteil um. Mit einem Federstrich sorgte er dafür, dass der 29-jährige Ost-Berliner Dekorateur Joachim Wiebach am 13. September 1955 unters Fallbeil kam, nachdem ihn der Staatssicherheitsdienst beschuldigt hatte, »Agent« des amerikanischen Radiosenders RIAS gewesen zu sein.

Auch in der Haft kamen Hunderte politische Gefangene zu Tode. Mindestens 12000 Verurteilte wurden in sowjetische Arbeitslager deportiert, wo viele von ihnen an Hunger, Kälte, Unfällen und mangelhafter medizinischer Versorgung zugrunde gingen. In den Gefängnissen der DDR starben vor allem in den frühen fünfziger Jahren immer wieder Häftlinge an Misshandlungen oder Krankheiten. Allein in Brandenburg ermittelte die Staatsanwaltschaft nach der friedlichen Revolution wegen 135 Todesfällen im Strafvollzug. In der Untersuchungshaftanstalt Berlin-Hohenschönhausen kam zum Beispiel der Reichsbahnchef Willy Kreikemeyer unter bis heute ungeklärten Umständen zu Tode. Angeblich soll er im März 1950 Selbstmord begangen haben, doch Mithäftlinge berichteten, ihn danach noch gesehen zu haben. Ebenso spurlos verschwand der frühere FDJ-Chef von Sachsen, Robert Bialek, den der Staatssicherheitsdienst im Februar 1956 aus West-Berlin entführt hatte. In der Untersuchungshaftanstalt Gera starb im April 1981 der 24-jährige Bürgerrechtler Matthias Domaschk, kurz nachdem ihn die Stasi verhaftet hatte. In den Akten hielt man fest, dass er sich erhängt hätte, doch seine Freunde bezweifeln das.

Auch die Zahl der Grenztoten geht in die Hunderte. Wenigstens 270 Menschen wurden nach Angaben der Berliner Staatsanwaltschaft nachweislich an den Westgrenzen der DDR durch Schüsse oder Minen getötet – vom ersten Maueropfer Günther Litfin, der im August 1961 erschossen wurde, bis zum letzten Mauertoten Chris Gueffroy, der im Februar 1989 im Maschinengewehrfeuer starb.[5] Bis 1990 ermittelte die Zentrale Erfassungsstelle im niedersächsischen Salzgitter insgesamt 4444 Fälle von versuchten und vollendeten Tötungshandlungen mit dem Ziel, Fluchtversuche zu verhindern.[6] Zu Recht bezeichnete der Berliner Oberstaatsanwalt Bernhard Jahntz die Todesschüsse an den Grenzen als eine Art »standrechtliche Verhängung und Vollstreckung der Todesstrafe durch Grenzsoldaten«.[7]

Außer Mord, Totschlag und fahrlässiger Tötung hat das SED-Regime zudem Tausende Fälle von Körperverletzung, Mordversuch und Entführung zu verantworten. An den Grenzen der DDR wurden nach Angaben der Erfassungsstelle Salzgitter etwa siebenhundert Menschen zumeist schwer verletzt.[8] In DDR-Gefängnissen gehörte die Misshandlung von Insassen zum Haftalltag. So ermittelte die Justiz nach der friedlichen Revolution allein in Brandenburg in 3100 Fällen wegen Körperverletzung und Freiheitsberaubung im Strafvollzug; 975 Verfahren wurden allein gegen Bedienstete des Zuchthauses Brandenburg eingeleitet. Das Ministerium für Staatssicherheit war nach Angaben der Berliner Staatsanwaltschaft ferner für wenigstens fünfzig Mordversuche und Hunderte von Entführungen verantwortlich.[9] Bis September 1997 hatte sie rund vierhundert Eingänge mit Verdacht auf Verschleppung erfasst.[10] Weitere Entführungen – zum Beispiel des Kommunismuskritikers Wolfgang Leonhard oder der Journalistin Carola Stern – scheiterten lediglich an Zufällen. Insgesamt versuchte das MfS, rund 650 Menschen zu entführen.

Noch viel größer war die Zahl der Freiheitsberaubungen. Mindestens 200000 Menschen kamen in der DDR aus politischen Gründen ins Gefängnis. Einer statistischen Erhebung zufolge wurden allein zwischen 1960 und 1990 230000 Menschen wegen Delikten wie »staatsfeindliche Hetze«, »ungesetzlicher Grenzübertritt« oder »asoziales Verhalten« verurteilt. Hinzu kommen etwa 50000 politisch motivierte Verurteilungen in der Zeit davor.[11] In Hunderttausenden von Fällen brach der Staatssicherheitsdienst zudem das verfassungsrechtlich geschützte Post- und Telefongeheimnis. So öffnete er in den achtziger Jahren täglich etwa 90000 Briefe und hörte allein in Ost-Berlin rund 20000 Telefonanschlüsse ab. Hunderttausende verloren zudem ihr Eigentum durch Enteignung, Zwangsaussiedlung, Flucht oder Ausreise. Zustande gebracht hat diese Bilanz ein Staat mit der Einwohnerzahl Nordrhein-Westfalens.

Die Durchsetzung der Diktatur in den ersten Nachkriegsjahren forderte noch mehr Opfer. Von 1945 bis 1949, als die sowjetischen Besatzer das SED-Regime an die Macht brachten, kamen jedes Jahr weit mehr Menschen aus politischen Gründen in Haft als in den Jahrzehnten danach. Deutsche Polizisten waren an den Massenverhaftungen vielfach direkt beteiligt. Hermann Koebe etwa, Sohn eines Feuerwehrgerätefabrikanten im brandenburgischen Luckenwalde, hat berichtet, wie sein Vater im Juli 1945 vom kommunistischen Leiter der politischen Abteilung der Kriminalpolizei, einem Mann namens Willi Hinke, denunziert und anschließend verhaftet wurde. Koebe zitierte eine RIAS-Meldung vom August 1949, in der es hieß: »Es darf ohne Übertreibung gesagt werden, dass Hinke seinerzeit die gefürchtetste Person in Luckenwalde war.« Etwa zweihundert Luckenwalder kamen damals in sowjetische Lagerhaft. Wegen schwerer Freiheitsberaubung verurteilte das West-Berliner Landgericht Hinke später zu einer Zuchthausstrafe von acht Jahren und zur Aberkennung der bürgerlichen Ehrenrechte.[12] In anderen Orten der Sowjetischen Besatzungszone (SBZ) war die Lage nicht anders.

Nach ihren eigenen Zählungen sperrte die sowjetische Geheimpolizei in der SBZ etwa 123 000 Deutsche in Lager, von denen mehr als ein Drittel starben. Da nicht alle Inhaftierten und Toten erfasst wurden, lagen die Zahlen vermutlich noch höher. Über 1200 Menschen wurden hingerichtet, die meisten wegen »konterrevolutionärer Verbrechen«. Eine unbekannte Zahl wurde außerdem Opfer willkürlicher Übergriffe und Erschießungen, für die in der Regel sowjetische Soldaten verantwortlich waren. Allein in Berlin registrierten die Behörden von Mai bis Dezember 1945 65 000 gewaltsame Todesfälle. Tausende Industrielle, Gutsbesitzer und mittelständische Unternehmer wurden entschädigungslos enteignet, so dass sich im Frühjahr 1948 bereits 9200 Firmen oder 40 Prozent der Bruttoproduktion in staatlicher Hand befanden. Rund zwei Millionen Menschen verloren den größten

Teil ihres Eigentums, weil sie sich durch Flucht in den Westen vor der neuen Diktatur in Sicherheit bringen wollten.

Anders als nach dem Ende des Nationalsozialismus gab es nach dem Sturz der SED-Diktatur keinerlei Konzept, wie man die Verantwortlichen für das politische Unrecht zur Rechenschaft ziehen sollte. Weder Bürgerrechtler noch Parteien, weder ostdeutsche noch westdeutsche Regierungsvertreter entwickelten irgendwelche Strategien für die Bestrafung der Täter. Der legitime Anspruch der Opfer, dass die an ihnen verübten Verbrechen gesühnt werden, spielte in den politischen Diskussionen zwischen friedlicher Revolution und Wiedervereinigung praktisch keine Rolle. Lediglich die Bündnisgrünen starteten in der DDR-Volkskammer einen Versuch, den Staatssicherheitsdienst wenigstens deklaratorisch zur kriminellen Vereinigung zu erklären. Sie scheiterten jedoch an der ablehnenden Haltung der anderen Fraktionen und deren westdeutscher Berater. Das politische Establishment der Bundesrepublik, die christlich beeinflussten Bürgerrechtler und die Vertreter des alten Regimes, die im Staatsapparat und in den Parteien weiter erheblichen Einfluss hatten, zeigten eine ungewöhnliche Einmütigkeit darin, dass die Verantwortungsträger des SED-Staates nach ihrem Sturz nicht bestraft werden sollten. »Mein Grundsatz war in jener Zeit: Wir gehen mit euch anders um, als ihr mit uns umgehen wolltet«, erklärte der Theologe Richard Schröder, damals Vorsitzender der SPD-Volkskammerfraktion, bei einer Anhörung im Bundestag im Oktober 2006. »Ich bekenne mich hier gerne dazu, einer derjenigen zu sein, der für die Art und Weise, wie strafrechtlich mit der DDR-Vergangenheit umgegangen worden ist, mit verantwortlich ist.«[13]

Wie anders gingen dagegen die Alliierten nach 1945 vor. Schon vor Ende des Krieges hatten die USA detaillierte Konzepte entwickelt, wie die Verantwortlichen für das NS-Regime zur Rechenschaft gezogen werden sollten. In der interalliierten European Advisory Commission (EAC) legten sie im März 1945 den Entwurf einer Direktive vor, nach der Kriegsverbrecher und alle, die an der Planung und Durchführung von Kriegsverbrechen und Gräueltaten mitgewirkt hatten, vor Gericht gestellt und bestraft werden sollten. »Nazi-Führer und einflussreiche Unterstützer der Nazis und alle anderen Personen, die der Besatzung oder ihren Zielen gefährlich werden können, werden verhaftet und interniert«, lautete eine der Festlegungen.[14] Bereits am 20. November 1945 begann dann vor dem Internationalen Militärgerichtshof in Nürnberg der erste Prozess gegen die nationalsozialistische Führung. Und im Dezember erließen die Alliierten das Kontrollratsgesetz Nr. 10, nach dem die Mitwirkung an Mord, Freiheitsberaubung, Folterung und die Zugehörigkeit zu bestimmten nationalsozialistischen Organisationen mit Tod, Freiheitsentzug, Geldbuße, Vermögenseinziehung und dem Verlust der bürgerlichen Ehrenrechte bestraft werden konnte – unabhängig von der deutschen Rechtslage. Mit der Direktive Nr. 38 erteilten die Alliierten im Oktober 1946 weitere Anweisungen, wer wie zu bestrafen sei. Mit Regimegegnern bestückte Spruchkammern prüften damals Hunderttausende Menschen – allein in der amerikanischen Besatzungszone saßen 545 Laiengerichte über mehr als 900000 Personen zu Gericht.[15]

Erst im Vergleich zum Versuch der Alliierten, das nationalsozialistische Unrecht strafrechtlich aufzuarbeiten, erweist sich, wie zögerlich die Deutschen ein halbes Jahrhundert später vorgingen. Hätte es 1990 eine ähnliche Direktive für die DDR gegeben, hätten Hunderttausende überprüft und Zehntausende in Haft genommen werden müssen. Als »Hauptschuldige« hätten demnach alle Personen gegolten, die aus politischen Gründen Verbrechen gegen Opfer oder Gegner der DDR begangen hatten oder für Ausschreitungen, Verschleppungen oder sonstige Gewalttaten verantwortlich gewesen waren. Auch alle führenden Funktionäre der SED, der DDR-Regierung und der gleichgeschalteten Organisationen wären so eingestuft worden, ebenso diejenigen, die im Staatssicherheitsdienst und in den Grenztruppen der DDR aktiv gewesen waren oder die sich in einem Gefängnis oder einem Lager an Folterungen oder sonstigen Grausamkeiten beteiligt hatten. Als »Hauptschuldige« hätten zudem sämtliche Inoffiziellen Mitarbeiter gegolten, die aus Eigennutz mit der Stasi zusammengearbeitet hatten, indem sie Gegner der SED denunziert oder anderweitig zu deren Verfolgung beigetragen hatten. Dasselbe hätte auf Personen zugetroffen, die der Gewaltherrschaft besondere propagandistische Unterstützung gewährt hatten – prominente Journalisten, Schriftsteller oder Filmschaffende.

Für alle diese Personen wären bis zu zehn Jahre Haft vorgesehen gewesen. Außerdem hätte man ihr Vermögen einziehen und sie von allen öffentlichen Ämtern oder einer Tätigkeit als Rechtsanwalt ausschließen können. Es hätte die Möglichkeit bestanden, ihre Pensionen zu streichen, ihnen das aktive und passive Wahlrecht abzuerkennen und die Mitgliedschaft in Parteien oder Gewerkschaften zu untersagen. Selbst nach ihrer Freilassung hätte man ihnen noch für mindestens zehn Jahre verbieten können, als Selbstständige, Lehrer, Pfarrer, Schriftsteller, Journalisten oder in einer anderen gehobenen Stellung zu arbeiten. Darüber hinaus hätte man sie zu gemeinnützigen Arbeiten heranziehen und ihnen ihren Aufenthaltsort vorschreiben können. Sie hätten alle in der DDR erteilten Approbationen, Konzessionen und Privilegien verloren – sogar das Recht, ein Kraftfahrzeug zu halten.

Die Liste der Sühnemaßnahmen wäre damit noch nicht zu Ende gewesen. Neben den Hauptschuldigen kannte die Direktive der Alliierten auch noch die Kategorie der »Belasteten«, die ebenfalls bestraft werden sollten. Übertragen auf die DDR, hätten dazu unter anderem FDJ-Funktionäre, Staatsbürgerkundelehrer, Staatsanwälte, Richter, Journalisten, Karrieristen oder Nutznießer von Enteignungen gehört. Ein Großteil der aktiven Unterstützer der SED-Diktatur wäre in einem geordneten Verfahren zur Rechenschaft gezogen worden.

Ermittlungen der DDR-Justiz

Die Verantwortlichen für das SED-Regime mussten nichts dergleichen gewärtigen. Niemand unternahm nach der friedlichen Revolution einen vergleichbaren Versuch, die Täter zur Rechenschaft zu ziehen. Paradoxerweise ging ausgerechnet die DDR-

Justiz noch am radikalsten gegen die gestürzten Machthaber vor. Nach den Enthüllungen über das Luxusleben der Bonzen in der Politbürosiedlung von Wandlitz leitete die Ost-Berliner Generalstaatsanwaltschaft bereits Ende November 1989 zahlreiche Ermittlungsverfahren ein. Am 3. Dezember wurden der bisherige Wirtschaftslenker der DDR, Günter Mittag, und der gestürzte Gewerkschaftschef Harry Tisch festgenommen. Vier Tage später kam der abgelöste Minister für Staatssicherheit Mielke in Untersuchungshaft. Am 8. Dezember musste schließlich der zurückgetretene DDR-Ministerpräsident Willi Stoph ins Gefängnis. Damit saßen die wichtigsten SED-Politiker – bis auf den abgesetzten Staats- und Parteichef Erich Honecker – schon kurz nach ihrer Entmachtung hinter Gittern. Am 29. Januar 1990 wurde auch noch die Nummer eins verhaftet. Unter Hinweis auf seinen Gesundheitszustand ließ man Honecker allerdings schon am nächsten Tag wieder frei.

Für einen kurzen Augenblick gab es so etwas wie historische Gerechtigkeit. Ausgerechnet in der berüchtigten Stasi-Untersuchungshaftanstalt Berlin-Hohenschönhausen saßen die Machtgewaltigen Mielke, Mittag und Stoph nun selbst ein. Und die Verhaftungen zogen immer weitere Kreise: Im Februar 1990 befanden sich dort von der ehemaligen Politbüroprominenz auch noch Stophs Stellvertreter Günther Kleiber, der für Landwirtschaft zuständige ZK-Sekretär Werner Krolikowski sowie Propagandachef Joachim Herrmann. Insgesamt ordnete die DDR-Justiz gegen elf der 21 Politbüromitglieder Untersuchungshaft an. Daneben kamen auch Regierungsmitglieder und weniger prominente Funktionäre in Haft. In Hohenschönhausen saßen zum Beispiel Ex-Verteidigungsminister Heinz Keßler, Ex-Bauminister Wolfgang Junker, der abgelöste Vorsitzende der Ost-CDU, Gerald Götting, der bisherige SED-Finanzchef Heinz Wildenhain und der Leiter der Stasi-Postkontrolle, Rudi Strobel. Nur der oberste Devisenbeschaffer der DDR, Alexander Schalck-Golodkowski, der als Chef des Bereichs Kommerzielle Koordinierung (Koko) und Stasi-Offizier im besonderen Einsatz auch für die Versorgung der Politbürosiedlung Wandlitz zuständig gewesen war, setzte sich rechtzeitig nach West-Berlin ab. Die Staatsanwaltschaft konnte nur noch seinen Stellvertreter Manfred Seidel festnehmen.

Die DDR-Justiz ging nicht nur gegen die Funktionäre in Berlin vor. In der Provinz wurden unter anderem die mächtigen SED-Bezirkschefs von Erfurt und Suhl, Hans Albrecht und Gerhard Müller, verhaftet. Alles in allem kamen nach der friedlichen Revolution mindestens 44 Apparatschiks in Untersuchungshaft. Meist warf man ihnen »Vertrauensmissbrauch« und ähnliche Delikte vor, weil sie sich an staatlichem Vermögen bereichert hätten.

Die DDR-Justiz trat damit die Flucht nach vorn an. Vierzig Jahre lang war sie ein willfähriges Instrument der SED-Spitze gewesen. Fast alle Staatsanwälte und Richter gehörten der herrschenden Staatspartei an. Sie hatten die zahllosen Gesetzesverstöße der oberen und unteren Funktionäre nicht nur geduldet, sondern sich auch selbst daran beteiligt, indem sie massenhaft Unschuldige angeklagt und abgeurteilt hatten. Jetzt, nach dem Sturz der Honecker-Clique, versuchten sie ihre Haut zu retten, indem sie hastig die Seiten wechselten. Mit erstaunlichem Eifer leiteten DDR-Staatsanwälte Dutzende Ermittlungsverfahren ein. Sie trugen damit nicht nur der Empörung über die Selbstbereicherung der politischen Kaste Rechnung, sondern auch zahlreichen Strafanzeigen. Über fünfzig Verfahren setzte die DDR-Justiz auch wegen des Vorwurfs der Wahlfälschung in Gang. Nur wenige Monate vor der friedlichen Revolution hatten Bürgerrechtler bei den Kommunalwahlen im Mai 1989 aufgedeckt, dass die SED-Spitze das amtliche Endergebnis manipuliert hatte. Da dies auch nach DDR-Recht verboten war, sah sich die Justiz im Herbst des Jahres genötigt, zahlreichen Anzeigen nachzugehen. Bereits im Januar 1990 erhob die Staatsanwaltschaft in Neuruppin erstmals Anklage gegen einen der Wahlfälscher. Bis März 1990 wurden Verfahren gegen 73 Personen eröffnet, vier davon kamen sogar zeitweise in Haft.

Als die Vereinigung der beiden deutschen Staaten näher rückte, erlahmte der Elan der DDR-Justiz. Die Staatsanwälte gingen davon aus, dass bald die bundesdeutsche Justiz die Ermittlungen übernehmen werde. Zugleich begannen sie, sich um ihre berufliche Zukunft zu sorgen, da die belasteten SED-Kader wenig Chancen auf eine Weiterbeschäftigung hatten. Gleichwohl wurden bis zum 3. Oktober 1990 mehr als einhundert Personen wegen Amtsmissbrauchs, Korruption und Wahlfälschung angeklagt. 27 wurden noch zu DDR-Zeiten rechtskräftig verurteilt, einer davon zu einer Freiheitsstrafe ohne Bewährung.[16] 25 Urteile ergingen gegen Wahlfälscher, die freilich alle nur Geld- oder Bewährungsstrafen bekamen.[17] Die schwerwiegenderen Delikte wie Freiheitsberaubung, Gefangenenmisshandlung oder Tötung ignorierte die DDR-Justiz. Hier hätte sie über kurz oder lang auch gegen sich selbst ermitteln müssen. Nur eine Handvoll Volkspolizisten wurde im letzten Jahr der DDR vor Gericht gestellt, weil sie im Oktober 1989 mit brutaler Gewalt gegen Demonstranten vorgegangen waren.

Chaos nach der Wiedervereinigung

Der Einzug des bundesdeutschen Rechtssystems in das sogenannte Beitrittsgebiet bot – so sollte man meinen – die beste Garantie dafür, dass nun auch die Verantwortlichen für die gravierenderen Taten zur Rechenschaft gezogen würden. Seit 1961 hatte die Zentrale Erfassungsstelle in Salzgitter über 42 000 politisch motivierte Gewaltakte in der DDR erfasst und dokumentiert. In den ostdeutschen Ländern entstand ein neues Justizsystem mit unbelasteten Juristen. Vielfach kamen diese aus dem Westen und hatten schon deshalb mit dem alten Regime nichts zu tun. In Berlin, wo die Mehrheit der Täter lebte, wurde der Justizapparat der DDR komplett aufgelöst, da mit dem Tag der Wiedervereinigung die West-Berliner Justizverwaltung auch für den Ostteil der Stadt zuständig wurde. Mit Nachdruck, so durfte man annehmen, würden sich die Staatsanwälte darum kümmern, dass die Schuldigen ihre Strafe erhielten.

Doch der Beitritt der DDR zur Bundesrepublik war für die meisten Funktionäre alles andere als die gefürchtete Auslieferung an den Klassenfeind. Viele sehnten den Tag der Wiedervereigung sogar herbei, damit er ihnen endlich die Sicherheiten des bundesdeutschen Rechtsstaates bringe. Über Nacht stand ihnen nun das gesamte Instrumentarium zur Verfügung, das Bürger in Westdeutschland vor ungerechtfertigter oder unangemessener Strafverfolgung schützte. Dass Erich Mielke am 4. Oktober 1990 aus dem unwirtlichen Stasi-Gefängnis in Hohenschönhausen in eine komfortable Zelle der West-Berliner Justizvollzugsanstalt Moabit verlegt wurde, hatte symbolische Bedeutung.

Tatsächlich hatten die Funktionäre nach dem Beitritt der DDR zur Bundesrepublik weniger zu fürchten denn je. Die Weitblickenden unter ihnen hatten längst erkannt, dass man ihnen kaum etwas würde anhaben können. Nicht umsonst setzte sich der clevere Devisenbeschaffer Schalck-Golodkowski schon im Dezember 1989 in den Westen ab und stellte sich dort freiwillig den Behörden. Der Einigungsvertrag befasste sich zwar mit Themen wie der Fortgeltung der Arbeitsverträge von Mitarbeitern der DDR-Bauakademie – nicht aber mit der Bestrafung der Täter. Die Jahrhundertaufgabe, vierzig Jahre SED-Unrecht strafrechtlich aufzuarbeiten, wurde dem Selbstlauf der Justiz überlassen, wenn man sie denn überhaupt als solche erkannte. Die meisten Politiker waren nämlich der Ansicht, dass man nach dem glücklichen Ende der deutschen Teilung »keine neuen Wunden aufreißen« sollte.

Die Bundesrepublik verzichtete deshalb 1990 darauf, eine übergeordnete Ermittlungsbehörde einzurichten, wie sie für NS-Taten in Form der Zentralen Stelle der Landesjustizverwaltungen in Ludwigsburg existiert. Sie löste 1992 die Erfassungsstelle Salzgitter sogar auf, nachdem diese rund 90 000 Vorermittlungsakten an die ostdeutschen Bundesländer abgetreten hatte. Die Ermittlungen sollten die Justizbehörden in der ehemaligen DDR durchführen, obwohl diese erst noch aufgebaut werden mussten und der Aufgabe kaum gewachsen waren. Erst ab 1992 richteten die Staatsanwaltschaften in den neuen Ländern sogenannte Schwerpunktabteilungen ein, die sich speziell mit dem SED-Unrecht befassten. Zu einer effektiven Strafverfolgung waren sie vorher kaum in der Lage. Dieser Zeitverlust wirkte wie eine Amnestie: Da die Verjährungsfristen liefen und die Täter oft schon im Rentenalter waren, konnte man sie vielfach nicht mehr rechtzeitig zur Verantwortung ziehen.

Als nachteilig erwies sich zudem, dass die föderal organisierten Staatsanwaltschaften weitgehend unabhängig voneinander agierten. Dadurch kam es nicht nur zu Mehrfacharbeit, etwa bei der Ergründung des geheimen DDR-Grenzregimes, sondern auch zu Unterschieden im Vorgehen. So führte die Verurteilung eines Ausreisewilligen durch ein DDR-Gericht in Thüringen oder Sachsen-Anhalt dazu, dass gegen die Verantwortlichen ein Ermittlungsverfahren eingeleitet wurde. In Brandenburg und Sachsen verzichtete man dagegen meist darauf. Das Durcheinander war so groß, dass es bis heute keine amtliche Gesamtstatistik der einschlägigen Justizbemühungen gibt. Niemand weiß genau, wie viele Ermittlungsverfahren aufgrund welcher Taten nach 1990 eingeleitet wurden. Nicht einmal ihre Buchführung stimmten die Länder untereinander ab, so dass man ihre jeweiligen Statistiken auch nicht mehr nachträglich zusammenrechnen kann.

Am besten gerüstet für die Ermittlungen schien noch Berlin zu sein, das gleichzeitig auch den wichtigsten Tatort bildete. Bereits am 3. Oktober 1990 wurde bei der Staatsanwaltschaft des Kammergerichts die Arbeitsgruppe Regierungskriminalität eingerichtet. Vier Jahre später erhielt sie als Staatsanwaltschaft II beim Landgericht Berlin den Status einer eigenen Behörde. Stützen konnte sie sich bei ihrer Arbeit auf die polizeiliche »Zentrale Ermittlungsstelle für Regierungs- und Vereinigungskriminalität« (ZERV). Doch auch Berlin war mit der Last der Aufgabe völlig überfordert. Schon aus finanziellen Gründen konnte die Stadt, die nach jahrzehntelanger Subventionierung plötzlich auf eigenen Füßen stehen sollte, nicht allein das Unrecht eines ganzen Staates aufarbeiten. Gerade einmal sieben Staatsanwälte standen am 3. Oktober 1990 dafür zur Verfügung. Die Länder vereinbarten zwar, sechzig Staatsanwälte und Richter nach Berlin abzuordnen, doch erst ab Ende 1991 wurde dies schrittweise umgesetzt. Und die Zusagen wurden niemals vollständig eingelöst. Ein Mangel, durch den sich die Verfahren endlos in die Länge zogen – bei laufenden Verjährungsfristen.

Die Länder schickten naturgemäß solche Mitarbeiter nach Berlin, die sie am ehesten entbehren konnten. Die abgeordneten Ermittler hatten deshalb häufig wenig Berufserfahrung. Sie wussten kaum etwas von der DDR und wurden meist nach kurzer Zeit wieder ausgewechselt. »Wenn ein Mitarbeiter sich so halbwegs in die Dinge eingearbeitet hatte«, erinnerte sich Christoph Schaefgen, der die zuständige Staatsanwaltschaft II in Berlin leitete, »dann war seine Zeit auch schon zu Ende und der danach folgende fing praktisch wieder von vorne an.«[18] Vergeblich appellierte die Berliner Justizsenatorin Lore Maria Peschel-Gutzeit im Herbst 1994 an ihre Kollegen aus den alten Ländern, Abhilfe zu schaffen. Um ein Verfahren vorzubereiten, seien in der Regel ein bis zwei, manchmal noch mehr Jahre erforderlich, so die Senatorin. Nur wenn es der Bearbeiter auch persönlich vor Gericht vertrete, führe es zu einem akzeptablen Ergebnis.

Ähnliche Probleme herrschten bei der polizeilichen Ermittlungsstelle. Der Beschluss der Ministerpräsidenten vom Oktober 1992, die ZERV mit mindestens 340 Beamten auszustatten, wurde niemals voll umgesetzt. Ihr inzwischen verstorbener Leiter Manfred Kittlaus beklagte sich später über die Gleichgültigkeit gegenüber der Verfolgung von SED-Unrecht: »Es hat sehr lange gedauert, bis wir einen halbwegs angemessenen Personalbestand erreichen konnten. Wir sind über 75 Prozent vom Soll nie hinausgekommen, und wir haben uns daran gewöhnen müssen. Wir haben gekämpft mit der Unwissenheit in den Heimatbehörden, bis hin zum Desinteresse oder sogar zur Ignoranz. Lumpige 5000 Quadratmeter Bürofläche, die wir über zwei Jahre lang mühselig in der Stadt gesucht haben, sind uns letztlich durch das Bundeskanzleramt zugebilligt worden.«[19]

Der Verzicht auf eine zentrale Ermittlungsstelle und die mangelhafte Unterstützung der Berliner Justiz bewirkten, dass ein erheblicher Teil des SED-Unrechts nicht gesühnt werden konnte. Die Täter profitierten von den Fehlern der Politiker. Desillusioniert räumte Schaefgen am Ende seiner Amtszeit ein: »Es lässt sich gar nicht leugnen, dass alles viel schneller, viel besser hätte gemacht werden können, wenn man eine andere Organisationsform gewählt hätte, nämlich eine eigenständige Verfolgungsbehörde, die für alles Unrecht, das in der ehemaligen DDR begangen worden war, zuständig gewesen wäre, und die Behörde auch mit einem festen Personalstamm ausgerüstet hätte.«[20]

Die Fehler des Einigungsvertrages

Noch mehr als das Chaos nach der Wiedervereinigung wirkten sich jedoch die Fehler im Einigungsvertrag aus. Statt zu vereinbaren, dass schwere Menschenrechtsverletzungen wie Tötung, Körperverletzung oder Freiheitsberaubung entsprechend der Europäischen Menschenrechtskonvention von 1950 bestraft werden, trafen die Vertragspartner eine folgenschwere Festlegung. In der Anlage I hieß es, versteckt zwischen seitenlangen Aufzählungen fortgeltender Gesetze, dass das Einführungsgesetz zum Strafgesetzbuch der Bundesrepublik verändert werde. Der Artikel 315 sollte jetzt mit den Worten beginnen: »Auf vor dem Wirksamwerden des Beitritts in der Deutschen Demokratischen Republik begangene Taten findet § 2 des Strafgesetzbuches [...] Anwendung.«[21] Die unscheinbare Formulierung bedeutete eine Generalamnestie für die meisten SED-Kader. Der erwähnte Paragraph legt nämlich fest, dass eine Straftat nach dem Gesetz geahndet wird, das zur Tatzeit gültig ist – für Ostdeutschland also das Strafgesetzbuch der DDR. Ausgerechnet das Strafrecht der SED, mit dem diese ihre Gegner bekämpft hatte, wurde so zum Instrument, um ihre eigenen Verbrechen zu ahnden.

Begründet wurde dies mit dem Rückwirkungsverbot im Grundgesetz. Wie in allen Demokratien dieser Welt darf in Deutschland niemand für etwas belangt werden, was zur Tatzeit nicht verboten war. Der juristische Grundsatz dafür lautet: »nulla poena sine lege« – keine Strafe ohne Gesetz. In Artikel 103, Absatz 2 des Grundgesetzes heißt es dazu: »Eine Tat kann nur bestraft werden, wenn die Strafbarkeit gesetzlich bestimmt war, bevor die Tat begangen wurde.« In der Bundesrepublik zog man damit auch die Konsequenzen aus der Nazi-Diktatur, als in politischen Verfahren häufig nicht nur nach dem Wortlaut des Strafgesetzbuches, sondern ebenso nach dem »gesunden Volksempfinden« geurteilt worden war. Selbst scharfe Kritiker der SED-Diktatur kommen deshalb heute zu dem Schluss, dass eine wirksame Bestrafung der Täter mit den Mitteln des Rechtsstaates nicht möglich gewesen sei. Die unbefriedigende Bilanz der Gerichte sei der Preis für ein noch höheres Gut – eine rechtsstaatliche Justiz.

Dabei wird übersehen, dass sich das Rückwirkungsverbot im Grundgesetz auf das politische System der Bundesrepublik bezieht. Sein Sinn wird ins Gegenteil verkehrt, wenn sich Verantwortliche für schwere Menschenrechtsverletzungen damit vor Bestrafung schützen können. Es hat gute Gründe, dass in unserer Verfassung die Grundrechte an erster Stelle stehen und Gesetzgebung, vollziehende Gewalt und Rechtsprechung als unmittelbar geltendes Recht binden. Da Unrecht in modernen Diktaturen fast immer durch Rechtsvorschriften gedeckt ist, können sie bei der Verfolgung von Diktaturverbrechen keinen Maßstab bilden. Das Rückwirkungsverbot in der Verfassung setzt vielmehr voraus, dass niemand Gesetze erlassen kann, die die Grundrechte aufheben und offenkundiges Unrecht legalisieren – also die Existenz einer funktionierenden Demokratie.

Aus diesem Grund hat das Bundesverfassungsgericht 1996 auch die Verfassungsbeschwerde des ehemaligen DDR-Verteidigungsministers Keßler verworfen, der nicht akzeptieren wollte, dass er für die Erschießung von Flüchtlingen an den Grenzen bestraft wurde. Unter Berufung auf das Rückwirkungsverbot hatte Keßler verlangt, seine Verurteilung wegen Anstiftung zum Totschlag aufzuheben. Der Gebrauch der Schusswaffe gegenüber Grenzverletzern sei in der DDR nicht verboten, sondern gesetzlich gedeckt gewesen. Um die Todesfälle an der Mauer ahnden zu können, hatten die Gerichte die Gesetze der DDR so uminterpretiert, dass der SED-Funktionär rückwirkend zum Rechtsbrecher erklärt wurde.

Die Karlsruher Richter gaben ihnen recht. Sie urteilten, dass sich das Rückwirkungsverbot im Grundgesetz ausdrücklich auf das politische System der Bundesrepublik beziehe, in dem der Bürger die Sicherheit habe, dass die Gesetze nicht der Verfassung widersprechen. »Das strikte Rückwirkungsverbot«, so erklärten sie im schwerfälligen Deutsch der Juristen, »findet seine rechtsstaatliche Rechtfertigung in der besonderen Vertrauensgrundlage, welche die Strafgesetze tragen, wenn sie von einem an die Grundrechte gebundenen demokratischen Gesetzgeber erlassen wurden. An einer solchen Vertrauensgrundlage fehlt es, wenn der Träger der Staatsmacht für den Bereich schwersten kriminellen Unrechts die Strafbarkeit durch Rechtfertigungsgründe ausschließt, indem er über die geschriebenen Normen hinaus zu solchem Unrecht auffordert, es begünstigt und so die in der Völkerrechtsgemeinschaft allgemein anerkannten Menschenrechte in schwerwiegender Weise missachtet. Der strikte Schutz von Vertrauen nach Art. 103 Abs. 2 GG muss dann zurücktreten.«[22]

Rechtsstaatlichkeit bedeutet demnach nicht, die Verantwortlichen für politisches Unrecht straffrei und ihre Opfer schutzlos zu lassen. Dies ergibt sich in Deutschland schon aus der Erfahrung des Nationalsozialismus, wo es genauso absurd wäre, die schweren Gewaltverbrechen nur dann zu verfolgen, wenn die Verantwortlichen damit gegen geltendes NS-Recht verstoßen hätten. Im Artikel 7 der Europäischen Menschenrechtskonvention, der das Rückwirkungsverbot ebenfalls festschreibt, heißt es deshalb ausdrücklich: »Durch diesen Artikel darf die Verurteilung oder Bestrafung einer Person nicht ausgeschlossen werden, die sich einer Handlung oder Unterlassung schuldig gemacht hat, welche im Zeitpunkt ihrer Begehung nach den allgemeinen von den zivilisierten Völkern anerkannten Rechtsgrundsätzen strafbar war.«

Die Karlsruher Richter nahmen allerdings eine gravierende Einschränkung vor: Sie entschieden, dass das Rückwirkungsverbot nur »für den Bereich schwersten kriminellen Unrechts« außer Kraft trete. Während sie es einerseits daran banden, dass die Gesetze verfassungsgemäß zustande gekommen waren, ließen sie es andererseits für minder schweres Unrecht weiter gelten. Sie zwangen die Gerichte damit, zwischen verschiedenen Stufen des Unrechts zu differenzieren. In der Praxis bedeutete dies: Wer einen Flüchtling erschossen hatte, wurde dafür bestraft, wer ihn

»nur« zum Krüppel gemacht hatte, ging dagegen straffrei aus. Diese widersprüchliche Argumentation war für die überlebenden Opfer kaum nachzuvollziehen, zumal die an den Grenzen schwer Verletzten vielfach bis heute unter den Folgen leiden. Hunderte von Menschen, die durch Splitterminen verwundet worden waren, hatten Schicksale zu erleiden, die, so der zuständige Berliner Staatsanwalt Bernhard Jahntz, »teilweise noch schrecklicher sind, als wenn sie zu Tode gekommen wären«.[23]

Trotz der Fehler im Einigungsvertrag hätte man auch später noch die Voraussetzungen dafür herstellen können, dass die Täter bestraft werden. Dazu wäre es allerdings erforderlich gewesen, ein besonderes Recht zu schaffen, das die Ahndung von Menschenrechtsverletzungen in der DDR geregelt hätte. Wenn das Strafgesetzbuch entsprechend geändert und das Rückwirkungsverbot präzisiert worden wäre, hätte man die unbefriedigende Rechtslage durchaus noch reparieren können. Der Berliner Chefermittler Christoph Schaefgen zeigte sich jedenfalls überzeugt, dass man im Interesse der Opfer und des Rechtsfriedens ein höheres Maß an Gerechtigkeit hätte schaffen müssen. »Da ich meine, dass die Interessen der Opfer mindestens so schützenswert sind wie die der Täter, hätte man dieser Interessenlage nur durch eine Änderung des bestehenden Rechts und auch unserer Verfassung insofern Rechnung tragen können.«[24]

In Deutschland wurde ein solcher Schritt nicht einmal diskutiert. Die Politiker schoben die Verantwortung für die Bestrafung der Täter vielmehr den Staatsanwälten und Gerichten zu. Ohne entsprechende Gesetze konnten diese jedoch wenig ausrichten. Es ist daher unredlich, wenn Abgeordnete heute den Eindruck erwecken, als ob nicht sie, sondern die Justizbehörden dafür verantwortlich seien, dass diejenigen, die unschuldige Menschen ins Gefängnis gebracht hatten, nur in wenigen Fällen bestraft wurden. So erklärte Bundestagsvizepräsident Wolfgang Thierse (SPD) bei der erwähnten Bundestagsanhörung im Oktober 2006: »Darf ich Sie daran erinnern, dass Sie in einem Staat mit Gewaltenteilung leben und dass der Bundestag nicht haftbar gemacht werden darf für Folgen des Handelns der Justiz? Die rechtlichen Voraussetzungen für entsprechende Prozesse, Verfahren und Urteile waren gegeben. […] Wir haben uns nicht den Vorwurf gefallen zu lassen, dass dieser Staat nicht entsprechende juristische Aufarbeitungsanstrengungen unternommen hat.«[25] Doch ebendiese rechtlichen Voraussetzungen haben die Politiker nicht geschaffen. Der Bundestag und nicht die Justiz trägt deshalb die Hauptverantwortung dafür, dass zum zweiten Mal in der deutschen Geschichte die Verbrechen eines totalitären Staates weitgehend ungesühnt blieben.

Der Einigungsvertrag legte der Strafverfolgung aber nicht nur das Rückwirkungsverbot in den Weg. Da das Strafgesetzbuch der Bundesrepublik mit dem 3. Oktober 1990 auch in Ostdeutschland gültig wurde, mussten die Taten auch nach diesem Kodex strafbar sein. Nur wenn eine Handlung nach *beiden* Strafgesetzbüchern verboten war, durfte sie geahndet werden. Zudem durfte diese doppelte Strafbarkeit nicht nur formaler Natur sein. Zwischen beiden Strafnormen musste vielmehr eine inhaltliche Übereinstimmung – im Juristendeutsch: eine »Unrechtskontinuität« – bestehen. Manche Juristen bezweifelten deshalb zum Beispiel, dass das in beiden deutschen Staaten existierende Wahlfälschungsverbot auf SED-Funktionäre überhaupt anwendbar wäre, da es in der DDR keine mit der Bundesrepublik vergleichbaren freien Wahlen gab.

Wenn alle diese Bedingungen erfüllt waren, gab es noch eine vierte Hürde für die Strafverfolgung: Grundsätzlich musste der Paragraph mit der milderen Strafe herangezogen werden, einschließlich der dann geltenden kürzeren Verjährungsfristen. Diese Bestimmung führte dazu, dass in Westdeutschland sozialisierte Richter massenhaft DDR-Recht anwenden und dieses bei der Urteilsfindung auch noch im Sinne seiner Erfinder auslegen mussten. In anderen Fällen hatten sie zum bundesdeutschen Strafrecht zu greifen, selbst wenn dieses den Realitäten in der DDR diametral widersprach. So hätten DDR-Bürger, deren Briefe von der Stasi mitgelesen wurden, noch zu SED-Zeiten Anzeige erstatten müssen, da nach dem milderen bundesdeutschen Recht die Verletzung des Briefgeheimnisses nur dann verfolgt wird, wenn der Betroffene spätestens drei Monate nach der Tat einen entsprechenden Antrag stellt – eine absurde Vorstellung. Der hunderttausendfache Verfassungsbruch durch den DDR-Staatssicherheitsdienst blieb deshalb ungesühnt.

Bei so vielen Hürden erstaunt es fast, dass überhaupt ein einziger SED-Funktionär verurteilt wurde. Wenn die Staatsanwälte ein Verfahren mit Erfolg betreiben wollten, mussten sie notgedrungen auf seltsame Konstruktionen zurückgreifen: DDR-Richtern, die einen Stasi-Häftling nach dem Strafgesetzbuch der SED verurteilt hatten, wurde der Vorwurf der »Rechtsbeugung« gemacht – als hätten sie damit gegen DDR-Recht verstoßen. Stasi-Mitarbeiter, die bei der Postkontrolle D-Mark oder Wertgegenstände beschlagnahmt hatten, wurden der »Unterschlagung« beschuldigt – als hätten sie das Geld in die eigene Tasche gesteckt. Stasi-Offizieren, die massenhaft Telefone abgehört hatten, warf man »Amtsanmaßung« vor – als hätten sie sich dabei als Postbedienstete ausgegeben. Symptomatisch für die juristischen Umwege, die die Staatsanwälte gehen mussten, um einen SED-Politiker hinter Gitter zu bringen, war das Verfahren gegen Erich Mielke: Für seine Verbrechen als Minister für Staatssicherheit wurde er niemals zur Rechenschaft gezogen. Verurteilt wurde er wegen eines Polizistenmordes in der Weimarer Republik.

Strafvereitelung durch die Gerichte

Die Hürden des Einigungsvertrages wurden durch eine täterfreundliche Rechtsprechung noch weiter heraufgeschraubt. Insbesondere der Bundesgerichtshof (BGH) spielte dabei eine unrühmliche Rolle. Wenn ein Staatsanwalt in der DDR für einen Zwanzigjährigen zwei Jahre Haft gefordert hatte, weil dieser sich nach Fluchtmöglichkeiten umgehört hatte, verhinderten die Richter eine Bestrafung des Juristen – das Strafmaß sei doch im Rahmen des Üblichen geblieben. Nur wenn ein Gericht willkürlich überhöhte Strafen verhängt und dadurch die Menschenrechte schwer verletzt habe, könne dies geahndet werden. Der

Rechtsprechung sei schließlich auch in der DDR im Prinzip eine neutrale und befriedende Funktion zugekommen.[26] Das politische Strafrecht habe zwar den Menschenrechten widersprochen, doch die Unvereinbarkeit, so der BGH in einem Grundsatzurteil von 1995, gehe nicht so weit, dass es ein ausreichendes Maß an Unerträglichkeit erreichte, um unwirksam zu sein. Die Richter sahen sich deshalb »aufgrund rechtsstaatlicher Prinzipien gehalten, das Recht der DDR und die dort üblichen Methoden der Rechtsanwendung weitestgehend zu beachten«. So begründeten sie, warum die Verantwortlichen für vierzig Fälle politischer Verfolgung fast alle freigesprochen wurden.[27]

Mit juristischen Klimmzügen wie diesem erklärte die Justiz einen Großteil des SED-Unrechts für straflos. So entschied der BGH schon 1993, dass Mitarbeiter des Staatssicherheitsdienstes nicht dafür bestraft werden könnten, dass sie heimlich Telefonate abgehört hatten.[28] Das Fernmeldegeheimnis sei zwar in der DDR-Verfassung verankert, doch dessen Verletzung nur in der Bundesrepublik »strafbewehrt« gewesen – in der DDR fehlte ein entsprechender Paragraph im Strafgesetzbuch. Straffrei blieb, wie erwähnt, auch die systematische Verletzung des Briefgeheimnisses durch den Staatssicherheitsdienst, obwohl sie sogar nach DDR-Recht verboten war. Nach Auffassung der Gerichte hätten die Absender gemäß dem milderen Recht der Bundesrepublik sofort nach der Tat Strafanzeige erstatten müssen – und hätten sich damit erst recht die Stasi auf den Leib gezogen.[29] Mit derselben Argumentation wurden auch Ärzte oder Rechtsanwälte, die ihre Patienten oder Mandanten an das MfS verraten hatten, nicht verfolgt. Die Betroffenen hätten noch 1989 zur Polizei gehen müssen, danach seien die Taten verjährt gewesen.[30] Dass die Opfer in der Regel keine Ahnung von den Denunziationen gehabt hatten, interessierte die Richter nicht. Sogar der Diebstahl von Geld und Wertgegenständen aus privater Post – allein von 1984 bis 1989 entwendete der Staatssicherheitsdienst rund 32 Millionen DM – blieb auf Beschluss des BGH straffrei. Da das gestohlene Geld nicht einem Einzelnen, sondern dem Staat zugeflossen sei, so die Begründung, habe es sich nicht um Unterschlagung gehandelt.[31]

Auch Mitarbeitern des Ost-Berliner Rechtsanwalts Wolfgang Vogel, die mindestens 222 Ausreisewillige gezwungen hatten, ihre Grundstücke weit unter Wert an Günstlinge des Staatssicherheitsdienstes zu verkaufen, sei kein Vorwurf zu machen. Ihr Verhalten, so urteilte der BGH 1998, sei weder Nötigung noch Erpressung gewesen.[32] Selbst die Unterstützung der Terrororganisation »Rote-Armee-Fraktion« (RAF) war nach Meinung des BGH nicht zu beanstanden. Dass der Staatssicherheitsdienst zehn international zur Fahndung ausgeschriebene Terroristen jahrelang in der DDR versteckte, sei als Ausdruck staatlicher Souveränität hinzunehmen und stelle deshalb keine Strafvereitelung dar.[33]

Dabei hatten die überlasteten Staatsanwaltschaften schon genügend andere Probleme. Erst Anfang 1992 begann der forcierte Aufbau der Stasi-Unterlagen-Behörde, die einen Großteil der relevanten Dokumente besaß. Monatelang mussten sich die Ermittler damals mit Behördendirektor Hansjörg Geiger herumstreiten, der statt der Originale nur anonymisierte Kopien herausgeben wollte. Als endlich eine effektive Auswertung der 180000 Regalmeter (180 Kilometer!) umfassenden Überlieferung möglich wurde, musste man feststellen, dass sich viele Sachverhalte gar nicht mehr zweifelsfrei klären ließen. Wichtige Akten waren bei der Auflösung des Staatssicherheitsdienstes vernichtet oder ausgedünnt worden. Anders als bei derartigen Vorkommnissen üblich, fand sich im Fall des erschossenen Gartenschläger zum Beispiel nichts, was den Tathergang dokumentierte. Zudem bestritten die Verantwortlichen nicht nur in diesem Fall die Vorwürfe oder versuchten, sie herunterzuspielen und sich herauszureden. Juristische Unterstützung erhielten sie dabei von geschäftstüchtigen Rechtsanwälten aus dem Westen und von ehemaligen SED Kadern, die sich vor der Wiedervereinigung schnell noch eine Anwaltslizenz beschafft hatten.

Bei alledem lief den Staatsanwälten die Zeit davon. Ein Viertel der Angeklagten war älter als 64 Jahre. Viele – zum Beispiel die einstigen Politbüromitglieder Honecker, Mittag und Kurt Hager – ließen sich für prozessunfähig erklären, so dass die Verfahren eingestellt werden mussten. Andere, Erich Mielke etwa, führten Krankheiten ins Feld, deretwegen sie angeblich nur noch eingeschränkt verhandlungsfähig waren – immer in der Hoffnung, den Prozess während der sich hinziehenden Beweisaufnahme noch ganz zum Platzen bringen zu können. Zusätzlich saß den Staatsanwälten die drohende Verjährung im Nacken, die – trotz dreimaliger Verlängerung der Fristen in kleinen Trippelschritten – bereits am 2. Oktober 2000 für alle Straftaten außer Mord und Totschlag eintrat. Selbst wenn die Ermittlungsbehörden rechtzeitig Anklage erhoben, lagen die Akten wegen Personalmangels oft jahrelang unbearbeitet bei den Gerichten herum. Der zehnte Jahrestag der Wiedervereinigung war deshalb auch für viele DDR-Kader ein Grund zu feiern. Sämtliche Verfahren, in denen bis dahin kein Urteil verkündet worden war, mussten auf einen Schlag eingestellt werden.

Kam es trotz all dieser Widrigkeiten zu einem Prozess, ließen die Richter gegenüber den Angeklagten meist erstaunliche Milde walten. Wenn ein Grenzsoldat einen Flüchtling mit dem Maschinengewehr niedergestreckt hatte, wurde ihm zugutegehalten, dass die Schüsse durch das DDR-Grenzgesetz gedeckt gewesen seien. Wenn die Angeklagten nicht mehr die Jüngsten waren (das Durchschnittsalter aller Beschuldigten betrug rund 56 Jahre), erhielten sie meist Bewährungsstrafen, da eine Inhaftierung im Alter eine »besondere Härte« darstelle und »keine Wiederholungsgefahr« bestehe. Wenn der Tod eines Flüchtlings lange zurücklag, galt dies als mildernder Umstand, weil das »Sühnebedürfnis« dadurch abgenommen habe. Den Vogel schoss das Landgericht Bautzen ab, das einem Gefängniswärter zugutehielt, dass er ausschließlich politische Häftlinge misshandelt hatte. Diese seien für ihn »nicht nur gewöhnliche Straftäter«, sondern »Feinde des Landes« gewesen. Wegen Körperverletzung in sieben Fällen wurde der Stationsleiter in der Sonderhaftanstalt Bautzen II, der Häftlinge mit Fäusten, Gummiknüppel und Holzhocker bis zur Bewusstlosigkeit geschlagen hatte, nur zu einer Bewährungsstrafe verurteilt.[34]

Diese Rechtsprechung führte dazu, dass kaum ein Verantwortlicher bestraft wurde. Von 62000 Ermittlungsverfahren gegen rund 100000 Personen kam nach einer Untersuchung der Berliner Humboldt-Universität bis Mitte 1998 nur gut ein Prozent zur Anklage – normalerweise liegt die Quote bei fast 30 Prozent.[35] Fast 58000 Verfahren hatten die Staatsanwaltschaften von sich aus eingestellt, teils aus Mangel an Beweisen, teils aus Sanftmut gegenüber den Tätern, teils wegen rechtlicher Aussichtslosigkeit. Nur 1042 Personen wurden bis zum Stichtag angeklagt. Doch auch diese blieben am Ende vielfach unbehelligt. Oft zog bereits die Staatsanwaltschaft die Anklage wegen fehlender Erfolgsaussichten wieder zurück, oder das Gericht lehnte die Eröffnung der Hauptverhandlung ab. In zahlreichen Fällen stellten die Richter das Verfahren ein oder sprachen die Angeklagten frei. Mehr als 99 Prozent aller ursprünglich Beschuldigten kamen so ohne eine Strafe davon. Die Fehler der Politiker und die Rechtsprechung der Gerichte wirkten zusammen wie eine gigantische Amnestie für die Verantwortlichen der SED-Diktatur.

Milde gegenüber Richtern und Gefängniswärtern

Besonders groß war der Verfahrensschwund bei den Ermittlungen gegen Staatsanwälte, Richter und Stasi-Vernehmer. Wenn ein Gericht einen in der DDR unschuldig Inhaftierten rehabilitierte, leitete die Staatsanwaltschaft meist auch ein Verfahren gegen die Verantwortlichen ein. Allerdings warf sie ihnen in erster Linie nicht Freiheitsberaubung oder – bei Todesurteilen – Totschlag vor, sondern »Rechtsbeugung«. Nach Meinung der Juristen hatten die Beteiligten nämlich nicht, wie vom Gesetz geboten, unabhängig und unvoreingenommen entschieden, sondern sich nach Weisungen, Orientierungen oder Richtlinien ihrer Vorgesetzten gerichtet. Damit hätten sie bewusst und schwerwiegend gegen geltendes DDR-Recht verstoßen.

Die oberste Rechtsprechung der Bundesrepublik hat diesen Tatbestand außerordentlich eng ausgelegt. So sprach der BGH einen Richter des Obersten DDR-Gerichts frei, obwohl er 1950 gegen Mitglieder der »Zeugen Jehovas« drakonische Urteile verhängt hatte. Unter dem Vorsitz von Hilde Benjamin, der berüchtigten Vizepräsidentin des Gerichts, waren die neun Angeklagten in einem Schauprozess wegen »Boykotthetze gegen demokratische Einrichtungen und Organisationen« verurteilt worden. Artikel 6 Absatz 2 der DDR-Verfassung erklärte diesen Tatbestand zum Verbrechen, ohne dass es dafür im Strafgesetzbuch der DDR überhaupt einen Paragraphen – und ein Strafmaß! – gab. Das juristisch völlig unhaltbare Urteil bewertete der BGH »mit Rücksicht auf die Tatzeit in der Periode des Kalten Krieges« gleichwohl nicht als vorsätzliche Rechtsbeugung.[36] Auch in einem anderen Fall, bei dem eine Frau nur deshalb zu einer Gefängnisstrafe verurteilt worden war, weil sie das von Ausreisewilligen benutzte Zeichen »A« in ihr Fenster geklebt hatte, entschied der BGH auf Freispruch. Da sie »nur« eine Bewährungsstrafe erhalten habe, habe es sich nicht um Rechtsbeugung gehandelt. Das Berliner Landgericht fällte ähnliche Urteile. Es ließ zum Beispiel eine Staatsanwältin unbestraft, die nach dem Aufstand vom 17. Juni 1953 einen sechzehnjährigen Jugendlichen wegen Landfriedensbruchs vor Gericht gestellt hatte – obwohl er sich an den Protesten überhaupt nicht beteiligt hatte.

Auf diese Weise kam es zu einer merkwürdigen Aufspaltung in zweierlei Recht: Während ehemalige politische Gefangene in der Regel anstandslos für unschuldig erklärt wurden, gingen diejenigen, die sie ins Gefängnis gebracht hatten, meistens straffrei aus. Wegen dieser Rechtsprechung des BGH machte es aus Sicht der Staatsanwaltschaften vielfach keinen Sinn mehr, überhaupt noch Anklage zu erheben. Die meisten der rund 43 000 Ermittlungsverfahren wegen Rechtsbeugung stellten sie deshalb von sich aus ein. Bis Mitte 1998, dem Stichtag der Berliner Untersuchung, klagten sie lediglich 274 Personen an.

Doch auch diese gingen größtenteils unbeschadet aus den Verfahren hervor. Die Gerichte stellten 101 Verfahren wieder ein und sprachen 58 Personen frei. Nur 27 Angeklagte wurden verurteilt, und ganze zwei mussten wirklich ins Gefängnis. So erhielten drei Richter lediglich eine Bewährungsstrafe, obwohl sie 1952 an den berüchtigten Waldheimer Prozessen mitgewirkt hatten, bei denen über 3400 politische Gefangene im Fließbandverfahren zu langen Haftstrafen oder zum Tode verurteilt worden waren. Auch bei späteren Statistiken war die Bilanz nur geringfügig besser. Bis zum 3. Oktober 2000 wurden in Berlin – Zahlen für alle neuen Länder liegen für diesen Zeitpunkt nicht vor – insgesamt 53 Justizangehörige verurteilt, davon 46 zu Bewährungs- und zwei zu Geldstrafen. Nur fünf kamen tatsächlich ins Gefängnis.[37] Ein früherer Richter am Obersten DDR-Gericht, der Mitte der fünfziger Jahre an drei völlig ungerechtfertigten Todesurteilen mitgewirkt hatte, bekam dafür zum Beispiel gerade einmal drei Jahre und neun Monate Freiheitsentzug.

Ein Trauerspiel stellt auch die Ahndung von Gefangenenmisshandlungen dar, die in der DDR juristisch grundsätzlich nicht verfolgt wurden. Erst nach der Wiedervereinigung begannen die Staatsanwaltschaften gegen berüchtigte Schläger zu ermitteln, von denen die Häftlinge meist nur die Spitznamen wie »Roter Terror« oder »Arafat« kannten.[38] Wie viele Ermittlungsverfahren in diesem Zusammenhang eingeleitet wurden, ist aus den genannten Gründen nicht bekannt. Doch allein in Sachsen-Anhalt wurde die Staatsanwaltschaft in 446 Fällen aktiv. In Brandenburg leitete man bis Ende 1997 sogar 3100 Verfahren wegen Körperverletzung und Freiheitsberaubung im Strafvollzug ein. Aus Sachsen, wo sich unter anderem so berüchtigte Haftanstalten wie das »Gelbe Elend« in Bautzen, das Zuchthaus Waldheim und das Frauengefängnis Hoheneck befanden, liegen keine Angaben vor. Trotz Tausender Ermittlungsverfahren wurden bis Mitte 1998 nur 51 Verantwortliche angeklagt und neunzehn verurteilt. Zwölf von ihnen erhielten Geldstrafen, die übrigen sieben Bewährungsstrafen. Kein Einziger musste ins Gefängnis.

Eine Studie zum Zuchthaus Brandenburg macht das Versagen der Justiz exemplarisch deutlich.[39] Die Erfassungsstelle Salzgitter hatte zahlreiche Misshandlungen in der riesigen Haftanstalt dokumentiert. Die Staatsanwaltschaft leitete deshalb 975 Ermittlungsverfahren ein, doch nur in wenigen Fällen erhob sie Anklage. So lagen gegen den leitenden Gefängnisarzt diverse Anzeigen wegen unterlassener Hilfeleistung und körperlicher Misshandlung vor. Die Ermittlungen wurden jedoch eingestellt, weil ihm die Taten angeblich nicht zweifelsfrei nachgewiesen werden konnten; der Arzt eröffnete unterdessen eine Praxis in Mecklenburg-Vorpommern. Ein anderer Bediensteter – im DDR-Sprachgebrauch: »Erzieher« – hatte mit dem Schlagstock brutal auf Kopf und Arme eines Gefangenen eingeprügelt, weil dieser sich weigerte, für das SED-Regime Zwangsarbeit zu leisten. Wegen »Geringfügigkeit« stellte die Staatsanwaltschaft das Verfahren ein, da der Häftling keine nennenswerten Verletzungen erlitten habe und »provozierend« aufgetreten sei. Mit einer ähnlichen Begründung wurde auch ein dritter Fall nicht verfolgt, bei dem ein Häftling so brachial eine Steintreppe heruntergeschleift worden war, dass sein Kopf darauf aufschlug. Insgesamt stellte die zuständige Staatsanwaltschaft 935 der Ermittlungsverfahren gegen das Personal im Zuchthaus Brandenburg wieder ein, 23 wurden nach Zahlung einer Geldauflage beendet. Lediglich achtzehn Fälle – weniger als zwei Prozent – landeten vor Gericht.

Auch die Richter ließen gegenüber den Gefängniswärtern aus dem Zuchthaus Brandenburg meist Nachsicht walten. Zwei der Verfahren wurden eingestellt, zwei endeten mit Freispruch. Von den übrigen Angeklagten erhielten zwölf Bewährungsstrafen, so dass am Ende angesichts von 975 aktenkundigen Misshandlungen bis 2002 nur zwei Bedienstete wirklich ins Gefängnis mussten. Zwei Wachleute etwa, die zwei Gefangene bis zur Bewusstlosigkeit geschlagen hatten, erhielten lediglich einjährige Bewährungsstrafen. Sie hatten mit einem Rollkommando eine Zelle gestürmt, um einen Häftling zur Arbeit zu zwingen – in DDR-Gefängnissen ein alltäglicher Vorgang. Einem weiteren Wachmann konnten vor Gericht sogar zehn Fälle von Gefangenenmisshandlung nachgewiesen werden. Unter anderem hatte er mit dem Knüppel auf Kopf, Ohren und Rücken eines Häftlings eingeschlagen, selbst dann noch, als dieser bereits hilflos am Boden lag. Gleichwohl durfte der Wärter am Ende des Prozesses mit einer Bewährungsstrafe nach Hause gehen. Die Großmut der Justiz ging in diesem Fall sogar so weit, dass der Mann weiter in der

Haftanstalt arbeiten durfte, während die Ermittlungen gegen ihn bereits liefen. Erst nach Presseveröffentlichungen schied er aus dem Dienst aus – im gegenseitigen Einvernehmen, wie es hieß.

Der berüchtigte Oberwachtmeister Hubert Schulze, der in der Strafvollzugsanstalt Cottbus als »Roter Terror« jahrelang Gefangene tyrannisiert hatte, kam ebenfalls mit einem blauen Auge davon. Er erhielt zwei Jahre und acht Monate Haft, die er im offenen Vollzug verbringen durfte, so dass er im Gefängnis lediglich übernachten musste. Bezeichnend für den generösen Umgang mit den Bütteln des SED-Regimes ist auch, dass die Gefängniswärter in Ostdeutschland nach der friedlichen Revolution überwiegend die alten blieben. Von den 1795 Strafvollzugsbediensteten aus DDR-Zeiten wurden im Land Brandenburg ganze neunzig entlassen. Meist waren Spitzeldienste für den Staatssicherheitsdienst der Auslöser, während die in Salzgitter dokumentierten Misshandlungen kaum zu personellen Konsequenzen führten.

Straffreiheit für Stasi-Mitarbeiter

Ähnlich deprimierend ist die Bilanz bei den Straftaten ehemaliger Stasi-Angehöriger. Auch nach DDR-Recht gab es keinerlei gesetzliche Grundlage dafür, dass der Staat massenhaft Menschen überwachte, Spitzel auf sie ansetzte, ihre Wohnungen verwanzte, ihre Telefone abhörte, ihre Post kontrollierte oder heimlich Psychoterror gegen sie ausübte. Erst recht hatten sich jene Stasi-Mitarbeiter strafbar gemacht, die an Gefangennahmen, Entführungen oder Mordanschlägen beteiligt waren. Gleichwohl verzichteten die Behörden in Zehntausenden aktenkundigen Fällen darauf, ein Ermittlungsverfahren einzuleiten. Sie reagierten damit auf die höchstrichterliche Rechtsprechung, die einen Großteil der Taten wie Post- und Telefonüberwachung, Entwendung von Geldbeträgen, konspirative Hausdurchsuchungen, Nötigung von Ausreiseantragstellern, Unterstützung von RAF-Terroristen und andere mehr für straflos erklärte. Auch die sogenannten Zersetzungsmaßnahmen, mit denen SED-Kritiker eingeschüchtert und verunsichert werden sollten, erwiesen sich in den meisten Fällen als nicht justitiabel. Repressalien, die unterhalb des Eingriffs in Leben, Gesundheit und Freiheit lagen, konnten, so der Berliner Generalstaatsanwalt Schaefgen, »allenfalls unter die im Recht der Bundesrepublik als Privatklage- und Antragsdelikte klassifizierten Tatbestände der Beleidigung, der üblen Nachrede, der Sachbeschädigung, des Hausfriedensbruchs und der Verletzung des Briefgeheimnisses« subsumiert werden.[40] Da diese nur mit höchstens einem Jahr Haft bestraft werden, dienten sie bestenfalls als »Lückenfüller«. Sie unterliegen zudem extrem kurzen Verjährungsfristen. Dass die Stasi zigtausend Unschuldige verhaften ließ, wurde unter Berufung auf das Rückwirkungsverbot in keinem einzigen Fall geahndet.

Selbst wenn es für eine Anklage reichte, entdeckten findige Stasi-Mitarbeiter oft noch ein Schlupfloch. So trug die Staatsanwaltschaft umfangreiches Beweismaterial gegen Herbert Pätzel, den einstigen Vizechef der zentralen Vernehmerabteilung, zusammen. Der Verhörspezialist im Stasi-Gefängnis Berlin-Hohenschönhausen war laut Kaderakte »durch seine intensive und ausdauernde Vernehmungsarbeit Vorbild für seine Mitarbeiter«. Im November 1999 wurde er vom Berliner Landgericht wegen mehrfacher Aussage-Erpressung zunächst zu einem Jahr und zehn Monaten Freiheitsentzug auf Bewährung verurteilt – doch er hatte noch mehr auf dem Kerbholz. Bereits am 26. Juni 1995 hatte ihn die Staatsanwaltschaft in einem weiteren Verfahren wegen Aussage-Erpressung und Rechtsbeugung angeklagt. Für seine Doktorarbeit über »Die Qualifizierung der vorbeugenden und offensiven Bekämpfung staatsfeindlicher Aktivitäten der Verdeckten Kriegführung unter den gegenwärtigen Bedingungen des Klassenkampfes« hatte er einen niemals existierenden Agentenring erfunden und dafür insgesamt zwölf Personen verhaftet. Um sie zu Geständnissen zu bewegen, wurden sie teils bis zu 34 Stunden ohne Pause durch seine Vernehmungsmühle gedreht. Später verurteilte man sie zu hohen Haftstrafen. Als der Schwindel aufflog, wurde Pätzel ins DDR-Staatsarchiv versetzt. Die Anklageschrift zu dem Fall schlummerte, samt 180 Aktenordnern

Beweismitteln, bis zum Frühjahr 2000 unbearbeitet beim Berliner Landgericht. Als ein Richterwechsel endlich Bewegung in das Verfahren brachte und für Juli ein Termin zur Hauptverhandlung festgesetzt wurde, tauchte Pätzel kurzerhand unter – bis die Tat am 3. Oktober verjährt war.

Unbestraft blieb auch der Mediziner Horst Böttger. Von 1978 bis 1988 arbeitete er als Psychiater im Haftkrankenhaus des DDR-Staatssicherheitsdienstes in Berlin-Hohenschönhausen – ein Stasi-Mann im weißen Kittel. Nach Abschluss seines Medizinstudiums war er 1971 Leutnant des MfS geworden und hatte in dessen Auftrag eine Facharztausbildung zum Psychiater gemacht. 1985 promovierte ihn die Stasi-Hochschule in Potsdam mit einer Kollektivdissertation über »Die weitere Erhöhung der Effektivität der Vorbeugung und Bekämpfung feindlich-negativer Handlungen durch das MfS«.[41] In einer Beurteilung vom April 1988 hoben seine Vorgesetzten hervor, dass er als »Tschekist auch operative Belange« gebührend berücksichtige. Im Bereich der »Staatsverbrechen« wirke er effektiv an der »Lösung operativer Fragestellungen im Zusammenwirken« mit den MfS-Vernehmern mit.[42] Im Klartext: Der Stasi-Arzt behandelte seine Patienten so, wie es die Vernehmer wünschten. Nach der friedlichen Revolution berichteten ehemalige Häftlinge, dass ihnen Böttger mit Gewalt Tabletten und Spritzen verabreicht habe. Im September 2000, wenige Tage vor Eintritt der Verjährung, wurde er deshalb wegen Körperverletzung vor Gericht gestellt. Zwei Gutachter bezeugten, Böttger habe einer Patientin ein Medikament gegeben, das ausschließlich als »letztes Mittel« bei akuten Psychosen zu verwenden sei. Die Verwirrung der Inhaftierten, die noch Wochen nach der Haft andauerte, sei darauf zurückzuführen gewesen. Das Gericht befand jedoch, dass eine absichtliche Fehlbehandlung »nicht nachweisbar« sei, und sprach Böttger frei.[43] Bis heute betreibt er unweit seiner alten Arbeitsstätte eine Praxis für Neurologie; in einem Altersheim der Albert-Schweitzer-Stiftung betreute er psychisch Kranke.

Ungesühnt blieben ferner Hunderte von Entführungen aus dem Westen – selbst wenn sie in Stasi-Akten akribisch dokumentiert waren. Die Juristen führten unter anderem an, dass sich die

Taten in der Bundesrepublik zugetragen hätten und deshalb nach *deren* Recht bestraft werden müssten. Zugleich vertraten sie die Auffassung, dass die jeweilige Freiheitsberaubung nur Stunden oder Tage gedauert habe, da von der DDR-Justiz ja bald darauf ein Haftbefehl erlassen worden sei. Da Freiheitsberaubungen, die nicht länger als eine Woche währen, nach bundesdeutschem Recht bereits nach fünf Jahren verjährt sind, war eine Verfolgung vielfach nicht mehr möglich. Dass die Entführungsopfer meist für Jahre im Gefängnis verschwanden oder überhaupt nicht mehr lebend herauskamen, ließen die Juristen ebenso unberücksichtigt wie die Tatsache, dass das DDR-Recht auch für Straftaten galt, die sich außerhalb der DDR zutrugen.

Prominente Entführungsopfer wie der Kölner Journalist und Stasi-Experte Karl Wilhelm Fricke warteten deshalb vergebens darauf, dass ihnen der Rechtsstaat Genugtuung verschaffte. Der geheime Stasi-Mitarbeiter Kurt Rittwagen hatte ihm 1955 in West-Berlin in einem Glas Weinbrand ein Betäubungsmittel verabreicht. Als Fricke aus der Ohnmacht erwachte, befand er sich im Kellergefängnis des DDR-Staatssicherheitsdienstes in Berlin-Hohenschönhausen. Nach fünfzehn Monaten Untersuchungshaft verurteilte ihn das Oberste Gericht der DDR aufgrund seiner SED-kritischen Artikel in einem Geheimprozess wegen »Boykotthetze« zu vier Jahren Zuchthaus. Zwei der Richter, die das Urteil damals zu verantworten hatten, starben noch zu DDR-Zeiten, ebenso der Staatsanwalt und der Stasi-Abteilungsleiter, der die Entführung angeordnet hatte. Das Verfahren gegen den Vernehmer wurde dagegen eingestellt, weil er sich nach Meinung der Staatsanwaltschaft nicht gemäß dem Strafrecht der DDR schuldig gemacht habe. Den dritten Richter, Hans Reinwarth, sprach das Berliner Landgericht vom Vorwurf der Freiheitsberaubung frei, da die gegen Fricke verhängte Strafe keine Willkür und deshalb keine Rechtsbeugung gewesen sei.[44] Auch sein Entführer ging straffrei aus, er verstarb noch vor Abschluss der sich hinziehenden Ermittlungen. Nur dessen Frau, die ihm bei dem Menschenraub assistiert hatte, erhielt 1997 eine siebenmonatige Freiheitsstrafe, selbstverständlich auf Bewährung. Insgesamt wurden wegen der über vierhundert Entführungsfälle nur einige wenige Ost-Berliner Verantwortliche verurteilt. In der Regel bekamen sie Bewährungsstrafen zwischen sechs und zwölf Monaten.

Sogar die Mordanschläge des Staatssicherheitsdienstes blieben meistens ohne Konsequenzen – nicht nur bei Michael Gartenschläger. Im Fall des DDR-Fußballers Lutz Eigendorf, der 1979 nach einem Fußballspiel in der Bundesrepublik blieb, ist durch Akten belegt, dass das MfS gewaltige Anstrengungen unternahm, um den »Verräter« zu liquidieren. Obwohl mehrere Offiziere gegenüber dem WDR bezeugten, dass der Autounfall, bei dem Eigendorf 1983 ums Leben kam, von der Stasi herbeigeführt worden war, wurde nicht einmal ein Ermittlungsverfahren eingeleitet. Auch der Tod des jungen Dissidenten Matthias Domaschk, der, wie erwähnt, 1981 in der Stasi-Untersuchungshaftanstalt Gera angeblich Selbstmord verübte, hatte keine strafrechtlichen Konsequenzen. Ebenfalls folgenlos blieb der Tod des Schriftstellers Jürgen Fuchs, der 1999 im Alter von 48 Jahren – ebenso wie mehrere andere Dissidenten – an Blutkrebs starb. Die Krankheit war nach seiner Überzeugung vom Staatssicherheitsdienst durch radioaktive Strahlen verursacht worden. Tatsächlich dokumentieren die stark ausgedünnten Stasi-Unterlagen mehrere Aufträge, ihn zu »markieren« und einen nicht näher definierten Gegenstand unter seiner Haustür zu montieren. 1986 ereignete sich sogar eine Bombenexplosion vor seinem Haus.[45]

Selbst wenn die Mordabsichten schriftlich fixiert worden waren, führte dies vielfach nicht zu einer Verurteilung. In diversen Akten fanden sich detaillierte Planungen, wie der Staatssicherheitsdienst Menschen umbringen wollte. Getötet werden sollte zum Beispiel der NVA-Soldat Werner Weinhold, der bei seiner Flucht in die Bundesrepublik zwei DDR-Grenzsoldaten erschossen hatte und dafür von einem westdeutschen Gericht verurteilt worden war. Laut einer sogenannten Realisierungskonzeption wurde unter anderem die »Vortäuschung eines Selbstmordes« erwogen oder das »Erschießen mittels einer Handfeuerwaffe Beretta – schallgedämpft – auf dem Anmarschweg Wohnung-Arbeitsstelle und nachfolgende Beseitigung von Spuren«. In einem anderen

Plan hieß es über die »Liquidierung« eines in die Bundesrepublik geflüchteten MfS-Mitarbeiters: »Das Gelände ist geeignet, den X unschädlich zu machen und ihn entweder im Teich zu versenken oder, wenn erforderlich, von dort aus weiterzutransportieren. [...] Bedingt durch das starke Körpergewicht des X und andere für eine Rückführung ungünstige Faktoren wird vorgeschlagen, die für ihn vorgesehene Strafe unmittelbar an seinem jetzigen Wohnort zu vollziehen und ihn physisch zu vernichten.«[46] Einem weiteren Dokument zufolge bat auch Spionagechef Markus Wolf um die Ausbildung von Einzelkämpfern für den Einsatz in der Bundesrepublik zur »Bekämpfung feindlicher Personen in der vollen Breite der Möglichkeiten«.[47]

Juristisch hatte dies alles keine Folgen. So wurde das Verfahren gegen Ex-Generalmajor Albert Schubert, den Leiter der Stasi-Festnahmeabteilung, wegen Mordversuchs und Verabredung zum Mord 1996 eingestellt, da er sich für verhandlungsunfähig erklären ließ. Seine zwei Mitangeklagten, die die Mordpläne hatten ausführen sollen, wurden vom Gericht freigesprochen. Ohne Strafe ging, wie erwähnt, auch das Verfahren gegen Ex-Generalleutnant Kleinjung aus, der mindestens zwei Morde in Auftrag gegeben hatte. Lediglich im Fall des Fluchthelfers Wolfgang Welsch, dessen Ermordung Stasi-Minister Mielke 1983 angeordnet hatte, gab es eine Verurteilung. Die Versuche, Welsch umzubringen, reichten von einer Autobombe über Schusswaffeneinsatz bis zu einem Giftattentat. Dass er all dies überlebte, grenzt an ein Wunder. Der Mann, der ihm im Urlaub mit Thallium vergiftete Bouletten vorgesetzt hatte, wurde 1994 wegen Mordversuchs zu sechseinhalb Jahren Gefängnis verurteilt. Sein Auftraggeber, Ex-Generalmajor Heinz Fiedler, erhängte sich im Dezember 1993 in der Untersuchungshaftanstalt Berlin-Moabit.[48]

Entsprechend deprimierend ist deshalb die Zahlenbilanz bei den sogenannten MfS-Straftaten. Von lediglich einigen hundert Ermittlungsverfahren – genaue Daten liegen nicht vor – führten bis Mitte 1998 ganze 87 zu einer Anklage. Mehr als die Hälfte davon endete ohne Verurteilung. Bei 25 Stasi-Funktionären, darunter fünf hochrangigen, stellten die Richter die Verfahren wieder ein. Mindestens 32 Angeklagte, darunter der Ost-Berliner Rechtsanwalt Wolfgang Vogel und ein hoher MfS-Funktionär, wurden freigesprochen. Auch die Anklage gegen den Stasi-Offizier Erich Gaida, der nach dem Sturz des SED-Regimes siebzehn Millionen Mark von einem Geheimkonto ins Ausland verschoben haben soll, endete 1998 mit Freispruch. Insgesamt wurden bis Mitte 1998 nur zwanzig Stasi-Offiziere verurteilt, die meisten, nämlich zwölf, zu Geldstrafen. Sieben erhielten eine Freiheitsstrafe zur Bewährung. Auch zwei Jahre später hatte sich die Zahl der Bestraften kaum erhöht: Nach einer Übersicht der Staatsanwaltschaft wurden in Berlin bis zum 3. Oktober 2000 33 MfS-Mitarbeiter rechtskräftig verurteilt, davon 28 auf Bewährung und vier zu Geldstrafen beziehungsweise Verwarnung. Der gewalttätige Vernehmer Jörg Hübsch etwa, der seit 1990 in Berlin eine Anwaltskanzlei betreibt, kam mit sechs Monaten Bewährungsstrafe und 6000 Mark Schmerzensgeld davon. Aus dem Korps der 91 000 hauptamtlichen Stasi-Mitarbeiter musste nur einer ins Gefängnis.[49]

Auch dieser Fall hatte mit den Menschenrechtsverletzungen durch den Staatssicherheitsdienst im Grunde nichts zu tun. Ein Wachmann namens Werner Funk hatte kurz vor dem Weihnachtsfest 1984 in der Kreisdienststelle Güstrow mit seinem Vorgesetzten reichlich Wodka getrunken (1,9 Promille), als er draußen verdächtige Geräusche hörte. Er trat vor die Tür und erblickte einen Mann, der auf dem Mauersockel herumturnte. Als er dessen Papiere sehen wollte, sprang dieser herunter. Der Wachmann folgte ihm auf die Straße und sah drei betrunkene Männer. Sie waren von einer Weihnachtsfeier gekommen und warteten auf den Bus. Als er sich ihnen näherte, um ihre Papiere zu kontrollieren, fühlte er sich nach eigenen Angaben plötzlich bedroht, weil er einen Stich im Bein spürte. Er zog seine Pistole, erschoss zwei der Männer und verletzte den dritten schwer. Später stellte sich heraus, dass sich der Wachmann den Knöchel gebrochen hatte, weil er gestolpert war oder sich womöglich selbst in den Fuß geschossen hatte. Das Landgericht Berlin verurteilte ihn 1990 wegen dieser Bluttat auf der Basis eines noch in der DDR eingeleiteten Ermittlungsverfahrens zu zehn Jahren Haft.

Selbst die obersten Stasi-Generäle kamen ungeschoren davon. Von Mielkes vier Stellvertretern wurde nur Spionagechef Wolf 1997 wegen Freiheitsberaubung, Nötigung und Körperverletzung in vier Fällen verurteilt. Die Freiheitsstrafe von zwei Jahren, die er für mehrere Entführungen aus der Bundesrepublik bekommen hatte, setzte das Oberlandesgericht Düsseldorf zur Bewährung aus. Das ursprüngliche Urteil – sechs Jahre Haft wegen Spionage – war vom Bundesverfassungsgericht 1995 aufgehoben worden. Außer einer kurzen Untersuchungshaft 1991 und einigen Tagen Beugehaft 1998 saß der frühere Generalleutnant deshalb niemals im Gefängnis. Das Verfahren gegen Wolfs Nachfolger Werner Großmann, dem man neben Spionage auch Urkundenfälschung und Bestechung vorwarf, wurde eingestellt. Der Generalbundesanwalt begründete dies damit, dass Großmann ersichtlich in der Annahme gehandelt habe, seinem »eigenen Staat und dessen Rechtsordnung pflichtgemäß zu dienen«.[50]

Die Anklage gegen Ex-Generalleutnant Gerhard Neiber wurde vom Berliner Landgericht abgewiesen. Die Staatsanwaltschaft hatte ihn beschuldigt, dass er den geflüchteten Grenzsoldaten Weinhold entführen und ermorden lassen wollte. Eine zweite Anklage, die ihm vorwarf, zehn steckbrieflich gesuchte RAF-Terroristen versteckt zu haben, ließ das Gericht ebenfalls nicht zu. Ein drittes Verfahren wegen Anstiftung zum Mord wurde 1996 aufgrund angeblicher Verhandlungsunfähigkeit eingestellt – die Neiber freilich nicht daran hinderte, danach in der Öffentlichkeit aktiv die Verbrechen des DDR-Staatssicherheitsdienstes zu leugnen. Mielkes andere beiden Stellvertreter Wolfgang Schwanitz und Rudi Mittig blieben gänzlich unbehelligt. So wundert es nicht, dass die Stasi-Offiziere heute keinerlei schlechtes Gewissen plagt. Schwanitz, nach dem Mauerfall letzter Chef der Stasi, die im Dezember 1989 in Amt für Nationale Sicherheit (AfNS) umbenannt wurde, stellte im Juni 2006 gar vollmundig fest: »Das MfS/AfNS ist juristisch rehabilitiert.«[51]

Pfleglich ging die Justiz auch mit dem DDR-Devisenbeschaffer Schalck-Golodkowski um. Nach seiner Flucht nach West-Berlin war er lediglich kurze Zeit in Untersuchungshaft. Einen Auslieferungsantrag der DDR-Generalstaatsanwaltschaft lehnten die Behörden ab. Bereits im Januar 1990 zog er mit seiner Frau nach Rottach-Egern am Tegernsee. Unter dem Decknamen »Schneewittchen« machte er beim Bundesnachrichtendienst (BND) umfangreiche Aussagen über seine frühere Stasi-Tätigkeit. Der BND versorgte ihn dafür mit falschen Papieren und stellte ihm Straffreiheit in Aussicht. Ein Ermittlungsverfahren wegen Verstoßes gegen das Betäubungsmittelgesetz wurde 1992 eingestellt, ein weiteres wegen Veruntreuung von Milliardenbeträgen der DDR-Regierung durch Überweisungen ins Ausland 1993 beendet. Erst im Januar 1996 wurde Schalck-Golodkowski wegen Verstoßes gegen das Militärregierungsgesetz der Alliierten zu einem Jahr Haft verurteilt, die Strafe jedoch zur Bewährung ausgesetzt. Im Juli 1998 bekam er wegen Embargovergehens weitere sechzehn Monate, wieder auf Bewährung. Trotz zahlloser krimineller Machenschaften musste der Stasi-Offizier im besonderen Einsatz niemals ins Gefängnis.

Auch von den mindestens 600000 überwiegend männlichen Inoffiziellen Mitarbeitern (IM), die von 1949 bis 1989 für die Stasi Spitzeldienste leisteten, wurde so gut wie keiner strafrechtlich zur Verantwortung gezogen. Während in der Öffentlichkeit oft der Eindruck besteht, sie hätten nur ein paar harmlose Gespräche geführt, spielten sie im Überwachungsstaat der SED in Wirklichkeit eine Schlüsselrolle. Im Gegensatz zu den Nationalsozialisten konnte sich das kommunistische Regime nämlich kaum auf spontane Denunziationen stützen. Um dennoch alle »feindlichen« Pläne in Erfahrung zu bringen, entwickelte die Geheimpolizei der SED ein aufwendiges, hochorganisiertes Spitzelsystem. So hatte zum Beispiel die Stasi-Dienststelle in der Kreisstadt Jena viermal so viele Informanten im Einsatz wie die Gestapo in der Großstadt Frankfurt am Main. Mit geradezu wissenschaftlichen Methoden, die an der Stasi-Hochschule in Potsdam gelehrt wurden, rekrutierte und lenkte der Staatssicherheitsdienst das riesige Heer seiner IM. Viele erhielten spezielle Aufträge zur Informationsbeschaffung und erstatteten ihren Führungsoffizieren regelmäßig Bericht. In unzähligen Fällen lieferten sie – aus schlichtem Eigennutz – Freunde und Bekannte ans Messer. Für einen Großteil der Verhaftungen und Repressalien waren sie deshalb direkt verantwortlich. Das System der Inoffiziellen Mitarbeiter, die Stasi-Minister Mielke immer wieder als »Hauptwaffe« seiner Geheimpolizei rühmte, lag wie ein Spinnennetz über Ostdeutschland, das jede kritische Regung im Volk sofort registrierte.

Eigentlich hätten die Spitzel der Stasi allesamt vor Gericht gestellt werden müssen. Im Strafgesetzbuch (StGB) heißt es dazu unmissverständlich: »(1) Wer einen anderen durch eine Anzeige oder eine Verdächtigung der Gefahr aussetzt, aus politischen Gründen verfolgt zu werden und hierbei im Widerspruch zu rechtsstaatlichen Grundsätzen durch Gewalt- oder Willkürmaßnahmen Schaden an Leib oder Leben zu erleiden, der Freiheit beraubt oder in seiner beruflichen oder wirtschaftlichen Stellung empfindlich beeinträchtigt zu werden, wird mit Freiheitsstrafe bis zu fünf Jahren oder mit Geldstrafe bestraft. (2) Ebenso wird bestraft, wer eine Mitteilung über einen anderen macht oder übermittelt und ihn dadurch der in Absatz 1 bezeichneten Gefahr einer politischen Verfolgung aussetzt.« Der Paragraph 241a war 1951 eigens ins Strafgesetzbuch der Bundesrepublik eingefügt worden, um eine juristische Handhabe gegen Stasi-Spitzel zu haben.

Allein in Mecklenburg-Vorpommern und Thüringen – eine Gesamtzahl für Ostdeutschland existiert auch hier nicht – wurden bis Ende 1997 nach diesem Paragraphen 690 Verfahren eingeleitet. Doch nicht ein einziges davon führte zur Anklage. Auch hier war es vor allem die Rechtsprechung des BGH, die eine Strafverfolgung verhinderte. Während die Richter bis zum Sturz der SED-Diktatur mehrfach bekräftigt hatten, dass es strafbar sei, einen Menschen beim Staatssicherheitsdienst zu denunzieren,[52] machten sie danach plötzlich eine Kehrtwendung. Sie entschieden 1994, dass der Paragraph nur auf Bundesbürger, nicht aber auf DDR-Bürger anzuwenden sei, womit der größte Teil der Spitzel unbehelligt blieb. Zur Begründung erklärten sie: »Es entständen Wertungswidersprüche, wenn das StGB nur auf solche Freiheitsberaubungen durch rechtsstaatswidrige Inhaftierungen in der DDR angewendet würde, die sich aus einer politischen Verdächtigung ergeben haben, nicht aber auf solche – unter Umständen viel schwerwiegendere – Freiheitsberaubungen, die sich aus von Amts wegen eingeleiteten Strafverfahren ergeben haben.«[53] Mit anderen Worten: Weil wir die Richter und Staatsanwälte nicht einsperren, können wir auch ihre Helfershelfer nicht bestrafen.

Die Staatsanwälte versuchten deshalb, die Denunzianten hilfsweise wegen Freiheitsberaubung zu belangen. Doch auch hier errichtete der BGH extrem hohe Hürden. Da die ostdeutschen Spitzel nach DDR-Recht beurteilt werden müssten und sie selbst niemanden eingesperrt hätten, könne man ihnen nur Anstiftung beziehungsweise Beihilfe zur Freiheitsberaubung vorwerfen. Wer Fluchtvorhaben verraten hatte – zweifellos die größte Fallgruppe –, den erklärte der BGH generell für straffrei, da DDR-Bürger laut Gesetz dazu verpflichtet gewesen seien. Auch in den übrigen Fällen habe es sich nur dann um Beihilfe zur Freiheitsberaubung gehandelt, wenn dadurch die Menschenrechte schwer und offensichtlich verletzt worden seien – die übliche Gefängnisstrafe fiel nicht darunter. Straffrei blieb ebenso, wenn Ärzte oder Rechtsanwälte ihre Mandanten oder Patienten an die Stasi verraten hatten, da der Verrat von Berufsgeheimnissen nach Auffassung der Juristen bereits am 1. Januar 1990 verjährt war. Nur bei Bundesbürgern, die DDR-Bürger bei der Stasi angeschwärzt hatten, wurden etwas strengere Maßstäbe angelegt.

So kommt es, dass trotz hunderttausendfacher Denunziationen bis Mitte 1998 gegen ganze fünfzehn Personen Anklage erhoben wurde. Lediglich vier von ihnen wurden verurteilt, allesamt zu Bewährungsstrafen. Zu ihnen gehörte ein Hamburger Spediteur, der im Auftrag der Stasi Fluchthelfer ausgekundschaftet hatte. Unter anderem brachte er den Weltrekordhalter im Diskuswerfen Wolfgang Schmidt ins Gefängnis. Dieser wollte die DDR verlassen, weil er wegen seines unangepassten Verhaltens »Sportverbot« erhalten hatte. In der Untersuchungshaftanstalt Hohenschönhausen gestattete man dem Hochleistungssportler nicht einmal, seinen muskulösen Körper langsam abzutrainieren.[54] Wohl eher aus symbolischen Gründen verurteilte das Berliner Landgericht 1996 den ostdeutschen Rechtsanwalt Wolfgang

Schnur, der während der friedlichen Revolution zu den führenden Politikern der DDR-Opposition gehört hatte. Er hatte zwei seiner Mandanten, die im Januar 1988 verhafteten Bürgerrechtler Freya Klier und Stephan Krawczyk, beim Staatssicherheitsdienst denunziert. Dafür bekam er 1996 ein Jahr auf Bewährung. Die milde Bestrafung erfolgte, obwohl der Bundesgerichtshof zwei Jahre zuvor den Entzug seiner Rechtsanwaltslizenz mit der Begründung bestätigt hatte, dass sich Schnur an den »Grundsätzen der Menschlichkeit und der Rechtsstaatlichkeit« vergangen habe.

Bewährungsstrafen für Mauerschützen

Ernsthafte Versuche, die Verbrechen der SED-Diktatur zu sühnen, gab es noch am ehesten bei den Gewalttaten an der deutsch-deutschen Grenze. Um sie ging es in fast einem Viertel aller Verfahren. Nach Meinung des früheren Leiters der ZERV, Manfred Kittlaus, gelang es nur hier, »das, was uns als Ideal vorgeschwebt ist – die Verantwortlichkeit auf allen Ebenen zu erfassen –, tatsächlich auch mit rechtskräftigen Urteilen abzuschließen«.[55]

In Wirklichkeit wurde allerdings nur ein kleiner Teil der Schuldigen für die Gewaltakte an der Grenze bestraft. Unter Berufung auf das Rückwirkungsverbot entschied der BGH, dass nur das Töten eines Flüchtlings eine Straftat darstelle – nicht aber die mindestens siebenhundert Fälle, bei denen Flüchtlinge durch feuernde Grenzer, Minen oder Selbstschussanlagen zumeist schwer verletzt worden waren. Auch jene, die an den Grenzen Minen verlegt und dadurch wenigstens 33 Flüchtlinge zu Tode gebracht hatten, wurden nur selten zur Rechenschaft gezogen, da ihre Namen oft nicht mehr festgestellt werden konnten. Und die politischen Auftraggeber entgingen vielfach deshalb einer Bestrafung, weil sie sich für verhandlungsunfähig erklären ließen. Die mehr als dreitausend Ermittlungsverfahren schmolzen deshalb bis Mitte 2002 auf Anklagen gegen 457 Personen zusammen. Nur in 331 Fällen kam es zu einem Urteil, wobei fast einhundert Angeklagte freigesprochen wurden. Insgesamt bestraften die Gerichte also nur etwa 230 Personen – weit weniger, als Menschen zu Tode gekommen waren.[56]

Ein Beispiel für die zynischen Begründungen der Justiz, gravierendes Unrecht nicht zu ahnden, ist der Fall des Flüchtlings Peter Ewert. Wegen mehrerer Fluchtversuche und sogenannter Staatsverleumdung war er in der DDR dreimal ins Gefängnis gekommen. 1968 versuchte der damals 34-Jährige zusammen mit seiner Frau, seinen Kindern und einem befreundeten Ehepaar, die Grenzanlagen nach West-Berlin zu überwinden. Nachdem er seinen Begleitern erfolgreich über den Streckmetallzaun geholfen hatte, wurde er entdeckt und von mehreren Grenzsoldaten beschossen. Einer der Schüsse traf ihn in den Oberschenkel und verletzte ihn so schwer, dass er später nur noch zu 50 Prozent erwerbsfähig war. Obwohl die Schützen allesamt ausfindig gemacht werden konnten, wurde das Verfahren gegen sie 1997 eingestellt. Die Staatsanwaltschaft Neuruppin begründete dies damit, dass zwei der Schützen lediglich »Sperrfeuer« gegeben hätten – was keine strafbare Handlung darstelle. Die beiden anderen seien, so die zuständige Staatsanwältin Iris Müller-Lintzen in einem Schreiben an das Opfer, »vom Tötungsversuch gemäß §24 StGB strafbefreiend zurückgetreten«, indem sie »von der weiteren Schussabgabe Abstand nahmen und durch Herbeirufen des Sanitätsdienstes Sorge dafür trugen, dass Sie ärztlich versorgt und in das Krankenhaus Staaken verbracht wurden«. Im Klartext: Wenn sie Peter Ewert hätten umbringen wollen, hätten sie ihn verbluten lassen. Die Täter könnten aber auch nicht wegen schwerer Körperverletzung bestraft werden – denn: »Die Anwendung unmittelbaren Zwanges im Grenzbereich, einschließlich des Gebrauchs von Schusswaffen, ist grundsätzlich rechtlich nicht zu beanstanden, wenn dies auf der Grundlage von Regelungen, die mit rechtsstaatlichen Grundsätzen vereinbar sind, erfolgt, um die Flucht möglicher Rechtsbrecher zu verhindern. Der Einsatz der Schusswaffe gegen eine Person, die – wie in diesem Zusammenhang zu unterstellen ist – nach den Gesetzen der DDR unerlaubt die Grenze überschreitet und sich dieser Festnahme durch Flucht entziehen wollte, ist nicht offensichtlich rechtsstaatswidrig.«[57]

Drei Tage nach dem Erhalt dieses Schreibens starb Peter Ewert im Alter von 52 Jahren.

Milde ließen die Richter aber auch bei den Todesschützen walten. Grenzsoldaten, die unbewaffnete Flüchtlinge erschossen hatten, mussten praktisch nie ins Gefängnis. Anfangs lautete die Begründung dafür, dass man die Schützen nicht strenger bestrafen könne, solange ihre einstigen Befehlsgeber unbehelligt blieben. Später, als die politische und militärische Führung ebenfalls vor Gericht stand, wich man von dem einmal gefundenen Strafmaß nicht mehr ab. So kommt es, dass fast 90 Prozent der Freiheitsstrafen zur Bewährung ausgesetzt wurden.[58] Für die Betroffenen hatte ein solches Urteil de facto keine Folgen, da neue Straftaten von ihnen nicht mehr zu erwarten waren.

Auch bei den Grenzsoldaten war es der Bundesgerichtshof, der eine strengere Bestrafung verhinderte. Als richtungsweisend erwies sich dabei der erste Mauerschützenprozess. Vor Gericht standen die Todesschützen im Fall des 21-jährigen Chris Gueffroy, der noch im Februar 1989 an der Berliner Mauer erschossen worden war. Der Hauptangeklagte Ingo Heinrich hatte ihm damals aus einer Entfernung von unter vierzig Metern statt in die Beine direkt ins Herz geschossen. Das Landgericht Berlin verurteilte ihn deshalb im Januar 1992 zu dreieinhalb Jahren Gefängnis. Der Mitangeklagte Andreas Kühnpast, der, obwohl er mindestens hundert Meter entfernt stand, Dauerfeuer auf Gueffroy und seinen Freund abgegeben hatte, erhielt zwei Jahre Freiheitsentzug. Im März 1993 hob der BGH das Urteil wieder auf. Das Landgericht musste die Strafe gegen Heinrich in zwei Jahre auf Bewährung umwandeln und Kühnpast sogar ganz freisprechen. Kühnpast bekam nicht nur die Verfahrenskosten erstattet, sondern auch noch eine Entschädigung für die Untersuchungshaft. Nach diesem Urteil wagte kaum mehr ein Gericht, die vom BGH gesetzte Schwelle zu übertreten.

Nur wenn sich die Mörder sogenannter Exzesstaten schuldig gemacht hatten, wurden sie strenger bestraft – zum Beispiel, wenn sie einen Flüchtenden töteten, der sich bereits ergeben oder bundesdeutsches Gebiet erreicht hatte. So verurteilte der Bundesgerichtshof einen Grenzsoldaten wegen Mordes zu zehn Jahren Haft, weil er einen Flüchtling, der sich aufforderungsgemäß gestellt hatte, mit Dauerfeuer exekutierte. Ein anderer bekam drei Jahre Gefängnis, weil er einen geistig verwirrten Arzt, der von einem West-Berliner Aussichtspodest über die Mauer gesprungen war, aus nächster Nähe erschoss. Insgesamt wurden bis 1999 von 111 angeklagten Grenzsoldaten 44 freigesprochen. 61 erhielten eine Bewährungsstrafe, nur zwei mussten ins Gefängnis.

Wenigstens bei den Auftraggebern – den Mitgliedern des Politbüros und des Nationalen Verteidigungsrates sowie den militärisch Verantwortlichen für das DDR-Grenzregime – versuchten die Gerichte, spürbare Sanktionen zu verhängen. Allerdings schmolz auch deren Zahl bis zur Urteilsverkündung auf eine Handvoll zusammen. So schieden im Prozess gegen die Mitglieder des DDR-Verteidigungsrates, der für die Planung des Grenzregimes verantwortlich gewesen war, nach und nach fast alle Haupttäter aus: SED-Chef Honecker, Ministerpräsident Stoph und Stasi-Chef Mielke, die das Gericht allesamt für nicht verhandlungsfähig erklärte. Am Ende standen von den mehr als ein Dutzend Ratsmitgliedern nur noch der ehemalige Verteidigungsminister Heinz Keßler, der frühere Stabschef der Nationalen Volksarmee, Fritz Streletz, und der einstige SED-Chef von Suhl, Hans Albrecht, vor Gericht.

Kaum anders ging es im sogenannten Politbüroverfahren zu. Der frühere DDR-Gewerkschaftschef Harry Tisch starb noch vor Beginn der Hauptverhandlung. Die Verfahren gegen Erich Mückenberger, den SED-Chefideologen Kurt Hager und den ZK-Sekretär Horst Dohlus wurden wegen Verhandlungsunfähigkeit eingestellt. Vor Gericht verantworten mussten sich 1997 nur der Honecker-Nachfolger Egon Krenz, der Berliner SED-Chef Günter Schabowski und der stellvertretende DDR-Regierungschef Günther Kleiber. In einem zweiten Verfahren kamen im Jahr 2000 noch die Politbüromitglieder Herbert Häber, Hans-Joachim Böhme und Siegfried Lorenz auf die Anklagebank. Alles in allem wurden von den zwanzig Mitgliedern des Politbüros nicht einmal ein Drittel verurteilt.

Etwas zufriedenstellender gingen nur die Verfahren gegen die Organisatoren des Grenzregimes aus – also diejenigen, die den Soldaten das Schießen befohlen hatten. Den Chef der Grenztruppen, Klaus-Dieter Baumgarten, verurteilte das Berliner Landgericht 1996 wegen elffachen Totschlags und fünffachen Versuchs zu sechseinhalb Jahren Haft. Auch fünf seiner Stellvertreter wurden angeklagt und bestraft. Karl Leonhardt erhielt drei Jahre und neun Monate, Günter Gabriel drei Jahre und sechs Monate, Gerhard Lorenz, Dieter Teichmann und Heinz-Ottomar Thieme bekamen jeweils drei Jahre und drei Monate. 1997 wurden einige weitere hohe Militärs verurteilt, weil sie den Befehl 101, der die Grenzsoldaten zur Waffengewalt gegen Flüchtlinge aufforderte, ausgearbeitet und umgesetzt hatten.

In seinem Buch »Deutsche Gerechtigkeit« hat der Frankfurter Journalist Roman Grafe die Prozesse gegen die DDR-Grenzschützen und ihre Befehlsgeber nachgezeichnet. Es ist ein erschütternder Bericht über das Versagen des Rechtsstaates. Die Organisatoren des Grenzregimes wiesen in den – immer wieder von Anträgen der Verteidigung unterbrochenen – Verhandlungen jede politische, moralische oder juristische Schuld von sich. Organisierte Trupps ehemaliger Funktionäre leisteten den Angeklagten im Gerichtssaal »moralischen« Beistand. Ex-Parteichef Honecker begrüßte sie demonstrativ mit erhobener Faust. Rechtsanwälte, darunter ehemalige Stasi-Vernehmer wie Frank Osterloh, verteidigten nicht die Täter, sondern die Taten. Was sich nicht leugnen ließ, wurde ideologisch verklärt oder mit allerhand juristischen Konstruktionen für rechtens erklärt. Fast wörtlich benutzten die Angeklagten jene Ausreden, die 1946 schon die Führer des NS-Regimes beim Nürnberger Kriegsverbrecherprozess vorgebracht hatten. Für die verletzten Flüchtlinge, die als Zeugen der Anklage aussagten, und für die Angehörigen der Toten, die als Nebenkläger auftraten, waren die Prozesse eine Zumutung.

Umso erstaunlicher mutet es an, dass die staatlichen Totschläger auch noch öffentlich Unterstützung erhielten. Vor dem ersten Mauerschützenprozess kam *Spiegel*-Herausgeber Rudolf Augstein den Angeklagten im Fall Chris Gueffroy mit einem

Kommentar zu Hilfe, in dem er behauptete, die DDR habe ein Recht darauf gehabt, »ihre Grenze mit der Waffe zu sichern«. Als 1999 die Revisionsverhandlung gegen Krenz anstand, schrieb *Spiegel*-Redakteur Thomas Darnstädt, nur »komplizierteste Westjuristerei« mache es möglich, diesem die Schuld für wenigstens ein paar Grenztote »in die Schuhe zu schieben«. Selbst der Präsident des Berliner Verfassungsgerichts, Klaus Finkelnburg, rief im August 1992 dazu auf, unter den angeblich untauglichen Versuch der Vergangenheitsbewältigung mit justitiellen Mitteln einen Schlussstrich zu ziehen. Nur der inzwischen verstorbene Nebenklagevertreter Hanns-Ekkehard Plöger erinnerte in seinen Plädoyers an grundlegende Gebote der Menschlichkeit und uralte Maximen der Justiz. »Wenn einer seine Frau umgebracht hat, und er würde vor Gericht noch anfangen, das zu rechtfertigen – der hätte keine Chance.«[59]

Auch bei den Gewalttaten an der Grenze ist die Bilanz der strafrechtlichen Aufarbeitung bescheiden: Bis zum 3. Oktober 2000 wurden 22 Verfahren eingestellt und sechzig Personen freigesprochen. 94 Angeklagte wurden zu Bewährungsstrafen verurteilt.[60] Nur 29 Personen erhielten bis Mitte 2002 Freiheitsstrafen ohne Bewährung, acht von ihnen bekamen fünf oder mehr Jahre Haft.[61]

Gnade mit dem Politbüro

Unter diesen Umständen ging die Führung der DDR größtenteils straffrei aus – allen voran der langjährige Staats- und Parteichef Erich Honecker, der die Hauptverantwortung für das Unrecht trug. Um sich einer drohenden Strafverfolgung zu entziehen, hatte er sich unter den Augen der Ermittlungsbehörden kurz nach der Wiedervereinigung in ein sowjetisches Militärhospital im brandenburgischen Beelitz geflüchtet. Kein Politiker wagte es, ihn dort herauszuholen. Schließlich flog ihn die russische Regierung in einer Nacht-und-Nebel-Aktion im März 1991 aus. Als er in Moskau nach der Niederschlagung des gegen Gorbatschow gerichteten August-Putsches befürchten musste, an Deutschland ausgeliefert zu werden, setzte er sich in die chilenische Botschaft ab. Erst im Juli 1992 wurde er nach mühsamen Verhandlungen nach Berlin zurückgebracht, wo er jedoch niemals bestraft wurde. Das Kammergericht verhandelte zwar gegen ihn wegen Totschlags an mehreren Flüchtlingen, doch der Verfassungsgerichtshof brachte den Prozess 1993 zum Platzen. Weil Honecker das Urteil aus gesundheitlichen Gründen voraussichtlich nicht mehr erleben werde, ließen die Richter das Verfahren einstellen – ein Beschluss, der bei Juristen auf großes Unverständnis stieß. Nach dieser Begründung könnte nämlich jeder Todgeweihte beliebig viele Straftaten begehen, ohne befürchten zu müssen, dafür belangt zu werden, obwohl er verhandlungsfähig ist. Sofort nach der Entscheidung reiste Honecker denn auch nach Chile aus. Ein zweites Verfahren wegen Untreue wurde nicht mehr eröffnet.

Dabei hatte sich bereits die DDR-Justiz redlich bemüht, die SED-Führer zur Rechenschaft zu ziehen. Im Mittelpunkt standen damals vor allem die Vorwürfe von Amtsmissbrauch und Korruption. So kostete der Import von Westprodukten für die Politbürosiedlung Wandlitz den Staatshaushalt allein 1989 rund 40 Millionen Mark. Fernseher, Stereoanlagen und andere Dinge, die in der DDR sonst nur für Westgeld zu bekommen waren, wurden dort an die Funktionäre und ihre Familien weit unter Preis für DDR-Mark verkauft. Auch darüber hinaus hatten sich die Bonzen kräftig am Volksvermögen bedient und die eigenen Parolen von der klassenlosen Gesellschaft Lügen gestraft. So ließ der stellvertretende DDR-Ministerpräsident Werner Krolikowski einen Bungalow im Wert von 700 000 Mark für seinen Sohn bauen, der dafür dann nur 45 000 Mark bezahlen musste – für die übrigen 655 000 Mark kam die Allgemeinheit auf. Politbüromitglied Günter Mittag ließ für sich und seine Angehörigen sogar gleich drei Einfamilienhäuser errichten, die zusammen mehr als fünf Millionen Mark kosteten. Teuer waren auch die verschwenderischen Freizeitvergnügungen der Allermächtigsten. So belastete der Unterhalt des 20 000 Hektar großen Jagdgebietes Schorfheide, in dem sich fast nur die greisen Funktionäre Honecker, Mittag und Sindermann verlustierten, den DDR-Staatshaushalt pro Jahr mit mehr als 36 Millionen Mark.[62] Weder Honecker noch Mittag oder sonst einer der Genannten wurde dafür jemals zur Verantwortung gezogen. Doch nicht nur SED-Funktionäre, auch Vertreter der Blockparteien bereicherten sich zum Schaden der Gesellschaft. So ließ der Chef der DDR-CDU, Gerald Götting, seinen Privatbungalow auf Kosten seiner Partei – die wiederum vom Staat ausgehalten wurde – für nahezu 100 000 Mark renovieren.

Die von der DDR-Justiz eingeleiteten Ermittlungsverfahren gegen die Apparatschiks führte nach der Wiedervereinigung meist die Berliner Staatsanwaltschaft weiter. Vor allem in den ersten Jahren mündeten sie in relativ hohe Strafen. Sie stehen in merkwürdigem Kontrast zur Laxheit, mit der später schwere Körperverletzung oder Freiheitsberaubung beurteilt wurden. CDU-Funktionär Götting erhielt zum Beispiel eine Gefängnisstrafe von einem Jahr und sechs Monaten auf Bewährung – so viel, wie später auch die Mörder eines Flüchtlings bekamen. Im Laufe der Zeit urteilten die Gerichte indes immer milder. Insgesamt wurden 38 Funktionäre wegen Korruption und Amtsmissbrauch angeklagt. Siebzehn von ihnen erhielten Bewährungs- oder Geldstrafen, fünf Freiheitsstrafen ohne Bewährung. Die übrigen Verfahren endeten mit Freispruch oder Einstellung.[63]

Die bundesdeutsche Justiz übernahm auch die Verfahren wegen Wahlfälschung. Gegen 51 Personen wurden die bereits in der DDR begonnenen Prozesse weitergeführt, 82 Beschuldigte klagte man neu an. Am Ende erhielten 99 Angeklagte eine Geld- oder Bewährungsstrafe.[64] Der heutige Ehrenvorsitzende der PDS, Hans Modrow, wurde zum Beispiel 1995 für schuldig befunden, als SED-Chef im Bezirk Dresden während der Kommunalwahlen im Mai 1989 Abgesandte zu den Wahlkommissionen geschickt zu haben, damit diese die geplanten Manipulationen vornahmen. Wegen Wahlfälschung und fahrlässigen Falscheides wurde er zu zehn Monaten auf Bewährung verurteilt – was die PDS nicht daran hinderte, ihn 1999 ins Europaparlament zu entsenden. Auch der frühere Dresdner Oberbürgermeister Wolfgang Berghofer bekam ein Jahr auf Bewährung. Der eigentliche Hauptverantwortliche, der zuständige ZK-Sekretär Horst Dohlus, ging dagegen straffrei aus. Das Gericht befand ihn für nicht verhandlungsfähig. Auch die Verfahren gegen die Politbüromitglieder Krenz und Schabowski wurden eingestellt, weil die Anstiftung zur Wahlfälschung gegenüber ihrer Verantwortung für die Mauertoten nicht mehr ins Gewicht falle. Ob in Deutschland auch eine Vergewaltigung straffrei bleibt, wenn der Täter zusätzlich noch eine Bank überfällt?

Selbst wegen der Mauertoten wurden letztlich nur wenige SED-Führer verurteilt. Das Verfahren gegen die Nummer zwei der DDR, Ministerpräsident Stoph, wurde 1993 wegen Verhandlungsunfähigkeit beendet, ein weiteres wegen Untreue gar nicht erst eröffnet. Bis zu seinem Tod 1999 genoss der ehemalige DDR-Regierungschef noch sechs Jahre seinen Lebensabend. Für die Zeit der Untersuchungshaft erhielt er sogar eine Haftentschädigung. Auch ZK-Sekretär Mittag, der den ökonomischen Niedergang Ostdeutschlands maßgeblich zu verantworten hatte, wurde niemals verurteilt. Aus gesundheitlichen Gründen lehnte es das Berliner Landgericht 1993 ab, ein Verfahren wegen Veruntreuung von Staatsgeldern zu eröffnen. Anklage wegen des Schießbefehls wurde gar nicht erst erhoben. Ebenfalls straffrei blieb der langjährige SED-Chefideologe Hager, der die begabtesten DDR-Schriftsteller und -Künstler zur Ausreise in den Westen getrieben hatte. Das Verfahren gegen ihn wurde 1996 wegen Verhandlungsunfähigkeit eingestellt. Unbestraft blieben ferner die Politbüromitglieder Erich Mückenberger, Horst Dohlus, Hermann Axen, Joachim Herrmann, Horst Sindermann, Werner Jarowinsky, Werner Krolikowski, Alfred Neumann und Werner Eberlein, die allesamt jahrelang an der Spitze des SED-Regimes gestanden hatten.

Die übrigen Politbüromitglieder waren, wenn überhaupt, nur kurze Zeit in Haft. DDR-Gewerkschaftschef Tisch, der 1991 wegen Untreue zu einer Freiheitsstrafe von einem Jahr und sechs Monaten verurteilt wurde, musste diese nicht antreten, weil ihm seine Untersuchungshaft in der DDR angerechnet und der Rest zur Bewährung ausgesetzt wurde. Politbüromitglied Schabowski, der seine Verurteilung zu drei Jahren Haft wegen Totschlags bis 1999 hinauszögern konnte, musste zwar im Dezember des Jahres ins Gefängnis, kam jedoch in den offenen Vollzug. Nach neun Monaten begnadigte ihn Berlins Regierender Bürgermeister Eberhard Diepgen (CDU), so dass er nach einem knappen Jahr wieder frei war. Das Gnadengesuch seines Mitangeklagten Kleiber, der ebenfalls drei Jahre Haft erhalten hatte, bewilligte Diepgen sogar schon nach acht Monaten. Die Politbüromitglieder Herbert Häber, Hans-Joachim Böhme und Siegfried Lorenz sprach das Berliner Landgericht 2004 der Anstiftung zum dreifachen Mord schuldig, schickte sie aber gar nicht erst ins Gefängnis. Böhme bekam fünfzehn Monate auf Bewährung, Lorenz zwölf, und Häber wurde überhaupt nicht bestraft, da er sich für eine Abmilderung des Grenzregimes eingesetzt hätte. Alles in allem waren damit nur vier der zwanzig Politbüromitglieder – Krenz, Mielke, Schabowski und Kleiber – für kurze Zeit in Haft.

Bis Mitte 1998 wurden nach über vierzigjähriger Diktatur insgesamt 670 Anklagen gegen 1042 Personen erhoben. Ein großer Teil der Beschuldigten blieb letztlich jedoch unbehelligt – weil die Gerichte bereits die Eröffnung der Hauptverhandlung ablehnten, die Staatsanwaltschaft von sich aus die Anklage wieder zurückzog, die Richter das Verfahren einstellten oder der Prozess mit einem Freispruch endete. Bis Mitte 1998 wurden deshalb nur 289 Personen verurteilt, zuzüglich 27, die bereits zu DDR-Zeiten bestraft worden waren – alles in allem 316 Verurteilte. Die meisten, nämlich 190, erhielten Bewährungsstrafen, 105 kamen mit Geldstrafen davon, neun bekamen eine Verwarnung und einer einen Tadel. Nur neunzehn mussten wirklich ins Gefängnis.[65]

Von den wenigen verurteilten SED-Funktionären sitzt heute keiner mehr hinter Gittern. Ex-Stasi-Minister Mielke, der 1993 wegen eines 62 Jahre zurückliegenden Polizistendoppelmordes zu sechs Jahren Gefängnis verurteilt worden war, erhielt bereits ein Jahr später wegen »Haftunfähigkeit« die Freiheit zurück. Die Verfahren wegen seiner Taten als Stasi-Chef wurden eingestellt. Er lebte noch sechs Jahre in Berlin, wo ihm der PDS-regierte Bezirk Marzahn zu seinem neunzigsten Geburtstag sogar einen Blumenstrauß überreichte. Ab diesem Tag galt er nicht mehr als vorbestraft, da nach deutschem Recht das Polizistenmordurteil aus dem Strafregister gelöscht werden musste. Im Mai 2000 verstarb er im Altenpflegeheim »Kyritz« in Berlin-Hellersdorf. Seine sterblichen Überreste wurden auf dem DDR-Prominentenfriedhof in Berlin-Friedrichsfelde beigesetzt.

Auch Honecker-Nachfolger Krenz ist seit Jahren wieder auf freiem Fuß. Reue oder Einsicht hat er nie gezeigt. Wegen Totschlags in vier Fällen hatte ihn das Landgericht Berlin im August 1997 zu sechseinhalb Jahren Gefängnis verurteilt. Aufgrund einer Haftbeschwerde kam er jedoch schon nach achtzehn Tagen wieder frei. Nachdem er jahrelang gegen die »Siegerjustiz der BRD« agitiert und sogar den Europäischen Gerichtshof für Menschenrechte angerufen hatte, musste er im Januar 2000 doch noch ins Gefängnis. Die Unterbringung ähnelte freilich eher einem Hotel, weil Krenz sich von Anfang an im offenen Vollzug befand. Während er tagsüber bei einer Fluggesellschaft arbeitete, verbrachte er nur die Nacht im Gefängnis. Zuletzt hatte er sogar Anspruch auf 21 Tage Urlaub, die er in seinem Haus an der Ostsee verbrachte. Im Dezember 2003 ordnete das Berliner Kammergericht – noch vor der üblichen Zwei-Drittel-Verbüßung – seine Entlassung an und setzte den Rest der Strafe zur Bewährung aus. »Ich freue mich, dass Egon Krenz die Weihnachtsfeiertage jetzt als endgültig freier Mann bei seiner Familie verbringen kann«, kommentierte der Berliner PDS-Chef Stefan Liebich die Entscheidung.[66] Insgesamt war der höchste inhaftierte SED-Spitzenfunktionär damit nicht einmal vier Jahre im Gefängnis.

Selbst der ehemalige Verteidigungsminister Heinz Keßler, der mit siebeneinhalb Jahren Haft am strengsten bestraft wurde, ist längst wieder frei. Nach Ausschöpfung aller Rechtsmittel wurde er im Juli 1994 wegen Totschlags beziehungsweise Beihilfe zum Totschlag in sieben Fällen rechtskräftig verurteilt. Seine Strafe durfte er wie Krenz und Schabowski im offenen Vollzug verbüßen. Bereits nach dreieinhalb Jahren wurde er vorzeitig entlassen. Auch bei ihm gab es keine Spur von Scham oder Läuterung. Nach seiner Freilassung tummelte er sich vielmehr auf Veranstaltungen ehemaliger Grenzsoldaten und Stasi-Leute, bei denen die Verbrechen des SED-Regimes geleugnet und die Opfer verhöhnt werden.

Dasselbe gilt für den ehemaligen Stabschef der DDR-Armee, Fritz Streletz, der von seinen fünfeinhalb Jahren Haft nur die Hälfte absitzen musste, obwohl eine Gefängnisstrafe üblicherweise erst nach zwei Dritteln erlassen werden kann. Als unbelehrbar erwies sich nicht zuletzt der Chef der DDR-Grenztruppen, Klaus-Dieter Baumgarten, der 1996 zu sechseinhalb Jahren Haft verurteilt und schon drei Jahre später von Diepgen vorzeitig begnadigt wurde. Noch während seiner Zeit im offenen Vollzug nahm er wiederholt an PDS-Veranstaltungen teil, schrieb Artikel für das *Neue Deutschland* und publizierte ein Buch mit dem irreführenden Titel »Briefe aus dem Kerker«. Seit seiner Freilassung ist er im Stasi-Hilfsverein GRH aktiv und verteidigt dort das DDR-Grenzregime. Nach eigener Aussage hat er nicht einen einzigen Befehl erlassen, dessen er sich heute schämen müsste.

Amnestie für West-Spione

Wenigstens in einer Beziehung hätte man eine befriedigendere Bilanz erwarten können: bei der Bestrafung der Stasi-Spione in der Bundesrepublik und ihrer Ost-Berliner Auftraggeber. Anders als bei den übrigen Taten konnte sich hier niemand auf das Rückwirkungsverbot herausreden, denn Landesverrat und Agententätigkeit hatten schon immer unter Strafe gestanden. Auch der Bundestag erteilte den wiederholten Vorschlägen, DDR-Spione zu amnestieren, stets eine klare Absage. Da Spionageverfahren in der Bundesrepublik keine Neuheit darstellten, waren Staatsanwaltschaften und Gerichte gut darauf vorbereitet und brauchten höchstens personell noch aufgestockt zu werden.

Doch der Wille, die Handlanger des SED-Regimes zu bestrafen, war auch hier gering. Schon 1990 waren in der DDR ausgerechnet die Spionageakten fast vollständig vernichtet worden. Geschickt hatten führende Stasi-Offiziere damals Schreckensszenarien an die Wand gemalt. Idealistischen Kundschaftern im Ausland würde jahrelange Haft oder gar die Todesstrafe drohen, wenn ihre Akten in falsche Hände gerieten. Unter den Augen der

Bürgerrechtler, der Regierung de Maizière und damit indirekt auch der Regierung Kohl durfte die Hauptverwaltung A (HVA) bis zum Sommer des Jahres ihr gesamtes Archiv ohne Kontrolle durch den Reißwolf jagen.

Hätte der amerikanische Geheimdienst CIA nicht heimlich eine Kopie der zentralen Agentenkartei an sich gebracht, säßen viele Stasi-Spione wahrscheinlich heute noch auf ihren Posten. So aber durfte der Verfassungsschutz Anfang der neunziger Jahre in den USA die Namen Hunderter aktiver Spione abschreiben. Bis April 1998 meldete er der Bundesanwaltschaft 1553 Fälle, bei denen der Verdacht auf Spionage bestand und deshalb ein Ermittlungsverfahren eingeleitet wurde. Seitdem werden die Behörden nicht müde zu betonen, das Spionagenetz im Westen sei enttarnt. Tatsächlich aber ist der Öffentlichkeit nur ein Bruchteil der West-Agenten bekannt geworden.

Merkwürdigerweise werden gerade die Stasi-Aktivitäten im Westen oft heruntergespielt. Lange Zeit konnte man sogar den Eindruck gewinnen, als wäre die Tätigkeit für den Staatssicherheitsdienst ausschließlich ein Problem der Ostdeutschen. Dabei agierten auch Tausende Westdeutsche als Stasi-Spitzel. Nach einer Mitte der neunziger Jahre gezogenen Stichprobe in der zentralen Personenkartei des MfS waren dort 20000 bis 30000 Bundesbürger als Inoffizielle Mitarbeiter erfasst. Doch nur wenige Institutionen – Amnesty International etwa oder die Internationale Gesellschaft für Menschenrechte – gingen den Verstrickungen von sich aus nach.[67] Ansonsten versuchten weder Parteien noch Gewerkschaften noch Ministerien, die Stasi-Aktivitäten in den eigenen Reihen aufzuklären und die Öffentlichkeit umfassend darüber zu informieren.

Selbst die Stasi-Akten-Behörde machte um das heikle Thema lieber einen Bogen. Obwohl sie frühzeitig in den Besitz von Abschriften und Kopien der Agentenkartei kam, erhielten Wissenschaftler und Journalisten jahrelang keinen Zugang zu den sogenannten Rosenholz-Unterlagen – ein Verstoß gegen das Stasi-Unterlagen-Gesetz. Mehrfach versuchte die Behörde auch, Publikationen, die sich der Westarbeit der Stasi widmeten, zu zensieren oder ihr Erscheinen zu verhindern. Im Juni 2006 berichtete die *Zeit*, dass eine Projektgruppe, die die zurückgegebene Spionagekartei untersucht hatte, mitten in ihrer Arbeit aufgelöst worden sei. Unter der Überschrift »Wer hat Angst vor Rosenholz?« schrieb das Blatt, der Bericht der Gruppe werde seit über einem Jahr von der Behördenleitung unter Verschluss gehalten.[68] Die Bundesbeauftragte Marianne Birthler dementierte daraufhin die Auflösung und erklärte, der Zwischenbericht befinde sich lediglich »in der behördeninternen Abstimmung«.[69] Tatsache ist, dass die Projektgruppe ihre Arbeit nicht fortsetzen durfte und der Bericht Anfang 2007 noch immer nicht erschienen war, so dass die *Zeit* sogar vor Gericht zog, um den Bericht einzusehen.

Blockaden gab es auch bei der Aktenherausgabe. Wie die *Zeit* meldete, waren 43 Bundestagsabgeordnete der Jahre 1969 bis 1972 in der Rosenholz-Kartei als »Inoffizielle Mitarbeiter mit Arbeitsakte« (IMA) erfasst. Doch die Behörde weigerte sich zunächst, die entsprechenden Unterlagen herauszugeben – obwohl sie dazu per Gesetz verpflichtet war. Bundestagsvizepräsident Wolfgang Thierse sprang der Bundesbeauftragten im Sommer 2006 zur Seite und bezeichnete die Forderung nach Herausgabe als »Aufruf zur Denunziation«.[70] Erst unter dem Druck von Politik und Medien wurden die Unterlagen einige Wochen später dann doch vorgelegt. Ihre Kritiker wies die Bundesbeauftragte in der *Frankfurter Allgemeinen Zeitung* mit den Worten zurecht: »Wer die Erforschung der Westarbeit des MfS ausschließlich betreibt, um mutmaßliche noch nicht bekannte Spione zu enttarnen und dann die Ergebnisse möglichst medial, gesellschafts- oder parteipolitisch zu vermarkten, springt zu kurz.«[71] In einem weiteren Artikel erklärte sie, die Erkenntnisse über die Bundestagsabgeordneten passten in eine Fußnote.[72]

Dabei hat es in der neueren Geschichte keinen Staat gegeben, der von einem feindlichen Geheimdienst so massiv unterwandert wurde wie die Bundesrepublik. Nirgendwo sonst trafen politische Feindschaft und kulturelle Nähe in dieser Weise zusammen. Man sprach die gleiche Sprache, zwischen beiden Staaten existierten zahlreiche Kontakte, und der Strom der Millionen Flüchtlinge bot eine ideale Möglichkeit, Agenten unauffällig von Ost nach West zu schleusen – so wie Günter Guillaume, der 1956 als vermeintlicher Zonenflüchtling in Frankfurt am Main eintraf und später persönlicher Referent des Bundeskanzlers Willy Brandt wurde. Die geheimen Informanten des Staatssicherheitsdienstes saßen nicht nur in den wichtigsten politischen, wirtschaftlichen und militärischen Einrichtungen, sondern bespitzelten auch SED-Kritiker und ausgewiesene Dissidenten. Allein die Hauptabteilung VIII, zuständig für Observationen, führte im Bundesgebiet etwa fünfhundert westdeutsche IM: Taxifahrer, Hotelportiers oder Mitarbeiter von Meldestellen, die regelmäßig Beobachtungsaufträge ausführten. Gesteuert wurden sie von hin- und herreisenden Instrukteuren, deren Führungsoffiziere in Ost-Berlin saßen. Zudem standen etwa 30 000 bis 40 000 westdeutsche Telefonanschlüsse unter automatischer Zielkontrolle, darunter die Autotelefone des Bundeskanzlers und sämtlicher Bundesminister. Ihre Anschlüsse wurden von Lauscheinrichtungen an der DDR-Grenze und in der Ständigen Vertretung der DDR in Bonn rund um die Uhr abgehört. Systematisch überwacht wurden auch der Post- und Telefonverkehr sowie die Grenzpassagen zwischen Ost und West. Mit Hunderten von »aktiven Maßnahmen« versuchte die Stasi schließlich, in der Bundesrepublik Skandale auszulösen, um missliebige Politiker zu diskreditieren und DDR-freundliche Kräfte zu stärken. Der spektakulärste Coup gelang ihr im Jahr 1972, als das von der CDU/CSU angestrebte Misstrauensvotum gegen Kanzler Brandt wider Erwarten scheiterte – der Staatssicherheitsdienst hatte zwei Bundestagsabgeordnete der Union bestochen.

Von den Verantwortlichen für all dies wurde kaum jemand zur Rechenschaft gezogen. Die Bundesanwaltschaft leitete zwar gegen rund siebentausend Personen Ermittlungsverfahren ein, doch über 90 Prozent davon wurden wieder eingestellt. Einen entscheidenden Beitrag dazu leistete das Bundesverfassungsgericht. In einem Grundsatzbeschluss hob es 1995 das Urteil gegen Ex-Spionagechef Wolf auf, den das Oberlandesgericht Düsseldorf wegen Landesverrats und Bestechung mit sechs Jahren Haft bestraft hatte.[73] Die Karlsruher Richter entschieden, dass Spionage nicht verfolgt werden dürfe, wenn sie vom Boden der DDR aus erfolgt sei – und schützten damit Tausende Stasi-Offiziere vor Strafverfolgung.[74] Die Begründung dafür war nach Meinung von Juristen mehr als fragwürdig. Es würde den Grundsatz der Verhältnismäßigkeit verletzen, so die Richter, wenn Stasi-Mitarbeiter wegen der Wiedervereinigung plötzlich für ihre Spionageaktivitäten belangt werden könnten. Außerdem wurde ihnen zugutegehalten, dass nach dem Untergang der DDR »keine Wiederholungsgefahr« bestehe. Das Verfassungsgericht übersah dabei nicht nur, dass das Strafrecht vor allem der Abschreckung für die Zukunft dient. Es ignorierte auch, dass sich die Führungsoffiziere über die Strafbarkeit ihres Tuns stets im Klaren gewesen waren – und deshalb den Boden der Bundesrepublik wie der Teufel das Weihwasser gemieden hatten. Noch heute zitieren ehemalige Stasi-Mitarbeiter triumphierend den Persilschein, den ihnen die Karlsruher Richter damals ausstellten: »Die Angehörigen der [DDR-]Geheimdienste hatten – wie die Geheimdienste aller Staaten der Welt – eine nach dem Recht ihres Staates erlaubte und von ihm sogar verlangte Tätigkeit ausgeübt.«[75]

Nach dem Karlsruher Beschluss wurden die Verfahren gegen mehr als zweitausend Ostdeutsche beendet. Meist handelte es sich dabei um hauptamtliche Mitarbeiter des MfS, die von Ost-Berlin aus ihre Agenten dirigiert hatten. So durfte zwar weiterhin Bonner Sekretärinnen der Prozess gemacht werden, die von einem »Romeo« der Stasi in eine Liebesbeziehung verstrickt worden waren und anschließend für die DDR spioniert hatten. Die Obristen, die sich dieses schmutzige Spiel ausgedacht hatten, kamen dagegen ungeschoren davon. Neben den beiden Chefs der Stasi-Auslandsspionage, Wolf und Großmann, gehörten dazu noch Hunderte andere hochrangige Stasi-Offiziere. Weder der Chef der Desinformationsabteilung, Rolf Wagenbreth, noch der Leiter der illegalen Telefonkontrolle in der Bundesrepublik, Horst Männchen, durften belangt werden – obwohl die bereits fertigen Anklageschriften eine erdrückende Beweislast enthielten.[76]

Doch auch diejenigen, die zu Spionagezwecken in die Bundesrepublik gereist waren und deshalb nach dem Richterspruch weiter verfolgt werden konnten, gingen meistens straffrei aus. Wegen »geringer Schuld« stellte die Bundesanwaltschaft in eigener Machtvollkommenheit die Verfahren gegen 1761 DDR-Bürger ein. Sie setzte sich damit sogar über den Bundestag hinweg, der es ausdrücklich abgelehnt hatte, weniger schwere Delikte mit Freiheitsstrafen bis zu drei Jahren von der Verfolgung freizustellen. Die Bundesanwaltschaft begründete dies damit, dass die Instrukteure nur eine untergeordnete Funktion gehabt hätten und der »Unrechtsgehalt« ihrer Taten gering sei. Am Ende wurde deshalb nur eine Handvoll ostdeutscher HVA-Mitarbeiter angeklagt – von zuletzt 4000 hauptamtlichen und 10000 inoffiziellen Mitarbeitern ganze 82 Personen.

Die meisten von ihnen stießen auf milde Richter. Selbst wenn sie Staatsgeheimnisse weitergegeben hatten, was als Landesverrat mit Gefängnis bestraft werden muss, kamen ihnen die Gerichte weit entgegen. Zugutegehalten wurde ihnen vor allem, dass ihre Vorgesetzten auf Beschluss des Bundesverfassungsgerichts straflos ausgegangen waren. Die eine Großzügigkeit begründete so die andere. Insgesamt wurden deshalb lediglich 23 Personen verurteilt, zwanzig davon auf Bewährung. Nur zwei mussten wirklich ins Gefängnis.[77] Der Instrukteur des SPD-Politikers Karl Wienand, des bestbezahlten Agenten des Staatssicherheitsdienstes, kam mit einer »Verwarnung« davon.

Bei den Bundesbürgern, die für die Stasi tätig gewesen waren, fiel die Bilanz kaum besser aus. Anders als viele DDR-Bürger hatten sie sich in der Regel freiwillig und ohne den Druck einer Diktatur zur Zusammenarbeit mit dem Staatssicherheitsdienst bereitgefunden. Dabei wussten sie, dass sie eine Straftat begingen, die ähnlich wie ein Bankraub bestraft wurde. Ihrer Verurteilung standen deshalb weder rechtliche noch moralische Hindernisse entgegen. Gleichwohl behandelte sie die Justiz mit großer Nachsicht. Zwar leiteten die Behörden gegen annähernd dreitausend Bundesbürger Verfahren ein, doch mehr als die Hälfte davon wurde wieder eingestellt, weil man den Beschuldigten eine Zusammenarbeit mit dem MfS nicht nachweisen zu können meinte.[78] Meist reichte es für die Betroffenen aus, die Vorwürfe einfach zu leugnen – wie im Fall des ehemaligen deutschlandpolitischen Sprechers der Grünen, Dirk Schneider, der seit 1975 als IM »Ludwig« der Berliner Spionageverwaltung zugearbeitet hatte. Nachdem er und sein Führungsoffizier erklärt hatten, sie hätten nur einen »politischen Gesprächsaustausch« geführt, stellte die Berliner Staatsanwaltschaft die Ermittlungen 1996 ein. Zwei Jahre später kam zwar heraus, dass Schneider der Stasi mehr als dreihundert Berichte mit Parteiinterna geliefert hatte, doch das Verfahren gegen ihn wurde nicht wieder aufgerollt.

Auch bei den restlichen Verdächtigen betätigte sich die Bundesanwaltschaft als heimliches Amnestieorgan. Trotz klarer Beweislage stellte sie die Verfahren gegen mehr als siebenhundert Bundesbürger ein. Wie der zuständige Bundesanwalt Joachim Lampe erklärte, stand bei ihnen zwar fest, »dass sie sich wegen Spionage strafbar gemacht haben, aber auf einer Bedeutungsebene, von der wir meinten, darauf müsse nicht unbedingt mit einer existenzvernichtenden Anklage reagiert werden«.[79] Wie schon bei den ostdeutschen Spionen wurde dies mit der Straffreiheit für Stasi-Hauptamtliche begründet, die das Bundesverfassungsgericht angeordnet hatte. Eine Sekretärin, die einem Romeo zum Opfer fiel und deshalb für die Stasi spitzelte, könne man schlecht ins Gefängnis schicken, wenn ihr Führungsoffizier straffrei bleibt.

In vielen Fällen ließen sich die Staatsanwälte die Einstellung der Ermittlungen regelrecht abkaufen – im Juristendeutsch: »Verfahrenseinstellung gegen Geldauflage«. Als Preis wurde jeweils die Zahlung einer erklecklichen Summe verlangt. So überwies 1996 der Referent für internationale Politik beim SPD-Parteivorstand, Wolfgang Biermann, 25 000 D-Mark an die Staatskasse, damit die Bundesanwaltschaft das Spionageverfahren gegen ihn einstellte – und rettete so seinen Arbeitsplatz. In den achtziger Jahren war Biermann Geschäftsführer der SPD-finanzierten »Initiative für Frieden, Internationalen Ausgleich und Sicherheit« gewesen und hatte im zentralen Koordinierungsausschuss der westdeutschen Friedensbewegung gesessen. Dort fiel er durch seine DDR-freundlichen Positionen auf, so dass ihn die CIA bereits 1986 als Einflussagenten verdächtigte und als sowjetischen »Trichter in die Friedensgruppen« bezeichnete.[80] Nach der friedlichen Revolution stellte sich heraus, dass Biermann beim Staatssicherheitsdienst als IM »Akker« registriert war. Aus dieser Quelle waren bei der Stasi 181 Berichte eingegangen, davon viele über die SPD. Als der Fall öffentlich wurde, erklärte die Partei, juristisch müsse Biermann als unschuldig gelten – schließlich sei er niemals verurteilt worden.

Alles in allem wurden über 90 Prozent der Verfahren gegen Bundesbürger wieder eingestellt. Spionage, die in den USA oft mit dreißig oder vierzig Jahren Haft bestraft wird, wurde dadurch zu einer Art Kavaliersdelikt, dem sogar noch ein sympathischer Hauch von Abenteuer anhaftete. Auch die Öffentlichkeit erfuhr nie, wer im Westen alles für den Staatssicherheitsdienst gearbeitet hatte. Am Ende wurden 388 Bundesbürger angeklagt und 252 verurteilt. 194 von ihnen kamen mit Bewährung davon, und acht erhielten Geldstrafen. Oft hatten die Spione unterm Strich kein schlechtes Geschäft gemacht. So musste der ehemalige SDS-Aktivist und spätere Studienleiter der West-Berliner Evangelischen Akademie, Peter Heilmann, 8000 DM an die Staatskasse zahlen, obwohl er in seiner mehr als dreißigjährigen Spitzeltätigkeit vom Staatssicherheitsdienst mindestens 200 000 DM erhalten hatte. Insgesamt blieb ihm so ein Gewinn von 192 000 DM. Wirklich ins Gefängnis mussten am Ende exakt 51 Bundesbürger, bei denen es sich meist um hochkarätige Agenten in sicherheitsempfindlichen Bereichen handelte. Zu ihnen gehörte zum Beispiel der Spion Klaus Kuron, der als Regierungsrat beim Bundesamt für Verfassungsschutz ausgerechnet für Spionageabwehr zuständig gewesen war. Nicht weniger heikel war die Tätigkeit des Verurteilten Alfred Spuhler, einst tätig in der BND-Abteilung für »geheime Nachrichten mit menschlichen Quellen aus dem kommunistischen Machtbereich«. Wegen seiner Verdienste für die Stasi war er von Markus Wolf sogar zum Major der Nationalen Volksarmee ernannt worden.

All diese westdeutschen Stasi-Mitarbeiter sind seit langem wieder frei. Der NATO-Spion Rainer Rupp etwa, dem die Stasi den Decknamen »Topas« verliehen hatte, kam schon vor sieben

Jahren aus dem Gefängnis. Zwölf Jahre lang hatte er der DDR streng geheime Dokumente aus dem NATO-Hauptquartier in Brüssel geliefert, darunter das Papier MC 161, in dem sämtliche westlichen Erkenntnisse über den Warschauer Pakt zusammengefasst waren. Im Kriegsfall hätten die sowjetischen Truppen mit diesen Informationen in fünf Tagen am Atlantik gestanden. Nach Auffassung der Richter verschaffte Rupp dem Ostblock »ein umfassendes, stets auf dem neuesten Stand befindliches Bild von den Stärken und Schwächen der NATO, was sich im Fall einer bewaffneten Auseinandersetzung mit dem Warschauer Pakt kriegsentscheidend hätte auswirken können«.[81] 1994 wurde Rupp deshalb zu zwölf Jahren Gefängnis verurteilt, doch noch während seiner Haft bot ihm die PDS eine Tätigkeit in ihrer Bundestagsfraktion an, damit er in den offenen Vollzug kam. Nach der Hälfte seiner Haftzeit wurde er im Jahr 2000 vorzeitig entlassen.

Noch kürzer war die Haft für Gabriele Gast. Sie hatte beim BND, wo sie offiziell Analysen für die Bundesregierung anfertigte, als IM »Gisela« für die Stasi spioniert. 1991 wurde sie deshalb zu sechs Jahren und neun Monaten Gefängnis verurteilt, bereits drei Jahre später war sie wieder frei. Wie Rupp sieht sie bis heute nicht ein, dass sie ein verbrecherisches Regime unterstützt hat. Als stellvertretende Vorsitzende des Vereins »Kundschafter des Friedens« verklärt sie vielmehr seit Jahren den Einsatz für den Staatssicherheitsdienst. Trotz der insgesamt mageren Bilanz bei den Spionageverfahren wirft sie der Bundesrepublik unverdrossen ein »blindwütiges Rachebedürfnis« gegenüber Stasi-Agenten vor. In einer Autobiographie beschuldigte sie sogar Markus Wolf, die Ideale des Sozialismus verraten zu haben, weil er kurz vor dem Untergang der DDR auf Distanz zur alten SED-Führung gegangen war.[82]

Lückenhafte Stasi-Überprüfungen

War das Interesse, die Kader des SED-Regimes zu bestrafen, eher gering, so widmete man der Suche nach verdeckten Stasi-Mitarbeitern umso größere Aufmerksamkeit. Mit ungeheurem

Aufwand entwickelte man in Deutschland ein Verfahren, um die geheimen Mitarbeiter und Informanten der DDR-Geheimpolizei ausfindig zu machen – vor allem in den staatlichen Institutionen. Zu diesem Zweck fanden bis Juni 2005 insgesamt 1,7 Millionen Überprüfungen von Beschäftigten des öffentlichen Dienstes statt. Zuständig dafür wurde eine eigens geschaffene Bundesbehörde, die zeitweise über dreitausend Mitarbeiter beschäftigte und bislang mehr als 1,5 Milliarden Euro kostete.

In der DDR hatte der hypertrophe Überwachungsapparat der SED das Vertrauen in Institutionen, Kollegen und Freunde tief erschüttert. Die Enttarnung oppositioneller Führungsfiguren wie Ibrahim Böhme (SPD) oder Wolfgang Schnur (Demokratischer Aufbruch) als IM ließ viele fürchten, die junge Demokratie in Ostdeutschland könnte von ehemaligen Stasi-Mitarbeitern unterwandert werden. Dass der Geheimdienst im Staatsapparat und in weiteren Schlüsselpositionen rund dreitausend geheime Offiziere im besonderen Einsatz (OibE) platziert hatte, verstärkte die Besorgnis noch. Als sich herausstellte, dass einer von ihnen sogar Büroleiter des Stasi-Auflösungskomitees war, wurde auch dem Letzten die Brisanz der Situation klar. Schon der Sonderausschuss der DDR-Volkskammer, der die Auflösung des Staatssicherheitsdienstes kontrollieren sollte, war deshalb vor allem damit beschäftigt, die konspirativen Netzwerke aufzudecken. Auch die Volkskammer wurde auf frühere Stasi-Mitarbeiter durchleuchtet, deren Namen man in einer dramatischen Sitzung 1990 verlas.

Von einer großflächigen Überprüfung war damals freilich noch keine Rede. Die Volkskammer verabschiedete vielmehr ein Gesetz, das es nur bei Sicherheitsüberprüfungen erlaubte, personenbezogene Daten der Stasi ohne Zustimmung des Betroffenen zu nutzen. Gleichwohl lagen beim Sonderbeauftragten für die Stasi-Unterlagen bereits im Februar 1991 über 30 000 Überprüfungsanfragen vor. In den wenig später eingebrachten Entwürfen für ein bundesdeutsches Stasi-Unterlagen-Gesetz waren dann, wie bereits im Einigungsvertrag, umfangreiche Kontrollmöglichkeiten vorgesehen: Abgeordnete, Parteivorsitzende, Rechtsanwälte, Kirchenmitarbeiter, Wirtschaftsbosse und Beschäftigte des öffentlichen Dienstes sollten auf eine frühere Stasi-Tätigkeit durchleuchtet werden können. Die Regelungen sollten vor allem helfen, die Glaubwürdigkeit staatlicher Institutionen wiederherzustellen. Auch innerhalb der Behörden, in denen sich die Mitarbeiter teilweise gegenseitig verdächtigten, für die Stasi gespitzelt zu haben, sollte wieder Vertrauen geschaffen werden.

Nach monatelangen Diskussionen trat das Gesetz im Dezember 1991 in Kraft. In ausgefeilten Bestimmungen legte es fest, wer wen wie überprüfen durfte. Parlamente, Regierungen, öffentliche Arbeitgeber und die Kirchen konnten nun Namen von Abgeordneten, Kabinettsmitgliedern oder Beschäftigten einreichen, nach denen die Stasi-Akten-Behörde recherchieren sollte. Private Unternehmen durften lediglich ihre Vorstandsmitglieder, Geschäftsführer und leitenden Angestellten kontrollieren lassen. Parteivorstände, Verbandsleitungen und Betriebsräte konnten sich ebenfalls überprüfen lassen, brauchten dafür aber die Zustimmung der Betroffenen.

Dass man sich – anders als nach dem Ende des Nationalsozialismus – vor allem auf die kleinen Spitzel stürzte, hatte eine merkwürdige Schieflage zur Folge: Während man in Amtsstuben oder Universitäten nach Informanten suchte, blieben die eigentlichen Verantwortlichen für die Diktatur – die Funktionäre der SED – weitgehend unbehelligt. So berechtigt die Sorge war, die aufgelöste Stasi könnte im Geheimen weiterwirken, so unausgewogen wurde dadurch die Auseinandersetzung mit der Vergangenheit. Es stimmt zwar, dass ein Parteisekretär für andere als solcher erkennbar war, ein Inoffizieller Mitarbeiter dagegen nicht, doch für das Funktionieren des Regimes waren Erstere ungleich wichtiger. Das Ministerium für Staatssicherheit war kein Staat im Staate, wie manche meinten, sondern Instrument der SED oder »Schild und Schwert der Partei«, wie es die Stasi-Leute in ihrem Propagandadeutsch ausdrückten. Selbst in der Provinz gab der lokale Parteichef dem Stasi-Chef seine politischen Handlungsanweisungen.

Es war deshalb ein gravierender Fehler, beim Aufbau der Demokratie in Ostdeutschland den Blick fast ausschließlich auf die

Spitzel zu richten. Anders als zum Beispiel in Tschechien, wo die sogenannte Lustration auch Parteifunktionäre einbezog, gab es in Deutschland nur vereinzelt Regelungen, um kompromittierte SED-Kader aus staatlichen Institutionen zu entfernen. So entschied die thüringische Landesregierung 1991, bei bestimmten früheren Funktionären müsse vermutet werden, dass sie für den öffentlichen Dienst nicht geeignet seien. Namentlich hauptamtliche Mitarbeiter der SED, Mitglieder der Bezirks- und Kreiseinsatzleitungen und bezahlte Parteisekretäre der bewaffneten Organe wurden für ungeeignet befunden.[83] In Sachsen wurden die Beschäftigten – allerdings erst seit Dezember 1994 – im Personalfragebogen wenigstens nach früheren herausgehobenen Parteifunktionen gefragt. Doch meistens blieben die Ex-Funktionäre unbehelligt. Sogar Parteisekretäre, die – zum Beispiel an Schulen – oft als politische Scharfmacher berüchtigt gewesen waren, durften weiter im öffentlichen Dienst arbeiten. Da es keine zentrale Prüfstelle gab, war die Vergangenheit der Funktionäre für die Arbeitgeber oft auch nur schwer nachzuvollziehen; ihre Personalakten vor Ort waren 1990 häufig gereinigt worden. Zu Recht rügte deshalb der Berliner Stasi-Akten-Beauftragte Martin Gutzeit 1995: »Die Überprüfungen im öffentlichen Dienst waren und sind – gemessen an der Bedeutung der Partei- und Funktionsträger im Herrschaftssystem der SED – zu einseitig an der Tätigkeit für das MfS orientiert.« Wenigstens die Nomenklatur-Kader der SED, die in der DDR die eigentlichen Entscheidungsträger gewesen waren, hätten seiner Auffassung nach aus dem öffentlichen Dienst entfernt werden sollen, da ihre persönliche Eignung und Verfassungstreue zweifelhaft sei – eine Forderung, die niemals umgesetzt wurde.[84]

Die Fixierung auf die Stasi bewirkte auch in der politischen Öffentlichkeit eine Schieflage. Nicht die SED-Funktionäre, sondern die kleinen und großen Spitzel beherrschten im Wesentlichen die Debatte über die DDR-Vergangenheit. In endlosen Diskussionen ging man immer wieder der Frage nach, in welcher Form der eine oder andere Prominente mit dem Staatssicherheitsdienst zusammengearbeitet habe. Die Hauptverantwortlichen für die Diktatur rückten dabei völlig in den Hintergrund. Durch die Ausflüchte der IM gewann die Bevölkerung auch ein zunehmend unrealistisches Bild von der Arbeitsweise der Stasi. Manchmal schien es, als wäre sie nur ein Phantasieprodukt gewesen, da die Akten angeblich alle nicht der Wahrheit entsprachen. Viele reagierten auf diese Debatten mit wachsenden Ermüdungserscheinungen.

Das System der Überprüfungen verschlang auch enorme finanzielle Ressourcen, ohne dass es dadurch zu wirklicher Transparenz kam. Da nur der Arbeitgeber die Ergebnisse zu sehen bekam, blieben diese praktisch geheim. Niemand konnte sicher sein, dass belastetes Personal tatsächlich entfernt wurde. Durch einen Wechsel der Arbeitsstelle konnten die Kontrollen zudem leicht umgangen werden. Vielfach nagte deshalb weiterhin der Zweifel, ob in den Behörden nicht immer noch ehemalige Stasi-Mitarbeiter beschäftigt waren. Weder Forscher noch Medien, geschweige denn einzelne Bürger hatten das Recht, verdächtige Personen oder Institutionen durchleuchten zu lassen. Nur Verfolgten des Staatssicherheitsdienstes wurde zugebilligt, die Klarnamen der auf sie angesetzten Spitzel zu erfahren – vorausgesetzt, deren IM-Tätigkeit war eindeutig erwiesen. Das riesige Informanten-Netz wurde dadurch bloß an einzelnen, zufällig bekannt gewordenen Stellen sichtbar. Der größte Teil der IM ist dagegen bis heute nicht enttarnt. Der Aufwand, mit dem die Überprüfungen betrieben wurden, stand jedenfalls in keinem Verhältnis zu den Ergebnissen. Für eine tiefgreifende politische Erneuerung wäre es wahrscheinlich sinnvoller gewesen, wenn die Mittel zur besseren Aufklärung der Bevölkerung genutzt worden wären – und für die berufliche Qualifizierung ehemaliger Oppositioneller, um sie bevorzugt in den neuen Verwaltungen einstellen zu können.

Dabei hatten Bürgerrechtler frühzeitig vorgemacht, wie man das geheime Stasi-Netz auf einfache Weise hätte aufdecken können: In Halle erstellten sie Anfang der neunziger Jahre eine Liste mit sämtlichen Inoffiziellen Mitarbeitern des Bezirks und machten diese öffentlich. Wer genau hinter der Aktion steckte, wissen bis heute nur wenige Eingeweihte. Die Außenstelle der Stasi-Akten-Behörde, die als Einzige an die dafür notwendigen Unterlagen herankam, bestritt, irgendetwas damit zu tun zu haben. Die Initiatoren schickten die rund 4500 Namen – jeweils zusammen mit Deckname, Geburtsdatum, Registriernummer und Einsatzgebiet – im Juni 1992 an alle wichtigen Politiker. Landesminister, Oberbürgermeister sowie die Fraktionschefs im Landtag und im Stadtrat erhielten jeweils ein Exemplar der insgesamt 112-seitigen Aufstellung. Auch die regionale Presse wurde bedacht. In einem Begleitschreiben mahnten die Absender zu einem behutsamen Umgang mit der Liste, die möglicherweise auch Fehler oder Namen von Personen enthalten könne, die den Kontakt zum Staatssicherheitsdienst von sich aus abgebrochen hätten. Zu ihren Beweggründen schrieben sie: »Solange die inoffizielle Struktur des MfS geheim gehalten wird, bleibt sie wiederholbar. Nur die Veröffentlichung der Namen ehemaliger IM schützt diese vor erneutem Missbrauch durch ihre ehemaligen Führungsoffiziere und schafft Klarheit, damit dieses Konfliktthema nicht noch über Jahrzehnte die Gesellschaft vergiftet. Sie ist die einzige Chance, mit diesem Thema in absehbarer Zeit zu einem gewissen Ende kommen zu können.«[85]

Die Aktion schlug in Halle wie eine Bombe ein. Eine ganze Stadt hatte auf einmal die Möglichkeit, zu erfahren, wer der Geheimpolizei des SED-Staates zugearbeitet hatte. Die Liste wurde zum begehrtesten Papier des ehemaligen DDR-Bezirks und erzielte auf dem Schwarzmarkt Preise von bis zu 500 DM. Die Stadtratsfraktion der Bürgerbewegung Neues Forum entschloss sich deshalb nach drei Wochen, fünf Exemplare der Liste in ihren Büroräumen auszulegen. Jeder, der sich dafür interessierte, sollte sich darüber informieren können, wer in Halle als IM registriert war – das Geheimwissen sollte offengelegt werden. Das Interesse daran war so überwältigend, dass sich nach kurzer Zeit endlose Warteschlangen bildeten und die Bürgerrechtler dazu übergehen mussten, langfristige Lesetermine zu vergeben. Einige Tage später entschied die lokale *Bild*-Zeitung daher, die Liste vollständig abzudrucken. In der betreffenden Ausgabe, die bereits am frühen Morgen ausverkauft war, begründete sie diesen Schritt mit den Worten: »Die Warteschlangen beim Neuen Forum betragen mittlerweile fast zwei Wochen. So lange gehen die Spekulationen weiter, das Bangen, das Zittern. […] Wir von BILD glauben, dass die Hallenser verantwortungsvoll mit dieser Liste umgehen. Nicht jeder, der als IM auf dieser Liste auftaucht, hat sich der Stasi mit Leib und Seele verkauft.«[86]

Seit dieser Zeit ist in Halle und Umgebung bekannt, wen der Staatssicherheitsdienst als Informanten führte. Das geheime Netz der Stasi lag mit einem Schlag offen da. Während man im restlichen Deutschland bis heute nicht genau weiß, wer die 600000 Stasi-IM waren, brauchte in Halle niemand mehr darüber zu spekulieren. Der Stempelmacher der Stadt, die Besitzerin eines Cafés, ein Weinhändler und 4500 andere Hallenser fanden sich auf der Liste wieder, und jeder, der einen Verdacht hatte, konnte ihn überprüfen. Was viele prophezeit hatten – Racheakte der Bespitzelten, Kurzschlussreaktionen der Enttarnten –, blieb aus. Im Gegenteil: Wie nach einem reinigenden Gewitter ging die Stadt nach Wochen aufgeregter Debatten wieder zur Tagesordnung über und richtete sich mit der Wahrheit ein. Der Stempelmacher führt immer noch sein Geschäft, die Gastronomin betreibt weiterhin ihr Café, und der Weinhändler kreierte einen IM-Jahrgangssekt, von dem er tausend Flaschen verkaufte. Einer, der auf der Liste stand, wurde sogar zum Präsidenten des größten örtlichen Fußballvereins gewählt. »Der Druck ist weg«, so resümierte die Bürgerrechtlerin Heidi Bohley zehn Jahre nach der Veröffentlichung. »Alle wissen jetzt, dass es alle wissen.«[87]

Die deutsche Justiz sorgte indes dafür, dass diese Art der Aufarbeitung bald unterbunden wurde. Gegen die unbekannten Verfasser der Liste wurde ein Ermittlungsverfahren eingeleitet. Auf Antrag eines Genannten erließ das Landgericht Halle eine einstweilige Verfugung gegen das Neue Forum und verpflichtete es, den Namen des Betroffenen zu schwärzen. Achtzehn weitere Kläger bekamen kurze Zeit später ebenfalls Recht, obwohl niemand von ihnen ernsthaft bestritt, bei der Stasi als IM registriert gewesen zu sein. Wegen des wachsenden Kostenrisikos – das Neue Forum musste für die Prozesse bis 1996 fast 90000 DM aufbringen – beendeten die Bürgerrechtler nach drei Wochen die

Auslegung. Auch die *Bild*-Zeitung hatte aufgrund von Klagen Namen unkenntlich machen müssen. Bereits am zweiten Tag der Veröffentlichung war eine Zeile fein säuberlich geschwärzt.

Weil das Stasi-Unterlagen-Gesetz niemanden dazu zwang, seine Mitarbeiter auch tatsächlich zu überprüfen, verlief die Suche nach den versteckten Geheimdienstmitarbeitern in anderen Orten dagegen nur lückenhaft – von einer Regelanfrage, wie die Überprüfungen in der Öffentlichkeit oft genannt wurden, konnte nicht die Rede sein. Bund, Ländern und Kommunen blieb es am Ende selbst überlassen, ob und welche Mitarbeiter sie durchleuchten ließen. Als die Personalreferate der Innenministerien in den neuen Ländern 1993 vorschlugen, die Überprüfungspraxis auf freiwilliger Grundlage zu vereinheitlichen, fanden sie bei ihren Regierungen kein Gehör. Wie intensiv der öffentliche Dienst geprüft wurde, hing deshalb vor allem von den jeweiligen politischen Mehrheitsverhältnissen ab. Die Faustregel dabei lautete: Je schwärzer die Regierung, desto mehr wurde geprüft.

So beschloss die CDU-geführte Regierung Thüringens bereits im Juli 1992, alle Landesmitarbeiter zu überprüfen. Ein Jahr später verankerte man sogar in der Verfassung, dass frühere Stasi-Mitarbeiter für den öffentlichen Dienst nicht geeignet seien. Im Dezember 1998 beschloss die Landesregierung eine erneute Überprüfung, nach Erschließung der Rosenholz-Unterlagen über die Spitzel des Spionageapparates 2004 eine dritte. Nach einer – allerdings sehr unvollständigen – Statistik wurden in Thüringen bis 2005 mindestens 45 000 Landesbeschäftigte kontrolliert.[88] Auch im CDU-regierten Sachsen wurden die Mitarbeiter mehrfach überprüft: Nach der Regelanfrage Anfang der neunziger Jahre erfolgte in bestimmten Ministerien 1999 eine Zweitüberprüfung. 2004 wurden alle Lehrer und Mitarbeiter des höheren Dienstes ein drittes Mal geprüft. Insgesamt betrug die Zahl der Anfragen bei der Stasi-Akten-Behörde bis zum Juni 2006 rund 327 000. Sachsen-Anhalt, das von 1990 bis 1994 und seit 2002 erneut von einem CDU-Ministerpräsidenten regiert wurde, beschloss in den frühen neunziger Jahren ebenfalls die Regelüberprüfung. Im März 2004 startete man eine neuerliche Anfrage bei der Stasi-Akten-Behörde, die aber nur noch die Besserbezahlten – den sogenannten höheren und gehobenen Dienst – der oberen Landesbehörden betraf. Alles in allem wurden hier bis 2005 etwa 130 000 Personen überprüft.

In Berlin, wo bis zum Jahr 2000 eine Große Koalition regierte, wurde von Anfang an nur ein eingeschränkter Personenkreis überprüft. Nach der Ausführungsverordnung zur Überprüfung auf Tätigkeit für den Staatssicherheitsdienst vom März 1993 mussten – neben den Regierungsmitgliedern – nur Lehrer und Beamte des höheren Dienstes aus dem Ostteil der Stadt durchleuchtet werden. Die Beschäftigten des gehobenen Dienstes sollten nur dann kontrolliert werden, wenn sie in besonders sensiblen Positionen arbeiteten, die geringer eingestuften überhaupt nicht. Ehemalige MfS-Mitarbeiter konnten so leicht durch die Kontrollen schlüpfen, wenn sie sich auf unauffällige Stellen zurückzogen. Beschäftigte aus dem Westteil der Stadt, wo die Stasi ebenfalls zahlreiche IM geführt hatte, wurden so gut wie gar nicht geprüft. Lediglich einzelne Behörden wie die Polizei und verschiedene Bezirksämter nahmen von sich aus weitergehende Kontrollen vor. Nur Polizei und Feuerwehr überprüften ihre Mitarbeiter 1996 ein zweites Mal. Bis dahin hatte das Land etwa 82 000 Anfragen bei der Stasi-Unterlagen-Behörde gestellt, mehr als 10 000 davon allein im Bereich der Ordnungshüter.

In Mecklenburg-Vorpommern, das bis 1998 einen CDU-Ministerpräsidenten hatte, wurden Anfang der neunziger Jahre alle Landesbeschäftigten überprüft. Nach Bildung einer rot-roten Koalition beschloss die Regierung im Februar 1999, die Überprüfungen stark einzuschränken: Eine Anfrage sollte nur noch dann erfolgen, wenn Mitarbeiter in den höheren Dienst oder für sicherheitsempfindliche Aufgaben eingestellt werden sollten oder wenn ein konkreter Verdacht vorlag. Außerdem sollte die Überprüfung zeitlich begrenzt werden, so dass Stasi-Tätigkeiten vor 1981 nicht mehr mitgeteilt werden durften. Das von der heutigen Bundestagsabgeordneten Martina Bunge (PDS) geführte Sozialministerium kontrollierte daraufhin in den folgenden fünf Jahren nur noch ganze zwei Beschäftigte – danach wurde die Statistik eingestellt. Insgesamt betrug die Zahl der Überprüften in Mecklenburg-Vorpommern bis Mitte 2003 rund 85 000.

Die größten Überwinterungschancen hatten ehemalige Stasi-Mitarbeiter jedoch in Brandenburg. Bis 2002 wurde das Land von dem SPD-Politiker Manfred Stolpe regiert, der selbst unter Stasi-Verdacht stand. Hier gab es weder eine Regelanfrage noch einheitliche Überprüfungskriterien. Im Gegensatz zu allen anderen neuen Ländern bestellte Brandenburg nicht einmal einen Stasi-Akten-Beauftragten – obwohl dieser im Stasi-Unterlagen-Gesetz ausdrücklich vorgesehen ist. Bis heute ist unklar, wie viele Personen hier überprüft wurden und was mit ehemaligen Stasi-Mitarbeitern geschah. Eine entsprechende Anfrage beantwortete der Chef der Potsdamer Staatskanzlei, Clemens Appel, 2006 mit dem lapidaren Hinweis, dies sei bei den einzelnen Landesministerien zu erfragen. Unterschiede dieser Art gab es aber nicht nur zwischen den Bundesländern, sondern auch auf der Ebene der Kommunen – nur dass hierzu kaum Zahlen vorliegen. Lediglich aus Sachsen-Anhalt ist belegt, dass in den Landkreisen und kreisfreien Städten bis 2005 mehr als 40 000 Beschäftigte und über zweitausend Mandatsträger überprüft wurden.

In den westdeutschen Ländern gab es so gut wie überhaupt keine Stasi-Checks. Selbst konservative Politiker sahen in der Regel keinen Anlass, wenigstens die Mandatsträger zu kontrollieren. Lediglich die niedersächsische Landtagsfraktion der CDU ließ sich auf Initiative des damaligen Oppositionsführers Christian Wulff durchleuchten, nachdem die regierende SPD unter Ministerpräsident Gerhard Schröder eine Überprüfung des Landtags abgelehnt hatte. Als Studenten der Gesamthochschule Kassel nach der Enttarnung eines Hochschullehrers als Stasi-IM 1998 verlangten, auch dort Wissenschaftler und höhere Verwaltungsbeamte zu überprüfen, lösten sie sogar empörte Reaktionen aus. Der Präsident der Hochschule, Hans Brinckmann, verglich die Stasi-Überprüfungen mit dem Radikalenerlass der siebziger Jahre und erklärte, wer die prinzipielle Unschuldsvermutung gegen den prinzipiellen Verdacht eintausche, stelle den Rechtsstaat in Frage.[89] Diese ungleiche Behandlung in Ost und West führte dazu, dass die Überprüfungen in Ostdeutschland oft als ungerecht und einseitig empfunden wurden.

Unterschiedlich wurde auch bei den öffentlich-rechtlichen Rundfunkanstalten geprüft. So lehnte es der WDR unter dem damaligen Intendanten Fritz Pleitgen kategorisch ab, seine Beschäftigten durchleuchten zu lassen – obwohl es auch in westdeutschen Sendern eine ganze Reihe von Stasi-Mitarbeitern gegeben hatte. Die Liste der Journalisten, die für Ost-Berlin tätig waren, ist lang und reicht vom Berliner Studioleiter der Deutschen Welle, Karl-Heinz Meyer, über den Redaktionsleiter »Politik« des Deutschlandfunks, Gerhard Fleischle, bis hin zum ehemaligen NDR-Redakteur Bernd Michels.[90] Unter Mitwirkung Pleitgens finanzierte die ARD zwar ein aufwändiges Projekt zur Erforschung etwaiger Stasi-Verstrickungen, doch das Wichtigste, die Regelüberprüfung, fand nicht statt. Obwohl die Studie bereits im Juli 2004 fertiggestellt wurde, sind die aussagekräftigsten Teile davon für die Öffentlichkeit bis heute nicht zugänglich.

Im Gegensatz dazu beschloss der Ostdeutsche Rundfunk Brandenburg 1992, alle seine Mitarbeiter zu überprüfen. Nach der Enttarnung des Moderators Lutz Bertram wurde dieser Beschluss 1995 erneuert. Als die Anstalt 2003 mit dem Sender Freies Berlin fusionierte, sorgte die neue Intendantin des nunmehrigen Rundfunks Berlin-Brandenburg (RBB), Dagmar Reim, dafür, dass auch die West-Berliner Mitarbeiter kontrolliert wurden. In den Diskussionen mit dem Betriebsrat erwies es sich dabei allerdings als Handicap, dass im Aufsichtsgremium des Senders, dem Rundfunkrat, selbst ein ehemaliger Stasi-Informant saß. Der langjährige PDS-Pressesprecher Hanno Harnisch, der unter dem Decknamen »Egon« Freunde und Bekannte aus der DDR-Kulturszene bespitzelte, hat dort noch immer Sitz und Stimme. Als seine IM-Tätigkeit 1997 bekannt wurde, weigerte sich die PDS-Fraktion im Potsdamer Landtag, ihn aus dem Rundfunkrat zurückzuziehen.

Auch im größten ostdeutschen Sender, dem Mitteldeutschen Rundfunk (MDR), wurde das Personal in den neunziger Jahren überprüft. Allerdings verzichtete man auf eine Regelüberprüfung und durchleuchtete nur einen Teil der Beschäftigten. Ein Personalausschuss schlug 1997 vor, nur zwei von 76 Belasteten zu entlassen. Selbst Mitarbeiter, die laut Aktenlage zur Verhaftung »feindlich negativer Elemente« beigetragen hatten, wurden weiterbeschäftigt. Anfang 2001 geriet der Sender deshalb in eine schwere Krise. Journalisten fanden heraus, dass ein Dutzend ehemaliger Stasi-IM, darunter Moderatoren wie Oliver Nix, Frank Liehr und Sabine Hingst, in programmprägender Position tätig waren. Der MDR beschloss daraufhin, nicht nur sämtliche Festangestellten zu überprüfen. Auch die sogenannten festen freien Mitarbeiter wurden aufgefordert, bei der Stasi-Unterlagen-Behörde eine Selbstauskunft einzuholen und diese dem MDR vorzulegen – nach dem Stasi-Unterlagen-Gesetz können sie vom Arbeitgeber nicht überprüft werden.

Auf Bundesebene wurden die Stasi-Checks vielfach ebenfalls nur als lästiges Übel betrachtet. So beschloss der Geschäftsordnungsausschuss des Deutschen Bundestages 1991, dass die obersten Repräsentanten des Volkes nur dann überprüft werden dürften, wenn sie sich freiwillig dazu bereit erklärten. Wer nicht wollte, konnte sich jederzeit den Kontrollen entziehen, wovon insbesondere PDS-Politiker Gebrauch machten. 1996 wurde dieses Verfahren auch im Abgeordnetengesetz festgeschrieben: Nur wenn ein konkreter Verdacht vorliegt, kann der Immunitätsausschuss einen Abgeordneten auch gegen seinen Willen durchleuchten. Stellt der Ausschuss – wie bei Gregor Gysi, Rolf Kutzmutz, Christa Luft, Heinrich Fink oder Roland Claus (alle PDS) – eine IM-Tätigkeit als erwiesen fest, hat dies für die Betroffenen keine Konsequenzen. Anfang 2007 lehnten es die Fraktionsspitzen von CDU/CSU und SPD sogar ab, frühere Bundestage auf Stasi-Mitarbeiter untersuchen zu lassen.

Auch viele Bundeseinrichtungen weigerten sich, wenigstens ihre ostdeutschen Mitarbeiter auf eine Stasi-Vergangenheit zu kontrollieren. Insbesondere die Bundesagentur für Arbeit, auf deren Hilfe gerade in den neuen Ländern zahllose Menschen angewiesen sind, geriet deshalb in Verruf. Sie ließ ihr Personal nur ab einer bestimmten Funktion oder nach einem konkreten Vorwurf überprüfen. Bis 1999 wurden so in Deutschlands größter

Behörde nur 5400 der 95 000 Beschäftigten kontrolliert. Vielfach galten die Arbeitsämter zwischen Elbe und Oder geradezu als Zufluchtsstätte ehemaliger Stasi-Mitarbeiter. Viele Bürger verstanden auch nicht, warum die öffentlich Beschäftigten in ein und derselben Stadt unterschiedlich behandelt wurden – je nachdem, ob sie für den Bund oder das Land beziehungsweise die Kommune arbeiteten.

Die private Wirtschaft entzog sich fast völlig einer – ohnehin nur begrenzt möglichen – Überprüfung. Dabei zeichnete sich frühzeitig ab, dass die Kader des MfS gerade hier gezielt Fuß zu fassen suchten. Nach einem Dokument der Hauptabteilung VIII vom Herbst 1989 sollten Stasi-Mitarbeiter, an deren politischer Treue man auch nach dem Zusammenbruch der DDR keinen Zweifel hegte, unauffällig in der Privatwirtschaft unterkommen. Um ihre MfS-Zugehörigkeit zu verschleiern, stattete man sie mit falschen Ausweisen und Legenden aus. Der Chef der Abteilung Finanzen, Werner Hennig, gab im Dezember 1989 die Anweisung, das MfS-Vermögen an standfeste Kader zu verteilen. Ein großer Teil der Stasi-Mitarbeiter sollte in privaten Sicherheitsdiensten untergebracht werden oder selbst welche gründen. Allein in Berlin führte dies nach Ermittlungen der ZERV dazu, dass mehrere Dutzend neue Sicherheitsfirmen entstanden.[91] Auch der damalige sächsische Stasi-Akten-Beauftragte Fritz Arendt beobachtete Anfang der neunziger Jahre die Tendenz stasi-belasteter Personen, Schlüsselpositionen in der Privatwirtschaft zu übernehmen. Als »besonders problematisch« bezeichnete er es zudem, Datenverarbeitungsaufgaben des Staates an private Subunternehmen abzugeben, ohne dass deren Beschäftigte überprüft worden seien. Herausgehobene Mitarbeiter in den Nachfolgeeinrichtungen der DDR-Datenverarbeitungszentren hätten früher fur das MfS gearbeitet.[92] Ein weitgehendes Ende der Überprüfungsmöglichkeiten bedeutete auch die Privatisierung von öffentlichen Einrichtungen wie zum Beispiel Krankenhäusern.

Im besonders sensiblen Bereich der privaten Medien fanden so gut wie keine Überprüfungen statt. Die westdeutschen Pressehäuser, vom *Spiegel* über den *Stern* bis zu Springer, verzichteten allesamt darauf, ihre leitenden Mitarbeiter auf eine Stasi-Tätigkeit zu checken – auch dann, wenn diese aus dem Osten kamen. Selbst bei den von West-Verlagen übernommenen DDR-Zeitungen wurden die Redakteure nur teilweise kontrolliert, obwohl bekannt war, wie intensiv SED- und Stasi-Kader den ostdeutschen Journalismus durchdrungen hatten. Die Folge war, dass Verlage immer wieder peinliche Enthüllungen erleben mussten. So wurde 1999 bekannt, dass der *Bild*-Redakteur Klaus-Dieter Kimmel als IM »Fuchs« mit dem Staatssicherheitsdienst zusammengearbeitet hatte. Ende 1999 musste er deshalb die Zeitung verlassen, doch zwei Jahre später wurde er wieder eingestellt – jetzt sogar als stellvertretender Chefredakteur und zuständig für die ostdeutschen Regionalausgaben. Wegen der öffentlichen Diskussionen löste der Verlag den Vertrag nach genauerer Prüfung der Stasi-Unterlagen nach einigen Monaten wieder auf. Zufällig enttarnt wurde 1999 auch der Firmenleiter des Süddeutschen Verlages, Gerd Schreckenbach, der in der DDR als IM »Franz Kaden« Berichte über Kollegen geschrieben hatte. Um Veröffentlichungen anderer Medien zuvorzukommen, trennte sich im Juli 2000 der *Focus* von seinem Redakteur Eberhard Vogt, der seit 1982 bei der Spionageabteilung der Berliner Bezirksverwaltung als Quelle »Pfau« erfasst gewesen war. Im November 2005 wurde schließlich der Chefredakteur der *Ostsee-Zeitung*, Gerd Spilker, suspendiert, nachdem bekannt geworden war, dass ihn der Staatssicherheitsdienst als IM »Siegfried Reger« registriert hatte.

In anderen Wirtschaftszweigen kamen Stasi-Verstrickungen noch seltener und in der Regel nur durch Zufall heraus – zum Beispiel im Fall des Geschäftsführers des Berliner Luxushotels »Adlon«, Thomas Klippstein, der sich bei Recherchen des NDR über das DDR-Interhotel »Neptun« in Rostock als ehemaliger IM »Benjamin« herausstellte. Nachdem sich die Firmenleitung im September 2006 zunächst hinter ihn gestellt hatte, warf Klippstein wenig später von sich aus das Handtuch. Inzwischen arbeitet er bei einer russischen Immobilienfirma in Dubai. Für die meisten Unternehmen ist die politische Vergangenheit ihrer Mitarbeiter offenbar erst dann ein Thema, wenn ihnen dadurch ein Imageschaden entsteht. Ein besonders eklatantes Beispiel für den nachlässigen Umgang der Wirtschaft mit der SED-Diktatur ist der Fall des Präsidenten der Dresdner Bank in Moskau, Matthias Warnig, der als hauptamtlicher Major für den Staatssicherheitsdienst gearbeitet hatte und dabei auch über seinen jetzigen Arbeitgeber vertrauliche Informationen lieferte. Nach kritischen Medienberichten wurde er im April 2005 zwar seines Amtes enthoben – doch im selben Moment zum Chef des Aufsichtsrates und zum Vorsitzenden des Lenkungsausschusses der Investmentbank in Moskau befördert. Einige Monate später machte man ihn auch noch zum Generaldirektor der Nordeuropäischen Gas-Pipeline-Gesellschaft (NEGP) – jenes Unternehmens, in dem Ex-Kanzler Gerhard Schröder den Aufsichtsrat führt.

Erschwert wurden die Überprüfungen noch dadurch, dass viele Stasi-Akten lange Zeit nicht zugänglich waren. Erst seit 1996 hatte die Stasi-Unterlagen-Behörde in ihren Archiven so weit Ordnung geschaffen, dass ihre Auskünfte nach eigener Einschätzung hinreichend sicher waren. Zu diesem Zeitpunkt hatte sie jedoch bereits den Großteil, nämlich mehr als 1,3 Millionen Anfragen, beantwortet. Außerdem durfte sie laut Gesetz ab August 1998 nicht mehr über Stasi-Tätigkeiten Auskunft geben, die vor 1976 beendet worden waren – selbst wenn die Betreffenden schwere Menschenrechtsverletzungen begangen hatten. So glichen die Stasi-Überprüfungen in Deutschland eher einem teuren Lotteriespiel als einer gezielten Offenlegung verdeckter Geheimdienststrukturen.

Halbherzige Entlassungen

Erst recht hing es vielfach vom Zufall ab, ob Konsequenzen aus einer früheren Stasi-Tätigkeit gezogen wurden. Das Stasi-Unterlagen-Gesetz legte für diesen Fall keinerlei Sanktionen fest. Vielmehr überließ der Bundestag dem jeweiligen Arbeitgeber die Entscheidung, wie er sich verhielt, wenn sich einer seiner Beschäftigten als ehemaliger Mitarbeiter des DDR-Staatssicherheitsdienstes entpuppte.

Und das passierte ziemlich oft. Allein in den Ländern Sachsen, Thüringen, Sachsen-Anhalt, Berlin und Mecklenburg-Vorpommern machte man im öffentlichen Dienst bis 2005 mehr als 28000 frühere Stasi-Mitarbeiter ausfindig. Die Quote der Belasteten lag damit bei etwa fünf Prozent. Da man die Bediensteten der Kommunen und des Bundes noch hinzurechnen muss, dürften durch die Überprüfungen insgesamt mindestens 40000 ehemalige MfS-Mitarbeiter aufgedeckt worden sein, wobei Doppelzählungen nicht auszuschließen sind.

Anders als von der Öffentlichkeit oft angenommen, wurden die enttarnten Stasi-Mitarbeiter jedoch keineswegs automatisch entlassen. Laut Einigungsvertrag bestand zwar bis Ende 1993 die Möglichkeit, Beschäftigten wegen »mangelnder persönlicher Eignung« ordentlich zu kündigen. Wenn ein Festhalten am Arbeitsverhältnis unzumutbar erschien, konnte ehemaligen Stasi-Mitarbeitern auch unbefristet außerordentlich gekündigt werden.[93] Viele Arbeitgeber sicherten sich außerdem dadurch ab, dass sie ihre Beschäftigten schriftlich erklären ließen, ob sie früher für die Stasi gearbeitet hätten. Wer später dabei ertappt wurde, falsche Angaben gemacht zu haben, konnte deshalb ebenfalls entlassen werden.

Gleichwohl wurde mehr als die Hälfte der im öffentlichen Dienst enttarnten Stasi-Mitarbeiter weiterbeschäftigt. Von einer »Hexenjagd«, wie von früheren Stasi-Offizieren immer wieder behauptet, konnte keine Rede sein. Oft begnügten sich die Arbeitgeber mit einer Aussprache oder versetzten die Mitarbeiter in einen anderen Bereich. Manchmal warteten sie ab, bis die Beschäftigten sich selbst etwas Neues suchten, vielfach boten sie ihnen auch einen Aufhebungsvertrag an. Nicht wenige gekündigte Mitarbeiter zogen schließlich vor das Arbeitsgericht, so dass – oft auch wegen Rechtsfehlern bei der Kündigung – mindestens 156 ihre Wiedereinstellung erzwangen. Nach den zur Verfügung stehenden Zahlen aus Thüringen, Sachsen-Anhalt, Berlin und Mecklenburg-Vorpommern wurde nur bei 6200 Personen das Arbeitsverhältnis definitiv beendet. In Sachsen wurden in 4200 Fällen »personalrechtliche Konsequenzen« gezogen, wozu neben

Kündigungen und Aufhebungsverträgen auch andere arbeits- oder dienstrechtliche Maßnahmen gehörten. Auf kommunaler Ebene wurden in diesem Bundesland eintausend Arbeits- und Beamtenverhältnisse beendigt.[94]

Die sogenannte Einzelfallentscheidung erwies sich in vielen Fällen als bloße Durchwinkstation. Da die Mitarbeiter der ostdeutschen Behörden vielfach aus dem DDR-Staatsapparat stammten, war das Interesse an einer personellen Erneuerung nicht übermäßig groß. Kam der Dienststellenleiter oder Personalchef aus dem Westen, scheute sich dieser oft durchzugreifen. Viele Westdeutsche hielten sich sogar für besonders einfühlsam, wenn sie ehemaligen Stasi-Mitarbeitern ihre Vergangenheit nicht zum Vorwurf machten. Aus diesem Grunde fielen die Entscheidungen, ob ein Stasi-Mitarbeiter weiterbeschäftigt wurde oder nicht, von Einrichtung zu Einrichtung oft sehr unterschiedlich aus. Überlegte es sich ein Arbeitgeber später anders, etwa unter dem Eindruck kritischer Medienberichte, waren die einmal getroffenen Entscheidungen kaum mehr rückgängig zu machen. Nicht nur der MDR musste die Erfahrung machen, dass Mitarbeitern nicht mehr gekündigt werden konnte, wenn man ihre Stasi-Vergangenheit einmal akzeptiert hatte.

Gravierende Unterschiede bei der Behandlung ehemaliger MfS-Mitarbeiter gab es zum Beispiel bei der Polizei. Während die Entlassungsquote im Fall von Stasi-belasteten Polizisten in Berlin bei 75 Prozent lag, betrug sie in Thüringen nur etwa 53 Prozent; über dreihundert frühere MfS-Leute arbeiten dort heute noch als Polizeibeamte. Auch die großzügige Übernahmepraxis des sächsischen Innenministeriums führte später zu öffentlichen Diskussionen. Nach Angaben der Stasi-Akten-Beauftragten Birthler übernahmen Polizei und Bundesgrenzschutz in den neuen Ländern insgesamt 1800 hauptamtliche Stasi-Mitarbeiter;[95] nur Berlin hielt dies für unzumutbar. Ähnliche Unterschiede gab es bei den Lehrern, nur diesmal umgekehrt: So wurden an den Berliner Schulen nur 20 Prozent der früheren Stasi-Informanten entlassen. Ohne jede individuelle Prüfung verbeamtete die Landesregierung zudem im Dezember 1996 5200 Ost-Berliner Lehrer. In

Sachsen sprach man dagegen selbst gering belasteten Lehrkräften eine Kündigung aus. Unterschiede im Umgang mit Stasi-belasteten Mitarbeitern gab es dabei nicht nur zwischen den einzelnen Ländern. Auch innerhalb eines Landes, ja selbst innerhalb ein und derselben Behörde wurde oft verschieden mit den Befunden umgegangen. So klagte etwa der Berliner Stasi-Akten-Beauftragte Gutzeit 1994, dass das Bezirksamt im PDS-dominierten Stadtteil Hellersdorf kaum belastete Lehrer entließ – im Gegensatz zu anderen Bezirksämtern der Stadt.

Unbefriedigend blieb auch die personelle Erneuerung beim MDR. Als die rund zweitausend Mitarbeiter 2002 erneut überprüft wurden, fanden sich bei 87 von ihnen Hinweise auf eine Stasi-Tätigkeit – doch nur wenige mussten gehen. Ohne Konsequenzen blieb zum Beispiel, dass 23 Mitarbeiter freiwillig im Stasi-Wachregiment gedient hatten. Fünfzehn andere wurden weiterbeschäftigt, weil die Zweitüberprüfung keine neuen Erkenntnisse gebracht hatte und eine Kündigung deshalb arbeitsrechtlich keinen Bestand gehabt hätte. In weiteren fünfzehn Fällen hielt der vom Rundfunkrat gebildete Personalausschuss die Weiterbeschäftigung für »bedingt zumutbar«, zwei Fälle betrachtete er als verjährt, alle siebzehn blieben angestellt. Selbst von den verbleibenden dreizehn Mitarbeitern, deren weitere Beschäftigung der Personalausschuss für »nicht zumutbar« hielt, mussten nur sechs den Sender verlassen.

Obwohl der Personalausschuss zum Beispiel die frühere »Fakt«-Moderatorin Sabine Hingst – bei der Stasi IM »Christine« – als »nicht zumutbar« einschätzte, durfte sie ihren Dienst als Leiterin des Berliner MDR-Büros wieder aufnehmen; inzwischen ist sie Osteuropa-Beauftragte. Auch Kulturmoderator Michael Hametner, der sieben Jahre lang als IM »Detlev Lauer« gespitzelt hatte und deshalb zunächst vom Sender genommen worden war, erhielt die Erlaubnis, zu seinen alten Aufgaben zurückzukehren. Ingo Dubinski (IM »Diplomat«), der sich gleich zweimal zu einer inoffiziellen Zusammenarbeit mit dem MfS bereit erklärt und während seiner Armeezeit einen Kameraden bespitzelt hatte, moderierte noch im März 2004 die Sendung »Mit Dubinski reisen«.

Auf seinem Posten verblieb nicht zuletzt der Unterhaltungschef des MDR, Udo Foth, der von der Stasi als IM »Karsten Weiß« geführt wurde. Wenig überzeugend war das Verhalten des MDR auch im Fall des PDS-Politikers Gregor Gysi, den der Sender vorübergehend als Moderator engagierte. Als Bürgerrechtler auf seine Vergangenheit hingewiesen, erklärte ein Unternehmenssprecher im April 2004: »Die Unterlagen, die Gregor Gysi dem MDR zur Verfügung gestellt hat, ergaben hinsichtlich einer solchen Stasi-Arbeit keine Hinweise.«[96]

Das Berliner Universitätsklinikum Charité stellte sogar wissentlich einen früheren Vernehmer aus dem Stasi-Gefängnis Berlin-Hohenschönhausen ein. Lutz Rahaus, einst Mitarbeiter der zentralen Ermittlungsabteilung, war dort für sogenannte Wirtschaftsstraftaten zuständig gewesen. Er sorgte unter anderem dafür, dass eine Frau, die dem ZDF Unterlagen über die Bevorzugung von SED-Kadern im Berliner Zentrum-Warenhaus übergeben hatte, ins Gefängnis kam. Über den Fall schrieb er später in seiner Diplomarbeit an der Stasi-Hochschule. Bei seiner Bewerbung um einen Leitungsposten mit Verantwortung für mehrere hundert Mitarbeiter hatte er sich nach Angaben der Charité offen zu seiner früheren Tätigkeit beim MfS bekannt. Man habe daraufhin eine Anfrage bei der Stasi-Akten-Behörde gestartet, durch die seine Angaben bestätigt worden seien. »Wir haben keine Hinweise auf justitiable Verfehlungen gefunden«, rechtfertigte sich Charité-Chef Detlev Ganten im Juni 2005, als der Fall öffentlich wurde. Klinikbeschäftigte hatten sich über den rigorosen Führungsstil beschwert und Recherchen über den Stasi-Major angestellt. Von fünfzehn Bewerbern sei Rahaus der geeignetste Kandidat für den Posten gewesen, so Ganten weiter. Er besitze »Sozial- und Führungskompetenz«, ergänzte Personalchefin Jutta Geringhoff-Seckler.[97] Auf Druck des Personalrates, der die Entlassung von zahlreichen Inoffiziellen Mitarbeitern Anfang der neunziger Jahre noch gut in Erinnerung hatte, wurde ihm nach sechs Monaten Tätigkeit wieder gekündigt. Als das Berliner Arbeitsgericht entschied, dass die Entlassung unwirksam sei, musste das Krankenhaus dem Ex-Vernehmer eine

Abfindung von 200 000 Euro zahlen – auf Kosten des Steuerzahlers.

Ausgerechnet in der Stasi-Akten-Behörde fanden ebenfalls zahlreiche Altlasten des SED-Regimes Unterschlupf. Während der damalige Bundesbeauftragte Joachim Gauck kritischen Historikern wie Stefan Wolle und Stasi-Auflösern wie Barbara Timm fristlos kündigte, stellte er zu Beginn der neunziger Jahre Dutzende hauptamtlicher MfS-Mitarbeiter ein. Der Bundesregierung erklärte die Behörde 1997 fälschlicherweise, es handle sich lediglich um fünfzehn Personen, deren besonderes Fachwissen benötigt werde. Während es ursprünglich hieß, sie hätten nur befristete Zeitverträge, übernahm man sie später in ein Dauerarbeitsverhältnis. Aus Protest legte der Schriftsteller Jürgen Fuchs deshalb 1998 sein Mandat im Behördenbeirat nieder und forderte die damalige Bundestagspräsidentin Rita Süssmuth auf, den Missständen nachzugehen. In einem Zeitungsinterview erklärte er: »Wenn ein einziger Betroffener von Zersetzungsmaßnahmen der Stasi sagt: ›Ich halte es nicht aus, wenn heute noch Offiziere der Staatssicherheit in meiner Akte lesen können‹, dann muss das ganz ernst genommen werden. Es geht nicht an, dass bei den massiven Menschenrechtsverletzungen der Stasi und den daraus resultierenden politischen Traumatisierungen der zahlreich ausgedrückte Wille von Betroffenen, die mit diesem Zustand nicht zurechtgekommen sind, nicht berücksichtigt wird.«[98]

Fast ein Jahrzehnt lang blieb die Debatte ohne Konsequenzen. Erst im November 2006 kam das Thema erneut auf die Tagesordnung. Medienrecherchen brachten zutage, dass in der Behörde noch 54 ehemalige Stasi-Mitarbeiter tätig waren. Ursprünglich lag die Zahl sogar zwischen siebzig und achtzig, da ein Teil der Eingestellten mittlerweile ausgeschieden oder verstorben ist. Die meisten von ihnen hatten zu DDR-Zeiten in der Stasi-Hauptabteilung Personenschutz gearbeitet, die die hohen Funktionäre und ihre Gebäude bewachte. Nach Gründung der Behörde war der überwiegende Teil von ihnen, darunter der Zentrale Wachleiter und ein Großteil des Haussicherungsdienstes, sechzehn Jahre lang für die Bewachung der Akten zuständig. Andere, so resümierte der *Welt*-Journalist Uwe Müller, »leiten Sachgebiete, sind mit der Rekonstruktion der in der Wendezeit eilig vernichteten Akten befasst, kümmern sich um Fragen der Strafverfolgung und der Rehabilitierung, verwalten Liegenschaften, warten Computer (die der Behördenleitung eingeschlossen), erschließen Akten, betreuen Magazine oder erledigen Botendienste«.[99] Auch im Archiv, wo das Geheimwissen der Stasi in kilometerlangen Regalen lagert, sind bis heute mehrere Ex-Mitarbeiter des Staatssicherheitsdienstes beschäftigt. Welche Rolle die Stasi-Leute in der Behörde spielen, kann man schon daran sehen, dass zehn von ihnen Personalratsmitglieder sind, zwei davon sogar hauptberuflich – Funktionen, in denen man unkündbar ist.

Der frühere Behördendirektor Hansjörg Geiger setzte zudem zwei hochrangige Offiziere der Zentralen Auskunfts- und Informationsgruppe (ZAIG) jahrelang für »Sonderrecherchen« ein. Mit Spezialausweisen konnten sie jederzeit ins Archiv, auch zu den noch nicht gesichteten Beständen. Einer von ihnen war der mittlerweile verstorbene Ex-Oberstleutnant Gerd Bäcker. Beim MfS galt er als so bedeutend, dass er 1986 in den Wissenschaftlichen Beirat der Stasi-Hochschule in Potsdam berufen wurde. Dort befasste er sich unter anderem mit der besseren »Bearbeitung Operativer Vorgänge« – wie die Stasi die Verfolgung Andersdenkender zu umschreiben pflegte. Der andere ist Ex-Oberstleutnant Bernd Hopfer, der zuletzt als Sachbearbeiter im Organisationsreferat der Behörde arbeitete. Zu DDR-Zeiten leitete er die zentrale Kontrollgruppe des Staatssicherheitsdienstes, die die Stasi-Dienststellen auf ihre Wirksamkeit prüfen sollte. Chef dieser Recherchetruppe war der spätere Referatsleiter Klaus Richter, der in der Behörde für die Stasi-Überprüfung der eigenen Mitarbeiter und für die geheimen Rosenholz-Abschriften zuständig war. Ihn hatte die Stasi nach dem Studium als IM »Philosoph« angeworben und für einen Spionageeinsatz im Ausland als Residenten ausgebildet. Als das im Dezember 1990 bekannt wurde, bedeutete dies das politische Aus für den damaligen Fraktionsgeschäftsführer von Bündnis 90/Die Grünen in der DDR-Volkskammer. Auf Veranlassung von Kulturstaatsminister Bernd Neumann (CDU), der die Rechtsaufsicht innehat, untersucht seit Dezember 2006 eine Kommission die Stasi-Seilschaften in der Birthler-Behörde. Inzwischen ist sogar von 59 Stasi-Leuten die Rede.

Doch nicht nur Stasi-Mitarbeiter wurden eingestellt. Während die Bewerbungen ehemaliger Bürgerrechtler bei der Rekrutierung der anfangs dreitausend Mitarbeiter meistens abgelehnt wurden, griff man umso lieber auf ehemalige Beschäftigte des DDR-Staatsapparates zurück – auch bei Führungspositionen und in sensiblen Bereichen. Für den damaligen Bonner Aufbaustab war jemand aus dem DDR-Innenministerium ein »Kollege mit Verwaltungserfahrung«, der freudig begrüßt und übernommen wurde, erinnerte sich später eine Behördenmitarbeiterin.[100] Auf diese Weise fanden sogar im Personalreferat der Behörde diverse Mitarbeiter des DDR-Ministeriums des Innern (MdI) Unterschlupf. Zur Leiterin machte man ausgerechnet eine promovierte SED-Juristin, die ihre Doktorarbeit über das politisch sensible Thema des Transitverkehrs durch die DDR geschrieben hatte und sich nun in Dienstberatungen mehrfach abfällig über Bürgerrechtler äußerte.[101] Auch in den Referaten Organisation und Innerer Dienst kamen zahlreiche Parteifunktionäre und MdI-Mitarbeiter unter, darunter der letzte Wachkommandant der DDR-Volkskammer und eine Mitarbeiterin der Grenztruppen. Während die Leiterin des Karteireferates, die im Januar 2007 sogar den Bundespräsidenten führen durfte, früher bei der DDR-Generalstaatsanwaltschaft gearbeitet hatte, ist der stellvertretende Magazinchef ein ehemaliger Offizier der Volkspolizei. Die langjährige Leiterin der Rostocker Außenstelle war schließlich Polizeiarchivarin und mit einem ehemaligen Gewerkschaftsfunktionär und Stasi-IM verheiratet – für viele Verfolgte eine unfassbare Personalpolitik.

Eine Mitarbeiterin der Behörde, die zu DDR-Zeiten im Gefängnis gesessen hatte, sah sich 1996 genötigt, die Behördenleitung zu informieren, weil Auskünfte über Stasi-Verstrickungen von Polizisten nur unvollständig an die personalführenden Stellen weitergegeben worden seien. In mehreren Fällen habe der zuständige Referatsleiter weitergehende Recherchen unterbunden. Als die Vorwürfe gegen den Beamten 1997 publik wurden, nahmen das

Berliner Landeskriminalamt und die ZERV Ermittlungen auf, um zu klären, ob durch verkürzte Auskünfte Stasi-belasteten Polizisten zum Anstellungsbetrug verholfen worden war. Das Überprüfungsreferat der Behörde war zunächst von einem ehemaligen IM der Stasi-Spionageverwaltung geleitet worden. Als dieser 1993 enttarnt wurde, erhielt er einen Auflösungsvertrag. Sein Nachfolger wurde ebenjener Beamte, der bis 1989 in der Eingabenstelle des DDR-Ministerrates gearbeitet und später in der Stasi-Akten-Behörde die Abteilung zur Personalüberprüfung des öffentlichen Dienstes »federführend aufgebaut« hatte, wie er einer Zeitung erklärte. Zu den Vorwürfen sagte er, dass er als »ausgebildeter Staatsrechtler« die Rolle der DDR-Polizei und deren »großzügige Zusammenarbeit« mit dem Ministerium für Staatssicherheit sehr genau kenne. Heute gehe es ihm deshalb darum, »aufzupassen, dass nicht jemandem zu Unrecht gekündigt wird«.[102] Statt den Mann zu entlassen, kündigte die Behörde der Mitarbeiterin, obwohl er der Presse sogar aus deren Opferakte berichtet hatte – was nach Stasi-Unterlagen-Gesetz streng verboten ist.

Die Stasi-Akten-Behörde war es auch, die im Februar 2006 den Vorschlag machte, die Überprüfungsmöglichkeiten in Deutschland weitgehend einzuschränken. Anlass war, dass die bis dahin gültigen Regelungen laut Gesetz zum Jahresende ausliefen. Die Bundesbeauftragte Birthler machte einen Novellierungsvorschlag, der vorsah, nur noch die Mitarbeiter von Aufarbeitungsinstitutionen zu durchleuchten. Ansonsten sollten Überprüfungen lediglich bei einem kleinen Personenkreis – Regierungsmitglieder, Parlamentarier, Richter – vorgenommen werden können, und dies auch nur dann, wenn gegen sie bereits ein konkreter Verdacht vorlag. Allen übrigen Stasi-Mitarbeitern sollte ihre Tätigkeit »im Rechtsverkehr« nicht mehr vorgehalten werden und zum Nachteil gereichen dürfen. Die öffentliche Aufklärung über frühere Stasi-Mitarbeiter wäre damit weitgehend zum Erliegen gekommen.

Obwohl sich der Bundesrat auf Initiative von Thüringen für eine Verlängerung der bisherigen Regelungen ausgesprochen hatte, machte sich eine übergroße Koalition aus CDU/CSU, SPD und

Grünen im Oktober 2006 den Behördenvorschlag zu eigen. Zu einer kurzfristig anberaumten Anhörung vor dem Kulturausschuss des Bundestages erhielten die Opferverbände nicht einmal eine Einladung. Als die Öffentlichkeit von den Plänen erfuhr, brach jedoch ein Sturm der Entrüstung los. Das Bürgerbüro, ein Verein zur Aufarbeitung von Folgeschäden der SED-Diktatur, protestierte ebenso wie die Union der Opferverbände kommunistischer Gewaltherrschaft. Auch der thüringische Ministerpräsident Dieter Althaus (CDU) und die FDP-Fraktion im Bundestag warnten vor einem vorschnellen Schlussstrich. Nicht nur die PDS, sondern auch Bundestagsvizepräsident Wolfgang Thierse setzte sich demgegenüber vehement dafür ein, die Überprüfungen weitgehend zu beenden. »Wir wollen doch nicht dauerhaft den Rechtsstaat außer Kraft setzen«, begründete dies der SPD-Politiker in einem Interview – und gab damit all jenen Stasi-Leuten recht, die die Überprüfungen schon immer als rechtsstaatswidrig bekämpft hatten.[103] Erst in letzter Minute distanzierte sich die Union von dem Gesetzentwurf und handelte mit der SPD einen Kompromiss aus. Danach können bis zum Jahr 2011 neben Regierungsmitgliedern, Parlamentariern und Richtern auch höhere Beamte weiterhin überprüft werden.

Belastete Rechtsanwälte

Massive personelle Kontinuitäten gibt es auch im Bereich der Rechtspflege. Ein großer Teil der SED-Kader wurde in die neue ostdeutsche Justiz übernommen. Nur in Berlin legte man die Hürden höher. Während in der Bundeshauptstadt bloß 15 Prozent der DDR-Richter weiterbeschäftigt wurden, lag die Quote in Mecklenburg-Vorpommern bei 40 Prozent. In Thüringen wurden sogar 53 Prozent der Richter übernommen. Noch höher lag der Anteil in Brandenburg (54 Prozent), Sachsen-Anhalt (62 Prozent) und Sachsen (65 Prozent). Mehr als jeder zweite DDR-Richter behielt damit sein Amt.

Noch alarmierender ist die Bilanz bei den Anwälten. In dieses

Tätigkeitsfeld flüchteten 1990 vor allem die besonders kompromittierten Juristen, die davon ausgehen mussten, dass man sie nicht in den Staatsdienst übernehmen würde. Unter den Regierungen der DDR-Ministerpräsidenten Hans Modrow (SED-PDS) und Lothar de Maizière (CDU) erhielten Tausende von ihnen in kürzester Zeit eine Anwaltzulassung. Vielfach handelte es sich bei ihnen um Kader, die in politischen Verfahren als Richter oder Staatsanwälte gedient hatten. Hunderte waren auch Mitarbeiter des Staatssicherheitsdienstes gewesen und hatten ihren Abschluss als »Diplom-Juristen« an der Stasi-Hochschule in Potsdam gemacht.

Zu den 1990 zugelassenen Rechtsanwälten zählt auch der letzte Innenminister der DDR, Peter-Michael Diestel, der bis 1989 die Rechtsabteilung eines Agrarbetriebes leitete. Wie kein anderer Anwalt in Ostdeutschland hat er sich in den letzten Jahren als Fürsprecher ehemaliger Stasi-Offiziere hervorgetan. Wann immer sich die Gelegenheit bietet, verharmlost er die SED-Geheimpolizei und verunglimpft die kritische Auseinandersetzung mit der DDR-Vergangenheit. Für ihn ist die Stasi schlicht der »effektivste Geheimdienst der Welt« und die Stasi-Akten-Behörde »wichtigstes staatliches Instrument« zur Delegitimierung der DDR und zur Auflösung ihrer Eliten. Die »ganze unsinnige Rechtspraxis der sogenannten ›Aufarbeitung‹« müsste seiner Meinung nach eingestellt werden. Bis heute rühmt sich Diestel, bei der Auflösung des Staatssicherheitsdienstes, als zahlreiche Akten vernichtet wurden, eng mit den Führungskräften des MfS zusammengearbeitet zu haben. Nach einiger Zeit wurde er deshalb von dieser Aufgabe entbunden. Dass ehemalige Stasi-Offiziere in der Stasi-Akten-Behörde arbeiten, ist für ihn ein »völlig normaler Vorgang«, die einstigen Mitarbeiter der DDR-Staatssicherheit sieht er einer »Verleumdungskampagne« ausgesetzt. Zu einem Rechtfertigungsbuch des früheren Mielke-Stellvertreters Schwanitz steuerte er sogar ein begeistertes Vorwort bei, in dem er behauptete: »Dieses Buch genügt wissenschaftlichen Ansprüchen und steht damit im auffälligen Gegensatz zu mehr oder minder seichten Elaboraten von Möchtegern-Historikern, Politikern im Talar, einäugigen Bürgerrechtlern sowie unzähligen

Viel- und Dampfschreibern.«[104] Dass das CDU-Mitglied Diestel trotz seiner geschichtsrevisionistischen Ausfälle noch nicht aus der Partei geworfen wurde, ist mehr als verwunderlich.

In Stasi-Kreisen gilt Diestel wegen seines impertinenten Auftretens als erste Adresse. Viele als IM Beschuldigte wenden sich an ihn, um mit seiner Hilfe die Berichterstattung über ihren Fall zu unterbinden. Der sächsische PDS-Fraktionschef Peter Porsch zählte ebenso zu seinen Mandanten wie der ARD-Sportkoordinator Hagen Boßdorf. Daneben vertritt er Doping-Verdächtige wie Radprofi Jan Ullrich oder Leichtathletik-Trainer Thomas Springstein, der unerlaubte Mittel an Minderjährige verabreicht haben soll. Auch einen der Stasi-Kämpfer, die Michael Gartenschläger erschossen hatten, verteidigte er vor Gericht. Mehrfach war er selbst Ziel von Ermittlungen. So erhob die Staatsanwaltschaft im Dezember 2004 Anklage gegen ihn, weil er drei Mitbeschuldigte dazu verleitet haben sollte, in einem Rechtsstreit zwischen ihm und dem Liedermacher Wolf Biermann die Unwahrheit zu sagen. Zuvor hatte er von Biermann wegen »Ehrverletzung« 30 000 DM verlangt, weil dieser in einer Talkshow berichtet hatte, dass ihm der damalige DDR-Innenminister 1990 eine Villa angeboten habe. Im November 2006 leitete die Staatsanwaltschaft Braunschweig auch im Zusammenhang mit der VW-Affäre ein Ermittlungsverfahren gegen Diestel wegen versuchter Nötigung und Strafvereitelung ein.

Eng mit dem SED-Regime verbandelt waren jedoch auch die schon früher zugelassenen DDR-Anwälte. Im SED-Staat durften nur die besonders Systemtreuen Jura studieren, und eine Anwaltslizenz bekamen ausschließlich solche Juristen, an deren politischer Zuverlässigkeit kein Zweifel bestand. Viele arbeiteten auch inoffiziell mit der Stasi zusammen. Damit auf keinen Fall jemand aus dem Ruder lief, mussten sie sogenannten Rechtsanwaltskollegien beitreten, die beständig über ihre Zuverlässigkeit wachten. Wer sich nicht an die Spielregeln hielt, wurde – wie der Bürgerrechtler Rolf Henrich – ausgeschlossen und bekam Berufsverbot. Zu den handverlesenen DDR-Anwälten gehörte nicht nur Ministerpräsident de Maizière, den die Stasi als IM »Czerny« erfasst hatte, sondern auch der heutige Linksfraktionschef Gregor Gysi, den das MfS unter dem Decknamen »Gregor« registriert hatte. Während de Maizière bis 1989 stellvertretender Vorsitzender des Berliner Rechtsanwaltskollegiums war, hatte Gysi den Vorsitz des Kollegiums inne und saß zugleich dem Rat aller DDR-Kollegien vor. Dank des unter de Maizière ausgehandelten Einigungsvertrages konnten er und nahezu alle anderen DDR-Anwälte ihre Zulassung mit in das wiedervereinigte Deutschland nehmen.

Das Stasi-Unterlagen-Gesetz erhielt zwar eigens einen Passus, der es erlaubte, auch Rechtsanwälte und Notare zu kontrollieren, doch erwies sich dieser praktisch als wirkungslos. Wie der Berliner Stasi-Akten-Beauftragte Gutzeit 1996 monierte, kamen die anwaltlichen Standesorganisationen in keiner Weise ihrer Selbstreinigungspflicht nach.[105] Ähnliche Erfahrungen machte man auch in Sachsen-Anhalt. »Immer wieder wird die Behörde der Landesbeauftragten mit dem Wunsch von Betroffenen [nach einem Anwalt, H.K.] konfrontiert, welcher kein Mitarbeiter des MfS war und auch sonst nicht durch Unrechtshandlungen in der DDR belastet ist oder aus den alten Bundesländern kommt«, berichtete 1998 die dortige Stasi-Akten-Beauftragte Edda Ahrberg. »Die Unsicherheit, dass sie sich ungewollt und unwissend an einen ehemaligen hauptamtlichen oder inoffiziellen Mitarbeiter des MfS wenden, kann ihnen nicht genommen werden.« Ahrberg bat deshalb die zuständige Standesorganisation um Hilfe, bekam jedoch zur Antwort: »Hier ist der Vorstand der Rechtsanwaltskammer des Landes Sachsen-Anhalt der Auffassung, dass es bezüglich Rechtsanwälten, die aus den alten Bundesländern, und solchen, die aus den neuen Bundesländern stammen, keine unterschiedliche Behandlung geben darf.«[106] Die Berliner Rechtsanwaltskammer legte im Januar 2005 sogar einen Kranz am Grab des ehemaligen Berliner Oberrichters Götz Berger nieder, der an der Entführung des westdeutschen KPD-Funktionärs Kurt Müller beteiligt gewesen war und diverse politische Terrorurteile fällte, bis er wegen seines Einsatzes für den Dissidenten Robert Havemann in Ungnade fiel. Als Opfer gegen die Ehrung protestierten, gab man sich ahnungslos.

Sogar hauptamtliche Stasi-Vernehmer durften nach der Wiedervereinigung unbeanstandet als Anwälte weiterarbeiten. Dabei sieht die Bundesrechtsanwaltsordnung vor, Personen die Zulassung zu versagen, »wenn der Bewerber sich eines Verhaltens schuldig gemacht hat, das ihn unwürdig erscheinen lässt, den Beruf eines Rechtsanwalts auszuüben«.[107] Seit 1992 kann DDR-Juristen auch nachträglich die Zulassung wegen »Unwürdigkeit« entzogen werden, wenn sie gegen Grundsätze der Menschlichkeit oder Rechtsstaatlichkeit verstoßen haben. Da nach Ansicht der Gerichte jedoch die bloße Vernehmertätigkeit für den Staatssicherheitsdienst nicht darunter fällt, kam die Regelung praktisch nicht zum Zuge. Deshalb sind heute in Deutschland etwa siebenhundert ehemalige Stasi-Mitarbeiter als Rechtsanwälte tätig.[108]

Ein früherer Oberst betreibt zum Beispiel in der brandenburgischen Provinz eine Anwaltskanzlei. Seinen Doktortitel bekam er von der Stasi-Hochschule in Potsdam als Ko-Autor einer Arbeit über die »Qualifizierung der vorbeugenden und offensiven Bekämpfung staatsfeindlicher Aktivitäten der Verdeckten Kriegführung unter den gegenwärtigen Bedingungen des Klassenkampfes«. Ein anderer Ex-Major, auch er mit Stasi-Doktortitel, führt dort ebenfalls seine Kanzlei. In Potsdam richteten sich mindestens zwei ehemalige Stasi-Offiziere als Rechtsanwälte ein, von denen einer beim MfS über die Sicherung der Kader promoviert hatte, die ins westliche Ausland fahren durften. In Berlin bietet unter anderem ein früherer Hauptmann seine Dienste an, der vorher Mitarbeiter der Stasi-Rechtsstelle war. Auch er erhielt mit einer der üblichen Kollektivdissertationen von der Stasi-Hochschule einen Doktortitel.[109] Ihre Namen können hier nicht genannt werden, weil Schadensersatzforderungen nicht auszuschließen wären.

Während die meisten Stasi-Anwälte unerkannt mit alltäglichen Rechtsangelegenheiten befasst sind – von Erbrecht über Arbeitsrecht bis zum Mietrecht –, »spezialisierten« sich einige ehemalige Vernehmer darauf, frühere SED-Funktionäre vor Gericht zu verteidigen. Zwangsläufig mussten ihnen deshalb auch Opfer des DDR-Regimes als Zeugen gegenübertreten, zum Beispiel bei den Prozessen um die Mauertoten. »Dies führt zu der unerträglichen Situation, dass ehemalige MfS-Vernehmer heute ihre ehemaligen Opfer vor Gericht erneut ›vernehmen‹ können, nur in der Robe des Anwalts«, beschrieb der Berliner Stasi-Akten-Beauftragte die Folgen dieses nachlässigen Umgangs mit der Vergangenheit.[110]

Als besonders hartgesotten erwies sich in diesem Zusammenhang der frühere Stasi-Vernehmer Frank Osterloh. Er hatte sich 1971 als hauptamtlicher Mitarbeiter dem MfS verpflichtet und arbeitete in der zentralen Ermittlungsabteilung im Untersuchungsgefängnis Berlin-Hohenschönhausen.[111] Seit 1982 war er Gruppenleiter, und die Stasi-Hochschule in Potsdam promovierte ihn mit einer Arbeit über die Bekämpfung der sogenannten politischen Untergrundtätigkeit in der DDR.[112] Zu diesem Zweck wirkte er an der Vorbereitung von drei politischen Prozessen mit, in denen SED-Gegner zu hohen Haftstrafen verurteilt wurden. So verhängte das Ost-Berliner Stadtgericht 1978 mit seiner Hilfe gegen den Wehrdienstverweigerer Nico Hübner fünf Jahre Gefängnis wegen »Nachrichtensammlung«, »staatsfeindlicher Hetze« und »Wehrpflichtverletzung«. In einem anderen Prozess bekamen zwei Fluchthelfer auf Anweisung seiner Abteilung sogar je zwölf Jahre Haft. Einer der damals Verurteilten forderte deshalb 1999 die Berliner Justizverwaltung auf, Osterloh die Anwaltszulassung zu entziehen. Der Antrag wurde jedoch mit der Begründung abgelehnt, dass Osterloh die Dissertation nicht allein verfasst habe – und deshalb sein »Tatbeitrag« nicht erkennbar sei.

In den neunziger Jahren verteidigte Osterloh zahlreiche frühere Kollegen. Zu seinen Mandanten zählte unter anderem Ex-Stasi-General Albert Schubert, der als Leiter der Hauptabteilung VIII mehrere Morde in Auftrag gegeben hatte. Auch der ehemalige Stasi-Mitarbeiter Herbert Hellwig, der an der Entführung des geflüchteten SED-Funktionärs Robert Bialek beteiligt gewesen war, ließ sich durch ihn vertreten. Ebenso verteidigte er den früheren Stasi-Oberst Harry Dahl und den Mielke-Stellvertreter Gerhard Neiber, die geholfen hatten, RAF-Terroristen in der DDR zu verstecken. Im Verfahren gegen den Stasi-Psychiater Horst Böttger fühlten sich die als Zeugen geladenen früheren

Gefangenen teilweise in die Zeit ihrer Haft zurückversetzt. Als Osterloh eine Frau nach ihrem Selbstmordversuch in der Haft befragte, schrie er sie plötzlich mit schneidender Stimme an, ein Suizid sei in dem Gefängnis gar nicht möglich gewesen. »Da war der Rechtsanwalt nach zehn Jahren unversehens wieder in seine Rolle als Vernehmer von Staatsfeinden zurückgefallen«, kommentierte die *Berliner Zeitung*.[113]

Als Pflichtverteidiger stand Osterloh 1995 auch dem ehemaligen DDR-Grenztruppenchef Klaus-Dieter Baumgarten zur Seite, was ihm allein pro Verhandlungstag rund 600 DM einbrachte. In dem Verfahren zeichnete sich der ehemalige Stasi-Major vor allem durch Prozessverzögerungen, politische Hasstiraden und Verhöhnungen der Opfer aus. Mehrfach bekundete er vor Gericht, die an den Grenzen Beschossenen seien selbst daran schuld gewesen, dass sie getötet oder schwer verletzt worden waren. Der Nebenklagevertreter Plöger verlangte deshalb vom Berliner Landgericht, die Bestellung Osterlohs zurückzunehmen. Der Antrag wurde abgelehnt. Osterloh, so der Vorsitzende Richter Friedrich-Karl Föhrig, sei zwar hochrangiger Offizier des Staatssicherheitsdienstes, nicht aber an den im Verfahren behandelten Vorfällen beteiligt gewesen. »Soweit die Antragsteller im übrigen grobe Pflichtverletzungen Dr. Osterlohs in dessen einseitiger Parteinahme für seine Mandanten und – aus ihrer Sicht begreiflich – mangelnder Sensitivität gegenüber den Opfern sehen, verkennen sie den Umfang der Verteidigerrechte und legen an das Auftreten eines Rechtsanwalts überzogene moralische Maßstäbe an«, lautete die weitere Begründung des Gerichts.[114]

Täterschutz durch die Gerichte

Wenn die Informanten des DDR-Staatssicherheitsdienstes nach dem Sturz der SED-Diktatur auch nicht strafrechtlich zur Verantwortung gezogen wurden, so war ihnen doch die Ächtung der Gesellschaft sicher. Die spektakulären Enttarnungen der Inoffiziellen Mitarbeiter Wolfgang Schnur und Ibrahim Böhme im Frühjahr 1990 bedeuteten insoweit eine symbolische Selbstreinigung: Das ganze Land nahm daran teil, wie Verrat und Lüge scheiterten. Die Täter wurden zwar nicht ins Gefängnis geschickt, aber sie verloren ihre Ämter und ihren sozialen Status. Nach vierzig Jahren Bespitzelung wurden die moralischen Maßstäbe dadurch wiederhergestellt. Nicht nur die 99 Prozent der Ostdeutschen, die sich nicht mit dem Staatssicherheitsdienst eingelassen hatten, sahen sich dadurch in ihrer Haltung bestätigt. Auch diejenigen, die sich dem Regime entgegengestellt hatten, erfuhren Genugtuung. Die Gesellschaft fand zurück zu ihren Werten, von denen ein besonders wichtiger lautet: »Der größte Schuft im ganzen Land, das ist und bleibt der Denunziant.«

Doch das Ende der SED-Diktatur bedeutete auch für die Täter eine Chance zur Selbstbefreiung. Nichts zwang sie jetzt mehr, das entwürdigende Doppelspiel weiterzubetreiben. Plötzlich waren sie der Last entledigt, neben dem normalen Leben noch ein geheimes führen zu müssen. Niemandem mussten sie mehr etwas vormachen, keine Ausflüchte mehr erfinden, wenn ihre Umgebung Verdacht schöpfte. Wenn sie sich freiwillig offenbarten, konnten sie durchaus mit Verständnis rechnen. Zwar war dieser Schritt mit Risiken verbunden und deshalb mit Angst besetzt, doch viele Opfer waren damals offen fürs Gespräch – um endlich zu erfahren, was mit ihnen geschehen war. In einer Zeit, als die Akten noch geschlossen waren, vermochten die Täter einen wichtigen Beitrag zur Aufklärung zu leisten, indem sie erklärten, wie das Stasi-Überwachungssystem funktionierte. Wenn sie vormachten, wie man sich kritisch mit eigenem Fehlverhalten auseinandersetzt, konnten sie der Gesellschaft sogar ein Beispiel geben für den Umgang mit der Vergangenheit. Reue und Scham, wenn sie ehrlich gemeint sind, können ungeheuer entwaffnend wirken und einem am Ende Respekt und Anerkennung verschaffen. Die Täter, nicht die Opfer hielten deshalb 1990 den Schlüssel zur Versöhnung in der Hand.

Statt diese Chance zu ergreifen, hofften die meisten Stasi-Mitarbeiter jedoch auf ein Wunder. Vielleicht würde die Wahrheit ja doch nicht ans Licht kommen, schließlich hatten ihnen ihre Führungsoffiziere in der Regel beim letzten Treffen versichert, man werde die belastenden Akten vernichten. Tatsächlich wurden im Herbst 1989 in großem Umfang Akten beseitigt. Als die Reißwölfe heiß gelaufen waren, wurden die Unterlagen sogar von Hand zerrissen. Bis heute gibt es deshalb rund 16000 Säcke mit Schnipseln, die darauf warten, wieder zusammengesetzt zu werden. Doch die Hoffnungen der Informanten waren trügerisch, denn als aufgebrachte Bürger Anfang Dezember 1989 die ersten Stasi-Dienststellen besetzten, stoppten sie die Aktenvernichtung. Selbst wenn ein IM-Vorgang zerstört war, so stellte sich bald heraus, lagen viele Dokumente als Doppel in anderen Akten.

In dieser Situation verhielten sich viele Informanten so, wie es ihnen ihre Führungsoffiziere immer eingeschärft hatten: Sie erfanden Ausflüchte, Erklärungen und Legenden, um so »die Konspiration zu wahren«. Wenn belastende Unterlagen auftauchten, bestritten sie kurzerhand die Tatsachen, die die Stasi in den Akten festgehalten hatte. Sie reaktivierten sogar ihre alten Verbindungen zum MfS, um sich mit Hilfe ihrer Führungsoffiziere das Alibi zu verschaffen, sie seien unwissentlich abgeschöpft worden. Statt das Leben in der Lüge zu beenden, verstrickten sie sich noch tiefer darin.

Die Methode, alles zu leugnen, wandte als Erster Ibrahim Böhme an, nach der friedlichen Revolution SPD-Kandidat für das Amt des DDR-Ministerpräsidenten. Nachdem er sich zunächst eine Zeitlang vor unliebsamen Fragestellern versteckt hatte, verlegte er sich aufs Abstreiten. Dass man ihm Tausende Seiten mit seinen Spitzelberichten präsentierte, änderte nichts daran. Selbst als man ihm die Tonbänder der Gespräche mit seinem Führungsoffizier vorspielte, erklärte er nur: Dies sei wohl seine Stimme, aber er habe das nicht gesagt. Ähnlich verhielt sich sein damaliger Gegenspieler von der CDU, Lothar de Maizière. Als bekannt wurde, dass ihn die Stasi als IM geführt hatte, trat er im Dezember 1990 von seinem Amt als Bundesminister für besondere Aufgaben zurück. De Maizière beharrte jedoch darauf, dass er lediglich als Anwalt im Interesse seiner Mandanten Kontakt mit der Stasi gehabt habe. Als die Historiker Stefan Wolle und Armin

Mitter die Vorwürfe im *Spiegel* bekräftigten, wurde ihnen vom damaligen Sonderbeauftragten für die Stasi-Unterlagen, Joachim Gauck, fristlos gekündigt.

Besonders unverfroren ging Heinrich Fink, der frühere Rektor der Berliner Humboldt-Universität, mit seiner Stasi-Vergangenheit um. Er beteuerte so überzeugend seine Unschuld, dass sogar Studenten für ihn auf die Straße gingen. Mit dem Schlachtruf »Unsern Heiner nimmt uns keiner« zogen sie 1991 vor die Gauck-Behörde und forderten seine Weiterbeschäftigung. Finks Entlassung verhinderte dies aber nicht, da die Gerichte bis hin zum Bundesgerichtshof 1997 die Einschätzung der Stasi-Akten-Behörde bestätigten, dass er nach den aufgefundenen Unterlagen wissentlich als Informant für die Kirchenabteilung des Staatssicherheitsdienstes tätig gewesen war. Das hielt die PDS nicht davon ab, ihn ein Jahr später in den Bundestag zu entsenden. Inzwischen ist Fink Vorsitzender der Vereinigung der Verfolgten des Naziregimes – Bund der Antifaschisten (VVN-BdA), einer vom Verfassungsschutz als linksextremistisch eingestuften Organisation, die unter dem Deckmantel des Antifaschismus eng mit ehemaligen Stasi-Offizieren zusammenarbeitet. Erst 2005 wurde seine IM-Akte aus einem Sack zerrissener Papiere wieder zusammengesetzt. Sie belegte, dass er seine eigenen Studenten bespitzelt und sogar aus seelsorgerlichen Gesprächen berichtet hatte. Die Unterlagen dokumentierten nicht nur das Anwerbegespräch im Juni 1968, sondern auch unzählige Berichte, darunter einen handschriftlich in Ich-Form verfassten, Beurteilungen, Orden, Geldprämien und Geschenke. Der letzte Treffbericht datiert vom 7. Oktober 1989.[115]

Bei den Debatten über die Stasi-Verstrickungen von Prominenten ging meistens unter, dass es sich fast immer um Fälle handelte, in denen – wie bei Fink – die vom Staatssicherheitsdienst angelegte Vorgangsakte vernichtet worden war. Hinweise auf eine IM-Tätigkeit fanden sich zwar in anderen Unterlagen, waren aber oft so fragmentarisch, dass die Beweisführung einem unvollständigen Puzzlespiel glich. Meist existierte weder der Bericht über die Anwerbung noch eine Verpflichtungserklärung, geschweige denn einer der üblichen Treffberichte, die zeigten, welche Aufträge der IM bekommen und ausgeführt hatte. Dass es gerade die Prominenten waren, deren Akten man vernichtet hatte, war kein Zufall, weil der Staatssicherheitsdienst bei seiner Auflösung die Spitzen-IM besonders schützen wollte.

In der öffentlichen Diskussion bedeutete vor allem der Fall des brandenburgischen Ministerpräsidenten Manfred Stolpe eine Zäsur. Die Tatsache, dass er durch konsequentes Leugnen aller Kritik getrotzt hatte und im Amt geblieben war, diente vielen ehemaligen IM später als Vorbild. Unter dem Decknamen »Sekretär« führte ihn die Stasi jahrelang als hochkarätigen Informanten in der Leitung des DDR-Kirchenbundes. Bei zahlreichen Zusammenkünften in konspirativen Objekten hatte Stolpe den MfS-Offizieren Joachim Wiegand und Klaus Roßberg regelmäßig über kircheninterne Vorgänge berichtet. Er bekam dafür vom Staatssicherheitsdienst nicht nur wertvolle Geschenke, sondern wurde auch von den Zollbestimmungen der DDR befreit – ein außerordentliches Privileg, das ihm vor allem den Bezug der sonst verbotenen Westzeitungen erlaubte. Insgesamt konspirierte er zwanzig Jahre lang mit der Stasi, ohne dass seine kirchlichen Vorgesetzten etwas davon wussten.

Trotz der erdrückenden Beweislast vermochte es Stolpe immer wieder, harmlose Erklärungen für seine Kontakte zum MfS zu finden. So behauptete er, dass diese nur dem Zweck gedient hätten, die Arbeit der Kirchen zu erleichtern und bedrängten Oppositionellen zu helfen – gleichsam ein »Bund mit dem Teufel« für einen guten Zweck. Darauf fand sich allerdings in den Stasi-Unterlagen nirgendwo ein Hinweis. Eng wurde es für Stolpe, als der zuständige Führungsoffizier Roßberg im damals eingerichteten Untersuchungsausschuss des brandenburgischen Landtags bezeugte, ihm im November 1978 auf Mielkes Befehl hin einen Orden verliehen zu haben. Doch Stolpe konnte sich auch jetzt wieder aus der Affäre ziehen, weil Roßbergs Vorgesetzter Wiegand erklärte, der Orden stamme gar nicht vom Staatssicherheitsdienst, sondern vom DDR-Staatssekretariat für Kirchenfragen. Da sich beide Varianten gegenseitig ausschlossen, musste einer von ihnen einen Meineid geschworen haben. Dass der Untersuchungsausschuss Stolpe überführen würde, war ohnehin wenig wahrscheinlich, da dessen Vorsitzender, PDS-Chef Lothar Bisky, selbst von der Stasi als IM registriert worden war.

Zu Stolpes Abwehrstrategie gehörte es auch, den Eindruck zu erwecken, die Kritik an ihm komme von ahnungslosen, böswilligen Westdeutschen. Geschickt verstand er es, den Brandenburgern einzureden, nicht nur sein Verhalten während der SED-Diktatur stehe auf dem Prüfstand, sondern das aller Ostdeutschen. Die »öffentlichen Pächter der politischen Moral«, so appellierte er 1994 an plumpe antiwestliche Instinkte, würden den »Maßstab heutiger Erkenntnis [...] von Hamburg oder Bonn aus allein den Ostdeutschen als lastendes Kreuz auf den Nacken« legen.[116] Dabei wusste er genau, dass es gerade DDR-Bürgerrechtler wie Günter Nooke, inzwischen Menschenrechtsbeauftragter der Bundesregierung, oder die Regisseurin Freya Klier waren, die seinen Rücktritt forderten. Die heutige Bundesbeauftragte für die Stasi-Unterlagen, Marianne Birthler, legte 1992 aus Protest sogar ihr Amt als brandenburgische Bildungsministerin nieder.

Die Fähigkeit Stolpes, alle Vorwürfe an sich abprallen zu lassen, bewahrte ihm nicht nur zwölf Jahre lang das Amt des Ministerpräsidenten, sondern beförderte ihn am Ende seiner Politikerkarriere sogar noch in die Bundesregierung. Als Kanzler Gerhard Schröder ihn 2002 zum Verkehrsminister ernannte, protestierte in der SPD nur noch der damalige Staatssekretär Stephan Hilsberg. Mit Stolpe, so der ehemalige DDR-Bürgerrechtler, »sitzt zum ersten Mal die ›Firma‹, also die Staatssicherheit, mit am Kabinettstisch der Bundesrepublik«. In der brandenburgischen SPD schlug Hilsberg nach dieser Äußerung blanke Ablehnung entgegen. Der Chef der Landtagsfraktion, Gunter Fritsch, kündigte eine »harte Auseinandersetzung« mit dem Mitbegründer der SPD in Ostdeutschland an und hielt es sogar für »denkbar«, dass Parteiausschlussanträge gegen ihn gestellt würden.[117]

Die mit eisernen Nerven durchgezogene Rechtfertigungsstrategie Stolpes veränderte nicht nur die SPD. Sie führte auch zu einer tiefgreifenden Verunsicherung der Öffentlichkeit. Viele begannen zu glauben, bei den Stasi-Unterlagen handle es sich eher um Phantasieprodukte wichtigtuerischer Führungsoffiziere als um polizeiliches Schriftgut einer hochorganisierten Diktatur, die gerade im Sicherheitsbereich auf objektive Informationen angewiesen war. Schlimmer noch als Stolpes Zusammenwirken mit der Stasi war deshalb sein nachträglicher Umgang damit und wie dieser die Einstellung der Öffentlichkeit zu Verstrickungen mit dem SED-Regime beeinflusste: Die politisch-moralischen Standards wurden ausgehöhlt, die Akten der DDR-Geheimpolizei verloren ihre Brisanz, und die Zusammenarbeit mit der Stasi erschien als Handlungsweise, die sich einer eindeutigen Beurteilung entzog.

Die Auseinandersetzungen um die persönliche Mitwirkung am Unterdrückungsregime der SED spielten sich jedoch nicht nur in der politischen Arena ab. Stolpe, Gysi und viele andere nach ihnen versuchten, die Kritik an ihren Stasi-Kontakten auch mit juristischen Mitteln zu unterbinden. Eifrige Anwälte verlangten in ihrem Namen sogenannte Unterlassungserklärungen, mit denen sich Journalisten, Buchverlage oder Einzelpersonen dazu verpflichten sollten, bestimmte Aussagen nicht mehr zu verbreiten – und meistens auch noch mehrere hundert Euro Abmahnungskosten zu übernehmen. Wenn sie sich nicht binnen kürzester Frist unterwarfen, wandten sich die Anwälte an Zivilgerichte und beantragten entsprechende einstweilige Verfügungen. Fast immer stießen sie dort auf verständnisvolle Richter, die ihren Anträgen unter Berufung auf das Persönlichkeitsrecht stattgaben. Presse, Funk und Fernsehen bekamen dadurch reihenweise einen Maulkorb verpasst. Ganze Zeitungsartikel wurden auf den Index gesetzt, und selbst wissenschaftliche Veröffentlichungen zensierten die Gerichte ohne Hemmungen. Der Täterschutz geht mittlerweile so weit, dass die schlichte Feststellung, dass eine Person beim Staatssicherheitsdienst als IM registriert war, schon massive juristische – und finanzielle – Folgen nach sich ziehen kann. Die im Grundgesetz verankerte Meinungs- und Informationsfreiheit besteht in Stasi-Fragen nur noch auf dem Papier.

Schon in den frühen neunziger Jahren erließen die Gerichte

die ersten Veröffentlichungsverbote. Als in Halle 1992 um die publik gemachte IM-Liste gestritten wurde, wandte sich die Cafébesitzerin Gabriele H. an das örtliche Landgericht und verklagte das Neue Forum darauf, die Daten ihrer IM-Registrierung nicht mehr auszulegen. Die Richter gaben der Klage statt, obwohl die Frau der Stasi in ihrer Gaststätte sogar ein Zimmer zur Verfügung gestellt hatte. Die Behauptung, sie habe für das MfS gearbeitet, so die Urteilsbegründung, sei »geeignet, das berufliche sowie private Umfeld sowie die weitere persönliche Entwicklung der Klägerin schwer zu beeinträchtigen«. Mit derselben Begründung verboten die Hallenser Richter auch in einer Reihe weiterer Fälle, die Namen von Stasi-Mitarbeitern öffentlich zu machen. Dabei bestritten die meisten Kläger nicht einmal den Sachverhalt als solchen. In einem anderen Urteil hieß es mitfühlend: »Diese Informationen betreffen einen persönlichen Lebenssachverhalt des Klägers, dessen Offenbarung mit weitreichenden Folgen für das Bild des Klägers in der Öffentlichkeit und seine private und berufliche Lebensgestaltung verbunden ist.« Als das Neue Forum in die Revision ging, erhielt die Cafébesitzerin 1993 auch vor dem Oberlandesgericht Naumburg recht. Die Richter verkündeten apodiktisch: »Ein das Recht der Klägerin auf informationelle Selbstbestimmung überwiegendes öffentliches Interesse an der Bekanntmachung, dass die Klägerin als IM […] registriert und mit hoher Wahrscheinlichkeit in irgendeiner Form auch tatsächlich als IM aktiv geworden ist, liegt nicht vor.«[118]

Wegen der Bedeutung des Rechtsstreits zog das Neue Forum damals bis vor den Bundesgerichtshof. Doch auch dieser entschied 1994 zugunsten der Cafébesitzerin und erklärte für rechtsverbindlich: »Eine Bürgerbewegung im Gebiet der ehemaligen DDR war 1992 nicht befugt, in einer öffentlich ausgelegten Liste mit den Namen, Vornamen, Decknamen, Personenkennziffern sowie Einsatzorten und -richtungen von ca. 4500 angeblichen Inoffiziellen Mitarbeitern (IM) des Ministeriums für Staatssicherheit (MfS), die keine näheren Angaben über Art und Umfang der jeweiligen IM-Tätigkeit enthält, den Namen einer Person zu veröffentlichen, die weder im IM-Gefüge des MfS eine exponierte Stellung innehatte noch heute im öffentlichen Leben eine herausgehobene Funktion bekleidet. Die in der Namensnennung liegende Prangerwirkung muss der Betroffene nicht hinnehmen.«[119]

Da das Neue Forum hierin eine massive Einschränkung der Informationsfreiheit sah, wandte es sich schließlich ans Bundesverfassungsgericht, wo es jedoch nur einen Pyrrhussieg erringen konnte. Die Karlsruher Richter entschieden zwar im Februar 2000, dass die bisher ergangenen Urteile »verfassungsrechtlich nicht unbedenklich« seien. »Dem Veröffentlichungsinteresse des Beschwerdeführers haben die Gerichte unter Verkennung seiner grundrechtlichen Position zu wenig Bedeutung beigemessen.« Auch die Feststellung des Bundesgerichtshofs, die Liste habe zur Aufarbeitung der Stasi-Vergangenheit praktisch nichts beitragen können, halte einer verfassungsrechtlichen Überprüfung nicht stand. »Die Liste vermittelt aufgrund ihrer Länge einen nachhaltigen Eindruck von der massiven Durchdringung der Gesellschaft der DDR durch das MfS, verliert sich im Wege der konkreten Angaben, insbesondere der Namensnennung, aber nicht in der Abstraktheit bloßer Zahlen.« Gleichwohl wurden die Urteile nicht aufgehoben, weil das Neue Forum nach Meinung der Richter »künftig kein Interesse« mehr an der Auslegung der Listen habe.[120]

Obwohl das Bundesverfassungsgericht die Bekanntgabe der Stasi-Informanten im Prinzip verteidigt hat, darf man in Deutschland nicht einmal mehr die Namen der hauptamtlichen MfS-Mitarbeiter geschlossen publizieren. Insbesondere der frühere Berliner Datenschutzbeauftragte Hansjürgen Garstka betätigte sich dabei als Vorkämpfer für die Interessen früherer Stasi-Offiziere. Fast zeitgleich mit der Karlsruher Entscheidung nahm er Ermittlungen auf gegen den Betreiber der Internetseite »Nierenspende.de« (heute: »nierenspen.de«), der Anfang 2000 eine Liste mit den Namen von mehr als 90000 MfS-Beschäftigten ins Internet gestellt hatte. Die Datei hatte die Stasi 1989 selbst erstellt, um auch nach Auflösung des Dienstes ihre Rentenansprüche dokumentieren zu können. Die Liste, die sich auch herunterladen ließ, war jedoch nur kurze Zeit zugänglich. Die Stasi-Akten-Behörde und der Bundesdatenschutzbeauftragte bezeichneten ihre Veröffentlichung als Gesetzesverstoß.[121] Der Inhaber der Homepage bekam sogar mehrere anonyme Morddrohungen. Nach wenigen Tagen sperrte der Provider »aus rechtlichen Gründen« die Seite, auf die es allein an einem Tag 37000 Zugriffe gegeben haben soll. Zwei Jahre später unternahm Garstka einen weiteren Vorstoß dieser Art. Diesmal mahnte er unter Androhung von Bußgeldern die Betreiber mehrerer Internetseiten ab, die einen Link zu der mittlerweile ins Ausland verzogenen Seite mit den Stasi-Hauptamtlichen gesetzt hatten. Seitdem kann man in Deutschland nur noch über komplizierte Umwege auf die Liste zugreifen.

Während bei den Listen argumentiert wurde, die Namen ehemaliger Stasi-Mitarbeiter dürften nur im begründeten Einzelfall öffentlich genannt werden, verboten die Gerichte gerade auch in solchen Einzelfällen immer häufiger eine Berichterstattung. Vor allem die Pressekammern der Landgerichte in Hamburg und Berlin taten sich damit hervor, dass sie prominenten Klägern fast immer recht gaben, wenn diese gegen entsprechende Berichte vorgingen. Unter ihren Vorsitzenden Andreas Buske und Michael Mauck haben sie in den letzten Jahren Dutzende Veröffentlichungen zensiert. Da die Verfahren mit erheblichen Kosten verbunden sind und Zuwiderhandlungen mit Ordnungsgeldern von bis zu 250000 Euro geahndet werden können, tragen viele Journalisten mittlerweile die sprichwörtliche Schere bereits im Kopf. Mit ihrer einseitigen Rechtsprechung zugunsten der Täter haben es diese beiden Gerichte zustande gebracht, dass eine öffentliche Aufarbeitung der DDR-Vergangenheit in vielen Fällen kaum noch möglich ist.

Als einer der Ersten versuchte der brandenburgische Ministerpräsident Stolpe, Äußerungen über seine Vergangenheit gerichtlich verbieten zu lassen. Anlass war ein Statement des Berliner CDU-Politikers Uwe Lehmann-Brauns, der 1996 in einer Fernsehsendung mit Blick auf die geplante Länderfusion von Berlin und Brandenburg gesagt hatte: »Die Tatsache, dass Herr Stolpe, wie wir alle wissen, IM Sekretär, über 20 Jahre im Dienste des Staatssicherheitsdienstes tätig, dass der die Chance erhält, 1999 hier in Berlin, auch über Berlin Ministerpräsident zu werden, das heißt, dass ich sein Landeskind werde, zusammen mit anderen, das verursacht mir doch erhebliche Kopfschmerzen.« Stolpe sah darin eine Verletzung seiner Persönlichkeitsrechte, da er niemals als Inoffizieller Mitarbeiter des Staatssicherheitsdienstes tätig gewesen sei. Er erhob eine Unterlassungsklage, die die Gerichte fast zehn Jahre lang beschäftigen sollte. Während der Bundesgerichtshof Stolpes Klage im Juni 1998 zurückwies, gab ihm das Bundesverfassungsgericht im Oktober 2005 recht und hob das BGH-Urteil wieder auf. »Es führt nicht zu einer mit der Vermutung für die Zulässigkeit der freien Rede unvereinbaren Überspannung der Wahrheitspflicht des Beklagten«, so die Karlsruher Richter in kaum verständlichem Kauderwelsch, »wenn dieser, falls er künftig erneut Stellung nehmen will, offenlegen muss, dass eine gesicherte Tatsachengrundlage für die von ihm aufgestellte Behauptung fehlt.«[122] Im Klartext: Da nicht bewiesen sei, dass Stolpe für den Staatssicherheitsdienst gearbeitet habe, dürfe man auch nicht diesen Eindruck erwecken.

Für die Pressefreiheit hatte das Urteil gravierende Folgen. Während die Gerichte bis dahin davon ausgingen, dass eine Aussage nicht verboten werden darf, wenn man sie auch anders verstehen kann, als der Betroffene meint, hat das Bundesverfassungsgericht die Rechtslage nunmehr umgedreht. Jetzt reicht es bereits aus, dass man einen Satz in einem belastenden Sinne auffassen *kann*, um ihn zu untersagen. Selbst missverständliche Äußerungen führen nunmehr zwangsläufig zu einer gerichtlichen Niederlage. »Der Tag dieser Entscheidung des Bundesverfassungsgerichts«, so kommentierte die Berliner *taz* den Karlsruher Beschluss, »ist ein wahrhaft schwarzer Tag für die Presse- und Meinungsfreiheit.«[123]

In ähnlicher Weise wie Stolpe geht auch der PDS-Politiker Gregor Gysi gegen seine Kritiker vor. Mit zahllosen Zivilklagen ließ er Zeitungen, Journalisten und ehemaligen DDR-Oppositionellen untersagen, ihn als IM zu bezeichnen. Mit den Schriftsätzen und Urteilen kann man inzwischen ganze Bücherregale füllen. Schon im November 1993 verbot das Landgericht Hamburg der Bürgerrechtlerin Bärbel Bohley, über Gysi zu verbreiten, er sei ein Stasi-Spitzel gewesen. Im September 1995 erließ das Landgericht Berlin ein ähnliches Verbot gegen die *Berliner Zeitung*. Obwohl die Stasi-Akten-Behörde Gysi mittlerweile in einem ausführlichen Gutachten eine jahrelange Zusammenarbeit mit dem MfS bescheinigt hatte, erklärte die Kammer, dass dieses »den Beweis für eine aktive Tätigkeit des Beklagten zu Diensten und in Erfüllung der vom MfS wahrgenommenen Aufgaben« nicht erbringe.[124] Danach zog Gysi fast nur noch vor das Landgericht Hamburg, dessen Stasi-freundliche Urteile inzwischen berühmt-berüchtigt sind. Dem Vorsitzenden Richter Buske, der mit rückenlangem Haar über die Delinquenten zu Gericht sitzt, ist mittlerweile sogar eine eigene Internetseite gewidmet.[125] Dem *Spiegel* verbot er gleich mehrfach – 1998 und 2002 – die Behauptung, Gysi habe unter dem Decknamen »IM Notar« für die Stasi gearbeitet. Der Bürgerrechtlerin Freya Klier untersagte er im Jahr 2000 auch die Formulierung, Gysi habe »seine Mandanten nicht verteidigt, sondern bespitzelt«. Beim ZDF-Magazin »Frontal 21« unterband er im September 2005 die Aussage, Gysi sei vom MfS in den Akten als Spitzel »geführt« worden und habe »selbst an der operativen Bearbeitung von Oppositionellen teilgenommen«. Weil sich Gysis Klagewut herumgesprochen und er regelmäßig recht bekommen hat, traut sich mittlerweile kaum mehr ein Journalist, Klartext über ihn zu schreiben.

Die Gerichte gingen sogar so weit, den Medien vorzuschreiben, dass sie amtliche Einschätzungen des Falls nicht mehr wiedergeben dürfen. Sie können damit nicht einmal ihrer schlichten Berichterstattungspflicht nachkommen. So hatte die *Berliner Morgenpost* im Juli 2001 die Leiterin der Stasi-Akten-Behörde, Marianne Birthler, mit den Worten zitiert: »Da Dr. Gysi sich konspirativ mit der Stasi getroffen hat, da er Aufträge entgegengenommen und umgesetzt hat, da er Informationen geliefert hat, können wir davon sprechen, dass über Jahre hinaus er wie ein IM gearbeitet hat.«[126] Der PDS-Politiker ließ auch die Verbreitung dieses Zitats per Gerichtsurteil untersagen. Das Hamburger Landgericht entschied überdies, dass aus dem offiziellen Abschlussbericht des Bundestagsimmunitätsausschusses keine belastenden Sätze mehr zitiert werden dürfen – für den innenpolitischen Sprecher der SPD, Dieter Wiefelspütz, ein »unzulässiger Eingriff in die Pressefreiheit« und eine »Brüskierung eines Verfassungsorgans«.[127] Man darf deshalb gespannt sein, ob Gysi auch gegen dieses Buch vorgehen wird.

Der Marsch zum Hamburger Pressegericht ist längst kein Geheimtipp mehr. Für viele ist es das Erste, was sie tun, wenn sie lästige IM-Vorwürfe unterbinden wollen. Da man in Deutschland bei Streitigkeiten dieser Art ein beliebiges Gericht wählen kann, in dessen Zuständigkeitsbereich die betreffende Zeitung erhältlich ist, zieht es die Stasi-Verdächtigen seit Jahren auf wundersame Weise in die Hansestadt. So kommt es, dass der PDS-Politiker Gysi aus Berlin die im selben Ort erscheinende *Welt* nicht dort, sondern im fernen Hamburg verklagte. Auch der Fraktionsvorsitzende der PDS im sächsischen Landtag, Peter Porsch, beschritt gleich nach den ersten Presseberichten über seine Stasi-Kontakte im August 2004 diesen Weg, um eine Dresdner Zeitung zum Verstummen zu bringen. Das Gericht verbot dieser und mehreren anderen Blättern daraufhin, ihn als Stasi-Informanten zu bezeichnen. In einem Urteil vom September untersagten es die Richter der *Sächsischen Zeitung* in Dresden sogar, darüber zu berichten, dass ein entsprechender Verdacht bestehe. Selbst der Satz »Er soll als langjähriger IM sogar seine damalige Freundin und jetzige Ehefrau bespitzelt haben« kam auf den Index.[128]

Den Zeitungen nutzte es auch nichts, dass sie dem Gericht eine Fülle einschlägiger Stasi-Unterlagen präsentierten. Genauso wischten die Richter die Einschätzung der Stasi-Akten-Behörde vom Tisch, dass Porsch den Unterlagen zufolge als IM geführt worden sei. Für sie reichte es aus, dass der PDS-Politiker ihnen eidesstattlich versichert hatte, nicht mit der Stasi zusammengearbeitet zu haben, um seinen zahlreichen Unterlassungsklagen stattzugeben. Für Porsch und seine klagefreudigen Anwälte, die damals versuchten, flächendeckend unliebsame Berichte zu verhindern, eine wunderbare Schützenhilfe. Siegesgewiss drohte sein Anwalt Diestel den Medien auf einer Pressekonferenz: »Selbstverständlich werden wir so viel wie möglich klagen, davon leben wir.«[129] Wie weltfremd die Hamburger Urteile waren, kann man schon daran erkennen, dass die Universität Leipzig Porsch wegen seiner Stasi-Kontakte fristlos kündigte und der sächsische Landtag mit großer Mehrheit beschloss, ihm vom Verfassungsgericht das Mandat aberkennen zu lassen.

An das Hamburger Landgericht wandte sich auch der Schriftsteller Günter Wallraff – obwohl die Stasi einen ausführlichen Bericht über seine Anwerbung, seinen Einsatz und seine »Abschaltung« hinterlassen hatte. Darin hieß es wörtlich: »Der IM ›Friedhelm‹ lernte W[allraff] im Herbst 1966 kennen, als dieser in seiner Eigenschaft als Journalist des ›Hamburger Abendechos‹ ein Hamburger Theater zu einem Gastspiel nach Rostock begleitete. Nach ersten Abklärungen zur Person, Besuchen von ›Friedhelm‹ bei W. im Operationsgebiet wurde er im November 1976 mit Hilfe einer operativen Kombination an den OibE [Offizier im besonderen Einsatz] ›Oster‹ und IM ›Richter‹ zur weiteren Bearbeitung und Vorbereitung der Werbung übergeben. Als im April 1968 eine operativ günstige Situation vorhanden war, wurde W. direkt angesprochen und zu einer Zusammenarbeit mit dem Nachrichtendienst der DDR geworben.«[130] Die Hamburger Richter urteilten demgegenüber in einem von Wallraff angestrengten Verfahren gegen die *Welt* im Dezember 2004: »Die angegriffene Äußerung, der Kläger sei IM der Stasi gewesen, hat als unwahr zu gelten.« Die Richter begründeten dies damit, dass Informationen aus Akten des Staatssicherheitsdienstes gemäß einem BGH-Urteil einer besonders kritischen Überprüfung bedürften, »weil Aufgabenstellung und Arbeitsweise des MfS den Erfordernissen rechtsstaatlicher Sachverhaltsaufklärung in keiner Weise entsprochen haben«.[131] Eine willentliche Zusammenarbeit Wallraffs mit dem Instrukteur »Friedhelm« könne nicht bewiesen werden, da dieser bestritten hatte, sich gegenüber Wallraff als Stasi-Mitarbeiter offenbart zu haben. Nach dieser Rechtsprechung darf man letztlich überhaupt niemanden mehr als IM bezeichnen – es sei denn, er bekennt sich selbst dazu. Ob der gleiche Maßstab auch an einen SS-Mann gelegt würde, dessen Werdegang in NS-Akten dargestellt wird?

Mit gesundem Menschenverstand ist das Agieren der Richter kaum nachzuvollziehen: Sie verbieten es, eine Person als IM zu bezeichnen, die die Stasi selbst so genannt hat. Unter Berufung auf den Persönlichkeitsschutz machen sie dadurch eine offene historische und journalistische Arbeit fast unmöglich. Ohne einen Grundkurs in Presserecht kann man kaum noch über das Thema Stasi schreiben. Ausgangspunkt der Hamburger Gerichtsentscheidungen ist, dass der Vorwurf einer IM-Tätigkeit ehrenrührig sei – obwohl dies für PDS-Kreise nur eingeschränkt gelten dürfte. Wer einen ehrenrührigen Vorwurf verbreitet, so der nächste Schritt, muss diesen auch beweisen. Bei weniger prominenten Personen, zum Beispiel einfachen Straftätern, hat man überhaupt kein Recht, ihn öffentlich zu machen. Wenn die Stasi jemanden in einer Akte als IM eingestuft hat – das ist der dritte und entscheidende Schritt –, dann ist dies zwar ein Anhaltspunkt, aber kein Beweis. Bestreitet die Person, mit der Stasi zusammengearbeitet zu haben, so ist die Beweiskraft der Akte noch geringer zu veranschlagen. Am Ende maßen sich die Richter an, selber zu entscheiden, ob eine Person ein Informant der Stasi war oder nicht. Falls ihre Antwort Nein lautet, darf man nur noch einen vagen Verdacht äußern – und wenn die Stasi zehnmal geschrieben hat, wie zuverlässig und wertvoll ihr Informant gewesen ist.

Das Berliner Landgericht verfolgt eine ähnliche Linie. Die Pressekammer unter ihrem Vorsitzenden Mauck verbietet es immer häufiger, prominente Kläger als IM zu bezeichnen – selbst wenn erdrückende Beweise vorliegen. Das Gericht untersagte zum Beispiel dem *Focus* und der Zeitung *BZ*, über die – im Verfahren nicht bezweifelte – IM-Tätigkeit des damaligen Adlon-Geschäftsführers Thomas Klippstein zu berichten. Kaum war das Urteil gefällt, gestand Klippstein seine Spitzeldienste öffentlich ein und entschuldigte sich dafür – offensichtlicher konnten sich die Richter kaum blamieren. Ähnlich ging die Kammer auch im Fall der Schauspielerin Jenny Gröllmann vor. Weil ihr früherer Mann, der Schauspieler Ulrich Mühe, im Begleitbuch zum Stasi-Drama »Das Leben der Anderen« erwähnt hatte, dass auch sie IM gewesen sei, klagte sie auf Unterlassung. Obwohl in ihrer Akte zahlreiche Treffen mit einem Führungsoffizier dokumentiert und auf Tonband aufgenommene Berichte überliefert sind, entschieden die Richter in ihrem Sinne.[132] Die Schauspielerin hatte dem Gericht an Eides Statt erklärt, dass sie niemals wissentlich mit dem Staatssicherheitsdienst zusammengearbeitet habe. Der zuständige Stasi-Offizier hatte sogar behauptet, er habe Teile der Akte gefälscht. Seitdem darf das Buch nur noch geschwärzt verkauft werden.

Auch nach Gröllmanns Tod im August 2006 dauerte der Rechtsstreit an. Die Kanzlei Gregor Gysis, von der sich die Schauspielerin hatte vertreten lassen, ging weiter gegen Mühe vor – trotz oder wegen eines juristischen Teilerfolges, den der Schauspieler schließlich erzielt hatte. Das Gericht hatte nämlich eine Bemerkung Mühes zugelassen, dass ihm eine Sachbearbeiterin der Stasi-Akten-Behörde Gröllmanns IM-Tätigkeit bestätigt habe. Im Januar 2007 musste der Filmvertrieb dann auch noch die DVD des Stasi-Dramas aus dem Verkehr ziehen. Diesmal war Gysi selbst der Kläger, weil Regisseur Florian Henckel von Donnersmarck in einem Audiokommentar berichtet hatte, dass die Stasi-Akten-Behörde eine IM-Tätigkeit des Politikers zwar bestätige, es aber unter Strafandrohung verboten sei, ihn als IM »Notar« zu bezeichnen. Frustriert erklärte Mühe: »Ich habe bis vor Kurzem gehofft, dass die ergangene gerichtliche Entscheidung den Sinn macht, unbehelligt und unbedroht das äußern zu können, was die Birthler-Behörde eindeutig und klar bestätigt hat: die zu Frau Gröllmann geführten Akten bezeugen eine freiwillige Stasi-Mitarbeit. Dieses Urteil wird erneut angefochten. Ich will meine Zeit nicht länger damit verbringen, diesen ungeheuerlichen Vorgängen in meinem Leben Raum zu geben, denn es ist sinnlos. Ich darf und werde mich in Zukunft zu einer IM-Tätigkeit von Frau Gröllmann nicht mehr äußern. Die Kanzlei Gysi mag dieses Land mit einstweiligen Verfügungen zupflastern und den Akten der Birthler-Behörde noch ein paar Jahre erfolgreich jegliche Beweiskraft abjagen. Das Material wird immer da sein!«[133]

Im Februar 2006 verbot das Berliner Landgericht auch die Verbreitung eines Buches über die Prozesse gegen DDR-Grenzschützen und ihre Befehlsgeber. Der Frankfurter Journalist Roman Grafe hatte darin eher beiläufig erwähnt, dass ein Politoffizier des Grenztruppenregiments, das 1989 an der Berliner Mauer den Flüchtling Chris Gueffroy erschoss, heute Vorsitzender des Hauptpersonalrates der Bundespolizei ist. Der Mann, Sven Hüber verklagte daraufhin den Autor und verlangte, dass die Passage gestrichen werde. Das Landgericht gab ihm recht und verurteilte auch die *Süddeutsche Zeitung*, das Vorleben Hübers nicht mehr zu erwähnen. Für den Fall der Zuwiderhandlung drohte es ein Ordnungsgeld von 250000 Euro oder bis zu sechs Monate Ordnungshaft an. Die Zeitung hatte geschrieben, dass der Bundespolizist vor seiner Übernahme in den Bundesgrenzschutz (BGS) sieben Jahre lang bei den DDR-Grenztruppen diente. An der Offiziersschule in Suhl hatte er 1987 seine Diplomarbeit über den BGS »als Instrument imperialistischer Macht- und Herrschaftssicherung« geschrieben und »Anforderungen und Konsequenzen für die Ausprägung eines klassenmäßig geprägten und realistischen Feindbildes der Angehörigen der Grenztruppen der DDR« formuliert.[134] Als der Buchautor Grafe im Dezember 2006 mit einem öffentlichen Appell gegen das Urteil protestierte, verbot das Gericht auch dessen Verbreitung. 45 prominente Unterzeichner, darunter der Liedermacher Wolf Biermann, die Schriftsteller Ralph Giordano und Walter Kempowski sowie etliche Juristen aus den Mauerschützenprozessen, hatten darin gefordert: »Dieses Urteil darf nicht rechtskräftig werden.«[135] Erst das Berliner Kammergericht hob das Urteil im März 2007 wieder auf.

Die Liste derartiger Gerichtsentscheidungen ist damit keineswegs zu Ende. So sprach das Landgericht Berlin 2004 dem Redakteur der *Berliner Zeitung* Andreas Förster in erster Instanz 2500 Euro Schmerzensgeld zu, weil dieser sich zu Unrecht als Stasi-Mitarbeiter bezeichnet sah – obwohl er zu DDR-Zeiten dem Stasi-Wachregiment angehört hatte und damit zweifelsfrei Stasi-Mitarbeiter war. Erst als das Kammergericht das Urteil wieder aufheben wollte, zog er die Klage zurück. Auf Antrag des ARD-Sportkoordinators Hagen Boßdorf verbot das Landgericht Hamburg 2006 auch den schlichten – wahren – Satz: »Selbst eingefleischte IM haben davor zurückgeschreckt, ihre Privatpost der Stasi zu geben.« Die *Bild*-Zeitung hatte ihn veröffentlicht, als herausgekommen war, dass die Stasi mit Boßdorfs Hilfe eine Göttinger Studentin als Agentin hatte anwerben wollen – und deren freundschaftliche Briefe an Boßdorf in seiner IM-Akte abgeheftet hatte. Die Richter meinten, aus dem Satz könne man ableiten, dass Boßdorf IM gewesen sei und seine Briefe der Stasi gegeben habe – wofür es keine Beweise gebe. Ein besonderes Bravourstück gelang dem Landgericht Berlin 2006, als es dem ehemaligen Stasi-Offizier und heutigen Sprecher des MfS-Insiderkomitees Wolfgang Schmidt erlaubte, den Autor dieses Buches als »Volksverhetzer vom Dienst« zu bezeichnen. Auf die Spitze getrieben wurde der juristische Irrsinn dadurch, dass das Gericht dem Stasi-Mann im selben Urteil untersagte, zu behaupten, man könne den Autor dieses Buches ungestraft als Volksverhetzer bezeichnen.

Dass sich die Pressekammern in Berlin und Hamburg immer mehr zu Zensurinstanzen entwickeln, die die Freiheit der Berichterstattung unter Berufung auf die Persönlichkeitsrechte einschränken, beunruhigt inzwischen auch die Medien. So rechnete die *Welt* im Juli 2006 vor, dass sich die Zahl der Prozesse vor diesen beiden Gerichten seit 2001 auf jeweils rund eintausend pro Jahr verdoppelt habe, während sie in München seit langem stabil sei. Auf rätselhafte Weise seien auch die Streitwerte der Verfahren und damit die Anwaltshonorare beständig gestiegen, so dass das wirtschaftliche Risiko für die Zeitungen immer höher werde. Wie *Focus*-Chefredakteur Helmut Markwort erklärte, durchforsten manche Anwälte die Medien regelrecht auf mögliche Persönlichkeitsrechtsverletzungen und motivieren dann die Betroffenen, dagegen vorzugehen.[136] Fast immer sind es dieselben Anwälte, die solche Klagen erheben. So lassen sich ehemalige Stasi-Mitarbeiter mit Vorliebe von Peter-Michael Diestel vertreten. Aber auch Linksfraktionschef Gregor Gysi ist immer wieder in Stasi-Fällen aktiv. In Berlin haben sich vor allem die Anwälte Christian Schertz und Johannes Eisenberg einen Namen damit gemacht, kritische Äußerungen zur DDR-Vergangenheit juristisch zu unterbinden. In Hamburg sind es die Kanzleien Schwenn und Krüger, Helmuth Jipp oder Heinrich Senfft.

Unterdrückung als Lebensleistung

Die Justiz ist auch dafür verantwortlich, dass sich ehemalige DDR-Funktionäre heute in der Regel einer üppigen Rente erfreuen. Für die Mehrheit macht sich die Mitwirkung am SED-Regime bis in die Gegenwart in Euro und Cent bezahlt. Deutsche Gerichte haben dafür gesorgt, dass die hohen Gehälter der DDR-Staatskader in den meisten Fällen auch ebenso hohe Renten nach sich ziehen. Der Bundestag hat dabei durch eine gedankenlose Gesetzgebung den alten Kadern leichtfertig Ansatzpunkte für ihre zahllosen Klagen geliefert. Ob hohe Polizei- und Grenztruppenoffiziere, ob Aufseher in DDR-Gefängnissen, ob hauptamtliche Funktionäre der Diktaturpartei – sie alle bekommen, wenn es um die Berechnung ihrer Altersbezüge geht, ihre frühere Unterdrückertätigkeit inzwischen als Lebensleistung anerkannt.

Die SED privilegierte ihre Getreuen mit ungewöhnlich hohen Renten. Neben den Mitgliedern der bewaffneten Organe, die im Alter in den Genuss einer Sonderversorgung kamen, profitierten davon vor allem die Mitarbeiter des Staatsapparates und der Parteien, die neben der normalen Rente eine üppige Zusatzversorgung erhielten. Darüber hinaus sorgte die »Partei der Arbeiterklasse« dafür, dass auch die neue sozialistische Führungsschicht – Professoren, Ärzte, Ingenieure, Lehrer – im Vergleich zur sonstigen Bevölkerung weit höhere Altersbezüge erhielt. Auf diese Weise versuchte die SED, sich deren Loyalität zu erkaufen. Diese Elite wurde auf Kosten der Allgemeinheit gleich dreimal bevorzugt: durch luxuriöse Gehälter, durch höhere Staatszuschüsse zu den Sozialabgaben und durch Höchstrenten von 90 Prozent des Nettoeinkommens.

Die gehätschelte Führungsschicht, die die Zusatzrente erhielt, umfasste Anfang 1990 rund 230 000 DDR-Bürger. Darunter befanden sich allein rund 55 000 ehemalige Mitarbeiter des DDR-Staatsapparates. Die Zahl derjenigen, die künftig einen Anspruch darauf haben würde, schätzte man 1992 sogar auf über zwei Millionen. Weitere 120 000 Kader profitierten 1990 von der Sonderversorgung der bewaffneten Organe. Die Zahl der zukünftig Berechtigten wurde hier 1992 auf etwa 1,5 Millionen veranschlagt. Alles in allem hatten damit mehr als 3,8 Millionen DDR-Privilegierte Ansprüche auf besonders hohe Altersbezüge.

Obwohl sich beide deutsche Staaten 1990 darin einig waren, die Privilegien der SED-Kader abzuschaffen, ist dieses Ziel in keiner Weise erreicht worden. In einem langjährigen juristischen und politischen Kampf haben die entmachteten Funktionäre den Bundestag dazu gezwungen, ihre Altersbezüge immer weiter anzuheben. Entscheidende Schützenhilfe erhielten sie dabei vom Bundesverfassungsgericht, das die Luxusrenten der Systemtreuen unter den Eigentumsschutz des Grundgesetzes stellte. Inzwischen sind fast alle Entscheidungen der Volksvertreter, die Ruhestandsgehälter zu kappen, durch die Gerichte aufgehoben worden.

Entscheidende Fehler wurden bereits beim Vertrag über die Schaffung einer Währungs-, Wirtschafts- und Sozialunion zwischen der Bundesrepublik Deutschland und der DDR gemacht. Darin hieß es, dass die Ansprüche und Anwartschaften aus den Zusatz- und Sonderversorgungssystemen in die allgemeine Rentenversicherung der DDR überführt werden. Sie wurden damit normalen Rentenansprüchen gleichgestellt – und zum 1. Juli 1990 eins zu eins in DM umgewandelt. Da die enormen Kosten die Leistungsfähigkeit der Rentenversicherungsträger überstiegen, sollte sie der Steuerzahler tragen. In dem Vertrag wurde außerdem festgelegt, dass die rentennahen Jahrgänge fünf Jahre lang »Vertrauensschutz« genießen sollten. Das heißt, ihre Renten durften in dieser Zeit nicht abgesenkt werden – egal wie hoch sie lagen.[137]

Im Einigungsvertrag bekräftigten die beiden deutschen Staaten diese Vereinbarungen. Die Privilegien aus den Zusatz- und Sonderversorgungen gingen damit in das wiedervereinigte Deutschland über – ohne dass ein Unterschied gemacht wurde, ob es sich um hohe SED-Funktionäre, Stasi-Offiziere oder um besserbezahlte Ärzte handelte. Die damaligen Festlegungen haben nicht nur dazu geführt, dass das Zwei-Klassen-Rentenrecht der DDR bis heute fortwirkt. Sie belasten auch immer mehr den Staatshaushalt. Ein erheblicher Teil der milliardenschweren Transferleistungen von West nach Ost fließt mittlerweile in die Taschen der alten Funktionäre.

Dabei hatten sich die Volksvertreter die Sache eigentlich ganz anders vorgestellt: Schon im Vertrag über die Währungsunion hatten beide deutsche Staaten ausdrücklich festgelegt, überhöhte Leistungen abzubauen und ungerechtfertigte Leistungen abzuschaffen. Die Volkskammer der DDR beschloss deshalb im Juni 1990, die Rentenansprüche der Systemträger zu begrenzen. Im Rentenangleichungsgesetz (RAnglG) vom 28. Juni 1990 hieß es: »Ansprüche und Anwartschaften aus zusätzlichen Versorgungssystemen können gekürzt werden, wenn der Berechtigte in schwerwiegendem Maße seine Stellung zum eigenen Vorteil missbraucht hat.«[138] Staatsnahe Beschäftigte und Spitzenfunktionäre der Planwirtschaft sollten, so die Bestimmungen, maximal 2010 DM Rente pro Monat bekommen. Stasi-Mitarbeiter sollten nur noch bis zu 990 DM erhalten, also höchstens doppelt so viel wie eine DDR-Mindestrente. Durch den Einigungsvertrag wurden diese Bestimmungen auch in bundesdeutsches Recht übernommen. Später sollte der gesamtdeutsche Bundestag genauer regeln, wie die DDR-Renten dauerhaft in die gesetzliche Rentenversicherung überführt würden. Beide deutsche Staaten verständigten sich darauf, dass Altersbezüge in bestimmten Fällen auch gekürzt oder sogar aberkannt werden konnten – wenn der Berechtigte gegen die Grundsätze der Rechtsstaatlichkeit verstoßen oder seine Stellung zum eigenen Vorteil oder zum Nachteil anderer schwerwiegend missbraucht hatte.[139]

Wie verabredet, beschloss der Bundestag im Juli 1991 die neuen Renten für ehemalige DDR-Bürger. Das Rentenüberleitungsgesetz (RÜG) und das Anspruchs- und Anwartschaftsüberführungsgesetz (AAÜG) orientierten sich dabei an den bisherigen Verträgen und Beschlüssen. Durch die sogenannte Systementscheidung wurden die Ansprüche aus den Zusatz- und Sonderversorgungssystemen allesamt in die gesetzliche Rentenversicherung überführt. Später entschieden die Gerichte, dass bereits der Nachweis einer entsprechenden Tätigkeit ausreicht – unabhängig vom Nachweis der tatsächlichen Beitragszahlung. Allerdings sollten bestimmte systemnahe Berufsgruppen und Funktionäre nicht mehr Rente als die Bezieher eines DDR-Durchschnittseinkommens erhalten. Die Obergrenze des berücksichtigungsfähigen Einkommens lag für Mitarbeiter des Partei- und Staatsapparates und ähnliche Kader ab dem 1. August bei höchstens 140 Prozent eines DDR-Durchschnittsverdienstes. Wer mehr verdient hatte, bekam lediglich eine Durchschnittsrente, wobei diejenigen, die bereits in Rente waren, weiterhin die von der Volkskammer beschlossenen 2010 DM erhielten. Auch für die übrigen Zusatzversicherten galt jetzt diese Obergrenze, wobei hier die schon bewilligten Renten bei 2700 DM eingefroren wurden. Stasi-Mitarbeiter im Ruhestand – seinerzeit etwa sechstausend Personen – bekamen eine Altersversorgung von maximal 802 DM. Das entsprach damals einer Durchschnittsrente in Ostdeutschland oder 70 Prozent von dem, was man bekam, wenn man ein durchschnittliches DDR-Einkommen erzielt hatte.[140]

Dass die Gerichte diese Regelungen in den letzten Jahren fast alle gekippt haben, hat sich der Bundestag selbst zuzuschreiben. Statt die eindeutig politisch motivierten Rentenprivilegien zu beschneiden, entschied sich das Parlament für die Rasenmähermethode: Allen Zusatz- und Sonderversorgten, die mehr als das 1,4fache eines Durchschnittslohns verdient hatten, wurde die Rente gekappt und auf 100 Prozent einer Durchschnittsrente abgesenkt. Anders als von der DDR-Volkskammer gewollt, waren von dieser Kürzung auch Berufsgruppen wie Balletttänzer oder Tierärzte betroffen, was weder den Betroffenen noch den Gerichten einleuchten wollte. Schon bald kam es zu einer Flut von Klagen gegen die Rentenbescheide, denen Sozialgerichte bis hin zum Bundessozialgericht vielfach stattgaben. Zu Recht wiesen die Richter darauf hin, dass es einen Unterschied mache, ob ein höherer Rentenanspruch erworben wurde, weil man zu DDR-Zeiten besonders qualifizierte Arbeit geleistet hatte oder weil man dem Regime besonders nützlich gewesen war. Sie bezweifelten auch, dass es verfassungskonform sei, wenn eine geringe Überschreitung der Gehaltsgrenze zu einer fallbeilartigen Reduktion auf eine Durchschnittsrente führe. Ähnlich

Verdienende erhielten dadurch oft völlig unterschiedliche Altersbezüge.

Zwei Jahre später sah sich der Bundestag deshalb gezwungen, seine eigenen Regelungen zu überarbeiten. Im Gesetz zur Ergänzung des Rentenüberleitungsgesetzes (Rü-ErgG) vom 24. Juni 1993 fiel man dann ins andere Extrem:[141] Nun wurden ganze Berufsgruppen von der Rentenkappung befreit, ohne Rücksicht darauf, was der Einzelne konkret gemacht hatte. So kamen etwa alle Beschäftigten der ostdeutschen Banken oder des DDR-Kulturbundes in den Genuss von Renten bis zur Höchstgrenze; man stufte sie nicht mehr als »systemnah« ein. Für Mitarbeiter des Berliner Magistrats blieben die Renten dagegen weiterhin abgesenkt, obwohl ein leitender Mitarbeiter der Müllabfuhr sicher weniger zum Erhalt des Regimes beigetragen hatte als ein hoher Kulturbund-Funktionär. Für die übrigen Kader sah das Gesetz zudem vor, dass ihre Renten nicht mehr abrupt, sondern stufenweise abgesenkt würden. Wer mehr als 1,4mal so viel verdient hatte wie ein DDR-Durchschnittsverdiener, bekam nur noch ein bisschen weniger Rente. Erst wenn er das 1,8fache eines DDR-Durchschnittseinkommens eingestrichen hatte, landete er beim DDR-Durchschnitt. Auf diese Weise sollten mittlere Kader weniger stark getroffen werden als Spitzenfunktionäre. Zugleich wollte man den verfassungsrechtlichen Bedenken gegen die starre Kappungsgrenze Rechnung tragen. Da die Änderungen rückwirkend zum 1. August 1991 in Kraft traten, waren die früheren Bestimmungen damit praktisch aufgehoben. Zum Stichtag 31. Dezember 1996 erhielten jetzt nur noch 12 Prozent oder 61 000 der Zusatzversorgten eine nach oben begrenzte Rente. Bei den bewaffneten Organen waren es, je nach Einsatzbereich, zwischen 31 und 50 Prozent der Rentenbezieher.

Gleichwohl klagten auch gegen dieses Gesetz zahlreiche Funktionäre – und stießen immer wieder auf offene Ohren. So gab das Sozialgericht in Gotha einem ehemaligen DDR-Richter recht, der für mehrere Arbeitsjahre nur ein Durchschnittseinkommen angerechnet bekommen hatte. Die Sozialrichter waren der Meinung, dass das Rentenüberleitungsgesetz gegen das Gleichheitsgebot im Grundgesetz verstoße, weil die Verdienste ihres DDR-Kollegen keineswegs überhöht gewesen seien. Als Beleg diente ihnen ein Gutachten, nach dem ein Hochschulabsolvent im DDR-Staatsapparat nicht mehr als in der volkseigenen Wirtschaft bekommen habe – also finanziell nicht bevorzugt worden sei. Die Richter machten sich zugleich die Behauptung ehemaliger DDR-Staatsfunktionäre zu eigen, dass es sich bei den bisherigen Bestimmungen um ein »Rentenstrafrecht« handle. Mit diesem Begriff versuchen die Regimekader seit Jahren zu suggerieren, sie sollten mit dem Abbau ihrer Privilegien politisch bestraft werden, was mit der Wertneutralität des Rentenrechts nicht vereinbar sei. Die gesetzlichen Regelungen, so verkündeten nun die Richter, verstießen gegen den Schuldgrundsatz, die Unschuldsvermutung und das Verbot der Kollektivbestrafung.[142]

Ähnliche Auffassungen vertrat auch das Bundessozialgericht. Ein ehemaliger Wachtmeister und Parteisekretär der DDR-Volkspolizei hatte dagegen geklagt, dass seine Rente teilweise begrenzt worden war. Die Richter behaupteten, das zugrunde liegende Gesetz entziehe sich einer verfassungskonformen Auslegung, da es gegen den Gleichheitsgrundsatz verstoße. Zwar sei es grundsätzlich vertretbar, die Privilegien regimestützender Personen zu kappen, doch könne dabei die Höhe des Gehalts nur dann ein Kriterium bilden, wenn eine Tätigkeit besser vergütet worden sei als normalerweise üblich. Aus dem Spitzenverdienst allein könne nicht geschlossen werden, dass dieser nicht durch Arbeit und Leistung gerechtfertigt gewesen sei. Darüber hinaus stießen sich die Richter daran, dass Spitzenfunktionäre weniger Rente erhielten als mittlere Kader, was mit Privilegienabbau im Rentenversicherungsrecht nichts zu tun habe.[143] Beide Gerichte legten das Problem dem Bundesverfassungsgericht zur Entscheidung vor.

Auch die politischen Parteien ruderten zurück. Das vom Bundestag beschlossene Rentenüberleitungsgesetz stieß in ihren Reihen zunehmend auf Kritik. Nicht nur die PDS, sondern ebenso die Fraktionen von SPD und Bündnis 90/Die Grünen sowie die Länder Berlin und Sachsen-Anhalt schlugen eine neuerliche Gesetzesnovellierung vor. In die Diskussion schalteten sich diesmal auch Vertreter der Opferverbände ein. Sie regten an, die Renten nicht mehr für ganze Berufsgruppen und bestimmte Funktionen, sondern gezielt für die sogenannten Nomenklatur-Kader zu begrenzen. Dabei handelte es sich um leitende Funktionäre in allen staatlichen und wirtschaftlichen Einrichtungen, die ausschließlich mit Zustimmung der SED berufen werden konnten. Diese etwa 250 000 Gefolgsleute des Politbüros sorgten dafür, dass die Beschlüsse und Weisungen der Partei überall durchgesetzt wurden. Sie waren in der DDR die eigentlichen politischen Funktionsträger. In aller Regel verdienten sie erheblich mehr als normale Bürger und wurden auch sonst auf vielfältige Weise bevorzugt. Nach den Vorstellungen der Opferverbände sollte man diesen Kadern bei der Rente deshalb nicht ihr tatsächliches Einkommen anrechnen, sondern lediglich – wenn sie mehr als das 1,6fache davon verdient hatten – ein DDR-Durchschnittsgehalt. Die überhöhten Rentenansprüche, die auf politischer Systemtreue statt auf Leistung beruhten, sollten auf diese Weise gekappt werden – nicht pauschal, sondern auf den Einzelfall bezogen, wie es die Gerichte gefordert hatten.

Auf Vorschlag von Arbeitsminister Norbert Blüm (CDU) beschloss der Bundestag im September 1996 jedoch eine ganz andere Regelung. Sie bescherte weiteren DDR-Kadern eine üppige Rentenerhöhung. Ein Großteil der Staats- und Parteifunktionäre, aber auch Armeeangehörige, Polizisten, Gefängniswärter und Zöllner wurden mit dem 1. AAÜG-Änderungsgesetz (AAÜG-ÄndG) ab dem 1. Januar 1997 von sämtlichen Rentenbegrenzungen befreit.[144] Auch der klagende Polizeiwachtmeister erhielt nunmehr die von ihm beanspruchte Höchstrente. Lediglich die Altersbezüge ehemaliger Stasi-Mitarbeiter und hochrangiger Funktionäre blieben beschränkt. Während Beschäftigte des DDR-Staatssicherheitsdienstes weiterhin maximal 70 Prozent einer DDR-Durchschnittsrente bekamen, wurden die Renten der übrigen Kader nur noch dann gekappt, wenn sie ein absolutes Spitzeneinkommen erzielt hatten, nämlich mindestens die Gehaltsstufe E3 – das heißt ein Jahreseinkommen von mehr als 30 000 Mark.

Mit der Gesetzesänderung sorgte der Bundestag dafür, dass

Zehntausende SED-Kader aus der bisherigen Rentenbegrenzung herausfielen. Anders als zuvor mussten sie das Vielfache eines DDR-Durchschnittseinkommens verdient haben, um überhaupt in den Bereich der Kürzungen zu kommen: Nur wer 1989 das 2,6fache und 1950 sogar fast das Zehnfache davon bekommen hatte, musste noch Abstriche hinnehmen. Alle anderen erhielten ihre vollen Rentenbezüge. Selbst eine Überschreitung der extrem hohen Grenzen führte nicht zur generellen Rentenkappung. Diese galt vielmehr ausschließlich für den Zeitraum, in dem die Funktionäre auch wirklich über dem Limit gelegen hatten. Alles in allem hob das neue Gesetz die übrig gebliebenen Rentenbegrenzungen in 75 Prozent der Fälle vollständig auf. 165 000 Staatskader erhielten neue Rentenbescheide mit teilweise kräftigen Erhöhungen. So konnte ein Funktionär, der vierzig Jahre lang im SED-Apparat tätig gewesen war und davon zwanzig Jahre mehr als 30 000 DDR-Mark verdient hatte, im Jahr 2000 rund 3000 DM pro Monat einstreichen. Apparatschiks, die zeit ihres Lebens knapp unterhalb der Kappungsgrenze geblieben waren, erhielten sogar 3700 DM Monatsrente. Ein in der DDR freiwillig Zusatzversicherter kam dagegen nach vierzig Arbeitsjahren gerade einmal auf etwa 2200 DM, ein lediglich gesetzlich Versicherter sogar nur auf gut 1500 DM.[145] Die Mehrkosten dieser Rentenerhöhung für DDR-Funktionäre betrugen allein im ersten Jahr rund 180 Millionen DM.

Im April 1999 kippte das Bundesverfassungsgericht auch noch den Großteil der verbliebenen Begrenzungen. Bei dem Verfahren ging es noch um die alte gesetzliche Regelung von 1993, aber auch um grundsätzliche Fragen. Neben den erwähnten Klagen des Polizeiwachtmeisters und des DDR-Richters hatte Karlsruhe die Beschwerden weiterer Betroffener zugelassen. Einige gutverdienende Mediziner gehörten ebenso dazu wie drei ausgewählte Stasi-Mitarbeiter. Zur mündlichen Verhandlung im Juli 1998 wurden auch mehrere DDR-treue Funktionärsvereinigungen geladen und um Stellungnahmen gebeten. Die Richter entschieden schließlich, dass das Rentenüberleitungs-Ergänzungsgesetz von 1993 verfassungswidrig sei. Den Privilegierten der SED-Diktatur bestätigten sie zugleich, dass ihre Rentenansprüche unter dem Eigentumsschutz des Grundgesetzes stünden, obwohl sie niemals in die bundesdeutsche Rentenkasse eingezahlt hatten. Seitdem hat die Führungsschicht des SED-Staates einen Rechtsanspruch auf ihre Spitzenrenten, der nur noch in Ausnahmefällen außer Kraft gesetzt werden kann.

Die Richter hoben damals einen großen Teil der Rentenkappungen auf. Ihrer Ansicht nach verstieß es gegen die Verfassung, dass der Bundestag die Altersbezüge von gutverdienenden Kombinatsdirektoren, LPG-Vorsitzenden, hauptamtlichen Mitarbeitern des Staats- und Parteiapparates, Hochschullehrern, Ärzten und anderen Zusatzversorgten auf monatlich 2700 DM begrenzt hatte. Sie erklärten die Regelung deshalb für nichtig. Zu den Profiteuren der Entscheidung zählten vor allem die fachlichen Spitzenkader der DDR. So erhielt einer der Kläger, ein früherer Professor der Berliner Humboldt-Universität, von den Karlsruher Richtern eine monatliche Rente von über 4000 DM zugesprochen, was einer Steigerung um 50 Prozent entsprach – rückwirkend.[146] Die Folge ist, dass ein ehemaliger Hochschullehrer aus DDR-Zeiten heute wesentlich mehr Rente bekommt als ein Universitätsrektor, der erst jetzt in Pension geht – obwohl der eine seinen Posten vor allem wegen seiner SED-Treue, der andere dagegen aufgrund seiner fachlichen Qualifikation bekam.

Auch die Kader des Partei- und Staatsapparates, die auf eine höhere Rente geklagt hatten, fanden in Karlsruhe Gehör. Der Abbau politisch bedingter Privilegien, so die Richter, sei zwar legitim, doch die bestehenden Rentenbeschränkungen seien nicht gerechtfertigt. Das Gericht bestritt kurzerhand, »dass überhöhte Arbeitsentgelte gerade an die vom Gesetz erfassten Gruppen gezahlt worden sind«. Aus deren Staats- und Systemnähe folge nämlich keinesfalls, »dass diesen Personengruppen durchgängig Entgelte gezahlt worden sind, die nicht durch Arbeit und Leistung gerechtfertigt und insoweit ›überhöht‹ waren«. Die vom Bundestag festgelegten Kappungsgrenzen seien deshalb ebenso unbegründet wie die stufenweise Rentenbegrenzung für Spitzenfunktionäre. Das Gericht verpflichtete den Bundestag, bis zum

30. Juni 2001 das Rentenrecht für SED-Funktionäre ein weiteres Mal zu deren Gunsten abzuändern.[147]

Ein dickes Geschenk erhielten auch die beschwerdeführenden Stasi-Mitarbeiter. Ein ehemaliger Oberstleutnant hatte dagegen geklagt, dass er statt wie früher 2100 DDR-Mark nur noch gut 1000 D-Mark Monatsrente erhielt. Zu SED-Zeiten hatte er mit einem Jahresgehalt von knapp 34 000 Mark zu den Spitzenverdienern gehört. Eine frühere Mitarbeiterin der Kaderabteilung, die 23 000 Mark pro Jahr verdient hatte, war mit ihrer Invalidenrente von 1500 D-Mark ebenfalls nicht zufrieden. Der dritte Kläger, ein Ex-Oberst der Spionageverwaltung, der in der DDR über 46 000 Mark verdient hatte, verlangte das Dreifache seiner Monatsrente von rund 1000 D-Mark – rückwirkend natürlich. Die Kläger konnten sich dabei auf wichtige Unterstützer berufen. So behauptete das Bundessozialgericht in seinem Vorlagebeschluss, dass die Rentenbegrenzungen für Stasi-Mitarbeiter gegen den Eigentumsschutz und den Gleichheitsgrundsatz des Grundgesetzes verstießen. Den Mitarbeitern des DDR-Staatssicherheitsdienstes könnten keine »Sonderopfer« abverlangt werden. Auch der Bund der Ruhestandsbeamten, Rentner und Hinterbliebenen im Deutschen Beamtenbund stellte sich hinter die ehemaligen MfS-Leute: Die Begrenzung ihrer Renten verstoße gegen das Willkürverbot. Aus Tätigkeiten, die – so wörtlich – »die inneren staatlichen Abläufe« sicherstellten, könne nicht ohne weiteres eine Regimenützlichkeit hergeleitet werden. Der frühere RAF-Verteidiger Axel Azzola und der rheinland-pfälzische Verfassungsrichter Detlef Merten unterstützten die Altkader mit umfangreichen Gutachten.[148]

Das Bundesverfassungsgericht entschied am Ende, dass es grundgesetzwidrig sei, die Renten früherer Stasi-Mitarbeiter auf 70 Prozent einer DDR-Durchschnittsrente zu begrenzen. »Für die Ungleichbehandlung gibt es keine ausreichende Rechtfertigung«, heißt es in dem Urteil. Die Rentenkappung führe zu »einschneidenden wirtschaftlichen Folgen für die Betroffenen«. Schon bald nach der Wiedervereinigung hätten sie angeblich Sozialhilfe und Wohngeld in Anspruch nehmen müssen. Wenn die Bundesrepublik überhöhte Versorgungsleistungen des SED-

Regimes abbauen wolle, komme »allenfalls eine Absenkung der in der Deutschen Demokratischen Republik erzielten Arbeitsverdienste auf das jeweilige Durchschnittsentgelt im Beitrittsgebiet (100 vom Hundert) in Betracht«. Im Klartext: Karlsruhe verpflichtete den Bundestag gegen dessen Willen, die Altersbezüge ehemaliger Stasi-Mitarbeiter um mindestens 30 Prozent anzuheben.[149] Während in Stasi-Kreisen die Sektkorken knallten, zeigten sich frühere DDR-Oppositionelle entsetzt. »Der 28. April 1999 wird als schwarzer Mittwoch in die Verfassungsgeschichte der Bundesrepublik eingehen«, kommentierte die ehemalige Bürgerrechtlerin und Volkskammerabgeordnete Angelika Barbe die Entscheidung. »An diesem Tag wurden diejenigen vom obersten deutschen Gericht belohnt, die als geistige Urheber von Unterdrückung und als tätige Menschenrechtsverletzer der DDR-Diktatur gedient hatten.«[150]

Der Bundestag zeigte demonstrativ seinen Unwillen, den Stasi-Mitarbeitern die verlangte Besserstellung zu gewähren. Erst im Mai 2001, wenige Wochen vor Ablauf der Frist, kam er der Aufforderung nach, die Renten der DDR-Funktionäre neu zu regeln. In der Sache änderte dies freilich nichts. Mit dem 2. Anspruchs- und Anwartschaftsüberführungs-Änderungsgesetz (2. AAÜG-ÄndG) wurde die Obergrenze für Stasi-Renten um 30 Prozent angehoben. Die Regelung galt rückwirkend zum 1. Mai 1999, bei offenen Bescheiden auch darüber hinaus. Die Stasi-Mitarbeiter bekamen dadurch nicht nur monatlich mehr Geld, sondern auch Nachschläge von 25 000 bis 30 000 DM pro Person. Der Bundestag beschloss mit dem neuen Gesetz aber noch weitere Rentenanhebungen für die Privilegierten des SED-Staates. Rund 85 000 ehemalige Staatsbedienstete profitierten davon, dass die noch bestehenden Beschränkungen für Spitzenfunktionäre der Armee, des Zolls und des Innenministeriums entfielen. Die Nachzahlungen für die Sonderversorgten kosteten den Steuerzahler 257 Millionen DM, während die jährlichen Mehrbelastungen auf 160 Millionen DM veranschlagt wurden. Insgesamt erhielten die Angehörigen der bewaffneten DDR-Organe allein in jenem Jahr mehr als 400 Millionen DM zusätzlich ausgehändigt.[151]

Gleichzeitig wurden auch die Rentenbegrenzungen für die Facheliten der DDR aufgehoben. Dies war für den Steuerzahler mit weiteren 435 Millionen DM für Nachzahlungen und 165 Millionen DM an jährlichen Mehrbelastungen verbunden. Allein die Witwe des SED-Chefs und ehemalige Volksbildungsministerin Margot Honecker konnte, wie die *Bild*-Zeitung vorrechnete, mit 45 000 DM Nachzahlung und 400 DM Rentenerhöhung rechnen.[152] Schließlich sah das Gesetz Verbesserungen bei den Renten von Bahn- und Postangestellten vor, was Mehraufwendungen von einmalig 325 Millionen und jährlich 110 Millionen DM mit sich brachte. Alles in allem spendierte der Bundestag den alten DDR-Eliten an diesem Tag mehr als 1,4 Milliarden DM – zuzüglich 435 Millionen DM jährliche Folgekosten. Am selben Tag, an dem die rot-grüne Parlamentsmehrheit diesen Geldsegen beschloss, lehnte sie übrigens einen Antrag von Bundesrat und CDU/CSU-Fraktion ab, den SED-Opfern eine pauschale Ehrenpension von monatlich 1000 DM zuzubilligen.

Manchen Politikern gingen selbst diese Beschlüsse nicht weit genug. So gab der SPD-Abgeordnete Hans-Joachim Hacker bei der Bundestagsdebatte eine Erklärung zu Protokoll, in der er ankündigte, gegen die Vorlage zu stimmen, weil sie ihm halbherzig erscheine. Im Jargon alter Stasi-Kader behauptete er, dass durch das Gesetz »die Reste politisch motivierter Entgeltbegrenzungen – in der Öffentlichkeit kurz ›Rentenstrafrecht‹ genannt – leider nicht beseitigt« würden. Es reiche nicht aus, nur das zu tun, was das Bundesverfassungsgericht zwingend vorgegeben habe. Insbesondere kritisierte er, dass die Renten ehemaliger Stasi-Mitarbeiter »lediglich« auf das DDR-Durchschnittseinkommen angehoben worden seien. »Dabei ist mir bewusst, dass diese meine Auffassung nicht auf die ungeteilte Zustimmung der Öffentlichkeit – insbesondere bei den Opfern des SED-Regimes, für deren berechtigte Interessen ich mich immer eingesetzt habe – stoßen wird«, so der Politiker. »Trotzdem halte ich eine Instrumentalisierung des Rentenrechts zur Auseinandersetzung mit SED-Unrecht und dem DDR-Staat wegen des begrenzten Erfolgs anderer Formen der Auseinandersetzung bzw. Aufarbeitung prinzipiell für falsch und warne davor, die politische Wertneutralität des Rentenrechts, die ein tragender Grundsatz der Bundesrepublik Deutschland ist, weiter zu verletzen.«[153] So hatte sich bis dahin nur die PDS hinter die Stasi-Leute gestellt.

Die Gerichte zwangen den Bundestag in der Folgezeit noch zu weiteren Zugeständnissen. Im November 2001 verpflichtete ihn das Bundesverfassungsgericht dazu, ehemaligen Stasi-Mitarbeitern, die sich im Dienst verletzt hatten oder erkrankt waren, eine Entschädigung zu zahlen. Neben ihrer Vollrente, so die Richter, hätten sie auch Anspruch auf eine Dienstbeschädigtenteilrente. »Wer sich im Auftrag Mielkes den Hals verrenkt oder das Bein gebrochen hat, dem steht eine Entschädigung im wiedervereinigten Deutschland zu«, kommentierte der thüringische Bundesratsminister Gerold Wucherpfennig später das Urteil.[154] Im April 2004 erklärte das Berliner Sozialgericht auch die bereits erhöhten Stasi-Renten für verfassungswidrig. Höherqualifizierte Offiziere, so die Argumentation, würden von der Kürzung auf eine DDR-Durchschnittsrente überproportional getroffen, da man mit einem Fach- oder Hochschulabschluss nicht nur bei der Stasi besser verdient habe. Das Gericht gab damit der Klage eines promovierten Ökonomen beim Staatssicherheitsdienst recht, der statt 1320 mehr als 1600 Euro Monatsrente verlangt hatte. Wie sein Anwalt Mark Schippert erklärte, waren allein von diesem Urteil etwa 30000 MfS-Mitarbeiter betroffen, die gegen ihre Bescheide Widerspruch eingelegt hatten. Da jedoch nur das Bundesverfassungsgericht entscheiden kann, ob ein Gesetz in Einklang mit dem Grundgesetz steht, rief das Gericht erneut die Karlsruher Richter an.

Im Sommer 2004 hatten die Verfassungsrichter deshalb ein weiteres Mal über die DDR-Renten zu befinden. Sie nahmen zwar die Beschwerde des Stasi-Ökonomen nicht zur Entscheidung an, wohl aber mehrere andere Klagen. In ihrem Urteil vom 23. Juni 2004 verwarfen sie auch noch die Blüm'sche Restbegrenzung für DDR-Spitzenverdiener von 1996. Diese sei verfassungswidrig, weil mit dem Gleichheitsgebot nach Artikel 3 des Grundgesetzes nicht vereinbar. Vom Bundestag verlangten sie, die gesetzlichen

Regelungen unverzüglich zu ändern. Sollten sie nicht innerhalb eines Jahres novelliert worden sein, würden sie völlig nichtig, setzten die Richter den Volksvertretern die Pistole auf die Brust.[155]

Im Juni 2005 beschloss der Bundestag deshalb eine abermalige Änderung des AAÜG. Bis zu 25000 Spitzenverdiener des Partei- und Staatsapparates mit der Gehaltsstufe E3 – also einem Jahresgehalt von mehr als 30000 Mark – unterlagen jetzt bei der Rente keinen Beschränkungen mehr. Die Abgeordneten beschlich allerdings ein mulmiges Gefühl bei der Vorstellung, dass Stasi-Mitarbeiter weiterhin nur ein DDR-Durchschnittseinkommen angerechnet bekämen, ihre Auftraggeber aus der SED dagegen nicht. Sie sahen das Problem, dass »diejenigen, die in herausgehobenen Funktionen im Partei- und Staatsapparat dem MfS und AfNS gegenüber weisungsbefugt waren, erheblich höhere Renten erhielten«.[156] Der Bundestag legte daher fest, dass wenigstens die Befehlsgeber der Stasi nicht besser gestellt werden dürften als normale MfS-Mitarbeiter – zum Beispiel Egon Krenz, der als ZK-Sekretär für Sicherheit die politische Aufsicht über den Staatssicherheitsdienst ausgeübt hatte. Ehemalige Politbüromitglieder, Minister, Abteilungsleiter des Zentralkomitees und SED-Chefs in den Kreisen und Bezirken bekamen weiterhin eine DDR-Durchschnittsrente, desgleichen höhere Sicherheitsfunktionäre sowie Staatsanwälte und Richter, die an politischen Verfahren mitgewirkt hatten.[157] Bis auf die Mitarbeiter des Staatssicherheitsdienstes und einige hundert Funktionäre haben durch das geänderte Gesetz alle Träger des SED-Regimes ihre alten Privilegien zurückerhalten.

Die Spitzenfunktionäre erhielten nicht nur eine kräftige Rentenerhöhung, sondern meist auch eine üppige Nachzahlung. So erkannte das Berliner Sozialgericht im Oktober 2005 einem ehemaligen Hauptabteilungsleiter des DDR-Bauministeriums neben der Höchstrente von 1500 Euro einen Nachschlag von rund 25000 Euro zu.[158] Gemäß dem Bundestagsbeschluss erhöhte die Deutsche Rentenversicherung (früher: Bundesanstalt für Versicherte, BfA) etwa 11000 DDR-Funktionären die Bezüge. Allein die Nachzahlungen für die Jahre von 1993 bis 2006 beliefen sich auf insgesamt 107,7 Millionen Euro. In Einzelfällen wurden an ehemalige Partei- und Ministeriumsmitarbeiter, Armee- und Polizeiangehörige, Wissenschaftler, Chefärzte, Kombinatsdirektoren und LPG-Chefs mehr als 100 000 Euro überwiesen. Einige Empfänger beziehen heute Renten von über 3000 Euro, hinterbliebene Ehepartner erhalten zum Teil mehr als 1800 Euro Witwenrente.[159] Für die Kosten kommt nicht die Rentenversicherung, sondern der Steuerzahler auf.

Im April 2006 beschloss der Bundestag, wie vom Verfassungsgericht verlangt, früheren Stasi-Mitarbeitern auch einen Ausgleich für Dienstbeschädigungen zukommen zu lassen. Rund achthundert Betroffene können seitdem neben der normalen Altersrente noch eine spezielle Teilrente in Anspruch nehmen. Auch Volksarmisten, Polizisten, Feuerwehrleute und Gefängniswärter erhalten Alterszulage, Beschädigtengrundrente und Schwerstbeschädigtenzulage in voller Höhe. Die Neuregelung kostete den Bund knapp eine dreiviertel Million Euro Nachzahlungen, von denen 335 000 Euro an ehemalige Stasi-Mitarbeiter flossen. Weitere 250 000 Euro mussten die neuen Länder nachzahlen. Die jährlichen Mehraufwendungen für Stasi-Angehörige wurden rückwirkend zum 1. März 2002 auf 540 000 Euro beziffert.[160] In letzter Minute fügten die Abgeordneten wenigstens noch eine Klausel ein, nach der die Zusatzrente bei Verstößen gegen Grundsätze der Menschlichkeit und der Rechtsstaatlichkeit versagt werden kann. Anders als vom Bundessozialministerium vorgesehen, wird die Entschädigung den Antragstellern zudem nicht pauschal, sondern nur nach einer Einzelfallprüfung gezahlt. Der SPD-Abgeordnete Anton Schaaf erklärte dazu, dass sich dieser Aufwand bereits dann lohne, wenn auch nur ein einziger Stasi-Mitarbeiter von zusätzlichen Leistungen ausgeschlossen werden könne.[161] Dass es so weit kommt, ist aber äußerst unwahrscheinlich, da die Rechtsprechung derartige Verstöße äußerst eng auslegt. Bislang ist kein Fall bekannt, in dem ein hauptamtlicher Stasi-Mitarbeiter wegen seiner früheren Tätigkeit individuelle Nachteile erfahren hat.

Die beschriebene Entwicklung hat dazu geführt, dass inzwischen Hunderttausende DDR-Kader Spitzenrenten bekommen.

Die Opfer können sie darum nur beneiden. Erwartete man 1991, als das erste Rentenüberleitungsgesetz verabschiedet wurde, rund 250000 Leistungsempfänger, hat sich ihre Zahl bis 2003 mit 770000 mehr als verdreifacht. Jeden Monat kommen rund fünftausend neue Antragsberechtigte hinzu. Die Kosten für diese Luxusversorgung hat die Allgemeinheit zu tragen. Während die Renten für normale DDR-Bürger aus den allgemeinen Versicherungsbeiträgen finanziert werden, kommt für die Zusatz- und Sonderrenten der Steuerzahler auf. Allein die Altersbezüge der knapp 290000 Stasi-Mitarbeiter, Volksarmisten, Polizisten und Zollbeamten kosteten ihn nach einer Aufstellung des Bundesfinanzministeriums vom Juli 2004 jährlich rund 1,5 Milliarden Euro. Rund 200 Millionen davon entfielen auf Stasi-Rentner und deren Hinterbliebene. Insgesamt konnten sich die Angehörigen der bewaffneten Organe und der Zollverwaltung der DDR zwischen 1992 und 2003 mit mehr als 11,5 Milliarden Euro den Lebensabend versüßen.[162]

Die finanziellen Lasten haben vor allem die wirtschaftlich schwachen neuen Bundesländer zu tragen. Nach dem 1990 beschlossenen Finanzierungsschlüssel müssen sie zwei Drittel aller Kosten übernehmen. Die Sonderrenten für Polizei, Strafvollzug und Feuerwehr müssen sie sogar vollständig bezahlen. In Sachsen, dem bevölkerungsreichsten der neuen Länder, haben sich die Ausgaben innerhalb von acht Jahren von 351 Millionen Euro (1995) auf 728 Millionen (2002) mehr als verdoppelt. Allein im Jahr 2003 kosteten die Zusatz- und Sonderversorgungssysteme der DDR die neuen Länder 2,7 Milliarden Euro. Da das Geld den Landeshaushalten entnommen wird, geht dies zu Lasten anderer Posten, zum Beispiel bei Bildung und Forschung. Mehr als ein Viertel der damaligen Mittel aus dem Solidarpakt Ost in Höhe von 10,5 Milliarden Euro floss in die Taschen der alten DDR-Oberschicht – eine Umverteilung, die manchem die Haare zu Berge stehen lässt. Nach Meinung von Helmut Seitz, Ökonomieprofessor aus Frankfurt (Oder), der für die neuen Länder ein Gutachten erstellte, bedeuten die Rentenzahlungen mittlerweile »eine nachhaltige Gefährdung des Aufbaus Ost«. Die Rechtsprechung, so warnte er, könne »nicht im ökonomiefreien Raum« erfolgen.[163] In ihrer Not verlangen die neuen Länder seit Jahren eine andere Verteilung der Lasten. Bei der rot-grünen Bundesregierung sind sie damit immer abgeblitzt. Nach dem Regierungswechsel im Herbst 2005 forderten sie, dass der Bund 40 Prozent der Gesamtkosten oder 650 Millionen Euro zusätzlich übernimmt.[164] Bundeskanzlerin Angela Merkel versprach ihnen zwischenzeitlich Unterstützung. Jetzt sollen die Renten der DDR-Privilegierten zu größeren Teilen aus dem klammen Bundeshaushalt finanziert werden.

Doch die Kosten werden noch steigen. Während es Anfang der neunziger Jahre erst 300000 Leistungsempfänger gab, aber vier Millionen Anwartschaftsberechtigte, erreichen inzwischen immer mehr Funktionäre das Rentenalter. Allein drei- bis fünftausend ehemalige Stasi-Mitarbeiter gehen zur Zeit Jahr für Jahr in den Ruhestand, der letzte voraussichtlich 2036. Funktionärsvereinigungen bereiten zudem eine neue Verfassungsbeschwerde vor. Sie wollen den Karlsruher Richtern beweisen, dass Mielkes Mannen im Vergleich zu anderen Staatsdienern keineswegs überhöhte Gehälter bezogen. Wenn ihnen das gelingt, was nach den bisherigen Urteilen durchaus wahrscheinlich ist, bekommen auch sie Höchstrenten bis zur Beitragsbemessungsgrenze. Für rund 200000 Menschen würde sich dadurch die Rentenobergrenze von 1033 auf 1860 Euro pro Monat erhöhen – eine gigantische Kostenbelastung, die pro Jahr bis zu zwei Milliarden Euro ausmachen könnte.

Schon heute sind die Privilegierten der SED-Diktatur die eigentlichen Gewinner der Wiedervereinigung. Je länger sie daran mitwirkten, das Regime am Leben zu halten, desto höher sind ihre Altersbezüge. Das Geld, das für den wirtschaftlichen Wiederaufbau im Osten dringend benötigt würde, fließt ausgerechnet in die Taschen derer, die mithalfen, das Land herunterzuwirtschaften.

Drittes Kapitel

Opfer ohne Lobby

Vergessene Helden

Eigentlich müsste er mit Ehrungen nur so überschüttet werden: Als die DDR 1961 mit dem Bau der Berliner Mauer den letzten Weg in die Freiheit abschnitt, verhalf er Dutzenden Menschen zur Flucht. Herbert Pfaff arbeitete damals beim Deutschen Roten Kreuz (DRK) im Westen der geteilten Stadt. Er war eingesetzt in den sogenannten Passierscheinstellen, bei denen West-Berliner Bürger eine Genehmigung beantragen mussten, wenn sie Verwandte oder Freunde im Ostteil der Stadt besuchen wollten. Um Hilfsbedürftige nach Ost-Berlin begleiten zu können, besaß er einen Dauerpassierschein. »Mein angeheirateter Schwager«, erinnerte er sich in einem Interview, »war in der Bundesdruckerei beschäftigt. Dort wurden Personalausweise hergestellt. Und da kam die große Idee.« Sein Verwandter gab ihm Blanko-Ausweise, die mit einer West-Berliner Adresse, aber mit Fotos und Namen fluchtwilliger DDR-Bürger versehen wurden. Eine West-Berliner Dienststelle stempelte sie ab. Mit den falschen Papieren beantragte er anschließend Passierscheine für Besuche in Ost-Berlin, um Fluchtwilligen damit die Ausreise zu ermöglichen. »Es ist mir gelungen, 46 Menschen aus der DDR auszuschleusen.«[1]

Herbert Pfaff gehört zu den vergessenen Helden, die für ihre Zivilcourage bitter bezahlen mussten. Im November 1964 wurde er am Grenzübergang im Berliner Bahnhof Friedrichstraße verhaftet. Ein DRK-Kollege hatte ihn an den Staatssicherheitsdienst verraten. Er kam in die zentrale Untersuchungshaftanstalt des

MfS nach Berlin-Hohenschönhausen: Hier hatte er in den fünfziger Jahren schon einmal in einer fensterlosen Kellerzelle gesessen. Acht Monate hielt ihn die Stasi diesmal fest, endlos zogen sich die Verhöre. Nachdem ein Schriftgutachter bestätigt hatte, dass die Passierscheinanträge seine Handschrift trugen, verurteilte ihn das Stadtgericht Groß-Berlin im Juni 1965 zu zwei Jahren und sechs Monaten Zuchthaus. Die Strafe musste er in den Haftanstalten in Cottbus und in Waldheim bis zum letzten Tag absitzen. Erst im Mai 1967 durfte er zurück nach West-Berlin. Pfaffs Einsatz für die Freiheit hat ihm wenig eingebracht: Die monatliche Rente des 73-Jährigen beträgt heute 627 Euro.

Herbert Pfaff ist kein Einzelfall. Tausende ehemals Verfolgte leben heute von äußerst niedrigen Einkünften. Da die Haft ihren Lebensweg durcheinanderbrachte und sie oftmals auch danach nicht mehr richtig auf die Beine kamen, erhalten sie entsprechend geringe Altersbezüge. Verkehrte Welt: Wer sich anpasste in der DDR, konnte das Abitur ablegen, studieren, Karriere machen, bis hin zur Professur oder einem Amt im Staatsapparat – und bekommt dafür nun eine satte Pension. Die ehemaligen Unterdrücker profitieren so gleich doppelt von ihrer Mitwirkung am SED-Regime. Wer sich jedoch gegen die Diktatur auflehnte, durfte nicht studieren, bekam keinen guten Job, endete unter Umständen im Gefängnis – mit Folgen bis ins Alter. Die Faustregel lautet: Je stärker sich ein DDR-Bürger mit dem System anlegte, umso geringer ist heute seine Rente. Während Täter und Karrieristen teilweise Bezüge von mehreren Tausend Euro kassieren, haben viele Opfer immer noch unter den Folgen des Regimes zu leiden. Eine täterfreundliche Rechtsprechung und Gesetzgebung haben bewirkt, dass man in Deutschland eine höhere Rente bekommt, wenn man zehn Jahre im Zuchthaus Bautzen als Wärter Dienst tat, als wenn man dort zwanzig Jahre in Haft saß.

Viele Opfer spüren erst jetzt, siebzehn Jahre nach dem Ende der DDR, die finanziellen Konsequenzen der politischen Verfolgung. Wer in den fünfziger oder sechziger Jahren in Haft war, hat inzwischen meist das Rentenalter erreicht. Beim Blick auf den Rentenbescheid merken die Betroffenen, wie wenig sie für ihre Altersversorgung aufbieten konnten. Auch die bescheidenen Wiedergutmachungsleistungen des Staates haben daran nichts geändert. Immer mehr kommen deshalb zu dem Schluss: Der Widerstand gegen das kommunistische Regime hat sich nicht gelohnt. Der Verlust der Freiheit wurde nur unzureichend entschädigt, das verlorene Eigentum vielfach nicht zurückgegeben, einen Ausgleich für die geraubten Lebenschancen gab es nicht – ganz zu schweigen von den körperlichen und seelischen Verletzungen, unter denen viele Verfolgte bis heute leiden.

Wolfgang Kockrow gehört zu denen, die den Umgang mit den Opfern mit wachsender Bitterkeit betrachten. In den fünfziger Jahren engagierte er sich in West-Berlin bei der Jugendorganisation »Die Falken«. Er bekam damals auch Kontakt zum kommunistischen DDR-Jugendverband FDJ. 1959 verhaftete ihn der Staatssicherheitsdienst, weil er seinem Vorstand berichtet hatte, wie man ihn und weitere »Falken«-Mitglieder in Ost-Berlin anzuwerben versucht hatte. Am helllichten Tage wurde er auf der Friedrichstraße in ein Auto gezerrt und an den Händen gefesselt. Er bekam einen Sack über den Kopf gestülpt, der erst in der Stasi-Untersuchungshaftanstalt wieder abgenommen wurde. Dort empfing man ihn mit Schlägen und warf ihn anschließend blutend in eine Zelle. Wegen »Nachrichtenübermittlung« verurteilte ihn das Stadtgericht Berlin später zu dreieinhalb Jahren Haft. Kurz vor seiner Entlassung aus dem Zuchthaus Waldheim bestrafte man ihn wegen »staatsgefährdender Hetze« mit zwei weiteren Jahren Haft. Jetzt musste er im Stasi-Arbeitslager Berlin-Hohenschönhausen Zwangsarbeit leisten. Erst 1964 kam er wieder frei. Heute engagiert sich Kockrow in der Hilfsorganisation Help, die sich um Opfer der SED-Diktatur kümmert. Obwohl er es im Westen bis zum Leiter Bodendienste bei der Lufthansa brachte, sagt er sich heute: »Ich kann nur jedem raten, sich anzupassen, wenn es noch einmal zu einer Diktatur kommen sollte. Zivilcourage lohnt sich nicht – das merkt man spätestens bei der ersten Rentenzahlung.«[2]

Doch nicht nur finanzielle Benachteiligungen haben bei den Opfern des SED-Regimes Verbitterung ausgelöst. Auch politisch sehen sie sich an den Rand gedrängt. Während ihnen in den fünfziger Jahren allenthalben Wertschätzung in der Bundesrepublik entgegengebracht wurde, galten sie seit dem Beginn der Entspannungspolitik Ende der sechziger Jahre mehr und mehr als unbelehrbare Kalte Krieger. Wenn sie nach ihrer Freilassung nicht in den Westen gegangen, sondern in der DDR geblieben waren, hatten sie erst recht unter Diskriminierung zu leiden. Erst durch die friedliche Revolution vom Herbst 1989 wurden sie unerwartet politisch rehabilitiert. Doch die Hoffnung, dass ihr Schicksal nunmehr angemessen gewürdigt werde, zerschlug sich bald. »Viele Opfer des SED-Regimes fühlen sich auch heute noch benachteiligt«, stellte die Enquete-Kommission »Aufarbeitung von Geschichte und Folgen der SED-Diktatur in Deutschland« schon 1994 in ihrem Abschlussbericht für den Bundestag fest. »Sie können nur schwer verstehen, dass die strafrechtliche und die politische Aufarbeitung des SED-Unrechts bisher nicht zu den von ihnen erwarteten Konsequenzen für die Täter geführt hat. Mit Recht wird kritisiert, dass die Schilderung von Opferschicksalen in der Berichterstattung vieler Medien offenbar nur einen geringen Stellenwert besitzt. Betroffene reagieren häufig mit Wut oder Resignation, wenn sie beobachten müssen, dass Verantwortliche des SED-Systems gern gesehene Gäste in Talk-Shows oder ähnlichen Veranstaltungen sind und diese Podien oftmals als Foren für ihre Rechtfertigung missbrauchen.«[3]

An dieser Lage hat sich bis heute wenig geändert. Die Enttäuschung ist eher weiter gewachsen, da in den frühen neunziger Jahren noch Hoffnung auf einen Wandel bestand. Inzwischen, mehr als ein Jahrzehnt später, sind die Erwartungen vielfach in Resignation umgeschlagen. Das demokratische System der Bundesrepublik, für das viele Verfolgte ihre Freiheit oder gar ihr Leben riskiert haben, ist ihnen daher zunehmend fremd geworden. Wie ein Hilfeschrei klingt es, was der Vorsitzende der Union der Opferverbände kommunistischer Gewaltherrschaft, Horst Schüler, im Oktober 2006 an den Kulturausschuss des Bundestages schrieb – Anlass war eine Anhörung zur Zukunft der Stasi-Überprüfungen, zu der die Verbände nicht einmal eingeladen worden waren. »Obgleich niemand so bittere Erfahrungen mit den

Unterdrückungsmechanismen und Terrorapparaten kommunistischer Diktaturen gemacht hat, werden wir bei der Anhörung übergangen, scheint unsere Meinung diejenigen nicht zu interessieren, die oft noch nicht einmal geboren waren, als viele von uns bereits ihren Widerstand gegen die kommunistische Diktatur mit Gefängnis, Lager, mit physischer und psychischer Folter, oft genug mit dem Leben bezahlen mussten. [...] Wir haben in jüngster Zeit sehr viel hinnehmen müssen: Stetig dreister werdendes Auftreten von Tätern kommunistischen Terrors, eine wachsende Zahl von Publikationen, in denen diese sich als Kämpfer für den Frieden darstellen, immer stärkeres Eindringen solcher Leute in Organisationen der Wirtschaft oder des politischen Lebens etc. Viele von uns sind ob dieser Entwicklung verbittert, haben resigniert.«

Als die Oppositionellen gegen die SED-Diktatur gekämpft hätten, so der Verbandschef weiter, seien Freiheit, Demokratie und Rechtsstaatlichkeit die Ideale der Verfolgten gewesen, und sie seien es selbstverständlich auch heute noch. Von den demokratischen Parteien jedoch fühlten sich viele allein gelassen – etwa wenn jährlich am 3. Oktober der deutschen Einheit gedacht werde, ohne dass jemand ein Wort der Anerkennung für jene Frauen und Männer finde, die sich mehr als andere für diese Einheit eingesetzt hätten. »Wir möchten so gern zu dem Staat stehen, für den wir vor vielen Jahren unter Einsatz des Lebens gekämpft haben. Wenn er es uns nur nicht so verdammt schwer machen würde!«[4]

Verfolgte zweiter Klasse

Dabei waren die Voraussetzungen für eine angemessene Würdigung der Kommunismusopfer durchaus gut. Anders als das nationalsozialistische Regime war die SED-Diktatur nicht von außen und gegen den Willen eines Großteils der Bevölkerung, sondern durch einen Aufstand der Bürger gestürzt worden. Die friedliche Revolution von 1989 hatte die früheren Freiheitsbestrebungen fortgesetzt und glücklich vollendet. Viele, die gestern noch verfolgte Oppositionelle waren, trugen jetzt selbst politische Verantwortung. Das Wunder der Wiedervereinigung verpflichtete gerade jenen gegenüber zu Dank, die eher als andere für Freiheit und Einheit gekämpft – und dafür einen hohen Preis gezahlt hatten.

Zudem war der real existierende Sozialismus nicht die erste Diktatur auf deutschem Boden gewesen. Es gab bereits eine lange Erfahrung im Umgang mit dem Nationalsozialismus. Die Erinnerung an den Widerstand zwischen 1933 und 1945 und die Würdigung der Opfer des NS-Regimes spielten in Deutschland eine wichtige Rolle. In Gedenkstätten, Filmen und zahllosen Publikationen, im Schulunterricht und durch die Benennung von Straßen und Plätzen wurde seit Jahren der Verfolgten gedacht. Zur Erinnerungskultur der Bundesrepublik gehörte auch, dass man sich früherer Versäumnisse wohlbewusst war. Die langjährige Beschäftigung mit dem Schicksal von NS-Opfern ließ deshalb auch gegenüber den Leidtragenden der kommunistischen Diktatur eine besondere Sensibilität erwarten. Nicht zuletzt existierten detaillierte Regelungen, wie politisch Verfolgte für erlittenes Unrecht materiell entschädigt werden können.

Bereits kurz nach ihrer Gründung hatte die Bundesrepublik umfangreiche Wiedergutmachungsleistungen für NS-Verfolgte beschlossen. Im Bundesentschädigungsgesetz (BEG) vom September 1953 waren die Ansprüche bei Schäden an Leben, Körper und Gesundheit, Freiheit, Eigentum, Vermögen und beruflichem Fortkommen genau geregelt. War ein Verfolgter zu Tode gekommen, bekamen seine Angehörigen wahlweise eine Rente oder eine Kapitalentschädigung. »Es genügt, dass der ursächliche Zusammenhang zwischen Tod und Verfolgung wahrscheinlich ist«, hieß es in Paragraph 15.[5] Wer an Körper und Gesundheit nicht unerheblich geschädigt worden war, konnte – neben Heilverfahren, Hausgeld, Umschulungsbeihilfen und Hinterbliebenenversorgung – auch selbst einen solchen Anspruch geltend machen. Ab einer 25-prozentigen Erwerbsminderung stand ihm eine monatliche Rente zu, deren Höhe seiner früheren beruflichen Qualifikation entsprach. Der Höchstbetrag lag bei 1869 Euro (Stand: 2004); bedürftige jüdische Häftlinge bekommen seit 1992 monatlich 256 Euro. Zusätzlich konnten Verfolgte für die Zeit ihrer Gefangenschaft oder des Lebens in der Illegalität eine Kapitalentschädigung beanspruchen. Diese betrug im Jahr 1964 für jeden Monat Gefangenschaft 150 DM, was inflationsbereinigt und unter Berücksichtigung der Einkommensentwicklung heute etwa 600 Euro entspricht. Auf diese Weise versuchte man, den Häftlingen aus Zuchthäusern und Konzentrationslagern einen bescheidenen Ausgleich für das erlittene Unrecht zu verschaffen.

Auch Schäden im beruflichen Fortkommen wurden ausgeglichen. Wenn ein Verfolgter im Nationalsozialismus aus einer selbstständigen Tätigkeit verdrängt oder von seinem Arbeitgeber entlassen worden war, hatte er einen Rechtsanspruch darauf, seine frühere Beschäftigung wieder aufzunehmen. Für die Zeit, in der er seinen Beruf nicht hatte ausüben können, bekam er außerdem eine Kapitalentschädigung oder, wenn er das 65. Lebensjahr erreicht hatte, eine Rente. Privatdozenten an Hochschulen hatten Anspruch auf eine Entschädigung, wenn sie wegen der Verfolgung keine Diätendozentur bekommen hatten. Mitte der sechziger Jahre erhielt etwa der damalige Bundestagspräsident Eugen Gerstenmaier eine Viertelmillion DM für entgangene Versorgungsbezüge, weil man ihm 1938 die Lehrbefugnis als Theologieprofessor verweigert hatte.

Materielle Verluste wurden ebenfalls entschädigt. Hatten die Nazis Eigentum oder Vermögen eingezogen, zerstört, verunstaltet oder zur Plünderung freigegeben, erhielt ein politisch Verfolgter den Besitz zurück oder den Wiederbeschaffungswert erstattet. Auch die Kosten für seine Auswanderung oder Ausweisung wurden ausgeglichen. Für verlorenes Eigentum oder Vermögen gab es 1964 jeweils einen Entschädigungsanspruch von bis zu 75 000 DM, was heute etwa 300 000 Euro wären. Für verlorenen Hausrat wurden maximal 5000 DM – heute etwa 20 000 Euro – erstattet. Ansprüche konnten außer den Verfolgten und ihren Angehörigen auch amtlich anerkannte Nachfolgeorganisationen (etwa die Jewish Claims Conference) geltend machen. Bis 1987 stellten NS-Opfer in der Bundesrepublik etwa 2,8 Millionen Entschädigungsanträge und erhielten – ohne Berücksichtigung der Kaufkraft- und Einkommensunterschiede – umgerechnet rund 43 Milliarden Euro. Daneben gab es auch noch zivilrechtliche Ansprüche gegenüber den Besitzern von Grundstücken, Häusern oder Kunstwerken, die zuvor Verfolgten gehört hatten. Entsprechende Rückerstattungsklagen – zum Beispiel gegen den Karstadt-Quelle-Konzern wegen eines Grundstücks am Potsdamer Platz in Berlin – beschäftigen bis heute die Gerichte.

Auch in der DDR gab es besondere Leistungen für NS-Opfer. Allerdings war nur ein Teil gesetzlich geregelt. Von den Nazis verfolgte Kommunisten bekamen zum Beispiel von der Wohnungsverwaltung häufig besonders attraktive Wohnungen oder Häuser zugewiesen. Auch bei der Vergabe von Ferienplätzen wurden sie bevorzugt behandelt. Der Hinweis auf den Status eines NS-Verfolgten öffnete in der Mangelgesellschaft der DDR vielfach Türen, die sonst verschlossen blieben – schon deshalb, weil die Verantwortlichen Angst hatten, sich Ärger einzuhandeln. Eine Anordnung legte fest, dass NS-Verfolgte kostenlos Busse oder Züge benutzen durften. Erner erhielten sie eine Ehrenpension, wobei die SED zwischen »Kämpfern gegen den Faschismus« und »Verfolgten des Faschismus« unterschied. Bei den zuerst Genannten handelte es sich in der Regel um ältere Kommunisten, die unabhängig von ihrem früheren Verdienst eine Sonderrente in Höhe von monatlich 1700 Mark erhielten. Anderweitig Verfolgte wie zum Beispiel Juden oder Homosexuelle bekamen nur 1400 Mark. Auch hinterbliebene Kinder und Ehepartner der Verfolgten hatten einen Versorgungsanspruch. Kinder bekamen nicht nur monatliche Zahlungen von bis zu 500 Mark, sondern erhielten meist auch leichter einen der streng limitierten Studienplätze.

Diese Rentenregelungen der DDR wurden – ohne das Zwei-Klassen-Prinzip – nach der Wiedervereinigung fortgeschrieben. NS-Opfer, die in der DDR eine Ehrenpension bezogen hatten, bekommen deshalb – unabhängig von anderen Sozialleistungen – eine Entschädigungsrente von 717,50 Euro (Stand: 2005). Zu den Empfängern zählen auch viele ehemalige SED-Funktionäre. Bis zu seinem Tod 1994 gehörte zum Beispiel auch der frühere

Staats- und Parteichef Erich Honecker dazu. Nach Angaben des Bundesfinanzministeriums betrug die Gesamtsumme aller Entschädigungsleistungen für NS-Opfer in der Bundesrepublik bis Ende 2005 – ohne Kaufkraftbereinigung – mehr als 63 Milliarden Euro.

Nach der friedlichen Revolution betrachtete es die Volkskammer der DDR als vorrangige Aufgabe, den Opfern des SED-Regimes Gerechtigkeit widerfahren zu lassen. Nur wenige Wochen nach den ersten freien Wahlen im März 1990 berieten die Parlamentarier über ein Rehabilitierungsgesetz, das umfangreiche Wiedergutmachungen vorsah. »Die Rehabilitierung bezweckt eine politisch-moralische Genugtuung für den Betroffenen«, hieß es in der Gesetzesvorlage. Sie begründe »Ansprüche des Betroffenen nach Maßgabe dieses Gesetzes auf Rückerstattung ihm entzogener Vermögenswerte und auf soziale Ausgleichsleistungen für die ihm durch Strafverfolgung, Ingewahrsamnahme, Verwaltungsakte von Behörden oder Entscheidungen von Betrieben entstandenen gesundheitlichen, materiellen oder anderen Nachteile sowie weitere in diesem Gesetz festgelegte Ansprüche«.[6]

Das Gesetz sah zum einen die strafrechtliche Rehabilitierung politisch Verfolgter vor. »Personen, die wegen einer Handlung strafrechtlich verurteilt wurden, mit der sie verfassungsmäßige politische Grundrechte wahrgenommen haben, werden rehabilitiert«, hieß es in Paragraph 3. Auch DDR-Bürger, die die Besatzungsmacht nach dem Krieg in Haft genommen hatte, waren dadurch erfasst. Auf Antrag sollten nicht nur die Urteile aufgehoben, sondern auch entzogene Vermögenswerte rückerstattet sowie soziale Ausgleichsleistungen nach dem bundesdeutschen Häftlingshilfegesetz gezahlt werden. Zudem war vorgesehen, die Zeit des Freiheitsentzugs bei der Rente anzurechnen.

Der zweite Teil des Gesetzes regelte die verwaltungsrechtliche Rehabilitierung politisch Verfolgter. Wenn das Regime ihnen ihr Eigentum entzogen oder die Staatsbürgerschaft aberkannt hatte, sollte dies auf Antrag aufgehoben werden. Dasselbe galt, wenn sie zwangsweise aus dem Grenzgebiet ausgesiedelt oder in psychiatrische Behandlung genommen worden waren oder auf andere Weise durch verfassungswidrige Verwaltungsakte erhebliche Nachteile erlitten hatten. Wie bei den Inhaftierten sollten ihnen die entzogenen Vermögenswerte zurückgegeben oder erstattet und soziale Ausgleichsleistungen gezahlt werden.

Im dritten Teil des Gesetzes war die berufliche Rehabilitierung geregelt. »Personen, deren Arbeitsverhältnis in Verletzung oder unzulässiger Einschränkung verfassungsmäßig garantierter Grundrechte aufgrund einer betrieblichen Entscheidung zur Durchsetzung politischer Ziele geändert oder beendet wurde und die dadurch berufliche Nachteile erlitten haben, werden rehabilitiert«, schrieb das Gesetz vor.[7] Die Betroffenen sollten nicht nur in ihren früheren Betrieben bevorzugt eingestellt werden, sondern hatten auch einen Anspruch auf soziale Ausgleichsleistungen.

Die Volkskammer verabschiedete das Gesetz am 6. September 1990 so gut wie einstimmig. Es sollte unbedingt noch vor Abschluss der Verhandlungen über den Beitritt der DDR zur Bundesrepublik in Kraft treten. Bei nur einer Enthaltung beschlossen die ostdeutschen Abgeordneten: »Die Regierung wird beauftragt, Nachverhandlungen zum Einigungsvertrag zu führen mit dem Ziel, das Rehabilitierungsgesetz als weiter geltendes Recht mit zu verankern.«[8] Die Bonner Regierung weigerte sich allerdings, das Gesetz vollständig in Bundesrecht zu übernehmen. Wie der damalige DDR-Ministerpräsident Lothar de Maizière später berichtete, fürchtete sie unkalkulierbare Finanzlasten aus ostdeutschen Entschädigungsansprüchen. Mit dem Beitritt der DDR zur Bundesrepublik traten deshalb die meisten Bestimmungen des Gesetzes schon nach vierzehn Tagen wieder außer Kraft. Nur die Regelungen zur strafrechtlichen Rehabilitierung galten als partielles Bundesrecht fort.

Gleichwohl waren sich beide deutsche Staaten einig, dass den Opfern der SED-Diktatur rasch geholfen werden müsse. Artikel 17 des Einigungsvertrages legte dazu unmissverständlich fest: »Die Vertragsparteien bekräftigen ihre Absicht, dass unverzüglich eine gesetzliche Grundlage dafür geschaffen wird, dass alle Personen rehabilitiert werden können, die Opfer einer politisch motivierten Strafverfolgungsmaßnahme oder sonst einer rechtsstaats- und verfassungswidrigen gerichtlichen Entscheidung geworden sind. Die Rehabilitierung dieser Opfer des SED-Unrechts-Regimes ist mit einer angemessenen Entschädigung zu verbinden.«[9] Auch die Denkschrift der Bundesregierung zum Einigungsvertrag bekräftigte diesen Vorsatz: »In einem Zeitraum von 40 Jahren hat das SED-Regime Bürger in rechtsstaatswidriger Weise verfolgt. Dabei hat es nicht nur strafrechtliche, sondern auch verwaltungsrechtliche und betriebliche Verfolgungsmaßnahmen ergriffen. Die Rehabilitierung dieser Menschen, die lediglich von ihren in der Verfassung verbürgten Rechten Gebrauch gemacht haben, ist erforderlich aus rechtspolitischen, humanitären und sozialen Gründen, um das Unrecht und seine Auswirkungen im Rahmen der gegebenen Möglichkeiten zu beseitigen. Die Schaffung einer gesetzlichen Grundlage für die Rehabilitierung gehört zu den vordringlichsten Aufgaben im Zusammenhang mit der Herstellung der staatlichen Einheit.«[10]

Eigentlich hätte man nach der Wiedervereinigung die Entschädigungsregelungen für NS-Verfolgte nur auf die Opfer der SED-Diktatur auszudehnen brauchen. Dafür wären lediglich geringfügige Erweiterungen erforderlich gewesen. Stattdessen jedoch gab es jahrelang überhaupt kein Wiedergutmachungsgesetz für kommunistisch Verfolgte. Lediglich das Häftlingshilfegesetz von 1955, das Unterstützungen zur Linderung einer Notlage sowie eine Versorgungsrente bei körperlichen Haftschäden für durch die Sowjets Inhaftierte vorsah, galt noch eine Weile fort. Personen, die entschädigungslos enteignet worden waren, hatten außerdem einen Rückgabeanspruch nach dem Gesetz zur Regelung offener Vermögensfragen. Erst 1992 und 1994 verabschiedete der Bundestag Gesetze, die Schäden an Leben, Körper, Freiheit und beruflichem Fortkommen ausgleichen sollten. Diese fielen jedoch weit hinter die Regelungen für NS-Verfolgte zurück. In der Bundesrepublik entstand dadurch in Sachen Opferentschädigung eine Art Zwei-Klassen-Recht: Selbst Häftlinge, die in ein und demselben Lager gesessen haben (zum Beispiel in Buchenwald oder Sachsenhausen), erhalten unterschiedliche Wiedergutmachungen – je nachdem, ob sie vor oder nach 1945 verhaftet wurden. Viele kommunistisch Verfolgte fühlen sich deshalb als Opfer zweiter Klasse. Sie leiden nicht nur unter der geringeren Wertschätzung in der Öffentlichkeit, sondern bekommen die ungleiche Behandlung auch im Portemonnaie zu spüren.

Unrechtsbereinigung per Gesetz

Mehr als zwei Jahre nach der Wiedervereinigung – am 29. Oktober 1992 – verabschiedete der Bundestag das »Gesetz über die Rehabilitierung und Entschädigung von Opfern rechtsstaatswidriger Strafverfolgungsmaßnahmen im Beitrittsgebiet«. Ehemalige politische Häftlinge aus dem Beitrittsgebiet konnten nun vor dem zuständigen Gericht ihre Rehabilitierung beantragen, die dann zu einer Haftentschädigung berechtigte. Das Gesetz sah vor, strafrechtliche Entscheidungen aus der Zeit vom 8. Mai 1945 bis zum 2. Oktober 1990 aufzuheben, »soweit sie mit wesentlichen Grundsätzen einer freiheitlichen rechtsstaatlichen Ordnung unvereinbar« waren.[11] Es folgte eine Liste der Straftatbestände, nach denen vor allem DDR-Bürger tausendfach zu Unrecht ins Gefängnis geworfen worden waren: landesverräterische Nachrichtenübermittlung, staatsfeindlicher Menschenhandel, staatsfeindliche Hetze, ungesetzliche Verbindungsaufnahme, ungesetzlicher Grenzübertritt, Boykotthetze, Wehrdienstverweigerung und alle ähnlichen Delikte. Der Bundestag erfand für das Regelwerk den merkwürdigen Namen 1. SED-Unrechtsbereinigungsgesetz – als ob man die Untaten der kommunistischen Machthaber wieder rückgängig machen könnte.

Schon im Vorfeld der Verabschiedung stieß der Gesetzentwurf bei den Opfern auf massive Kritik. Ihre Vertreter störten sich nicht nur an dem Namen, der auch die Verantwortung für das verübte Unrecht ausschließlich der SED anlastete. Vor allem die finanziellen Entschädigungsregelungen hielten sie für völlig unzureichend. Sie fühlten sich »wie Bettler abgespeist« und – wegen der Benachteiligung gegenüber anderen Inhaftiertengruppen – als »Opfer dritter Klasse« behandelt. Achtzehn Verbände trugen bei der Anhörung des Rechtsausschusses den »Protest von Halle« vor und sprachen vom »schlechtesten Gesetzentwurf, der jemals in den Deutschen Bundestag eingebracht worden ist«. Ein Vertreter der Vereinigung der Opfer des Stalinismus (VOS) erklärte sogar, das Gesetz habe für die Betroffenen »den Charakter eines Unrechtsfortsetzungsgesetzes«.[12]

Das Gesetz sah vor, den Opfern des SED-Regimes eine Kapitalentschädigung für die erlittene Haft zu zahlen. Für jeden Monat Gefängnis sollten sie 300 DM bekommen. Das war die Hälfte von dem, was sonst in Deutschland unschuldig Inhaftierte erhalten, und etwa ein Viertel des Wertes, den früher NS-Opfer bekommen hatten. Diejenigen, die am Tag des Mauerfalls noch in der DDR gelebt hatten, also nicht geflüchtet, ausgereist oder freigekauft worden waren, sollten zusätzliche 250 DM pro Haftmonat bekommen. Für fünf Jahre im »Gelben Elend« von Bautzen gab es demnach umgerechnet rund 9000 Euro. Für Häftlinge, die in der DDR geblieben waren, erhöhte sich der Betrag auf etwa 16 500 Euro. Gesundheitlich Geschädigte und Hinterbliebene von zu Tode Gekommenen bekamen – anders als bei NS-Opfern – keine Kapitalentschädigung.

Anspruch auf eine dauerhafte Versorgung hatte ein Verfolgter nur, wenn er durch die Haft gesundheitlich schwer geschädigt worden war. War er daran gestorben oder zum Tode verurteilt worden, erhielten auch die Hinterbliebenen eine Rente. Die Summen lagen jedoch erheblich unter denen für NS-Opfer. Anders als bei diesen gab es auch nichts, wenn der Verfolgte aus anderen Gründen verstorben war. Angehörige von Mauertoten gingen ebenso leer aus. Darüber hinaus gab es nur noch sogenannte Unterstützungsleistungen für Verfolgte, die sich in einer sozialen Notlage befanden. Auf Antrag konnten sie bei der Stiftung für ehemalige politische Häftlinge einmalig bis zu 4050 Euro (je nach Bedürftigkeit und Familienstand) bekommen. Nach zwölf Monaten war ein Wiederholungsantrag möglich, doch reduzierten sich die Zahlungen dann. Angehörige verstorbener Gefangener durften diese Hilfe ebenfalls in Anspruch nehmen – allerdings nur, wenn sie von der Freiheitsentziehung erheblich mitbetroffen waren.

Bei den Beratungen über das Gesetz hatten die Opferverbände demgegenüber vorgeschlagen, für SED-Verfolgte eine Ehrenpension nach dem Muster der NS-Entschädigung in der DDR einzuführen. Darüber hinaus hatten sie sich für besondere soziale Vergünstigungen eingesetzt, wie die Befreiung von der Kraftfahrzeugsteuer, mehrere Tage Zusatzurlaub im Jahr, kostenlose Rechtsberatung oder die freie Benutzung öffentlicher Verkehrsmittel. Alle diese Vorschläge hatte der Bundestag abgelehnt.

Die Opfer kritisierten vor allem die Höhe der Haftentschädigung. Sie monierten nicht nur, dass Betroffene aus Ost und West unterschiedlich behandelt und damit auseinanderdividiert würden. Auf Unverständnis stieß besonders, dass der Grundbetrag von 300 DM sich gerade einmal auf die Hälfte dessen belief, was die Bundesrepublik ansonsten Haftopfern zahlt. Dadurch erhielten die kommunistischen Machthaber, die 1990 verhaftet, aber aus gesundheitlichen Gründen wieder entlassen worden waren, das Doppelte von dem, was viele SED-Opfer bekamen. Zu Recht wiesen die Betroffenen darauf hin, dass die Haftbedingungen in der DDR eher die umgekehrte Verfahrensweise gerechtfertigt hätten. Für böses Blut sorgte vor allem der Fall des früheren DDR-Ministerpräsidenten Willi Stoph, der 1993 aus der Untersuchungshaft freikam und anschließend für jeden Monat Haft 600 DM erhielt. In der Praxis bedeutete die Haftentschädigung für die meisten Verfolgten jedenfalls nur eine kurze Genugtuung. Spätestens wenn sie das Geld für eine Reise, ein Auto oder eine andere Anschaffung ausgegeben hatten, wurde den meisten bewusst, dass sich an ihrer sozialen Lage wenig geändert hatte.

Das Unrechtsbereinigungsgesetz schloss zudem Tausende Opfer von einer Entschädigung aus. So konnten laut Paragraph 1 lediglich Entscheidungen »eines staatlichen deutschen Gerichts in dem in Artikel 3 des Einigungsvertrages genannten Gebiet (Beitrittsgebiet)« rehabilitiert werden.[13] Die etwa 380000 Deutschen, die die Sowjetunion außerhalb ihrer Besatzungszone – in den deutschen Ostgebieten, in der Tschechoslowakei und in Südosteuropa – verhaftet und größtenteils zur Zwangsarbeit verschleppt hatte, blieben dadurch unberücksichtigt. Vor allem aus den Gebieten östlich von Oder und Neiße waren viele Deportierte nach ihrer Freilassung in die DDR gegangen. Dort hatten sie – anders als Betroffene in Westdeutschland – niemals eine Unterstützung erhalten. Sie wurden sogar als politisches Sicherheitsrisiko betrachtet und oftmals diskriminiert. Nach der Wiedervereinigung hatten sie zunächst Anspruch auf die in Westdeutschland gezahlten Leistungen, doch 1992 kappte der Bundestag die Regelungen.

Der Bundesrat startete deshalb später eine Gesetzesinitiative mit dem Ziel, den Überlebenden doch noch eine Entschädigung zukommen zu lassen. Bei einer Anhörung im Juni 2003 schilderte die damals 82-jährige Franziska Nowacki aus Mecklenburg-Vorpommern, wie sie im ostpreußischen Allenstein mit 23 Jahren über hundertmal vergewaltigt und dann per Viehwaggon in ein sowjetisches Arbeitslager gebracht worden war. »Am Ende meines Lebens«, appellierte sie an die Abgeordneten, »erhoffe ich noch ein Zeichen von Gerechtigkeit. Mit der Entschädigung, über die heute gesprochen wird, werden wir Betroffenen keine Millionäre. Ich werde, wenn Sie sich zur Gerechtigkeit bekennen und ich eine Entschädigung erhalten sollte, einige frohe Stunden mit meinen Kindern und Freunden zubringen.«[14] Wenig später lehnte die rotgrüne Regierungsmehrheit den Gesetzentwurf ab.

Der Kampf um die Haftentschädigung

In den frühen neunziger Jahren wurde offensichtlich, dass die Entschädigung der Opfer in Deutschland vor allem unter fiskalischen Aspekten betrachtet wurde. Die Aufhebung von DDR-Urteilen nach dem Unrechtsbereinigungsgesetz war für den Staat nahezu kostenfrei. Auch die vorgesehene Erstattung von Geldstrafen und Verfahrenskosten fiel nicht weiter ins Gewicht, zumal der Umrechnungskurs nicht – wie bei den Renten der SED-Kader infolge der Währungsunion – eins zu eins, sondern eins zu zwei betrug. Nominal wurde also nur die Hälfte des Betrages erstattet.

Jahrelang kämpften die Opferverbände deshalb für eine Anhebung der Haftentschädigung. Tausende Betroffene wandten sich mit Briefen und Petitionen ans Parlament. Die Vereinigung der Opfer des Stalinismus sammelte 80 000 DM für eine Verfassungsbeschwerde. Anders als bei den NS-Opfern waren die Verbände aber nicht befugt, selbst Klage zu erheben. Erst zum 1. Januar 2000 – zehn Jahre nach dem Sturz der SED-Herrschaft – hob der Bundestag die Entschädigung an. Jetzt wurde so viel gezahlt, wie sonst in Deutschland zu Unrecht Inhaftierte bekommen: 307 Euro pro Haftmonat. Angehörigen von Hingerichteten, getöteten Flüchtlingen oder in der Haft Verstorbenen gewährte man erstmals einen Anspruch auf Unterstützung unabhängig von ihrer wirtschaftlichen Lage. Die Neuregelung war dem Regierungswechsel von 1998 zu verdanken, denn die SPD hatte, als sie noch in der Opposition gewesen war, den Opfern entsprechende Zusagen gemacht. Gerne wiesen SPD und Grüne später darauf hin, dass sie es waren und nicht Union und FDP, die damit eine langjährige Forderung der Verfolgten erfüllt hätten.

Für viele kam die Angleichung freilich zu spät. Ältere Haftopfer wie der frühere Chef des Ost-Berliner Aufbau-Verlages, Walter Janka, den man 1956 festgenommen und in das berüchtigte Kellergefängnis von Berlin-Hohenschönhausen eingeliefert hatte, waren mittlerweile tot. »Wer den Weg durch solche Keller noch nicht gegangen ist«, schrieb er 1991 in seinen Erinnerungen, »kann sich keine Vorstellung von den psychischen Belastungen machen, denen die Häftlinge ausgesetzt sind, bevor sie von den Vernehmern in die Mache genommen werden. Man muss ihn gegangen sein, um zu begreifen, warum Häftlinge fast immer Geständnisse ablegen. Die meisten tun es sofort oder nach wenigen Tagen.«[15] Im Sommer 1957 verurteilte ihn das Oberste Gericht wegen »Bildung einer konterrevolutionären Gruppe« zu fünf Jahren Zuchthaus. Anschließend kam er in ein Verlies in Berlin-Lichtenberg, später ins Zuchthaus Bautzen, wo er schwer erkrankte. »Die Zelle starrte vor Schmutz«, schilderte er seine Eindrücke vom Strafvollzug der DDR. »Die Fenster waren undurchsichtig. Jahrelang nicht geputzt. Wo ich hinsah, Spinnweben. Das Klappbett, die muffige Matratze, das an der Wand befestigte Tisch- und Sitzbrett, alles war mit dickem Staub bedeckt. Und die Luft war zum Ersticken. […] Wie sollte ich in diesem Dreck überleben?«[16] 1994 starb Janka in Kleinmachnow bei Berlin. So wie er erlebten auch viele andere, die in der DDR eingesperrt worden waren, nicht mehr die Aufbesserung der Haftentschädigung.

Doch auch bei den Überlebenden blieb ein schales Gefühl zurück. War es richtig und vor allem gerecht, die Haft in einem DDR-Gefängnis auf gleiche Weise zu entschädigen wie die in einer bundesdeutschen Vollzugsanstalt? Und warum erhielten unschuldig Inhaftierte in der Bundesrepublik neben der Kapitalentschädigung auch ihren Verdienstausfall erstattet, ehemalige DDR-Häftlinge jedoch nicht? Aus diesem Grund bekam zum Beispiel Ex-Ministerpräsident Stoph neben seiner Entschädigung auch noch 15 000 DM für einen angeblichen Einkommensverlust ausgezahlt. Hinzu kam, dass Hinterbliebene von Inhaftierten weiterhin nur dann eine Unterstützung erhielten, wenn sie besonders bedürftig waren. Personen, die östlich von Oder und Neiße gefangen genommen worden waren, wurden weiterhin überhaupt nicht berücksichtigt – woran sich bis heute trotz eines früheren SPD-Wahlversprechens nichts geändert hat.

Als weitgehend nutzlos erwies sich auch die Zusage einer Beschädigtenversorgung. Voraussetzung ist, dass die gesundheitlichen Probleme als Haftfolge anerkannt werden. Während bei NS-Opfern die Vermutung ausreicht, dass ihr Leiden auf die politische Verfolgung zurückzuführen ist, wird von SED-Opfern »die Wahrscheinlichkeit des ursächlichen Zusammenhangs« verlangt.[17] Obwohl viele von ihnen bis heute körperlich und seelisch durch die Folgen ihres Gefängnisaufenthaltes gezeichnet sind, haben deshalb nur ganz wenige ihren Anspruch auf entsprechende Leistungen durchsetzen können. Wie der frühere Bürgerrechtler und heutige Bundestagsabgeordnete Stephan Hilsberg (SPD) vorrechnete, haben in der Praxis allenfalls fünf Prozent der Anträge Aussicht auf Erfolg. Die Betroffenen müssen nämlich selbst den Beweis antreten, dass ihr Leiden auf die Haft zurückgeht. Da die Opfer nur selten während oder kurz nach der Haft wegen einer damit zusammenhängenden Krankheit behandelt worden sind, brauchen sie ein aktuelles ärztliches Gutachten, das ihnen die

Haftfolgen bescheinigt. »Doch wie soll ein Arzt feststellen, ob ein Nierenleiden darauf beruht, dass ein Häftling vor 50 Jahren tagelang in einem Becken mit kaltem Wasser stehen musste?«[18]

Vor allem die psychischen Haftschäden, die sogenannten posttraumatischen Belastungsstörungen, erkennen die Versorgungsämter nur selten an – obwohl sie besonders häufig sind. So ergab eine Studie aus Mecklenburg-Vorpommern, dass ehemals Inhaftierte oft an Schlafstörungen, Albträumen, Angstzuständen, Depressionen oder leichter Erregbarkeit leiden. Viele sind misstrauisch gegenüber ihren Mitmenschen, manche gehen kaum noch aus dem Haus. Ihr Risiko, an Herz-Kreislauf-Erkrankungen zu sterben, ist überdurchschnittlich hoch. Die meisten ehemaligen Häftlinge scheuen bereits den mühseligen Weg zur Anerkennung der Schäden. So hatten von schätzungsweise 25 000 Geschädigten in Mecklenburg-Vorpommern Anfang 2004 nur 742 einen Antrag gestellt. Davon wurden wiederum nur 94 anerkannt, was vor allem auf die Unkenntnis der Verwaltungsmitarbeiter, ärztlichen Gutachter und Richter zurückzuführen war. Selbst in den Versorgungsämtern, so die Studie, ist das Verständnis begrenzt. In manchen Fällen seien ehemalige DDR-Ärzte auch voreingenommen gegenüber politisch Verfolgten gewesen, andere hätten von den Trauma-Forschungen der letzten zwanzig Jahre noch nicht viel gehört. In einem Fall wurde einem Ex-Häftling sogar gesagt, er hätte ja keinen Fluchtversuch unternehmen müssen, dann wäre er auch nicht ins Gefängnis gekommen.[19]

In den alten Bundesländern ist die Lage kaum besser, wie aus dem Leserbrief eines früheren DDR-Häftlings aus Nordrhein-Westfalen von Mai 2002 hervorgeht: »Leider ist es noch heute gängige Praxis der zuständigen Versorgungsämter, die Vorgänge zu verschleppen, zu verschleiern und letztendlich den Opfern das Gefühl zu geben, sie seien doch zu Recht verurteilt worden. Neunzehn Monate politischer Haft in Cottbus haben bei mir nichtheilende Verletzungen zur Folge gehabt. Das zuständige Landesversorgungsamt verwehrt mir hingegen seit 1990 die mir zustehenden Hilfen.«[20] In einem Expertengutachten, das im Auftrag der ostdeutschen Stasi-Akten-Beauftragten erstellt wurde, heißt es zu derartigen Erfahrungen: »In Analogie zu dem Schicksal vieler Holocaust-Opfer wird deshalb in der Literatur wohl nicht zu Unrecht von einer Retraumatisierung der schon Geschädigten durch die ernüchternden neuen Verhältnisse nach der Wende gesprochen.«[21] Opferverbände fordern seit langem, dass die Beweislast umgekehrt wird. Die Behörden müssten dann dem Rentenantrag stattgeben, wenn sie nicht nachweisen können, dass ein gesundheitlicher Schaden *nicht* mit der Haft zusammenhängt.

Zur Gesamtzahl der Betroffenen gibt es nur Schätzungen. Die Anzahl der latent oder manifest psychisch beeinträchtigten beziehungsweise gestörten Personen veranschlagten die Experten auf mindestens 300 000. »Bei einer konservativen Schätzung ist damit zu rechnen, dass wenigstens 100 000 Personen eine manifest psychische Störung im Sinne einer posttraumatischen Belastungsstörung entwickelt haben und die Anzahl traumabedingter chronifizierter psychischer Erkrankungen auf wenigstens 50 000 zu schätzen ist«, heißt es in dem Gutachten.[22] Häftlingsbefragungen bestätigen dieses Bild. Als das Dresdner Hannah-Arendt-Institut 1500 Verfolgte aus der Zeit von 1945 bis 1956 beziehungsweise deren Angehörige befragte, gaben 36 Prozent gesundheitliche Langzeitschäden an; 44 Prozent waren im Lager verstorben. Bei einer zweiten Untersuchungsgruppe von 360 Inhaftierten aus den siebziger und achtziger Jahren klagten 45 Prozent über physische und fast 70 Prozent über psychische Folgeschäden.[23]

Selbst Verfolgte, die wegen ihrer sozialen Lage einen Anspruch auf Unterstützung hatten, gingen teilweise leer aus. So warteten achthundert anerkannte ehemalige politische Gefangene im Sommer 2003 vergeblich auf finanzielle Hilfe, weil die zuständige Häftlingsstiftung kein Geld mehr hatte. Die rot-grüne Bundesregierung hatte ihr so geringe Haushaltsmittel zugewiesen, dass diese bereits Ende März des Jahres verbraucht waren. Zusammen mit den Erträgen aus dem eigenen Stiftungsvermögen konnte sie nur 1,5 Millionen Euro an die Opfer ausschütten. Allein im Jahr 2003 lagen ihr jedoch rund siebentausend Anträge vor, so dass Abgeordnete der Union den Fehlbetrag auf das Doppelte bezifferten – rund drei Millionen Euro. Für das Jahr 2004 waren die Aussichten sogar noch schlechter, da gemäß Haushaltsplan nur noch 1,2 Millionen Euro zur Verfügung standen. Erst im November 2003 erklärte sich die Bundesregierung bereit, die Finanzmittel der Stiftung um eine Million Euro aufzustocken. Dadurch konnte wenigstens einem Teil der Opfer, die sich in einer Notlage befanden, geholfen werden. Besonders die Mittel für die aus den deutschen Ostgebieten in die Sowjetunion Deportierten, die keine andere Hilfe bekommen und deshalb besonders auf die Unterstützung angewiesen sind, reichten nicht aus. Dabei haben sie ohnehin nur Anspruch auf einmalig bis zu 2500 Euro – wenn sie sich in einer Notlage befinden. Wenige Monate später stand die Stiftung erneut vor dem Problem leerer Kassen: Diesmal fehlten ihr sogar fast vier Millionen Euro. Statt die Haushaltsmittel dauerhaft zu erhöhen, plante die Bundesregierung Anfang 2004 sogar die Auflösung der Stiftung, was selbst bei den Regierungsfraktionen von SPD und Grünen auf Widerspruch stieß. Ende 2004 lagen der Stiftung immer noch über 1750 Anträge vor, die nicht bewilligt und ausgezahlt werden konnten, einige davon noch aus dem Jahr 2001. Und für 2005 erwartete man mehr als eintausend neue Anträge – ein Bedarf, der sich angesichts des hohen Alters der Betroffenen irgendwann von allein erledigen wird.[24] Erst im Januar 2007 kündigte die schwarz-rote Bundesregierung an, die Mittel zugunsten der Stiftung für ehemalige politische Häftlinge auf drei Millionen Euro aufzustocken.

Zwangsarbeiter ohne Unterstützung

Die Ungleichbehandlung der Opfer von Kommunismus und Nationalsozialismus zeigt sich auch beim Thema Zwangsarbeit. Schätzungen zufolge wurden während der 45-jährigen kommunistischen Diktatur in Ostdeutschland etwa eine halbe Million missliebiger Bürger zur Arbeit gezwungen – in sowjetischen Arbeitslagern, Haftanstalten der DDR oder im zentralen Arbeitslager des Ministeriums für Staatssicherheit. Nicht nur beim Wiederaufbau der kriegszerstörten Sowjetunion, sondern auch in der

DDR bildeten diese billigen Arbeitskräfte einen festen Teil der Planwirtschaft. Wie sehr die Politbürokraten auf die Gefangenenarbeit zurückgriffen, zeigte sich im Oktober 1987, als 27000 Häftlinge im Rahmen einer Amnestie freikamen. In zentralen Wirtschaftsbereichen fehlten dadurch plötzlich so viele Arbeiter, dass die SED sogar vorübergehend Soldaten und Bereitschaftspolizisten abkommandieren musste. Dass die DDR-Führung zur Schließung der Lücken keine regulären Arbeitskräfte einstellte, macht deutlich, dass sie auf die kostengünstigen Häftlinge nicht verzichten wollte. Bereits ein halbes Jahr später hatte die Zahl der Gefangenen wieder den alten Stand erreicht.

Insgesamt mussten in der DDR jährlich bis zu 40000 Sträflinge zumeist körperlich schwere Arbeit verrichten; pro Jahr erwirtschafteten sie mindestens eine Milliarde Mark. Die Männer wurden in der Regel in der Industrie, auf dem Bau oder im Bergbau eingesetzt, die Frauen arbeiteten vielfach als Näherinnen, für einen Stundenlohn von wenigen Pfennigen. So erhielt ein Insasse der Haftanstalt Magdeburg-Sudenburg, der als Kabellöter arbeiten musste, einen Monatslohn von 30 Mark. Da die Firmen, für die die Häftlinge tätig waren, der Gefängnisverwaltung den normalen Arbeitslohn zahlten, verdiente der Staat sogar an ihnen. Die Gefangenen arbeiteten dabei nach einem strengen Normensystem: Wer sein Soll nicht erfüllte, bekam nicht nur weniger Lohn, sondern oft auch noch Strafen wie Schreib- oder Leseverbot auferlegt. Bei Arbeitsverweigerung drohten Schläge, Essensentzug oder verschärfter Arrest. Zudem mussten die politischen mit den kriminellen Häftlingen zusammenarbeiten, wobei Letztere meist das Kommando führen durften – für empfindsame Menschen vielfach der blanke Horror.

Der Theologiestudent Matthias Storck etwa, dessen Fluchtpläne ein Pfarrer 1979 der Stasi verraten hatte, musste in der Strafvollzugsanstalt Cottbus die Ränder von Kameragehäusen mit einem Messer entgraten. Die Norm war so hoch, dass er sie nicht schaffte. Nach einiger Zeit wurde er deshalb zum Verhör geholt. Da auch andere Häftlinge die Norm nicht erfüllt hatten, warf ihm der Oberaufseher vor, zum Streik aufgerufen zu haben.

»Dafür blüht Ihnen die Verlegung ins Untersuchungsgefängnis mit dem Ziel eines neuen Urteils, das auf Nachschlag lautet, der sich gewaschen hat!«, brüllte er den Studenten an. Anschließend kam dieser in eine Art Käfig, der in einen Haftraum eingebaut war. »Etwa einen Meter von der Fensterwand war ein Gitter angebracht, das über die ganze Höhe und Breite des Raumes ging«, erinnerte sich Storck später. »Ein weiteres Gitter verlief an der gegenüberliegenden Wand, etwa zwei Meter tief im Raum. Es trennte von Tür und ›Naßteil‹, der aus Toilette und Waschbecken bestand.« Wochenlang blieb er in dieser Arrestzelle eingesperrt – ohne Besuche, ohne Post, ohne Kontakt zu Mithäftlingen.[25]

Vielfach wurden den Gefangenen auch gesundheitsgefährdende Arbeiten zugewiesen. Da sich keine Gewerkschaft um sie kümmerte, gab es kaum Arbeitsschutzmaßnahmen, so dass es immer wieder zu Verletzungen kam. »Viele Frauen hatten Fingerquetschungen und herausgerissene Fingernägel«, erinnerte sich Brigitte Bielke an den Arbeitsalltag im Zuchthaus Hoheneck, wo sie auf einer uralten Nähmaschine Bettwäsche nähte. Trotz ihrer Verletzungen mussten die Frauen weiterarbeiten, um sich nicht dem Verdacht der Arbeitsverweigerung auszusetzen.[26]

Die Liste der ostdeutschen Firmen, die Häftlinge beschäftigten, umfasst über hundert verschiedene Unternehmen. Einige davon existieren heute noch – wie die Neptunwerft in Rostock, das Zementwerk Rüdersdorf, die Pentacon GmbH oder die VEM Sachsenwerk GmbH in Dresden. Aber auch westliche Firmen wie Quelle oder Neckermann profitierten von der Gefangenenproduktion in der DDR. Brigitte Bielke zum Beispiel fand nach ihrer Ausreise in den Westen die Bettwäsche, die sie in Hoheneck genäht hatte, in einem Quelle-Katalog als Billigware wieder. »Ich bestellte sie und hatte den Beweis: Markierungen, die jeder Häftling beim Nähen machen musste«, erklärte sie einer Zeitung.[27]

Als in der Bundesrepublik im Jahr 2000 ein Entschädigungsfonds von 10 Milliarden DM für ehemalige NS-Zwangsarbeiter eingerichtet wurde, betrachteten dies nicht wenige SED-Opfer mit gemischten Gefühlen. Vielen wurde schmerzhaft bewusst, wie wenig potente Fürsprecher sie selbst für ihre Anliegen hatten.

Andere kündigten an, nun ebenfalls den mühsamen Klageweg der NS-Opfer zu beschreiten. Nach Schätzungen des Arbeitskreises Deutsche Zwangsarbeiter (AKDZ) lebten Anfang 2002 noch etwa 9100 Menschen, die in Arbeitslager der Sowjetunion verschleppt worden waren. Die Gesamtzahl der Anspruchsberechtigten veranschlagte die Vereinigung politisch Verfolgter der DDR auf etwa 100 000 Menschen.[28] Unter Berufung auf den Gleichheitsgrundsatz des Grundgesetzes verlangte die Vereinigung von der Bundesrepublik deshalb eine Entschädigung von 1000 DM oder 500 Euro pro Haftmonat. Gefangene, die länger als drei Jahre in Haft gewesen waren, sollten bis zu 25 000 DM oder 13 000 Euro erhalten. Firmen, die von der Haftzwangsarbeit profitiert hatten, sollten außerdem einen Fonds zur wissenschaftlichen Aufarbeitung stiften. Mit Hilfe des Rechtsanwaltes Michael Witti, der zuvor bereits frühere NS-Zwangsarbeiter vertreten hatte, wollte man notfalls eine Sammelklage in den USA erheben. »Auch wenn beide deutsche Diktaturen nicht gleichzusetzen sind, so müssen doch ihre Opfer gleich behandelt werden«, erklärte der Vereinsvorsitzende Jürgen Schmidt-Pohl, der im Zuchthaus Cottbus für die Firma Sachsenwerk Kühlschrankmotoren hatte bauen müssen und später durch Schläge eines Wärters auf einem Auge erblindet war.[29] Seine Forderungen wurden nie erfüllt.

Zersetzung der Seelen

Vergeblich bemühten sich Bürgerrechtler auch um eine Entschädigung für Opfer sogenannter Zersetzungsmaßnahmen. »Maßnahmen der Zersetzung«, so hieß es im bürokratischen Stasi-Jargon in Mielkes Richtlinie 1/76, »sind auf das Hervorrufen sowie die Ausnutzung und Verstärkung solcher Widersprüche bzw. Differenzen zwischen feindlich-negativen Kräften zu richten, durch die sie zersplittert, gelähmt, desorganisiert und isoliert und ihre feindlich-negativen Handlungen einschließlich deren Auswirkungen vorbeugend verhindert, wesentlich eingeschränkt oder gänzlich unterbunden werden.« Erreicht werden sollte dies unter anderem durch die »systematische Diskreditierung des öffentlichen Rufes« und die »systematische Organisierung beruflicher und gesellschaftlicher Misserfolge zur Untergrabung des Selbstvertrauens einzelner Personen«.[30] Die Staatssicherheit wollte auf diese Weise Oppositionelle psychisch zermürben, wie aus Lehrmaterial der MfS-Hochschule in Potsdam hervorgeht: »Die Wirkung beruht darauf, dass ein Verdächtiger, der über längere Zeit und mit einer bestimmten Intensität berufliche oder gesellschaftliche Misserfolge erlebt, psychisch stark belastet und beeinflusst wird. Das kann schließlich zur Erschütterung oder zum Verlust des Selbstvertrauens führen. Damit wird der Betreffende vor allem mit sich selbst beschäftigt und muss nach Wegen suchen, seine persönlichen Schwierigkeiten zu überwinden. Die Lösung der für ihn so bedeutsamen Konfliktsituationen lässt zumeist keine Zeit für staatsfeindliche Handlungen bzw. der Verdächtige verfügt nicht über die dafür notwendige ›psychische Kraft‹.«[31]

Mit solchen Maßnahmen traktierte das Ministerium für Staatssicherheit vor allem Kritiker, deren Verhaftung man aus politischen Gründen vermeiden wollte – zum Beispiel Pastoren oder prominente Bürgerrechtler. In den achtziger Jahren trat die Zersetzung sogar mehr und mehr an die Stelle strafrechtlicher Verfolgung. Die Zahl der Betroffenen allein in den letzten Jahren der DDR wird auf 20000 bis 25000 geschätzt.[32] In sogenannten Operativvorgängen (OV) stellten die Stasi-Offiziere genaue Maßnahmepläne auf und kontrollierten anschließend die Wirkung ihrer Aktivitäten durch Informanten. In manchen Fällen kamen die Maßnahmen über Jahre hinweg zum Einsatz. Sie wurden zudem nicht nur in der DDR, sondern auch auf westdeutschem Gebiet angewandt. Meist waren sie so angelegt, dass der Betroffene den Staatssicherheitsdienst nicht als Urheber erkennen konnte. Auf diese Weise sollte er in Selbstzweifel, Angst und Depression gestürzt werden – ein diabolischer Staatsterror, dessen Ziel der Schriftsteller Jürgen Fuchs einmal als die »Zersetzung der Seelen« bezeichnet hat.

Fuchs, den die Stasi 1976 verhaftet und später aus der DDR ausgewiesen hatte, wurde in West-Berlin selbst jahrelang mit derartigen Maßnahmen überzogen. Das MfS wollte damit verhindern, dass er sich von dort aus weiter für oppositionelle Bürgerrechtler einsetzte. Zum Einschüchterungsprogramm gehörten auch Manipulationen am Auto – durchtrennte Bremsleitungen, löchrige Benzinschläuche, gelockerte Vorderachsen und verschwundene Befestigungsschrauben am Motorblock.[33] Allein im September 1982 startete der Staatssicherheitsdienst laut einem Aktenvermerk Hunderte von »speziellen Maßnahmen«, um den Schriftsteller »zu verunsichern und in seinem Handlungsspielraum zu beeinträchtigen«. Über das Vorgehen hielt die Stasi fest: »FUCHS wurde kontinuierlich, vor allem in den Nachtstunden, in seiner Wohnung angerufen, ohne dass sich der Anrufer meldete. Gleichzeitig wurde jeweils der Fernsprechanschluss zeitweilig blockiert. Im Namen von FUCHS wurde eine Vielzahl von Bestellungen aufgegeben, darunter auch Bestellungen, die zur Kompromittierung des FUCHS geeignet sind. Mehrfach wurden Taxis und Notdienste (Schlüsselnotdienst, Abflussnotdienst, Abschleppdienst) vorwiegend nachts zur Wohnung des FUCHS bestellt.« Es folgte eine Liste von mehreren Dutzend Dienstleistungsunternehmen, die das MfS ihm innerhalb von vier Wochen auf den Hals gehetzt hatte.[34]

Die Politikwissenschaftlerin Sandra Pingel-Schliemann hat diese perfiden Verfolgungsmethoden als typisch für die Zeit der späten SED-Diktatur bezeichnet. Das MfS setzte die Betroffenen dabei gleich von zwei Seiten unter Druck: Einerseits organisierte es deren berufliche Abqualifizierung, ließ ihnen neue Arbeitsplätze zuweisen und ihr Gehalt verringern, inszenierte das Ausbleiben öffentlicher und betrieblicher Anerkennung oder veranlasste den Ausschluss aus Berufsverbänden. Andererseits griff es in die zwischenmenschlichen Beziehungen ein, zerrüttete Ehen, zerstörte Familien und Freundschaften. Obwohl die Betroffenen nicht ins Gefängnis kamen, hatten die Maßnahmen teilweise tiefgreifende Wirkungen – bis hin zu extremen Angstgefühlen, Paranoia und Selbstmordgedanken. »Noch heute leiden Menschen unter dem ihnen zu DDR-Zeiten zugefügten Leid. So bekamen einige der Zersetzungsopfer während der Interviews ein Zittern in der Stimme, wenn sie über die gegen sie gerichteten MfS-Maßnahmen sprechen sollten. Andere wichen bewusst Fragen aus, da sie die Erlebnisse nach wie vor verdrängen«, schreibt Pingel-Schliemann in ihrer Studie über die Bestrafung ohne Haft. »Wie jeder mit den Zersetzungsmaßnahmen fertig wurde, hing und hängt nicht nur von seiner persönlichen Umgebung ab, sondern auch von seiner psychischen Belastbarkeit.«[35]

Auf Initiative von Jürgen Fuchs schlug die Bundestagsfraktion von Bündnis 90/Die Grünen deshalb 1995 vor, auch Zersetzungsopfer in die Wiedergutmachung einzubeziehen. Vorgesehen war, die in den Stasi-Akten dokumentierten Phasen von Zersetzungsmaßnahmen wie Haftzeiten mit einer Kapitalentschädigung zu kompensieren.[36] Der damalige Bundesjustizminister Edzard Schmidt-Jortzig (FDP) votierte jedoch dagegen, weil die Zersetzung dadurch einer rechtsstaatswidrigen Freiheitsentziehung gleichgesetzt würde. »Freiheitsstrafen stempelten den Betroffenen zum Straftäter und gaben ihn auch nach seiner Haftentlassung einem negativen gesellschaftlichen Leumund preis. Einer derartigen Stigmatisierung waren Zersetzungsopfer nicht ausgesetzt«, schrieb er an den stellvertretenden Vorsitzenden der CDU/CSU-Bundestagsfraktion Paul Krüger.[37] Im Mai 1997 lehnte der Bundestag den Antrag der Grünen ab. Die Betroffenen bekamen niemals eine Entschädigung.[38]

Rehabilitierung mit Hindernissen

Während es beim 1. SED-Unrechtsbereinigungsgesetz um die Entschädigung von Häftlingen ging, gab es bis 1994 für die zahllosen beruflichen Benachteiligungen in der DDR überhaupt keinen Ausgleich. Kinder aus christlichem Elternhaus hatten häufig kein Abitur machen, geschweige denn studieren dürfen. Aufmüpfige Studenten wurden rigoros exmatrikuliert, Lehrer, die bei der Indoktrination der Schüler nicht mitmachen wollten, aus dem Schuldienst entfernt. Ingenieure oder Wissenschaftler, die sich weigerten, der SED beizutreten, hatten in der Regel keine Aufstiegsmöglichkeiten. Unangepasste Künstler durften nicht dem offiziellen Berufsverband beitreten, was faktisch einem Berufsverbot gleichkam und sie zugleich aus der Sozialversicherung ausschloss. Während Ausreiseantragsteller vielfach sofort entlassen wurden, erhielten Menschen, die aus dem Gefängnis kamen, meist nur minderwertige Arbeit. Diese politisch bedingten Sanktionen haben den beruflichen Werdegang von Millionen Ostdeutschen deformiert – und wirken bis in die Gegenwart.

Um den Betroffenen zu helfen, entwarf die Bundesregierung 1993 das »Gesetz über den Ausgleich beruflicher Benachteiligungen für Opfer politischer Verfolgung im Beitrittsgebiet«. Mit dem sogenannten 2. SED-Unrechtsbereinigungsgesetz sollten diejenigen entschädigt werden, die in der DDR durch Eingriffe in den Beruf oder das Ausbildungsverhältnis aus politischen Gründen erheblich benachteiligt worden waren. Geplant waren unter anderem der Ausgleich von Nachteilen in der Rentenversicherung, die Förderung beruflicher Fortbildung sowie Ausgleichsleistungen für besonders Bedürftige.

Schon in der Begründung des Entwurfs wurden dem Vorhaben jedoch enge Grenzen gesetzt. Die Fülle der ermittelten Unrechtsmaßnahmen, so hieß es da, bedinge, dass nicht alle Rechtsverstöße einbezogen werden könnten: »40 Jahre DDR-Unrechtssystem lassen sich nicht rückabwickeln.« Statt das individuell erfahrene Unrecht auszugleichen, machte die damalige schwarz-gelbe Bundesregierung die Wiedergutmachung vor allem von fiskalischen Überlegungen abhängig und ordnete sie der Wirtschaftsförderung in den neuen Bundesländern unter. »Primäres Ziel muss es sein, den Aufschwung dort voranzubringen und die Mittel des Staates vorrangig dieser Aufgabe zu widmen«, hieß es in der Gesetzesbegründung weiter. »Im Bereich der Rehabilitierung kann es somit nur darum gehen, gravierende Verstöße gegen tragende Prinzipien des Rechtsstaates aufzugreifen und – soweit möglich – einer Wiedergutmachung zuzuführen.« Ausgleichsleistungen sollten deshalb nur diejenigen erhalten, die »in erheblichem Maße« benachteiligt worden seien und bei denen die Benachteiligung »noch heute« spürbar nachwirke. »Ein Schadensausgleich bzw. ein Ausgleich zurückliegender Nachteile kommt nicht in Betracht.«[39]

Bereits während der parlamentarischen Beratungen übten die Opferverbände massive Kritik an dem Gesetz. Die geplanten Ausgleichsleistungen für Bedürftige bezeichneten sie als »Zumutung« und »neuerliche Verhöhnung der Opfer«. Statt der vorgesehenen 150 DM pro Monat forderten sie Beträge zwischen 250 und 500 DM. Einige schlugen vor, wie bei den NS-Opfern die tatsächlich erlittenen Einkommensverluste auszugleichen und eine monatliche Zusatzrente für ältere Verfolgte einzuführen. Der Bund Stalinistisch Verfolgter (BSV) verlangte die »kostenfreie medizinische Betreuung, [...] Wohngeldfreibetrag, Steuerermäßigung, zinsgünstige Kredite, kostenfreie Nutzung des Personennahverkehrs, Befreiung von Rundfunk- und Fernsehgebühren, freie Gesprächseinheiten beim Telefonieren [und die] bevorzugte Einstellung beim öffentlichen Dienst«.[40]

Tatsächlich konnte von einer echten Wiedergutmachung keine Rede sein. Im Unterschied zu NS-Verfolgten hatten die SED-Opfer weder einen Rechtsanspruch auf ihren alten Arbeitsplatz, noch bekamen sie eine Kapitalentschädigung für die Zeit, in der sie ihren Beruf nicht hatten ausüben dürfen. Auch hinter das Rehabilitierungsgesetz der Volkskammer fielen die Regelungen zurück. Das Gesetz sah weder die bevorzugte Einstellung im früheren Betrieb vor noch soziale Ausgleichsleistungen, wenn betriebliche Entscheidungen erhebliche Einkommensverluste bewirkt hatten. Statt diese zu entschädigen, hoben Experten bereits als Erfolg hervor, dass es angesichts leerer Kassen im Juni 1994 »überhaupt noch zu diesem Leistungsgesetz gekommen« sei.[41]

Am weitesten gingen noch die Festlegungen für verfolgte Schüler und Studenten. Wenn diese eine Ausbildung nachholen wollten, die ihnen in der DDR verweigert worden war, hatten sie bis Ende 2003 Anspruch auf ein Unterhaltsgeld. Zudem galt für sie beim BAföG nicht die Altersgrenze von dreißig Jahren. Manche, denen in der DDR der Zugang zum Abitur oder zur Universität verwehrt worden war, hatten so zumindest die Chance, ihren beruflichen Lebensweg noch einmal neu zu beginnen. Darüber hinaus hilft das Gesetz jedoch nur sozial Bedürftigen. Wenn diese weniger als den Sozialhilfesatz verdienen, kann ihnen das

Sozialamt auf Antrag einen monatlichen Zuschuss von 150 DM gewähren. 1997 wurde der Satz auf 300 DM angehoben, seit 2004 beträgt er 184 Euro; Rentenempfänger bekommen 123 Euro – für die Opfer eher ein Almosen als eine Entschädigung.

Unbefriedigend blieb auch der Ausgleich in der Rentenversicherung. Zeiten politischer Verfolgung, in denen die Betroffenen außerstande waren, einer Beschäftigung nachzugehen, können dort als Beitragszeiten anerkannt werden. Bis 2001 legte man dafür ein fiktives Gehalt zugrunde, das 20 Prozent über dem Durchschnittsverdienst eines vergleichbar Qualifizierten lag. In der Praxis jedoch führte diese Regelung bei einem Drittel der Betroffenen zu keinerlei Rentenerhöhung. Bei fast 60 Prozent kam lediglich eine Aufbesserung von bis zu 100 DM heraus. Nur etwa fünf Prozent erhielten mehr als 500 DM zusätzlich.[42] Im Vergleich zu denen, die nicht verfolgt wurden, fiel der Rentennachteil meist noch erheblich größer aus – weil diese sich in der Zwischenzeit hatten hocharbeiten können. Auch eine Gesetzesänderung, nach der die Betroffenen nunmehr so viele Entgeltpunkte gutgeschrieben bekommen, wie sie vor der Verfolgung erzielt hatten, brachte ihnen in der Regel keine Rentenerhöhung. Eher gab es neue Ungerechtigkeiten. Jetzt hing die Höhe der Rente nämlich entscheidend davon ab, *wann* jemand politisch verfolgt worden war und nicht, *wie* er dadurch geschädigt wurde. Insbesondere jüngere Oppositionelle, die sich in der DDR gar nicht erst qualifizieren durften, hatten das Nachsehen. Das grundlegende Ziel, wie es das Bundesverwaltungsgericht definiert hatte, wurde nicht erreicht, nämlich dass die »Verfolgten in versorgungsrechtlicher Hinsicht so zu stellen sind, als sei die Verfolgung nicht eingetreten, um so das vom SED-Staat begangene Unrecht nicht fortwirken zu lassen«.[43]

Das Gesetz enthält aber noch weitere Ungerechtigkeiten: Wie beim 1. SED-Unrechtsbereinigungsgesetz sind Personen, die östlich von Oder und Neiße verfolgt wurden, von allen Leistungen ausgeschlossen. Zudem muss die politische Verfolgung bis zum Tag der Wiedervereinigung gedauert haben – was schlechterdings kaum möglich ist, weil bereits ein halbes Jahr davor freie

Wahlen stattfanden. Ansonsten muss der Betroffene nachweisen, dass er seinen Beruf in der DDR mehr als drei Jahre nicht ausüben konnte. Daher können zum Beispiel Verfolgte, die weniger als drei Jahre in Haft saßen, vielfach nicht rehabilitiert werden. Auch Menschen, die einen Antrag auf Ausreise gestellt hatten oder mit einem Fluchtversuch gescheitert waren, gehen oftmals leer aus, obwohl sie in der DDR erhebliche berufliche Nachteile in Kauf nehmen mussten. Da sie im Zuge der Wiedervereinigung rückwirkend wieder zu DDR-Versicherten gemacht wurden, hat man ihnen außerdem noch den Anspruch auf eine Rente nach dem Fremdrentengesetz gestrichen. Wenn sie nicht in der DDR bleiben wollten und deshalb keine Freiwillige Zusatzrentenversicherung abschlossen, rächt sich dies heute bei ihrer Rentenberechnung: Für neunzehn Arbeitsjahre in der DDR bekommen sie gerade einmal rund 350 Euro monatlich.

Hinzu kommt, dass nur solche Verfolgte einen Unterstützungsanspruch besitzen, die einen beruflichen Abstieg erlitten haben. Für sogenannte Aufstiegsschäden sieht das Gesetz – anders als beim früheren Bundestagspräsidenten Gerstenmaier – keine Entschädigung vor. Damit wurde die häufigste Form politischer Verfolgung in der DDR, nämlich die Verweigerung von Aufstiegschancen, von der Wiedergutmachung ausgeklammert. Nur diejenigen, die ihren bereits praktizierten oder durch eine Ausbildung nachweislich angestrebten Beruf nicht mehr ausüben durften, erhalten – wenn sie wirtschaftlich bedürftig sind – den erwähnten Zuschuss. Menschen, die sich bereits im jungen Alter gegen das Regime auflehnten und dieser Haltung treu blieben, gehen dagegen leer aus – obwohl gerade sie am meisten unter der Verfolgung zu leiden hatten.

Für viele SED-Opfer endet der Papierkrieg um die berufliche Rehabilitierung deshalb mit einer amtlichen Ablehnung. Auch Widerspruch und Klage machen angesichts der klaren gesetzlichen Bestimmungen wenig Sinn. Manche Gerichte empfehlen den Betroffenen schon im Vorfeld, ihre Klage lieber zurückzunehmen, da andernfalls auch noch Gerichtsgebühren fällig würden. Die Konsequenzen werden besonders im Alter spürbar, wenn die

Verfolgten ihre Lage nicht mehr aus eigener Kraft verbessern können, sondern – wie der Fluchthelfer Herbert Pfaff – von einer geringfügigen Rente leben müssen.

Bei Opferverbänden und Beratungsstellen geben sich die Betroffenen deshalb seit Jahren die Klinke in die Hand. Gegenüber dem Berliner Landesbeauftragten für die Stasi-Unterlagen beklagte sich zum Beispiel ein Facharbeiter, dass sein Rehabilitierungsantrag abgelehnt worden sei, obwohl sein Gehalt in der DDR zehn Jahre lang eingefroren worden war. Man warf ihm damals vor, dass er Kontakt zu seinem Bruder im Westen hielt, der in der DDR in Haft gesessen hatte. Im Vergleich zur allgemeinen Gehaltsentwicklung verlor er nicht nur 20 000 DDR-Mark, auch seine Rente in der Bundesrepublik liegt heute etwa 75 Euro pro Monat niedriger. Die Ablehnung des Antrags wurde damit gerechtfertigt, dass es sich um einen Aufstiegsschaden handle. Auch der Antrag eines Facharbeiters, der aus politischen Gründen keine Meisterausbildung hatte machen dürfen, wurde mit dieser Begründung verworfen. Ebenfalls zurückgewiesen wurde der Rehabilitierungsantrag eines Wissenschaftlers, der, weil er nicht in die SED eingetreten war, von der Altersversorgung der Intelligenz ausgeschlossen wurde – seine Rente liegt dadurch um 800 Euro niedriger, als wenn er sich politisch angepasst hätte.

Oft weigern sich die Rehabilitierungsbehörden auch, die Verfolgungszeiten vollständig anzuerkennen. So bekam ein Arbeiter, der in der DDR zweimal eingesperrt worden war, lediglich seine Haftzeiten angerechnet – nicht jedoch die darauffolgenden Jahre, in denen er trotz guter fachlicher Beurteilungen niemals einen Facharbeiter- oder Meisterlehrgang besuchen durfte. Da die Haftzeiten insgesamt nicht mehr als drei Jahre betrugen, hat er ungeachtet seiner schwierigen wirtschaftlichen Lage keinen Anspruch auf Unterstützung. Seine Monatsrente liegt daher bei etwa 850 Euro. Probleme gibt es auch mit der Berechnung des Rentenausgleichs. Selbst bei einer korrekten Anerkennung der Verfolgungszeit werden die Nachteile in der Rente vielfach nicht aufgewogen – zum Beispiel bei Heinz Grünhagen, Mitglied einer Streikleitung in Strausberg beim Volksaufstand im Juni 1953. Der

Bauarbeiter, der für vier Jahre ins Gefängnis musste, bekommt heute rund 40 Euro weniger Rente, als wenn er sich nicht an der Erhebung beteiligt hätte. Für jedes Jahr Haft, so rechnete ihm die Landesversicherungsanstalt 2003 aus, standen dem damals Siebzigjährigen monatlich 1,41 Euro Rente zu.[44] Nach Angaben des Bundesinnenministeriums wurden von den bis Ende 2000 eingegangenen 79 000 Anträgen auf berufliche Rehabilitierung nur 37 000 anerkannt.[45]

Peter Eisenfeld, früher zuständig für die Opferberatung beim Berliner Stasi-Akten-Beauftragten, kommt vor diesem Hintergrund zu dem Schluss, dass die Gerechtigkeitslücke zwischen Tätern und Opfern nicht kleiner, sondern größer geworden sei. Die meisten Verfolgten fühlten sich deshalb im Rechtsstaat Bundesrepublik ungerecht behandelt. »Das kann nicht verwundern, wenn man bedenkt, dass sie wegen politischer Gegnerschaft in der DDR im Vergleich zu ihren Arbeitskollegen, die sich gegen die politisch-ideologische Vereinnahmung und Entmündigung nicht wehrten, jetzt auch noch rentenrechtlich benachteiligt werden. Ihre Empörung ist verständlich, wenn sie ihre Renten mit denen ehemaliger hauptamtlicher SED-Funktionäre oder anderer SED-treuer Nomenklaturkader vergleichen, die die Verfolgung politisch Andersdenkender zu verantworten haben.«[46]

Das lange Warten auf die Ehrenpension

Die Verfolgtenverbände haben diese Ungerechtigkeiten immer wieder angeprangert. Um den nervenaufreibenden Kampf mit den Behörden zu beenden, stellten sie 1998 einen Gesetzentwurf vor, der die Renten von SED-Opfern durch einen Entgeltpunktezuschlag von 0,25 pro Verfolgungsjahr pauschal aufbessern sollte. Als die rot-grüne Bundesregierung 1999 die Haftentschädigung anhob, fiel diese Forderung jedoch unter den Tisch. Zwei Jahre später machte sie sich zwar der unionsgeführte Bundesrat zu eigen, doch im Vermittlungsausschuss blieb der Vorstoß erneut auf der Strecke. Stattdessen beschlossen Bundesrat und Bundestag, dass den Opfern bei ihrer Rente für die Zeit der Haft nur das Einkommen gutgeschrieben wird, das sie vorher verdient hatten.

Im Mai 2000, als der Bundestag mit den Beratungen über die Rentenerhöhung für ehemalige Stasi-Mitarbeiter begann, einigten sich die Opferverbände deshalb auf einen Vorschlag, den sie früher schon einmal unterbreitet hatten: die Gleichstellung mit NS-Verfolgten aus der DDR durch Einführung einer Ehrenpension. In der »Schweriner Erklärung« erinnerten die Verbände daran, dass viele Verfolgte von Sozialhilfe, Mindestrenten oder geringfügigen Invalidenrenten lebten. Die Forderung, das Vermögen der SED zur Finanzierung ihrer Rehabilitierung heranzuziehen, sei nicht eingelöst worden. Als Demokraten wollten sie kein Gesinnungsstrafrecht, doch sie protestierten dagegen, dass die Gesinnungsunterdrücker entgegen dem Willen der frei gewählten DDR-Volkskammer mit Spitzenrenten rechnen konnten, während die Verfolgten weitgehend leer ausgingen. »Bis heute wurde den Verfolgten des SED-Unrechtsregimes ein adäquater Nachteilsausgleich für erlittene Haft, Verfolgung, Gesundheitsschäden und soziale Benachteiligungen vorenthalten«, hieß es in der Erklärung. »Die bestehenden Rehabilitierungsgesetze wirken sich so aus, dass mit der Länge der Verfolgung die Benachteiligung zunimmt. Darum leiden die politisch Verfolgten noch immer unter den Folgewirkungen des DDR-Unrechtsstaates und der sozialen Ausgrenzung.«[47] Da die Bundesregierungen 1959 und 1991 vor dem Bundestag SED- und NS-Verfolgte gleichgestellt hätten, seien die Rehabilitierungsgesetze dem Bundesentschädigungsgesetz anzugleichen. Wie NS-Opfer aus der DDR sollten sie zudem eine monatliche Rentenzahlung von 1400 DM oder 710 Euro bekommen. Nur so sei es möglich, für alle Betroffenen soziale Sicherheit herzustellen, die entwürdigenden Bedürftigkeitsprüfungen mit Widerspruchs- und Klageverfahren zu beenden und widerständiges Verhalten in einer totalitären Gesellschaft zu würdigen.

Seit diesem Zeitpunkt kämpften die Verfolgtenverbände um eine Ehrenpension für SED-Opfer. Fast sieben Jahre lang warben sie bei den Parteien dafür, das elende Feilschen mit den Behörden um Verfolgungszeiten und Entgeltpunkte zu beenden. In unzähligen Gesprächen mit Politikern, in Briefen und Zeitungsartikeln, mit Erklärungen und Klagen haben sie dafür gestritten, den Einsatz für Freiheit und Demokratie zu ehren und fortwirkende Benachteilungen zu beseitigen. Unterstützung fanden sie dabei freilich wie schon in der Vergangenheit zumeist nur bei der Opposition. Während die Parteien, die gerade nicht regierten, sich für ihre Forderungen einsetzten, lehnten die Politiker, die über Regierungsmacht und Finanzen verfügten, sie regelmäßig ab.

Der Kampf um die Ehrenpension ist ein Lehrstück über den Umgang mit den Opfern der kommunistischen Diktatur. Allein die bisherigen Entschädigungsregelungen zu bewahren kostete die Verfolgtenverbände bereits enorme Anstrengungen. Um die Kosten kalkulierbar zu halten, hatte der Bundestag die Unrechtsbereinigungsgesetze mit extrem kurzen Antragsfristen versehen. Die Opfer hätten ihre Ansprüche allesamt bis zum 31. Dezember 2001 anmelden müssen, ansonsten wären sie leer ausgegangen. Viele Verfolgte hatten jedoch Scheu, sich ihrer Leidensgeschichte wieder zuzuwenden und den Behördenmarathon anzutreten. Nur ein kleiner Teil wurde rechtzeitig vorstellig, so dass die Fristen zweimal verlängert werden mussten. Allein im Jahr 2002 gingen rund 18000 neue Rehabilitierungsanträge ein. Bis Mitte 2006 hatten von potentiell 160000 Betroffenen noch immer erst etwa 100000 einen Antrag gestellt. Nach gegenwärtigem Stand verfallen die Ansprüche Ende 2007, doch die Bundesregierung hat angekündigt, die Regelungen noch einmal um vier Jahre fortzuschreiben.

Während sich die Politiker in Sonntagsreden für die Belange der Opfer stark machten, wurde der Umfang der angestrebten Ehrenpension im Laufe der Jahre immer weiter beschnitten. Die Opferverbände standen dabei vor der Alternative, sich bei den Verhandlungen mit der Politik entweder auf Abstriche einzulassen oder aber ohne jede Realisierungschance an ihren Vorstellungen festzuhalten. In Absprache mit den Verbänden brachte die CDU/CSU-Bundestagsfraktion im Juni 2000 erstmals den Entwurf für ein 3. SED-Unrechtsbereinigungsgesetz ein. Danach sollten alle

SED-Opfer, die mindestens ein Jahr in Haft gewesen oder zwei Jahre lang auf andere Weise politisch verfolgt worden waren, eine Ehrenpension erhalten. Anders als bei den NS-Opfern betrug sie nicht mehr 1400 DM, sondern nur noch 1000 DM. Opfer, die zum Zeitpunkt der Wiedervereinigung nicht älter als 55 Jahre waren, sollten die Zahlung nur zehn Jahre lang bekommen. Dafür wurden auch verfolgte Schüler berücksichtigt. Um den bedrückenden Haftbedingungen in der DDR Rechnung zu tragen, sollte die Kapitalentschädigung auf 1000 DM pro Haftmonat angehoben werden. Die Kosten des Vorhabens wurden mit 800 Millionen DM für die Haftentschädigung und jährlich 1,5 Milliarden DM für die Ehrenpension beziffert. »Bedingt durch das häufig hohe Lebensalter der Betroffenen ist auf Dauer jedoch mit abnehmenden Aufwendungen zu rechnen«, hieß es in dem Entwurf.[48] Zum Vergleich: Die jährlichen Kosten für die Zusatz- und Sonderversorgungssysteme der alten DDR-Eliten machen das Doppelte aus. Mit den Stimmen der rot-grünen Regierungsmehrheit wurde im Mai 2001 der Antrag vom Bundestag abgelehnt – am selben Tag, als er den hauptamtlichen Stasi-Mitarbeitern die erwähnte 30-prozentige Rentenerhöhung bewilligte.

Für die Opfer der SED-Diktatur bedeutete die Ablehnung eine herbe Enttäuschung. Viele hatten bis zuletzt gehofft, dass sich die Regierung doch noch ihrer annehmen würde. Die Vereinigung der Opfer des Stalinismus kündigte daraufhin an, in einer bundesweiten Serie von Prozessen vor Sozialgerichten auf Gleichbehandlung gegenüber den NS-Opfern zu klagen. »Die Vorbereitungen der Prozesse um Ehrenpensionen laufen auf vollen Touren«, erklärte der Verband im April 2002. Für die Aktion hatte man bereits 20 000 Euro gesammelt.[49] Andere wollten sich wegen der Ungleichbehandlung direkt an das Bundesverfassungsgericht wenden. »Wir halten es für verfassungswidrig, dass zwischen NS- und DDR-Opfern ein Unterschied gemacht wird«, begründete Jochen-Konrad Fromme, CDU-Bundestagsabgeordneter und Anwalt der Kläger, die geplante Verfassungsbeschwerde.[50] Alle diese Verfahren verliefen jedoch im Sande.

2003 unternahmen die Unionsparteien einen zweiten Anlauf,

um den Opfern des SED-Regimes zu helfen. Im Vorfeld des fünfzigsten Jahrestages des Volksaufstandes vom 17. Juni 1953 stellte CDU/CSU-Fraktionsvize Arnold Vaatz einen neuen Gesetzentwurf vor – mit deutlich verschlechterten Leistungen. Verfolgte, die mehr als ein Jahr in Haft gewesen waren, sollten nunmehr eine »Opferpension« von monatlich nur noch 150 Euro bekommen. Wer zwei bis fünf Jahre inhaftiert gewesen oder auf andere Weise politisch verfolgt worden war, sollte 300 Euro bekommen. Bei Verfolgungszeiten bis zu neun Jahren erhöhte sich die Summe auf 400 Euro. Nur wer darüber lag, sollte noch die ursprünglich geplanten 500 Euro im Monat bekommen. Angesichts von damals etwa 150000 noch lebenden Verfolgten wurden die jährlichen Kosten dafür auf anfangs rund 180 Millionen Euro veranschlagt. Die weiterhin geplante Anhebung der Kapitalentschädigung auf 500 Euro pro Haftmonat würde nochmals mit 409 Millionen Euro zu Buche schlagen.[51] Nur die FDP hielt an den früheren Vorschlägen fest und wollte allen SED-Opfern eine Monatsrente von 500 Euro zukommen lassen. Auch diese beiden Gesetzesinitiativen lehnte die rot-grüne Bundestagsmehrheit im Januar 2004 ab.

Bei der Diskussion über die Vorschläge der Opposition konnte man studieren, mit welchen Argumenten sich die Regierenden die Aufgabe vom Leib zu halten suchten, den Opfern mehr Geld zu geben. Der stellvertretende SPD-Fraktionsvorsitzende Hans-Joachim Hacker – derselbe, dem 2001 die Rentenerhöhung für Stasi-Mitarbeiter nicht weit genug gegangen war – erklärte zum Beispiel in der Presse, die geplante Pension passe »nicht in das Koordinatensystem des deutschen Entschädigungsrechts«. Durch die Regelung würde es zu einer nicht zu rechtfertigenden Besserstellung gegenüber den Verfolgten des NS-Regimes kommen. In der Bundestagsdebatte vom Juni 2003 warf er der Union sogar vor, »eine Spaltung der Opfer des NS-Regimes und der SED-Opfer herbeizuführen«. Außerdem hielt er Union und FDP Versäumnisse bei der Opferentschädigung während ihrer eigenen Regierungszeit vor. Ausdrücklich versicherte er schließlich, dass der Standpunkt der Koalition nichts mit fehlenden Haushaltsmitteln zu tun habe.[52] Im federführenden Bundestagsausschuss für Gesundheit und Soziale Sicherung erklärten die Vertreter von SPD und Grünen demgegenüber, dass angesichts der schwierigen finanziellen Lage die erforderlichen 500 Millionen Euro eine große Belastung für die Haushalte darstellten.[53] Im Januar 2004 behauptete der Abgeordnete Peter Dreßen (SPD) sogar, dass mit Vorschlägen dieser Art dem Staat der Bankrott drohe.[54] Als der Antrag im selben Monat endgültig abgelehnt wurde, erklärte der CDU-Abgeordnete Vaatz resigniert, es sei offenbar ein großer Fehler gewesen, sich in der DDR für Demokratie und Menschenrechte einzusetzen.[55]

Trotz der ablehnenden Haltung des Bundestages kämpften die Opferverbände weiter für die Ehrenpension. Während die VOS ihre Mitglieder erneut dazu aufrief, vor den Sozialgerichten zu klagen, kündigte die CDU an, das Thema über den Bundesrat auf die Tagesordnung zu setzen. Tatsächlich brachten die Länder Sachsen, Sachsen-Anhalt und Thüringen das Gesetz noch im selben Jahr ein zweites Mal in den Bundestag ein. Die Zahl der Anspruchsberechtigten wurde jetzt allerdings nur noch auf 70000 geschätzt, weshalb auch die veranschlagten Belastungen erheblich niedriger ausfielen. Nun ging man von jährlichen Anfangskosten in Höhe von 71 Millionen Euro aus, während die Zusatzrenten für staatsnahe DDR-Funktionäre jährlich mit rund drei Milliarden Euro zu Buche schlagen; von einer Erhöhung der Haftentschädigung war nicht mehr die Rede.

Angesichts der ablehnenden Haltung von SPD und Bündnisgrünen sahen viele Verfolgte in einem Regierungswechsel die letzte Chance, die Ehrenpension doch noch durchzusetzen. Bei der vorgezogenen Bundestagswahl im September 2005 gehörten ihre Sympathien deshalb zumeist der Union, die die Opferpension sogar in ihr Wahlprogramm aufgenommen hatte. Umso größer war die Enttäuschung, als die schwarz-gelbe Koalition nicht zustande kam und stattdessen eine Große Koalition gebildet wurde. Da CDU/CSU und SPD sich jedoch im Koalitionsvertrag auf eine Besserstellung der SED-Opfer verpflichteten, hofften viele Verfolgte erneut, dass ihnen nun zügig geholfen werde.

Die Realität sah freilich anders aus. Führende Koalitionspolitiker kündigten zwar immer wieder an, die Lage der SED-Opfer zu verbessern, doch in der Praxis tat sich nichts. Monatelang verhandelten die Regierungsparteien hinter verschlossenen Türen und stürzten die Verfolgten in ein Wechselbad der Gefühle. So erklärte der für den Aufbau Ost zuständige Minister Wolfgang Tiefensee zum Jahrestag des DDR-Volksaufstandes im Juni 2006, dass eine Opferpension eine »mögliche Lösung« sei, um die Lage der SED-Verfolgten zu verbessern. Der SPD-Abgeordnete Markus Meckel sprach sogar von einem Durchbruch bei den Gesprächen und bekräftigte: »Wir wollen in diesem Bereich nicht nur kleine Schrauben nachdrehen.«[56] Wenig später berichtete indes der *Spiegel*, dass die Verhandlungen unerwartete Schwierigkeiten aufwerfen würden, weil die Regierungsparteien befürchteten, die Opferpension könnte auch bei NS-Verfolgten in Westdeutschland Begehrlichkeiten wecken. Das Blatt veröffentlichte zudem eine repräsentative Umfrage, nach der 49 Prozent der Befragten eine Opferpension für überflüssig hielten.[57]

Erst im Januar 2007 einigten sich Union und SPD auf Eckpunkte einer Neuregelung. Sie sieht vor, dass Verfolgte, die mindestens ein halbes Jahr im Gefängnis gesessen haben, künftig eine Sonderrente von monatlich 250 Euro erhalten. Im Unterschied zu früheren Entwürfen sollen sie die Hilfe allerdings nur noch dann bekommen, wenn sie in einer »besonders beeinträchtigten wirtschaftlichen Lage« leben. Wenn ein Opfer mehr als 1035 Euro (Verheiratete 1380 Euro) verdient, geht es leer aus. Nach Schätzungen von Finanz- und Justizministerium werden mit dem Gesetz rund 16 000 Bedürftige erreicht. Der Fluchthelfer Herbert Pfaff wird, wenn es dabei bleibt, in Zukunft 877 statt 627 Euro Rente bekommen. Unionsfraktionsvize Vaatz zeigte sich erleichtert über die Einigung und erklärte: »Erstmalig wird jetzt eine regelmäßige Zahlung das Schicksal der Opfer erleichtern, die unter dem SED-Regime besonders schwer gelitten haben: die in der DDR aus politischen Gründen Inhaftierten.«[58]

Ein Großteil der Verfolgten war freilich enttäuscht. Nicht nur die geringe Höhe der Rente stieß auf Kritik, sondern vor allem, dass sie auf Bedürftige beschränkt wurde. Viele waren der Meinung, dass dadurch der eigentliche Sinn einer Ehrenpension unterlaufen werde: den Menschen, die für die Freiheit gelitten haben, eine finanzielle Anerkennung zukommen zu lassen – unabhängig von ihrer wirtschaftlichen Situation. Bei den Rentenanhebungen für SED- und Stasi-Funktionäre habe niemand nach deren sozialer Lage gefragt. Bedürftige seien auch bisher schon unterstützt worden. Im Grunde handele es sich um eine Mogelpackung: Da bedürftige Rentner nach dem beruflichen Rehabilitierungsgesetz ohnehin Anspruch auf 123 Euro Unterstützung haben, betrage die Opferrente in Wahrheit nur 127 Euro. Auch dass die Dauer der Haft keine Rolle mehr spielen soll, wollte vielen nicht einleuchten. Verfolgten, die vergeblich um eine Versorgungsrente kämpften, weil ihre Leiden nicht als Haftfolge anerkannt werden, bringe die Regelung ebenfalls nichts. Kritisiert wurde zudem, dass lediglich ehemalige Inhaftierte die Hilfe in Anspruch nehmen können, während Opfer von Zersetzungsmaßnahmen und beruflicher Verfolgung, entgegen früheren Vorschlägen, leer ausgehen. Der Schweriner Stasi-Akten-Beauftragte Jörn Mothes sprach deshalb vielen aus dem Herzen, als er die Opferpension der Großen Koalition als »beschämendes Feigenblatt« bezeichnete.[59]

Selbst weniger wohlhabende Länder begegnen den Opfern des Kommunismus großzügiger. So bekommen ehemalige politische Gefangene in Kroatien für jeden Tag Haft 7,50 Euro Entschädigung, also 225 Euro pro Haftmonat – bei einem Durchschnittslohn von monatlich 250 Euro. Durch mehrere Zuschläge ist die Rente eines vier Jahre lang Inhaftierten mehr als doppelt so hoch wie die eines kroatischen Durchschnittsrentners, der nicht politisch verfolgt wurde.[60]

Staatlich sanktionierter Diebstahl

Die Gewalt des SED-Regimes schlug sich nicht nur in Verhaftungen und der Deformierung beruflicher Lebensläufe nieder. Hunderttausende verloren auch ihr Eigentum. Politisch motivierte Enteignungen und Beschlagnahmungen bestimmten von

Anfang an die Praxis des kommunistischen Regimes. Schon im Juli 1945 ordnete die sowjetische Besatzungsmacht die Beschlagnahme der Banken an. Im September begann die entschädigungslose Enteignung von 11000 Landbesitzern, die von ihrem Besitz vertrieben und ihres gesamten Privatvermögens beraubt wurden. Wenig später setzte die Enteignung von annähernd 10000 Betrieben in Industrie und Handwerk ein. »Plötzlich tauchten im Verkaufsraum mehrere finster blickende Gestalten in langen dunklen Ledermänteln auf«, erinnerte sich die Tochter des Rostocker Möbelfabrikanten Heinrich Klinckmann an den Tag, als die Firma ihres Vaters beschlagnahmt wurde. »In ruppiger Weise zeigten sie einen Hausdurchsuchungsbefehl vor und durchschnüffelten alle Räume vom Keller bis zum Dachgeschoss.« Wegen »Hortung von Möbeln« wurde ihr Vater festgenommen und zu drei Jahren Zuchthaus verurteilt, wenig später musste die Familie auch noch ihre Wohnung räumen. Die Firma erhielt die Familie nie zurück.[61] Auf diese Weise wurde in den ersten Nachkriegsjahren ein Großteil des Mittelstandes liquidiert. Anders als die SED-Propaganda behauptete, ging es dabei nicht um die Enteignung der »ostelbischen Junker«, sondern um die Vernichtung des ostdeutschen Bürgertums und eines wirtschaftlich unabhängigen Bauernstandes.

Kurz nach Gründung der DDR folgte eine zweite Enteignungswelle. Im Rahmen der Aktion »Ungeziefer« wurden ab Mai 1952 mehr als 2300 als »unzuverlässig« eingestufte Familien mit über 8300 Personen aus dem Gebiet an der Grenze zur Bundesrepublik zwangsausgesiedelt. Die Bauern verloren dabei nicht nur ihr Land, sondern mussten auch ihr Vieh und ihre Gerätschaften zurücklassen. Als SED-Chef Walter Ulbricht wenig später den »Aufbau des Sozialismus« ausrief, wurden im Zuge der anlaufenden Kollektivierungskampagne über 24000 Eigentümer landwirtschaftlicher Betriebe von ihren Höfen vertrieben. Unter massivem Druck gaben auch im Bereich des Handwerks rund 45000 Meister ihre Firmen auf. An der Ostseeküste wurden im Rahmen der Aktion »Rose« zudem 440 Hotels und Pensionen beschlagnahmt, inklusive Grundstücke, Bargeld, Konten, Schmuck, Wertsachen und über hundert Kraftfahrzeuge. Viele Mittelständler wurden damals unter einem Vorwand verhaftet und vor Gericht gestellt, damit man »legal« an ihren Besitz gelangen konnte. So verurteilte man die Pächterin eines Kindererholungsheimes im Ostseebad Kühlungsborn zu sechzehn Monaten Haft, weil sie Zucker zurückbehalten hatte, um daraus Marmelade zur Verpflegung der Kinder zu kochen. Die Besitzerin des Heimes wurde mit neun Monaten Haft und Vermögensentzug bestraft, weil sie sich für DDR-Mark ein Paar Schuhe in West-Berlin gekauft hatte, wo das Geld nach Auffassung des Gerichts »nur zur Vorbereitung eines Dritten Weltkrieges Verwendung« finden würde.[62] Das Heim bekam der Staat. Auch in späteren Jahren annektierte das SED-Regime – etwa nach dem Mauerbau oder bei Ausreiseantragstellern – immer wieder den Privatbesitz seiner Bürger.

Nach dem Ende der SED-Dikatur hofften viele, dass der staatlich sanktionierte Diebstahl rückgängig gemacht würde. Das Rehabilitierungsgesetz der frei gewählten Volkskammer sah vor, Verwaltungsentscheidungen, die die verfassungsmäßigen Grundrechte verletzten, aufzuheben und den Betroffenen ihr Vermögen zurückzugeben. Auch im Einigungsvertrag und im gleichzeitig beschlossenen Gesetz zur Regelung offener Vermögensfragen (Vermögensgesetz) war festgelegt, enteigneten Besitz wieder den ehemaligen Eigentümern oder ihren Erben zukommen zu lassen. Nur wo dies nicht möglich sei, sollte eine Entschädigung geleistet werden. Wenn DDR-Bürger enteignete Grundstücke oder Immobilien zwischenzeitlich »in redlicher Weise« erworben hätten, sollten die ehemaligen Eigentümer ein vergleichbares Objekt erhalten. 625 000 Alt-Eigentümer stellten nach der Wiedervereinigung einen Antrag auf Rückgabe.

Der Einigungsvertrag sah aber auch vor, dass Gerichtsurteile und Verwaltungsentscheidungen der DDR grundsätzlich weiter Bestand hätten. Nur im Einzelfall konnten Entscheidungen, die mit rechtsstaatlichen Grundsätzen nicht vereinbar waren, aufgehoben werden. Das staatliche Handeln der SED wurde dadurch rückwirkend für Recht erklärt und stand nun unter dem Schutz bundesdeutscher Gesetze. Wer dagegen vorgehen wollte, war gezwungen, einen mühsamen juristischen Kampf durch die Instanzen zu führen.

Erst 1994 beschloss der Bundestag ein Gesetz, nach dem Maßnahmen des SED-Staates förmlich rückgängig gemacht werden können: das »Gesetz über die Aufhebung rechtsstaatswidriger Verwaltungsentscheidungen im Beitrittsgebiet und die daran anknüpfenden Folgeansprüche« (Verwaltungsrehabilitierungsgesetz). In schwer verständlichem Deutsch legte es fest: »Die hoheitliche Maßnahme einer deutschen behördlichen Stelle zur Regelung eines Einzelfalls [...], die zu einer gesundheitlichen Schädigung, einem Eingriff in Vermögenswerte oder einer beruflichen Benachteiligung geführt hat, ist auf Antrag aufzuheben [...]. Für Maßnahmen der Sozialistischen Einheitspartei Deutschlands oder der von ihr beherrschten Parteien und gesellschaftlichen Organisationen gelten die Vorschriften entsprechend.«[63] Im Klartext: Hatten Staat oder Partei einem Bürger Unrecht zugefügt, konnte er dagegen angehen. Wenn er durch die Maßnahme gesundheitlich geschädigt worden war, hatte er auch Anspruch auf eine Versorgungsrente. War er daran gestorben, zahlte der Staat den Angehörigen eine Hinterbliebenenrente.

Was auf den ersten Blick wie ein Blankoscheck wirkte, um das staatliche Unrecht in der DDR wiedergutzumachen, hatte bei genauerem Hinsehen zahlreiche Haken: Die Begrenzung auf Einzelfallentscheidungen schloss die Bereinigung des DDR-typisch kollektiv verübten Unrechts aus – zum Beispiel die Vertreibung der Bewohner des DDR-Grenzstreifens. Auch auf Verwaltungsentscheidungen in Steuersachen findet das Gesetz keine Anwendung. Zurücksetzungen im Berufsleben, die durch den Betrieb erfolgten, können ebenso wenig bereinigt werden. Dass dem oben genannten Facharbeiter die Meisterausbildung verwehrt wurde, ist also auch nach diesem Gesetz nicht rehabilitierbar. Wie bei den anderen Rehabilitierungsgesetzen gelten die Bestimmungen zudem nur für das Gebiet der ehemaligen DDR. Ferner ist eine Verwaltungsentscheidung lediglich dann rückgängig zu machen, »soweit sie mit tragenden Grundsätzen eines Rechtsstaates schlechthin unvereinbar ist und ihre Folgen noch unmittelbar schwer und unzumutbar fortwirken«. Dabei werden nur solche Entscheidungen berücksichtigt, »die in schwerwiegender Weise gegen die Prinzipien der Gerechtigkeit, der Rechtssicherheit oder der Verhältnismäßigkeit verstoßen haben und die der politischen Verfolgung gedient oder Willkürakte im Einzelfall dargestellt haben«.[64] Bei so vielen Bedingungen drängt sich der Verdacht auf, dass die Rehabilitierung von staatlichem Unrecht die Ausnahme bleiben sollte. Tatsächlich verfolgte die Bundesregierung laut der damaligen Justizministerin Sabine Leutheusser-Schnarrenberger mit dem Gesetz das Ziel, lediglich »die ganz gravierenden Akte der Willkür und politischen Verfolgung aufzugreifen«.[65]

Von Anfang an wurde dabei eine riesige Betroffenengruppe ausgeschlossen: die Opfer der sowjetischen Enteignungen in der unmittelbaren Nachkriegszeit. Schon im Vermögensgesetz von 1990 stand, dass es nicht für Enteignungen »auf besatzungsrechtlicher und besatzungshoheitlicher Grundlage« gelte.[66] Im Verwaltungsrehabilitierungsgesetz wurde dies noch einmal bekräftigt. Keiner der zwischen 1945 und 1949 enteigneten Fabrikanten, Landbesitzer und Mittelständler hat deshalb einen Anspruch darauf, seinen Besitz zurückzuerhalten. Ausgeschlossen von der Rückgabe sind dabei nicht nur Ländereien und Industriebetriebe, sondern auch zahlreiche beschlagnahmte Privathäuser. In Deutschland entstand dadurch eine Art Zwei-Klassen-Entschädigungsrecht: Während Opfer von Enteignungen im Dritten Reich und in der DDR einen Rückgabeanspruch haben, sind jene, die in den dazwischenliegenden fünf Jahren ihr Eigentum verloren, davon ausgenommen. Die Bundesrepublik zahlt ihnen nur einen geringen finanziellen Ausgleich, der selten über zehn Prozent des Verkehrswertes liegt.

Die Ursachen dieser Ungleichbehandlung sind bis heute umstritten. Während der Zeit der deutschen Teilung bestand unter Juristen kaum ein Zweifel daran, dass die entschädigungslosen Enteignungen in der Sowjetischen Besatzungszone nach einer Beseitigung des SED-Regimes aufgehoben werden würden. Doch zur Überraschung vieler verzichtete die CDU-geführte Regierung unter Helmut Kohl bei der Wiedervereinigung darauf, die Maßnahmen rückgängig zu machen. Das von der sowjetischen Besatzungsmacht verübte Unrecht wurde sogar – unter anderem durch eine Änderung des Grundgesetzes[67] – im Nachhinein sanktioniert. Die Bundesregierung rechtfertigte dies damit, dass die Moskauer Führung ein solches Vorgehen von Deutschland verlangt habe. »Der Fortbestand der Maßnahmen zwischen 1945 und 1949«, so erklärte Kanzler Kohl im Januar 1991 vor dem Bundestag, »wurde von der Sowjetunion zur Bedingung für die Wiedervereinigung gemacht. Ich sage klar: Die Einheit Deutschlands durfte an dieser Frage nicht scheitern!«[68]

Noch während der Zwei-plus-Vier-Verhandlungen mit den Siegermächten des Zweiten Weltkriegs hatten die Regierungen der DDR und der Bundesrepublik im Juni 1990 eine Erklärung abgegeben, in der sie »Eckwerte« für die Regelung sogenannter offener Vermögensfragen festlegten. Während Flüchtlinge, deren Eigentum der Staat übernommen hatte, und Opfer von Enteignungen ihr Grundvermögen zurückerhalten sollten, hieß es gleich zu Beginn der Vereinbarung: »Die Enteignungen auf besatzungsrechtlicher bzw. besatzungshoheitlicher Grundlage (1945 bis 1949) sind nicht mehr rückgängig zu machen. Die Regierungen der Sowjetunion und der Deutschen Demokratischen Republik sehen keine Möglichkeit, die damals getroffenen Maßnahmen zu revidieren. Die Regierung der Bundesrepublik Deutschland nimmt dies im Hinblick auf die historische Entwicklung zur Kenntnis.«[69] Diese Festlegung fand sich wenig später auch im Einigungsvertrag und im Vermögensgesetz.

Auf diese Vorgaben haben sich später die Vermögensämter und Gerichte berufen, wenn sie die Anträge früherer Eigentümer oder ihrer Erben auf eine Rückgabe des Besitzes ablehnten. Das enteignete Gut, so die stereotype Begründung, dürfe nicht zurückgegeben werden, da der sowjetischen Besatzungsmacht sonst ein »Unrechtsvorwurf« gemacht würde. Dies sei jedoch wegen der sowjetischen Vorbedingungen für die deutsche Wiedervereinigung verboten. Auch das Bundesverfassungsgericht wies 1991 unter dem Vorsitz des späteren Bundespräsidenten Roman Herzog die Klagen von Betroffenen zurück. Maßgebliche Politiker wie der frühere DDR-Ministerpräsident Lothar de Maizière und der damalige Bundesjustizminister Klaus Kinkel versicherten dem Gericht, dass die sowjetische Staatsführung ihre Zustimmung zur deutschen Einheit an die Bedingung geknüpft habe, die Enteignungen nicht zurückzunehmen.

Inzwischen gilt als sicher, dass es ein solches Veto nie gegeben hat. Schon im Sommer 1994 bestritt der frühere sowjetische Staatspräsident Michail Gorbatschow energisch ein derartiges Junktim. In einer Studie fand die Politikwissenschaftlerin Constanze Paffrath heraus, dass die UdSSR bei den Verhandlungen zwar daran interessiert war, die Rechtmäßigkeit der von ihrer Militäradministration erlassenen Befehle festzuschreiben, nicht aber die Eigentumsordnung der DDR zu zementieren. Von einem Rückgabeverbot war »nachweislich an keinem Verhandlungstag und auf keiner Verhandlungsebene« die Rede. Die Bundesregierung, so die Autorin, habe »mit ihrer gegenteiligen Behauptung die Öffentlichkeit und die Legislative absichtlich und wider besseres Wissen getäuscht«.[70] Sie habe damit vertuschen wollen, dass sie schon vor dem Beginn der Verhandlungen mit der UdSSR beschlossen habe, das von 1945 bis 1949 beschlagnahmte Eigentum nicht zurückzugeben – um daraus die Wiedervereinigung zu finanzieren. So habe der Kabinettsausschuss »Deutsche Einheit« bereits am 28. März 1990 einer Stellungnahme des Bundesjustizministeriums zugestimmt, wonach die Bundesregierung ihre Bereitschaft erklärt habe, die Festschreibung der Enteignungen in den Verhandlungen hinzunehmen. Doch auch die DDR-Seite hatte kein Interesse, die Enteignungen rückgängig zu machen. Vor allem auf dem Land schürten 1990 die Profiteure der kommunistischen Gewaltpolitik, die »roten Barone« in den Landwirtschaftlichen Produktionsgenossenschaften (LPG), den Widerstand dagegen, die alten Eigentumsverhältnisse wiederherzustellen. Erst Jahre später wurden die Folgen des Rückgabeverbotes sichtbar. Nach Meinung vieler Ökonomen wäre der wirtschaftliche Neuaufbau Ostdeutschlands erheblich besser vorangekommen, wenn man die enteigneten Fabriken und Ländereien ihren ursprünglichen Besitzern rasch zurückgegeben – und das zerschlagene Bürgertum damit wenigstens halbwegs wiederhergestellt hätte.

In einem jahrelangen Kampf haben viele Betroffene versucht, ihr Eigentum doch noch zurückzubekommen. Nur wenigen wollte einleuchten, warum ein Unternehmer, der 1952 in der DDR enteignet worden war, einen Anspruch auf Rückgabe hat, nicht aber einer, der seine Fabrik ein paar Jahre früher verlor. In Tausenden von Restitutionsverfahren stritten sie mit den Behörden um ihren Besitz. Wenn sie sich den Ablehnungsbescheiden der Vermögensämter nicht beugen wollten, mussten sie den kostspieligen Weg beschreiten, die Bundesrepublik durch mehrere Instanzen zu verklagen. Doch auch nach Gorbatschows Dementi hielten die Gerichte an ihrer Rechtsprechung fest. Das Bundesverfassungsgericht weigerte sich, seinen Beschluss von 1991 auf der Grundlage der neuen Erkenntnisse zu überprüfen, und bekräftigte ihn 1996 in einer zweiten Entscheidung sogar.

Ehemalige Gutsbesitzer wie Wolf-Ulrich von Maltzan oder Industrieunternehmen wie MAN Ferrostaal zogen bis vor den Europäischen Gerichtshof für Menschenrechte, um ihren Besitz zurückzuerhalten. Mit dubiosen Begründungen wies auch dieser ihre Beschwerden und die von 68 weiteren Klägern im März 2005 ab. So erklärten die Richter, dass der Eigentumsschutz nach der Europäischen Menschenrechtskonvention in den betreffenden Jahren noch gar nicht gegolten habe. Aber auch aus bundesdeutschem Recht ergebe sich kein Rückgabeanspruch. Wie in den vorausgegangenen Urteilen wurde bestritten, dass es sich bei den sowjetischen Enteignungen überhaupt um politische Verfolgung gehandelt habe. Ebenso unbeeindruckt ließ den Gerichtshof, dass nach deutscher Rechtsprechung bereits seit den fünfziger Jahren grob rechtsstaatswidrige Akte nicht anerkannt werden dürfen, wenn sie der Verfolgung dienten. So kommt es, dass ein ehemaliger Kaufhausbesitzer zwar einen Rückgabeanspruch hat, wenn er unter den Nationalsozialisten enteignet wurde, nicht jedoch, wenn ihm dasselbe unter den Sowjets widerfahren ist.

In vielen Fällen wurden die Betroffenen nicht einmal politisch rehabilitiert. Wenn die sowjetische Geheimpolizei einen Landwirt oder einen Handwerker ins Lager gesperrt und zusätzlich seines Vermögens beraubt hatte, weigerten sich die zuständigen Behörden oftmals, ihn für die Haftzeit nach dem strafrechtlichen Rehabilitierungsgesetz zu entschädigen – aus Furcht, dann auch das annektierte Eigentum zurückgeben zu müssen. Wenn der Antrag Formulierungen enthielt, die auf die Enteignung hinwiesen, wurde dieser fast automatisch abgelehnt. Irreführende Formulare lockten die Betroffenen geradezu in diese Falle hinein. Selbst richtig gestellte Anträge wurden in diesem Sinne umgedeutet und konnten später nicht mehr korrigiert werden. Nur wenn ein Anwalt von Beginn an sicherstellte, dass der Antrag darauf abhob, die Verletzung der Persönlichkeitsrechte durch rechtsstaatswidrige politische Verfolgung rückgängig zu machen, hatte man Aussichten auf Erfolg. Für die meisten der über 120 000 ehemaligen Lagerinsassen gilt: Wenn sie selbst oder ihre Angehörigen einen Rehabilitierungsantrag gestellt haben, sind sie irgendwann im Papierkrieg mit den Behörden gescheitert.

In jahrelangen Rechtsstreitigkeiten konnten die Opfer sowjetischer Enteignungen wenigstens kleine Verbesserungen erreichen. So entschied das Bundesverwaltungsgericht 1999, dass sie einen Rückgabeanspruch hätten, wenn die russischen Behörden sie inzwischen rehabilitiert haben. Davon profitierten vor allem diejenigen, die in Deutschland aus politischen Gründen von einem sowjetischen Militärtribunal verurteilt worden waren. Im November 1999 stellte das Bundesverfassungsgericht zudem klar, dass es ein zentrales Gebot der Gerechtigkeit und des Gemeinwohls sei, Vermögensentziehungen im Zusammenhang mit schweren Menschenrechtsverletzungen rückgängig zu machen. Im August 2001 entschied schließlich das Bundesverwaltungsgericht, dass Vermögensverluste aufgrund politischer Verfolgung anders behandelt werden müssten als sonstige Enteignungen.

Diese Rechtsprechung hat dazu geführt, dass inzwischen nahezu identische Sachverhalte zu völlig unterschiedlichen Entscheidungen führen: Wenn ein Kommando der Roten Armee einen unbescholtenen Bauern mit über 100 Hektar Land 1945 als »Kapitalisten« von einem Schnellgericht zum Tode und zu

Vermögensentzug verurteilen ließ, bekommen seine Erben das verlorene Eigentum mit hoher Wahrscheinlichkeit wieder. Opfer sowjetischer Militärtribunale werden nämlich durch die Moskauer Militärstaatsanwaltschaft im Regelfall rehabilitiert, so dass nach dem Vermögensgesetz eine Rückgabe erfolgen muss. Wenn ein unbescholtener Bauer vor ein deutsches Gericht gestellt wurde, das ihn nach dem sowjetischen Befehl Nr. 201 zum Tode und zu Vermögensentzug verurteilte, erhalten seine Erben ebenfalls den Besitz zurück. Nach dem strafrechtlichen Rehabilitierungsgesetz wird ein solches Urteil nämlich aufgehoben und der Vermögensentzug rückgängig gemacht. Wenn der Bauer jedoch ohne Verfahren von sowjetischen Soldaten erschossen und anschließend sein Land konfisziert wurde, bleibt es für immer verloren – obwohl der Gesetzgeber eine solche Unterscheidung zwischen »gerichtlich« und »behördlich« veranlasstem Unrecht gerade nicht beabsichtigt hatte. Auf die Spitze getrieben wird der juristische Wahnwitz dadurch, dass bei sowjetischen Enteignungen zwar Land und Gebäude im Staatsbesitz bleiben, bewegliches Eigentum aber zurückgegeben oder entschädigt werden muss.

Die richterlichen Winkelzüge illustriert ein Verfahren, bei dem es um die Rückgabe eines Wochenendgrundstücks in Berlin-Rahnsdorf ging. Der Besitzer, einst Inhaber einer Großküche, wurde im Februar 1946 von einem sowjetischen Militärtribunal zum Tode verurteilt. Sein gesamtes Vermögen wurde damals beschlagnahmt. Auf Antrag der Angehörigen hob der Oberste Gerichtshof der Russischen Föderation das Urteil 1995 als grob rechtsstaatswidrig auf und stellte das Verfahren wegen Fehlens eines Straftatbestandes ein. Trotzdem weigerten sich die deutschen Behörden, den Erben das Grundstück zurückzugeben. Sie begründeten dies damit, dass es laut Grundbuch erst im Mai 1949 in Volkseigentum übergegangen sei. Grundlage dafür sei das kurz zuvor erlassene »Gesetz zur Einziehung von Vermögenswerten der Kriegsverbrecher und Naziaktivisten« gewesen. Die Enteignung durch die Besatzungsmacht habe demzufolge nicht auf der Verurteilung beruht und sei folglich auch nicht durch die Rehabilitierung aufgehoben worden. Obwohl der Familie des Erschossenen seit dessen Verhaftung jeder Zugang zu den Grundstücken verweigert worden war, verlangte das Berliner Verwaltungsgericht den Beweis dafür, dass das Urteil nicht nur bezüglich der Todesstrafe, sondern auch der Vermögensentziehung vollstreckt worden sei. Die Revision scheiterte im Juni 2006 ebenfalls. Das Bundesverwaltungsgericht erklärte in krudem Deutsch, dass keine wiedergutzumachende Enteignung vorliege, »wenn ein zur Einziehung seines gesamten Vermögens verurteilter Eigentümer sich bei Rechtskraft des ihm verkündeten Urteils zwar subjektiv als vollständig und endgültig aus seinem Eigentum verdrängt betrachten musste, der Einziehungsausspruch aber objektiv keinen Zugriff auf den betroffenen Vermögensgegenstand zur Folge hatte, so dass dieser mangels eines Rechtsverlusts Eigentum des Verurteilten oder seiner Rechtsnachfolger geblieben ist. [...] Allein die subjektive Annahme, enteignet worden zu sein, rechtfertigt nicht die Rückgabe eines Vermögensgegenstands, der objektiv nicht enteignet wurde.«[71] Übersetzt heißt das: »Objektiv« ist man erst dann enteignet, wenn es auch in den Büchern vermerkt wurde.

DDR-Enteignungen ohne Entschädigung

Gesetzliche Ausnahmebestimmungen und juristische Spitzfindigkeiten haben dazu geführt, dass auch Tausende enteignete DDR-Bürger ihren Besitz nicht mehr zurückerhielten. Da, wie erwähnt, nur solche Maßnahmen des SED-Staates rehabilitiert werden können, die »zur Regelung eines Einzelfalls« ergingen, blieben vor allem die Besitzer von Grundstücken an der innerdeutschen Grenze und an der Berliner Mauer davon ausgeschlossen. Meist waren sie in Nacht-und-Nebel-Aktionen aus ihren Häusern vertrieben und kurz darauf enteignet worden, damit die Grenzsoldaten ein freies Schussfeld hatten. Die Rechtsgrundlagen dafür schuf die DDR erst mit dem Verteidigungsgesetz vom September 1961, das im Januar 1962 auch für Ost-Berlin rückwirkend in Kraft gesetzt wurde – obwohl dies nach alliiertem Recht gar nicht möglich war.

Nach Meinung der Gerichte haben die Betroffenen keinen Anspruch darauf, ihren Besitz zurückzuerhalten, da sie gleichermaßen und unterschiedslos enteignet wurden. Schon bei den Beratungen über das Verwaltungsrehabilitierungsgesetz hatten die Opfervertreter deshalb darauf gedrungen, die ehemaligen Besitzer von Mauergrundstücken in die Regelungen einzubeziehen. Der Bundestag folgte jedoch der Auffassung des Finanzministeriums, wonach die offenen Fragen zu den enteigneten Grundstücken entlang der Berliner Mauer in einem eigenständigen Gesetz zu regeln seien. Erst 1996 verabschiedeten die Abgeordneten das Mauergrundstücksgesetz – und beschlossen damit die zweite Enteignung der Betroffenen: Die früheren Eigentümer der Grundstücke entlang der Grenze erhielten nämlich nur das Recht, ihren angestammten Besitz zu einem Viertel des Verkehrswertes vom Staat zurückzukaufen oder sich mit einer Entschädigung in Höhe von 75 Prozent zu begnügen.[73] Eine Verfassungsbeschwerde gegen das Gesetz wurde 1999 vom Bundesverfassungsgericht nicht zur Entscheidung angenommen. Nur die Zwangsausgesiedelten im Vorfeld der Grenzen konnten sich darauf berufen, im »Einzelfall« enteignet worden zu sein, da die SED lediglich die »unzuverlässigen Elemente« ins Landesinnere deportieren ließ.[72] Doch da die Folgen »unmittelbar schwer und unzumutbar« fortwirken müssen, bekamen sie meist keine anderen Hilfen. Nur das Land Thüringen hat über eine eigene Stiftung »Zwangsausgesiedelten-Hilfe« jedem 4000 DM Entschädigung gezahlt – zusammen knapp neun Millionen DM.

Auch diejenigen, die von den DDR-Behörden zum Verkauf ihrer Grundstücke gezwungen worden waren, gingen häufig leer aus. Vergeblich um die Rückgabe seines Eigentums kämpfte zum Beispiel der Besitzer eines Grundstücks in Berlin-Wilhelmsruh, der dort bis zum Mauerbau in einem kleinen Einfamilienhaus gelebt hatte. Kurz nach dem 13. August 1961 zwangen die Behörden die Familie, das Grundstück zu verlassen und in eine Mietwohnung mit zweieinhalb Zimmern zu ziehen. Anfang Oktober wurde das Haus dann abgerissen, da es im geplanten Grenzstreifen lag. Ein halbes Jahr später zwang man den Mann, das Grundstück für 27 000 Mark an den Stadtbezirk zu verkaufen. Nach der friedlichen

Revolution weigerte sich das Amt für offene Vermögensfragen, das Grundstück seinem ursprünglichen Besitzer zurückzugeben. Zur Begründung teilte es mit, das man diesen zwar zum Verkauf gezwungen habe, doch dieser Zwang nach dem damals gültigen Recht der DDR nicht als rechtswidrig einzustufen sei – von einer Nötigung könne deshalb nicht ausgegangen werden.

Das Berliner Verwaltungsgericht bestätigte im Mai 2001 die Entscheidung. Nötigung im Sinne des Vermögensgesetzes sei nur eine »rechtswidrige Einflussnahme auf die Willensentscheidungs- bzw. Willensbetätigungsfreiheit durch Gewalt oder Drohung mit einem empfindlichen Übel«. Nach den Vorschriften der DDR seien die Maßnahmen nicht rechtswidrig gewesen.[74] Im Klartext: Der Besitzer wurde zwar zum Verkauf gezwungen, doch nur im Rahmen der DDR-Gesetze. Auch eine Beschwerde beim Bundesverwaltungsgericht hatte keinen Erfolg. Dieses verkündete vielmehr, dass nach seiner Rechtsprechung »Enteignungen für die Errichtung der Sperranlagen auf der Grundlage des § 10 des Verteidigungsgesetzes von 1961 generell nicht als unlautere Machenschaften« im Sinne des Vermögensgesetzes anzusehen seien.[75]

Mit ähnlichen Begründungen erhielten auch viele von der Stasi Enteignete ihren Besitz nicht zurück. So klagte ein Ost-Berliner vergeblich auf Rückgabe des Grundstücks seiner Mutter, das sich das Ministerium für Staatssicherheit 1975 unter den Nagel gerissen hatte. Die Stasi wollte darauf eine Trafo-Station errichten und es zudem einigen Mitarbeitern zur Verfügung stellen, die sich dort private Garagen bauen sollten. Als die Eigentümerin sich weigerte, das Grundstück zu verkaufen, wurde es nach dem Verteidigungsgesetz enteignet. Sie bekam keinen Pfennig dafür, weil das MfS den Kaufpreis von 8000 Mark an die Berliner Sparkasse überwies, die noch finanzielle Ansprüche an das Grundstück hatte. Das Amt für offene Vermögensfragen lehnte 1996 eine Rückgabe mit der Begründung ab, dass die Übernahme mit der Rechtslage in der DDR in Einklang gestanden habe. Auch eine Klage vor dem Berliner Verwaltungsgericht hatte keinen Erfolg, weil das Grundstück nach Meinung der Richter weder entschädigungslos enteignet noch aufgrund unlauterer Machenschaften erworben worden sei.

Wenn bei einem Erwerbsvorgang alles mit rechten Dingen zugegangen sei, so die Urteilsbegründung, liege kein »qualifiziertes Einzelfallunrecht« vor. Dass Privatgaragen für Stasi-Mitarbeiter mit der Landesverteidigung der DDR wenig zu tun hatten, spielte für sie keine Rolle. Das Bundesverwaltungsgericht wies die Beschwerde ebenfalls ab. Voller Verständnis für die Belange des MfS erklärte es: »Von dem in dieser Entscheidung näher dargelegten Begriff der ›Verteidigungsinteressen‹ ist zweifelsohne auch die Errichtung von Garagen für die Fahrzeuge der bewaffneten Dienstkräfte, die deren schnellen Einsatz ermöglichen, gedeckt.«[76]

In einem anderen Verfahren kamen die Berliner Verwaltungsrichter zu ähnlichen Schlussfolgerungen. Das Ministerium für Staatssicherheit hatte sich 1978 um ein Grundstück in Berlin-Hohenschönhausen bemüht, das sich in der Nähe eines Gästehauses und mehrerer Wohneinheiten der Stasi befand. Weil die Besitzerin es nicht verkaufen wollte, wurde sie nach dem Verteidigungsgesetz der DDR enteignet. Das Grundstück wurde jedoch nicht bebaut, sondern nur für die Errichtung einiger Garagen genutzt. Obwohl es niemals irgendeinem Verteidigungszweck diente, sahen die Richter in dem Vorgang keine unlautere Machenschaft und wiesen die Klage gegen den Bescheid des Vermögensamtes ab. »Der Begriff der Verteidigungsinteressen wurde in der Rechtspraxis der DDR weit verstanden und umfasste insbesondere auch die Verteidigung gegen den ›inneren Feind‹«, begründeten sie ihr Urteil. Eine vom Bundesverwaltungsgericht vorgeschriebene kritische Gesamtschau aller Umstände ergebe deshalb »keine Zweifel an der Rechtmäßigkeit des Vorhabens auf der Grundlage des Verteidigungsgesetzes und der Leistungsverordnung der DDR und schon gar nicht für eine manipulative Enteignung«.[77] Eine Revision gegen das Urteil ließen die Richter erst gar nicht zu, eine Beschwerde dagegen wies das Bundesverwaltungsgericht zurück.[78] Das Bundesverfassungsgericht wiederum nahm die daraufhin eingelegte Verfassungsbeschwerde nicht an. Bei solchen Erfahrungen verwundert es nicht, dass viele Opfer des kommunistischen Unrechts das Vertrauen in den Rechtsstaat der Bundesrepublik verloren haben.

Viertes Kapitel
Die Stasi lebt

Aufmarsch der alten Kader

Berlin-Hohenschönhausen: Seit einer halben Stunde strömen kleine Gruppen älterer Herren in einen hässlichen Neubau der Honecker-Ära. Der PDS-regierte Stadtbezirk hat zu einer Veranstaltung »Sperrgebiet Berlin-Hohenschönhausen. Markierung des öffentlichen Stadtraums« eingeladen. Zwanzig Minuten vor Veranstaltungsbeginn sind die mehr als zweihundert Stühle alle belegt. Ein Grauhaariger mit verlebtem Gesicht sagt zu seinem Nebenmann: »Man kann gar nicht so viel fressen, wie man kotzen möchte.«

Auf der Einladungskarte steht nicht, von was für einem Sperrgebiet die Rede ist. Doch die alten Männer mit den bitteren Gesichtszügen wissen auch so, worum es geht – um die ehemalige Sperrzone des Ministeriums für Staatssicherheit (MfS). Das etwa ein Quadratkilometer große Areal war zu DDR-Zeiten so geheim, dass es sogar in den Ost-Berliner Stadtplänen unterschlagen wurde. Denn in der Mitte lag Erich Mielkes gefürchtete Untersuchungshaftanstalt.

In dem Gefängnis befindet sich heute eine Gedenkstätte. Deren Leitung hatte vorgeschlagen, das ehemalige Sperrgebiet mit vier Informationstafeln zu kennzeichnen. Statt die Aufstellung zu genehmigen, wandten sich Bezirkspolitiker der Linkspartei dagegen, dass die DDR auf den Tafeln als »kommunistische Diktatur« bezeichnet werden sollte. Überraschend lud das Bezirksamt zusammen mit dem Berliner PDS-Kultursenator im März 2006 zu einer Diskussionsveranstaltung ein – gekommen sind fast ausschließlich ehemalige Mitarbeiter des Staatssicherheitsdienstes.

Die Versammlung beginnt mit trockenen Referaten: Ein Historiker schildert, wie das zerstörte Industriegebiet nach dem Zweiten Weltkrieg von der sowjetischen Geheimpolizei in Beschlag genommen und sechs Jahre später dem Staatssicherheitsdienst übergeben wurde. Eine Professorin berichtet von ähnlichen Informationstafeln, die im Umfeld der KZ-Gedenkstätte Sachsenhausen und im sächsischen Pirna aufgestellt wurden, dort, wo die Nationalsozialisten geistig Behinderte töten ließen. Die Baustadträtin des Bezirks referiert über Planungsfragen, danach geben vier Podiumsteilnehmer ihre Statements ab.

Die Männer im Saal werden unruhig. Dem Historiker wird zugerufen: »Woher wissen Sie das alles?« Als die Professorin das Stasi-Gefängnis als »Ort des Terrors« bezeichnet, erhebt sich lautstarker Protest. Das gepflegte Gespräch auf dem Podium findet schließlich ein Ende, weil mehrere Anwesende dazwischenbrüllen: »Wir sind hier, um unsere Meinung zu sagen!«

Als das Publikum um Wortmeldungen gebeten wird, schnellen Dutzende Arme in die Luft. Als Erstes meldet sich der ehemalige Stasi-Oberstleutnant Dieter Skiba: »Ich war der letzte Leiter der Hauptabteilung IX/11, dessen Dienstgebäude sich in diesem Komplex befindet, der nun zu einer Gedenkstätte oder was weiß ich umfunktioniert werden soll«, stellt er sich vor. »Warum werden heute Nazi- und Kriegsverbrecher, die in den Internierungslagern und auch in der Untersuchungshaftanstalt eingesessen haben, zu Opfern der kommunistischen Diktatur gemacht?« Nach ihm kommt Siegfried Rataizick zu Wort, der Mann, der Mielkes Gefängnis seit 1963 geleitet hat. »Es wird mir wahrscheinlich sehr schwerfallen, mich kurzzufassen in meiner Eigenschaft als ehemaliger Leiter der Untersuchungshaftanstalt des Ministeriums für Staatssicherheit.« Der frühere Oberst beschwert sich über die ehemaligen Häftlinge, die heute Besuchergruppen durch das Gefängnis führen. Er nennt sie die »sogenannten Museumsführer, die immer wieder, immer wieder, und das ist leider so, immer wieder sich als Opfer darstellen und wir als ehemalige Mitarbeiter des Ministeriums für Staatssicherheit als Täter deklariert werden«.

Wenig später ist Ex-Oberstleutnant Wolfgang Schmidt an der Reihe, einst Chefauswerter in der Abteilung, die die Andersdenkenden in der DDR überwachte. Er erklärt: »Hohenschönhausen war eine gute Adresse.« Häftlinge aus der ganzen DDR hätten sich darum beworben, »wegen der guten Haftbedingungen hierher zu kommen«. Nachdem die Offiziere geendet haben, nimmt Senator Thomas Flierl Stellung. Er sagt: »Die Entwicklung seit 1945 kann nicht wirklich und schlüssig und sinnvoll unter dem Signum der kommunistischen Diktatur gefasst werden. Diese Position habe ich ausdrücklich.«[1] Deutschland im Frühjahr 2006.

Hochburgen einer untergegangenen Diktatur

Die gespenstische Versammlung in Berlin hat bundesweit Schlagzeilen gemacht. Das Land bekam schlagartig vor Augen geführt, dass sich die Mitarbeiter des DDR-Staatssicherheitsdienstes mit der Abschaffung ihres Amtes nicht in Luft aufgelöst hatten. Diejenigen, die im Osten Deutschlands ein ganzes Volk unterdrückten, leben weiter unter uns, wenn sie nicht, wie Stasi-Minister Mielke, inzwischen friedlich verstorben sind. Und sie versuchen mit wachsender Aggressivität, die mehr als vierzigjährige SED-Diktatur wieder hoffähig zu machen.

Es sind nicht zwei oder drei Ewiggestrige, sondern Zehntausende, die dem untergegangenen DDR-Regime nachtrauern. Die SED hatte 1989 allein 44 000 hauptamtliche Funktionäre. Hinzu kamen 88 000 nebenamtliche Parteisekretäre, über 21 000 Mitglieder und Kandidaten der Bezirks- und Kreisleitungen und etwa 150 000 Funktionäre in den Massenorganisationen. In Verwaltung und Staatswirtschaft arbeiteten weitere 150 000 zuverlässige Kader und in der Nationalen Volksarmee (NVA) und der Volkspolizei etwa 40 000 SED-treue Offiziere. Insgesamt umfasste die Funktionärsschicht, auf die sich das Politbüro bedingungslos stützen konnte, etwa 300 000 bis 400 000 Personen.[2]

Allein das DDR-Ministerium für Staatssicherheit hatte die Ausmaße einer ganzen Armee. Schon 1953 übertraf es mit über 12 000 Beschäftigten die Personalstärke der Gestapo, die mit dem Deutschen Reich ein ungleich größeres Land zu überwachen hatte. Im Laufe seiner Geschichte verdoppelte sich die Zahl der Mitarbeiter alle zehn Jahre. Am Ende, im Herbst 1989, umfasste der Staatssicherheitsdienst über 270 000 hauptamtliche und inoffizielle Mitarbeiter – mehr als die Bundeswehr heute Soldaten hat.

Ein Drittel der Stasi-Hauptamtlichen lebte in Berlin. In der Zentrale, die in einem riesigen Gebäudekomplex an der Normannenstraße residierte, arbeiteten rund 22 000 Mitarbeiter. Hinzu kamen 2000 Beschäftigte in der Bezirksverwaltung für Staatssicherheit und in den elf verschiedenen Kreisdienststellen. Darüber hinaus zählten auch noch 10 000 Angehörige des Wachregiments »Feliks E. Dzierzynski« dazu, einer für den Bürgerkrieg geschaffenen Truppe, die unmittelbar Stasi-Minister Mielke unterstand. Und diese Zahlen berücksichtigen nur jene Kader, die 1989 noch aktiv waren.

Die Beschäftigten des DDR-Staatssicherheitsdienstes, ob im Amt oder im Ruhestand, lebten nicht wahllos über die Stadt verstreut. Sie konzentrierten sich vielmehr in bestimmten Gegenden, denn ihre Wohnungen, die zum Teil von Häftlingen gebaut worden waren, erhielten sie vom Ministerium zugewiesen. So umging man nicht nur den notorischen Wohnungsmangel in der DDR, sondern sorgte auch dafür, dass sich die Stasi-Mitarbeiter gegenseitig kontrollierten und Neugierige nicht zufällig etwas von ihrer Arbeit erfuhren. Namentlich die Straßenzüge um die Stasi-Zentrale in Lichtenberg und das Sperrgebiet Hohenschönhausen waren überwiegend von MfS-Mitarbeitern bewohnt.

Für den Partei- und Staatsapparat der DDR galt Ähnliches. Auch wenn Mielkes Sicherheitswahn bei diesen Systemträgern und ihren Mitarbeitern nicht ganz so stark zu Buche schlug, massierten sie sich ebenfalls in bestimmten Stadtgebieten. Da es im SED-Staat Wohnungen nur auf Zuteilung gab, wurden sie meist mit besonders attraktiven Domizilen belohnt. Die riesigen

Neubaukomplexe in Marzahn, Hellersdorf, Lichtenberg und Hohenschönhausen erfreuten sich wegen ihres größeren Komforts besonderer Beliebtheit. Während Normalbürger im Winter ihre Wohnungen morgens mit Briketts beheizen mussten, verfügten die systemtreuen Kader in den Plattenbauten am Stadtrand über Fernwärme und fließend warmes Wasser.

Siebzehn Jahre nach dem Sturz des SED-Regimes haben nur wenige ihre angestammten Quartiere verlassen. Der frühere Gefängnischef von Hohenschönhausen wohnt immer noch im alten Villenviertel der Stasi-Generäle, und auch die anderen großen und kleinen Kader haben vielfach ihre Wohnungen behalten. Man kennt sich, man hat eine gemeinsame Vergangenheit und man teilt den Frust über die unerwartete Niederlage im Herbst 1989. Trotz neuer Fassaden und westlicher Autos sind bestimmte Straßenzüge im Osten Berlins bis heute vom Fluidum der SED-Diktatur geprägt, die in den Köpfen der Menschen weiterlebt.

Für die Systemträger der DDR war die Zeit der kommunistischen Diktatur die schönste Zeit ihres Lebens. Sie hatten Macht, Einfluss und Privilegien – die friedliche Revolution hat ihnen all das genommen. Statt die neuen Chancen zu ergreifen, die die Demokratie auch ihnen bietet, haben sich viele im Hass auf das bundesrepublikanische System eingegraben, das sie schon immer verachtet haben. Sie wollen partout nicht wahrhaben, dass sie einem unmenschlichen Regime gedient haben.

Erkennbar wird ihre Einstellung zum Beispiel im Wahlverhalten. Seit dem Beitritt der DDR zur Bundesrepublik waren die inzwischen vereinigten Bezirke Lichtenberg und Hohenschönhausen und die Plattenbaugebiete im Nordosten Berlins immer Hochburgen der PDS. Im Wahlkreis Hellersdorf-Marzahn gewann die umbenannte SED bei der Bundestagswahl im Dezember 1990 ihr einziges Direktmandat – bei einem für sie verheerenden Gesamtergebnis von 2,4 Prozent. 1994 kamen die Wahlkreise Friedrichshain-Lichtenberg, Hohenschönhausen-Pankow-Weißensee und Mitte-Prenzlauer Berg hinzu. Obwohl die Fünf-Prozent-Hürde diesmal für das gesamte Bundesgebiet galt (1990 wurde sie für West- und Ostdeutschland getrennt angewendet), konnte die Partei deshalb mit 4,4 Prozent zum zweiten Mal in den Bundestag einziehen. Acht Jahre später, als die PDS nur noch zwei Abgeordnete ins Parlament schickte, gewannen auch diese ihre Direktmandate in Marzahn-Hellersdorf und Lichtenberg-Hohenschönhausen. So sicherte die Ansiedlung der Systemträger im Osten Berlins das Überleben der SED. Ohne die Wohngebiete des Staatssicherheitsdienstes und anderer Funktionäre wäre die Partei schon 1994 aus dem Bundestag geflogen.

Als die friedliche Revolution die kommunistische Diktatur hinwegfegte, herrschte in den Hochburgen der SED tiefe Unsicherheit. Vor allem über die gehätschelten Mitarbeiter des Staatssicherheitsdienstes ergoss sich der Zorn des Volkes. »Stasi in die Produktion!« war noch eine der harmloseren Parolen der Demonstranten im Herbst 1989. Spätestens nach Erich Mielkes peinlichem Auftritt in der Volkskammer am 13. November 1989 verloren die Menschen ihre Angst vor seinem Überwachungsapparat. Ein Abgeordneter, der nicht der SED angehörte, hatte damals dagegen protestiert, von Mielke als »Genosse« angesprochen zu werden. Vor dem ganzen Land machte sich Mielke daraufhin zum Gespött, als er unter lautem Gelächter stammelte: »Ich liebe, ich liebe doch alle, alle Menschen, na, ich liebe doch …« Als er wenig später verhaftet wurde, fürchteten viele Offiziere, dass nun auch ihre Stunde geschlagen habe. Ausgerechnet die Bürgerrechtler sahen sich deshalb am zentralen Runden Tisch genötigt, für die Rechte entlassener Stasi-Mitarbeiter einzutreten, die selbst »in der Produktion« keiner mehr haben wollte.

Die meisten Stasi-Leute besannen sich damals auf das, was sie am besten konnten: schweigen, untertauchen, unauffällig bleiben, in der stillen Hoffnung, irgendwo ein neues Auskommen zu finden. Andere setzten sich in die Wirtschaft ab oder beschafften sich eine Anwaltslizenz. Die Spitzenfunktionäre bemühten sich, den Druck zu verringern, indem sie sich ihren einstigen Feinden gegenüber plötzlich gesprächsbereit zeigten. Hochrangige Offiziere ließen sich herbei, den Bürgerkomitees, die ihre Dienststellen besetzt hatten, die Arbeitsweise der Stasi zu erklären. Zuvorkommend erläuterten sie Bürgerrechtlern Akten, in denen deren Verfolgung dokumentiert war. Tapfer stellten sich manche sogar öffentlichen Diskussionen, wo sie unter lautstarkem Protest der Zuhörer die Firma Horch und Guck zur rundum harmlosen Angelegenheit erklärten. Selbst in Zentren des Klassenfeindes wie dem West-Berliner Museum »Haus am Checkpoint Charlie« traten einige auf und erzählten verständnissuchend von ihren sozialistischen Idealen.

Verfrühte Absolution

Absolution fanden die entmachteten Überwacher paradoxerweise zuerst bei ihren Feinden. Bürgerrechtler und Kirchenvertreter erwiesen sich nach dem Sturz der SED-Diktatur als großmütige Sieger. Geprägt von christlichen Wertvorstellungen und einer Distanz zur Mehrheitsgesellschaft zeigten einige gegenüber den sonst so verachteten Stasi-Offizieren geradezu demonstrative Versöhnungsbereitschaft. Die bedingungslose Annahme durch Jesus, so lautete ihr Credo, gelte auch für Stasi-Mitarbeiter. Man dürfe sie nicht ausgrenzen, sondern müsse Opfer und Täter an einen Tisch bringen. Nicht die öffentliche Aufklärung über die Verbrechen des SED-Staates schien ihnen die angemessene Form der Auseinandersetzung zu sein, sondern das vertrauensvolle Gespräch im kleinen Kreis.

Das protestantische Versöhnungsbedürfnis führte dazu, dass in verschiedenen Gemeinden Ostdeutschlands sogenannte Täter-Opfer-Gesprächskreise entstanden. In ihnen kamen Stasi-Offiziere und Bürgerrechtler zusammen, um unter dem Dach der Kirche über die Motive ihres Handelns zu sprechen. Zu ihren Gründern gehörte der Ost-Berliner Oberkonsistorialrat Ulrich Schröter, der viele hochrangige Obristen persönlich kannte. Anfang 1990 fungierte er im Auftrag des Ost-Berliner Bischofs Gottfried Forck als Regierungsbeauftragter für die Auflösung des Staatssicherheitsdienstes.[3] Von Anfang an gehörte er zu denen, die sich dagegen wandten, die Namen der Inoffiziellen Mitarbeiter (IM) offenzulegen. Auch für die hauptamtlichen Stasi-Mitarbeiter zeigte er Verständnis.

In Schröters Gesprächskreis in der Erlöserkirche von Berlin-Lichtenberg versammelten sich seit 1990 hohe Funktionäre des SED-Regimes. Der ehemalige Abteilungsleiter für Sicherheitsfragen im ZK der SED, Wolfgang Herger, gehörte ebenso dazu wie Mielkes Stellvertreter Wolfgang Schwanitz, nach dem Fall der Mauer letzter Stasi-Chef, oder der Chefauswerter der sogenannten Gegenspionage, Klaus Eichner. Aus Bürgerrechtlerkreisen nahmen unter anderem die Aktivisten des linksorientierten Friedrichsfelder Friedenskreises Reinhard Schult und Thomas Klein teil. In einem Erfahrungsbericht beschrieb Schröter später, auf welche Weise er Täter und Opfer zusammengebracht habe: Die »Achtung untereinander als Menschen« sei die wichtigste Voraussetzung gewesen, denn wer über eigene Schuld spreche, werde dies in aller Regel nur in einer Atmosphäre des Vertrauens tun. Die ehemaligen Stasi-Mitarbeiter seien dabei »die Angefragten, Angegriffenen und damit in keiner leichten Rolle« gewesen. »Ist es nicht doch schon viel, dass die Teilnehmer vor und nach dem Abend und in der Pause als Menschen, die sich durch ihre Vergangenheit nicht aus dem Wege gehen können und sich die gegenseitige Zumutung nicht ersparen dürfen, zusammenstehen und Erfahrungen austauschen?«[4]

Der Kreis in der Berliner Erlöserkirche zählt zu den Geburtsorten späterer Stasi-Zusammenschlüsse. Hohe Offiziere fanden hier nach dem Sturz der SED-Diktatur erstmals wieder so etwas wie gesellschaftliche Anerkennung. Viele der heute aktiven Obristen unternahmen dort ihre ersten Gehversuche. Dass man sie als Gleichberechtigte behandelte, empfanden sie als stillschweigende Rehabilitierung. Schritt für Schritt gewannen die entmachteten Geheimdienstler so ihr Selbstvertrauen zurück. Die Treffen funktionierten nämlich nicht wie die Wahrheitskommissionen in Südafrika, wo einzelne Verbrechen aufgearbeitet wurden und sich die Täter vor Bestrafung retten konnten, wenn sie zur Aufklärung beitrugen und ihre Schuld bekannten. Die Berliner Abende waren eher eine Mischung aus Kirchenkreis und Selbsthilfegruppe – Täter und Opfer begegneten einander auf gleicher Augenhöhe. Nicht die Verfolgten stellten die Bedingungen für den Dialog, sondern die Verfolger. Diese waren zwar daran interessiert, sich zu rechtfertigen, weigerten sich aber, die Rolle von Angeklagten einzunehmen.

Auch innerhalb der Kirche stieß Schröters Konzept auf Kritik. Die Initiative »Recht und Versöhnung«, in der sich Stasi-kritische Kirchenmitarbeiter zusammengeschlossen hatten, veröffentlichte im September 1991 einen Aufruf, der eine andere Form der Aufarbeitung propagierte: »Wir rufen die Belasteten auf, durch das offene Schuldbekenntnis und die freiwillige Übernahme von Verantwortung einen Beitrag zur Versöhnung zu leisten und Belasteten damit zu helfen, sich nicht als schuldfrei zu empfinden. Wir rufen die Belasteten auf, durch die freiwillige Selbstoffenbarung zur Hilfeleistung zu motivieren.« Eine Versöhnung, die Recht umgehe und Wahrheit meide, könne es nicht geben. Der Ost-Berliner Theologe Ehrhart Neubert, einer der Initiatoren des Aufrufs, sprach von der Alternative »Vergebung oder Weißwäscherei«.[5]

Mit der Zeitschrift *Zwie-Gespräch*, die Schröter und sein Mitstreiter Dieter Mechtel, ein ehemaliger Oberst der Volkspolizei, zwischen 1991 und 1995 herausgaben, erhielten die Obristen auch ein publizistisches Forum. Ungeniert konnten sie sich darin ausbreiten und in zahllosen Artikeln ihre frühere Tätigkeit rechtfertigen – entsprechend groß war ihr Lob für die Kirchenzeitschrift: »Sie ist ein sachliches und dialogorientiertes Medium und steht den früheren Mitarbeitern des MfS offen«, erklärte zum Beispiel Wolfgang Hartmann, ein ehemaliger hauptamtlicher IM, auf einer Konferenz der PDS im Jahr 1995. »Bisher wurde jeder eingereichte Beitrag veröffentlicht.« Zugleich beklagte er, dass zu wenige seiner Kollegen dieses Forum nutzten, obwohl es auch anderen Medien als Informationsquelle diene. »Diese Abstinenz der früheren MfS-Mitarbeiter steht in einem schroffen Gegensatz zu den Klagen, es gäbe angeblich keine Medien, in denen sich MfS-Leute unverfälscht äußern können«, rügte der ehemalige Stasi-Mann.[6]

Im *Zwie-Gespräch* kann man nachlesen, wie die Stasi-Leute schon kurz nach ihrer Entmachtung Anfang 1990 zu altem

Selbstbewusstsein zurückfanden. Obwohl der Schock der friedlichen Revolution erst kurze Zeit zurücklag, sucht man in ihren Texten vergebens nach Einsicht – von Mitgefühl mit den Opfern ganz zu schweigen. Beispielhaft dafür sind die Abhandlungen von Kurt Zeiseweis, einem langjährigen Mitarbeiter der Berliner Stasi-Verwaltung, der als »Stellvertreter Operativ« der Abteilung XX an führender Stelle politische Kritiker in der DDR-Hauptstadt bekämpfte. Zu seinen Feindobjekten gehörte unter anderem die Ost-Berliner Umweltbibliothek, die in den letzten Jahren der DDR Treffpunkt zahlreicher Oppositioneller war und im November 1987 vom Staatssicherheitsdienst gestürmt wurde. Wolfgang Rüddenklau, Initiator der Bibliothek, der damals vorübergehend in Untersuchungshaft kam, erinnerte sich später an die Dauerüberwachung: »Dass man die Nerven verlor, war eigentlich selten. Zu sehr waren wir es gewohnt, dass uns zu bestimmten Zeiten auf Schritt und Tritt Beschatter folgten. Da war nur immer das bohrende Gefühl, dass du jederzeit gegriffen werden kannst und dich mit einem Atemzug und einem sehnsüchtigen Blick auf Bäume und Sträucher darauf einstellen musst, davon in den nächsten Jahren nichts mehr zu sehen.«[7]

Nach der Auflösung des Staatssicherheitsdienstes tummelte sich Zeiseweis in fast allen öffentlichen und informellen Täter-Opfer-Runden. Auch im *Zwie-Gespräch* durfte er sich jahrelang als Autor verbreiten. »Allein die ständig wiederholte Behauptung, wonach die DDR ein Unrechtsregime und wir seine Statthalter gewesen seien, führt nur zum Ablehnen jeglicher Bereitschaft, an einem Aufarbeiten mitzuwirken«, wies er 1992 die Kritiker des Staatssicherheitsdienstes zurecht. Diejenigen, die so redeten, wollten gar keine Aufarbeitung, sondern nur nach ihren Maßstäben richten. Die Stasi-Mitarbeiter sollten dazu die gebeugten Zeugen sein, doch: »So geht's nicht, und erst recht nicht *mit* uns.«[8]

In seinen Abhandlungen agitierte Zeiseweis weiter gegen die Bürgerrechtler, die er jahrelang hatte bespitzeln und drangsalieren lassen. Im Zuge der Täter-Opfer-Gespräche, so schrieb er etwa 1993, habe sich seine frühere Position verfestigt, »diesen Menschen wenig Achtung entgegenzubringen«. Er sehe keinen

Anlass, sich bei ihnen zu entschuldigen, denn »ich weiß auch heute nicht, was ich hätte wesentlich anders machen können bzw. müssen«.[9] In einem anderen Artikel gab er zum Besten: »Ein erheblicher Teil von ihnen ging keiner geregelten Arbeit nach. [...] Die wenigsten waren in der Lage, ein Familienleben zu führen. [...] Die von mir zum Teil als Besserwisserei aufgefasste Kritik an zahlreichen Elementen unserer Politik führte zu der Erkenntnis, dass ich mich von solchen Menschen auf keinen Fall einmal regieren lassen wollte.«[10] Den Bürgerrechtlern stellte er schließlich die Frage: »Wer von denjenigen DDR-Bürgern, die die DDR verbessern wollten und die durch ihr Engagement bis zum Herbst und im Herbst 1989 dazu beigetragen hatten, diesen Staat für die BRD sturmreif zu diskutieren und zu demonstrieren, hat sich entschuldigt für das, was er durch seinen Beitrag am Beseitigen der DDR dessen Bürgern nun angetan hat?«[11]

Zeiseweis verteidigte auch die Methoden des Staatssicherheitsdienstes, einschließlich der sogenannten Zersetzungsmaßnahmen, mit denen man Andersdenkende tyrannisiert hatte.[12] Das Spitzelsystem rechtfertigte er damit, dass die IM doch überwiegend »wahre Informationen« geliefert hätten. Zu einem »Vertrauensbruch« habe es also nur dann kommen können, wenn ein Mensch nach außen eine andere Meinung als im Freundeskreis vertreten habe. Zeiseweis sah deshalb auch keinen Grund, »das Mitteilen solcher Verhaltensweisen zu verurteilen«, zumal das Motiv der Informanten darin bestanden habe, »für unser Land und nicht etwa gegen das Volk zu arbeiten«.[13] Mit ähnlichen Argumenten begründete Zeiseweis die Verfolgung von Ausreisewilligen. Wenn er sich dafür entschuldigen solle, hieße das zu akzeptieren, »dass uns Bürger verlassen wollten und haben, die über Jahre oder Jahrzehnte die Sozialleistungen der DDR genutzt haben, um sich danach dorthin zu wenden, wo sie meinten, noch besser leben zu können«.[14] Dasselbe gelte für die Flüchtlinge, die gewaltsam die DDR-Grenze durchbrochen hätten und dadurch auch noch kriminell geworden seien: »Sie erfüllten mit ihrem Tun Tatbestandsmerkmale des Strafgesetzbuches der DDR und waren somit Straftäter.«[15] Die Toten an der Grenze rechtfertigte

Zeiseweis als »das kleinere Opfer« gegenüber einer Restauration des Kapitalismus in der DDR.[16] »Ich habe mit diesen Menschen nicht mehr Mitleid empfunden als mit jenen, die im trunkenen Zustand bei Glatteis gegen den Baum rasen oder die bei einem Bankeinbruch ihr Leben lassen.«[17]

Die Gründung des Insiderkomitees

Aus dem Kreis in der Berliner Erlösergemeinde entstand im Mai 1992 der erste Verein ehemaliger Stasi-Kader. Etwa zwanzig MfS-Mitarbeiter, die regelmäßig an den Gesprächen teilgenommen hatten, gründeten damals das »Insiderkomitee zur kritischen Aufarbeitung der Geschichte des MfS«. Der Name war allerdings ein Etikettenschwindel, denn statt das vom Staatssicherheitsdienst verübte Unrecht aufzuarbeiten, erklärte es der Verein zu seinem Ziel, »konsequent in der Öffentlichkeit gegen Verleumdungen, Diffamierungen oder Entstellungen unserer Arbeit« aufzutreten.[18]

Mit der Vereinsgründung versuchten die Obristen, öffentlich wieder in die Offensive zu kommen. Zuvor waren die Bemühungen der Stasi-Generalität, Straffreiheit für sich und ihre Mitarbeiter zu erreichen, gescheitert. Im Januar 1991 hatten die Generäle Heinz Engelhardt, Werner Großmann, Günther Kratsch und Günter Möller den damaligen Bundesinnenminister Wolfgang Schäuble um ein Gespräch gebeten, um, wie sie später schrieben, »die auf Hochtouren laufende Stasi-Hysterie zu dämpfen« und die »Ausgrenzung und strafrechtliche sowie sonstige Verfolgung von hauptamtlichen und Inoffiziellen Mitarbeitern zu beenden«.[19] Am 15. Februar trafen sie tatsächlich den Präsidenten des Bundesamtes für Verfassungsschutz, Gerhard Boeden, und seinen späteren Nachfolger Eckart Werthebach, die ihnen damals eine weitgehende Amnestie in Aussicht gestellt haben sollen. Als die Pläne im April öffentlich bekannt wurden, erhob sich heftiger Protest, so dass sie wieder in der Schublade verschwanden.

In einem von fünfzig Obristen unterzeichneten Schreiben

wandten sich die Generäle daraufhin erneut an Schäuble und appellierten an ihn, die »Ausgrenzung« ehemaliger Stasi-Mitarbeiter zu beenden. An die Regierungschefs der ostdeutschen Länder richteten sie einen ähnlichen Appell. In pathetischen Worten wurde darin die angebliche Stasi-Hysterie im Lande verurteilt, durch die Unschuldige zur »öffentlichen Abschlachtung« freigegeben würden, was zu »Lynchjustiz, Brudermord und Totschlag« führen und die Sicherheit und Ordnung des vereinten Deutschland gefährden werde. In einem weiteren Schreiben an den Chef des Verfassungsschutzes unterstrichen sie, dass die »Verketzerung« ehemaliger Stasi-Mitarbeiter unter diesen ein »starkes Solidaritätsgefühl« habe entstehen lassen. In geheuchelter Sorge um das Wohl der Bundesrepublik erklärten sie schließlich, es müsse verhindert werden, dass sich ein »großes Potential [...] letztlich gegen gesetzliche Regelungen wendet und rechtsstaatliche Wege verlässt« – eine Drohkulisse, die angesichts von 100000 Ex-DDR-Geheimdienstprofis durchaus Wirkung hatte.[20] Bundestag und Öffentlichkeit sprachen sich jedoch gegen ein Generalpardon für frühere Stasi-Mitarbeiter aus.

Um den Staatssicherheitsdienst von seinem schlechten Image zu befreien, versuchte das Komitee zum Beispiel, am geplanten »Forum zur Aufklärung und Erneuerung« mitzuwirken. Ehemalige DDR-Bürgerrechtler hatten im März 1991 den Vorschlag gemacht, die Verbrechen des SED-Regimes in einem Hearing öffentlich aufzuarbeiten. Das Projekt, das später wieder in der Versenkung verschwand, wurde unter anderem von Wolfgang Thierse und Joachim Gauck unterstützt. Recherchierenden Journalisten bot sich das Komitee zudem als Ansprechpartner an, wobei es deren Neugier auf Informationen aus dem Inneren des MfS-Apparates auszunutzen versuchte. Schließlich wollte man auch andere Ex-Stasi-Mitarbeiter motivieren, ihre Zurückhaltung aufzugeben und sich stärker in die öffentliche Debatte einzumischen.

Verfassungsschutzpräsident Werthebach wies im Juni 1992 darauf hin, dass die Komiteegründung keine zufällige Einzelinitiative sei. Die ehemalige Stasi-Führung vermeide es zwar, im Rahmen offizieller Strukturen aufzutreten, doch schon bei der

Auflösung des Staatssicherheitsdienstes sei deutlich geworden, »dass sich die MfS-Generäle bemühen, einen festeren Zusammenschluss zu bilden, mit dem Ziel, ehemalige MfS-Mitarbeiter zu unterstützen und gemeinsame Anliegen durchzusetzen«. Zugleich äußerte er die Sorge, dass die von den Komiteegründern angekündigte »kritische Aufarbeitung« der DDR-Vergangenheit zu einer Geschichtsfälschung führen werde, die von der wahren Verantwortung für das Unrechtssystem ablenken solle.[21] Der Verfassungsschutz vermutete, das Komitee sei Teil einer Kampagne gegen die demokratische Aufarbeitung der DDR-Geschichte; PDS, DKP und andere kommunistische Organisationen sähen darin den Schwerpunkt ihres ideologischen Kampfes – eine Prophezeiung, die bald in Erfüllung ging.

In der ersten Zeit bemühte sich das Komitee, nicht direkt mit dem Überwachungs- und Unterdrückungsapparat der Stasi in Verbindung gebracht zu werden. Vorsitzender des Sprecherrates wurde Klaus Eichner, ehemaliger Oberst in der Gegenspionage des Staatssicherheitsdienstes, der zu DDR-Zeiten mit 42000 Mark ein üppiges Jahresgehalt bezogen hatte. Von den Machenschaften der Stasi versuchte er vor allem dadurch abzulenken, dass er in diversen Publikationen sein Wissen über echte oder vermeintliche Affären von CIA, Bundesnachrichtendienst und Verfassungsschutz ausbreitete.[22] Dabei suggerierte er, dass sich die Stasi nur der Angriffe westlicher Dienste erwehrt habe, von denen im Kalten Krieg die eigentlichen Schandtaten verübt worden seien. Er schreckte auch nicht davor zurück, Bürgerrechtler wie den Ost-Berliner Pfarrer Rainer Eppelmann und seinen Mitstreiter Ralf Hirsch als Werkzeuge des CIA hinzustellen – wie es die Stasi schon in den achtziger Jahren getan hatte.

Dem Sprecherrat gehörte auch Wolfgang Hartmann an. Der ehemalige Agenteninstrukteur in der Bundesrepublik hatte wie Eichner den Vorteil, mit der Unterdrückung der DDR-Bevölkerung nur am Rande zu tun gehabt zu haben. In den sechziger Jahren rekrutierte er vor allem westdeutsche Studenten, die für den Staatssicherheitsdienst in die »Hauptobjekte des Feindes« eindringen sollten. Zu seinen Spionen gehörte zum Beispiel Knut

Gröndahl (IM »Töpfer«), der später Leiter des Referates Politik im Ministerium für innerdeutsche Beziehungen und nach der friedlichen Revolution Mitarbeiter des SPD-Abgeordneten Wolfgang Thierse wurde. Im Umfeld der PDS und in diversen Publikationen verbreitete Hartmann die Legende, dass die Spionage der DDR eine Politik befördern sollte, »die um friedliche Koexistenz der Systeme und Zusammenarbeit zum gegenseitigen Vorteil bemüht war«.[23] In Wahrheit diente die Spitzelei in der Bundesrepublik genauso dem Zweck, die Diktatur der SED zu schützen, wie jene im Innern der DDR. Nicht Verständigung war das Ziel von Stasi-Minister Mielke, sondern »alles zu erkunden und zu nutzen, was der Politik der Partei gegenüber der BRD und Westberlin nützt, und alles aufzuklären, was dieser Politik entgegenwirkt und was sich gegen unsere Republik richtet«.[24]

Dem Aufruf der Komiteegründer, sich ihnen anzuschließen, folgte als einer der ersten Ex-Oberstleutnant Wolfgang Schmidt. Er hatte in seinem Leben nie etwas anderes getan, als für den Staatssicherheitsdienst zu arbeiten. 1957 war er gleich nach dem Abschluss der Oberschule in die Stasi-Kreisdienststelle Oelsnitz eingetreten. Danach arbeitete er dreißig Jahre lang in der Hauptabteilung XX, die für die Überwachung der Kirchen, Schriftsteller und Künstler sowie für die Bekämpfung der »politischen Untergrundtätigkeit« verantwortlich war. Weil er sich dort durch »viel Eigeninitiative und Vorschläge« auszeichnete und »wesentlich beteiligt an der Liquidierung des Vorganges ›Schorf‹« war, wurde er schon 1962 zum Leutnant befördert.[25] 1975 wurde er stellvertretender Leiter und 1986 Leiter der Auswertungs- und Kontrollgruppe in der Hauptabteilung, also Chef jener Truppe, in der das gesamte Spitzelwissen der Abteilung zusammenfloss und die Schwerpunkte der Verfolgung festgelegt wurden. Auch die Abhörprotokolle von prominenten Regimekritikern wie Wolf Biermann oder Robert Havemann landeten auf seinem Schreibtisch. Für seinen Einsatz bei der Stasi erhielt er 35 Prämien und Auszeichnungen. Noch im Oktober 1989 bekam er den Kampforden für Verdienste um Volk und Vaterland, weil er sich »als ein klassenbewusster, disziplinierter und bewährter Offizier des

MfS aus[zeichnet], der sich als dienstlicher Leiter und Parteifunktionär jederzeit für die Durchsetzung der Parteibeschlüsse und Befehle und Weisungen des MfS einsetzt«.[26] Eichner, Hartmann und Schmidt sind bis heute die Sprecher des Insiderkomitees.

Dem Komitee gelang es allerdings nur langsam, ehemalige MfS-Mitarbeiter zum Engagement zu bewegen. Viele scheuten das Licht der Öffentlichkeit und wollten erst einmal abwarten. 1993 beklagte sich Hartmann, dass der Verein bisher nur ansatzweise Interessierte und Einzelaktivitäten zusammengeführt habe. Noch sei das Komitee nicht mehr als der allererste Beginn einer Selbstverständigung in einem kleinen und noch sehr einseitig zusammengesetzten Kreis. Zudem bedauerte Hartmann, dass man in den Medien, abgesehen von gelegentlichen Nachfragen, kaum präsent sei. Seine Forderung lautete deshalb: »Wir müssen inhaltlich in die Breite, dazu brauchen wir viele Mitwirkende. Und: das Insider-Komitee muss Eigenes ›produzieren‹, sich nicht auf bloßes Reagieren beschränken.«[27]

Mit seinem Aufruf wollte Hartmann ehemalige MfS-Mitarbeiter motivieren, den Schock der friedlichen Revolution zu überwinden und sich neu zu organisieren. Statt zu Hause die Wunden der Niederlage zu lecken und sich selbst zu bemitleiden, sollten sie öffentlich Flagge zeigen. Zeit dafür hatten sie ja zur Genüge; schließlich lebten die meisten von staatlicher Alimentierung. Da viele Mitarbeiter des MfS bereits damit beschäftigt seien, über ihre frühere Arbeit zu schreiben, so Hartmann, wolle ihnen das Komitee eine Möglichkeit des Austauschs geben, der auch unter »therapeutischen« Gesichtspunkten wichtig sei – man wollte sich gegenseitig wieder aufrichten. Als Ziel dieser Aktivitäten formulierte er: »Der arge Weg der Erkenntnis soll helfen, dass die Linken – und insbesondere die sozialistische, die antikapitalistische Linke – in Deutschland (natürlich nicht nur in Deutschland) wieder mit Einfluss politikfähig werden können […].«[28]

Umschreibung der Vergangenheit

Hartmanns Appell trug vielfältige Früchte. Anfangs standen dem Insiderkomitee dafür nur bescheidene Mittel zur Verfügung. Im *Zwie-Gespräch,* in seiner eigenen Zeitschrift *IK-KORR* sowie in Leserbriefen und verstreut erscheinenden Artikeln versuchte es, seine Botschaften an den Mann zu bringen. Doch immer mehr frühere Stasi-Mitarbeiter haben in den letzten Jahren ihre schönfärberische Sicht auf die Vergangenheit zwischen zwei Buchdeckeln ausgebreitet. Inzwischen gibt es eine regelrechte Flut von Veröffentlichungen, in denen die Geschichte des wichtigsten Unterdrückungsinstrumentes der SED schamlos auf den Kopf gestellt wird.[29]

Eine erste größere Gelegenheit zur Umschreibung der Vergangenheit bot sich im Rahmen der sogenannten Alternativen Enquete-Kommission Deutsche Zeitgeschichte. Die eng mit der PDS verquickte Veranstaltung war als Gegenstück zur Bundestagskommission gedacht, die seit 1991 in Anhörungen und Expertisen die SED-Diktatur durchleuchtete. Dem siebzehnköpfigen Vorstand der Alternativen Kommission gehörten unter anderem das Mitglied der Historischen Kommission der PDS Jochen Czerny, die stellvertretende PDS-Vorsitzende Marlies Deneke und der ehemalige Präsident der DDR-Volkskammer Günter Maleuda an.

Im Dezember 1993 und im Mai 1994 befasste sich die Kommission mit dem Thema »Geheimdienste in Deutschland 1945–1990«. Das Insiderkomitee hatte die Anhörungen mit vorbereitet. Deshalb referierten über den Staatssicherheitsdienst keine Historiker oder Verfolgte, sondern hochrangige ehemalige MfS-Offiziere, allen voran die Mielke-Stellvertreter Schwanitz und Großmann, die von den Veranstaltern immer noch wie die höchsten Repräsentanten der Stasi behandelt wurden. Von welchem Geist die Veranstaltung getragen war, zeigte sich spätestens dann, als der Kommissionsvorsitzende Wolfgang Harich den Tod des langjährigen SED-Chefs Erich Honecker vermeldete und ehrfurchtsvoll seiner gedachte. Im ehemaligen SED-Zentralorgan *Neues Deutschland* sagte er über die Zusammenarbeit mit dem Insiderkomitee: »In Klaus Eichner und seinen Genossen habe ich Männer kennengelernt, die sich durch Standhaftigkeit, Scharfblick und minutiöse Wahrheitsliebe auszeichnen.«[30]

Das Komitee bemühte sich auch, auf die Debatten um ehemalige Stasi-IM in den Kirchen Einfluss zu nehmen. Seit der Öffnung der Akten im Januar 1992 war eine Reihe führender Kirchenfunktionäre als MfS-Zuträger enttarnt worden. Die öffentliche Aufmerksamkeit konzentrierte sich dabei vor allem auf den Fall des brandenburgischen Ministerpräsidenten Manfred Stolpe. Im Sommer 1993, als der Untersuchungsausschuss im Brandenburger Landtag die Öffentlichkeit beschäftigte, veröffentlichte das Insiderkomitee ein Traktat, das ihn auf subtile Weise entlastete.

Die Autoren, darunter Insidersprecher Schmidt, behaupteten zum Beispiel, das MfS hätte bei den Kirchen auch solche Personen als IM verzeichnet, die gar nicht mit dem Staatssicherheitsdienst kooperiert hätten: »Trotz der inneren Kontrollmechanismen des MfS wurden auf diese Weise immer auch Personen als IM registriert, die dafür nicht die erforderlichen Voraussetzungen erfüllten, weder geeignet noch gewillt waren, konspirativ mit dem MfS zusammenzuarbeiten.« Die MfS-Insider erklärten sogar, dass besonders wertvolle Informanten gar nicht als IM-, sondern als Opfervorgänge geführt worden seien – was im krassen Widerspruch zu den IM-Richtlinien von Stasi-Minister Mielke stand. Über Stolpes damaligen Konterpart, den Bundesbeauftragten für die Stasi-Unterlagen Joachim Gauck, hieß es zugleich andeutungsvoll, dass dieser »vermutlich selbst als IM geführt worden wäre, wenn die Wende nicht einen bereits angebahnten Kontakt unterbrochen hätte«. Zudem versuchten die Insider, ihren Lesern weiszumachen, dass »das Vorgehen des MfS keinesfalls von Gewalt oder Repression bestimmt« gewesen wäre. Abschließend meinten sie, dass die Kritik an den Stasi-Informanten in den Kirchen »vulgärer Antikommunismus« und »ihrem Wesen nach auf die Vernichtung aller Ideen und Ausschaltung aller Personen gerichtet sei, die einstmals in sozialistischen Idealen Optionen für die Kirchen gesehen haben«. Dass die Zeitschrift *Deutschland Archiv* das Pamphlet in gekürzter Form veröffentlichte, zeigt, dass das

Insiderkomitee beim Kampf um die öffentliche Meinung durchaus Erfolge verzeichnete.[31]

Das Komitee war aber mit dem Erreichten nicht zufrieden. So konstatierte Hartmann auf der Historischen Konferenz der PDS im November 1995, dass unter Dutzenden von Buchveröffentlichungen zum Staatssicherheitsdienst nur sieben von ehemaligen MfS-Mitarbeitern verfasst worden seien. »Haben wir einstigen Revolutionäre so resigniert? Sind wir so verschüchtert, dass wir sogar den Kampf mit dem Wort, mit objektiver Beschreibung, mit nachdenklicher historischer Analyse aufgegeben haben? [...] Offenkundig hat ein nicht unerheblicher Teil der früheren Mitarbeiter des MfS sein früheres Selbstverständnis abgelegt und sich in unpolitische Nischen der Enthaltsamkeit und des Zuschauens zurückgezogen.« Hartmann vertrat deshalb den Standpunkt, man müsse die ehemaligen MfS-Mitarbeiter gezielt ermuntern, »auch, indem die PDS Möglichkeiten gibt, in örtlichen Diskussionszirkeln die kritische Selbstverständigung voranzubringen und sie öffentlich zu machen«.[32]

Nach fünfjähriger Existenz zog Insidersprecher Eichner im April 1997 auf einer Mitgliederversammlung eine Bilanz der Arbeit. Aus den »Territorialen Arbeitsgruppen« in Potsdam, Dresden und Leipzig seien zwar positive Ergebnisse zu vermelden, doch die Unterstützung der Zeitschrift *IK-KORR* lasse zu wünschen übrig. »Trotz der Aufrufe zur Beteiligung blieb der Kreis der Autoren und ›Macher‹ auf wenige Namen beschränkt. Der Sprecherrat muss kritisch feststellen, dass wir verschiedene Chancen nicht oder nur ungenügend genutzt haben, um aktive und zur Arbeit bereite Genossen heranzuziehen.«[33] Hinzu kamen inhaltliche Differenzen mit anderen Stasi-Offizieren, insbesondere aus der früheren Ministeriumsspitze, denen einige selbstkritische Töne des Komitees zu weit gingen und die sich mittlerweile woanders organisiert hatten. Die Mitgliederversammlung beschloss deshalb 1997, den eingetragenen Verein aufzulösen und sich als Arbeitsgemeinschaft in der Gesellschaft für Bürgerrechte und Menschenwürde e.V. (GBM) zu organisieren. Im Rahmen der GBM, so hieß es in einem Faltblatt, wende man sich dagegen, dass ganze

Bevölkerungsgruppen in Ostdeutschland diskriminiert und ausgegrenzt würden. »Wir lehnen pauschale Urteile ab, wenden uns gegen Diffamierung und Hexenjagden, gegen die Nutzung der ›Keule MfS‹, um jede linke Opposition zu disqualifizieren.«[34]

Tschekistisches Seelenleben

In der GBM fungierte das Insiderkomitee einige Jahre lang als eine Art Selbsthilfegruppe für anonyme Stasi-Bedienstete. Rund fünfmal im Jahr trafen sich etwa zwanzig bis dreißig ehemalige MfS-Mitarbeiter zu einem sogenannten Jour fixe, um über die Stasi, die DDR und den Sozialismus zu reden. In den Debatten gaben die entmachteten Tschekisten, wie sie sich nach Lenins blutiger Geheimpolizei »Tscheka« einst voller Stolz bezeichneten, einen tiefen Einblick in ihr Seelenleben.

Im Mittelpunkt der abendlichen Diskussionen stand die Frage, die ehemalige Stasi-Leute bis heute ratlos macht: Wie war es möglich, dass die DDR im Herbst 1989 so sang- und klanglos zusammengebrochen war? Einig war man sich darin, dass der kapitalistische Westen schon immer gewillt gewesen sei, den ersten Arbeiter- und Bauernstaat auf deutschem Boden zu beseitigen – und die Maßnahmen des MfS nur eine legitime und notwendige Reaktion dargestellt hätten. Ebenso überzeugt zeigte man sich davon, dass die Mitarbeiter des MfS allesamt von guten Absichten geleitet worden seien und bei allen Unzulänglichkeiten und Fehlern einer großen humanistischen Aufgabe gedient hätten. Schließlich versicherte man sich gegenseitig, dass die Tätigkeit des MfS stets auf Recht und Gesetz beruht habe und deshalb jede Form der Strafverfolgung politisch motivierte Siegerjustiz sei. Sogar für den Verlauf der friedlichen Revolution im Herbst 1989, deren Initiatoren man jahrelang verfolgt hatte, heftete man sich moralische Verdienste an, da das MfS »aus Verbundenheit mit dem Volk« nicht gegen die Bürgerproteste vorgegangen sei. So lauten die wichtigsten Lebenslügen der MfS-Veteranen, an denen sich bis heute wenig geändert hat.

Wie Mitglieder einer Sekte montieren sich die Stasi-Offiziere die Wirklichkeit zurecht, um ihrem eigenen Scheitern nicht ins Auge sehen zu müssen. Keiner hat die Stärke, einzuräumen, dass er sich einem Irrglauben verschrieben hatte, der ein unterdrückerisches System hervorbrachte. Weil das eigene Leben nicht umsonst gewesen sein darf, klammern sie sich an die Vergangenheit wie Drogensüchtige an ihren Stoff. Ausblenden müssen sie dafür zum Beispiel, dass die SED von Anfang an gegen eine Mehrheit der Bevölkerung regierte und nur mit Hilfe der Bajonette der Besatzungsmacht die Herrschaft übernehmen konnte. Die sowjetische Geheimpolizei und das Ministerium für Staatssicherheit schützten keine frei gewählte Regierung, sondern sorgten mit blanker Gewalt dafür, dass alle abweichenden politischen Kräfte ausgeschaltet wurden. Dass die Stasi keine Reaktion auf Angriffe von außen war, offenbarte sich spätestens, nachdem die DDR 1961 ihre Grenzen vollständig abgeriegelt und die Bundesrepublik 1972 den SED-Staat förmlich anerkannt hatte – und sich dennoch die Zahl der Stasi-Mitarbeiter weiterhin alle zehn Jahre verdoppelte. Und nicht Volksverbundenheit, sondern das Ausbleiben entsprechender Befehle führte im Herbst 1989 dazu, dass das MfS den revolutionären Entwicklungen tatenlos zusah. Hätte SED-Chef Honecker damals den Mobilisierungsfall ausgerufen, hätte der Staatssicherheitsdienst ohne zu murren Tausende DDR-Bürger in die vorbereiteten Isolierungslager geschafft.

Zu den Lebenslügen der Obristen gehört auch, dass ihr Tun gesetzlich legitimiert gewesen sei. Wäre es für einen Geheimdienst generell schon ungewöhnlich, wenn er sich bei seinen Handlungen immer an die Gesetze hielte, so gilt dies erst recht für einen kommunistischen. Dessen Aufgabe ist es seit Lenin, die Macht der Partei um jeden Preis zu sichern. Nicht umsonst haben die Funktionäre immer betont, dass im Sozialismus auch das Recht parteilich zu sein habe. Selbst Komiteesprecher Hartmann meinte deshalb in einer Diskussion mit Ex-Stasi-Vize Schwanitz, dass die Statuten des MfS nicht als Rechtsgrundlage gelten könnten, »da sie nicht veröffentlicht wurden und nur einem kleinen Kreis leitender Mitarbeiter bekannt gewesen« seien. Schwanitz musste denn auch zugeben, dass es sich hier nur um ein taktisches Argument handelt, weil »die rechtliche Fundierung der Arbeit des MfS nicht nur in der politischen Auseinandersetzung, sondern auch bei der Verteidigung angeklagter MfS-Mitarbeiter von entscheidender Bedeutung« sei.[35] Letztlich verhalten sich die Stasi-Offiziere nicht anders als die entmachteten Nationalsozialisten, die ihre persönliche Verantwortung für politisches Unrecht hinter Befehlen und Rechtsvorschriften zu verstecken suchten.

In Wirklichkeit waren die Kompetenzen des Staatssicherheitsdienstes gerade nicht gesetzlich geregelt. Das einzige Gesetz zum MfS stammt vom Februar 1950 und besteht lediglich aus der Mitteilung, dass die bisher dem Innenministerium unterstellte Hauptverwaltung zum Schutz der Volkswirtschaft zu einem selbstständigen Ministerium für Staatssicherheit umgebildet werde. Zwanzig Jahre später erließ der von der SED gelenkte Nationale Verteidigungsrat noch ein Statut, das nur wenige Eingeweihte zu Gesicht bekamen. Nicht zufällig wurden darin das Programm der SED, die Beschlüsse des ZK und des Politbüros sowie die Verfassung der DDR – in dieser Reihenfolge – als Grundlagen der Arbeit angeführt. Dass der Stasi die Verfassung herzlich egal war, kann man schon daran erkennen, dass sie das dort verankerte Post- und Fernmeldegeheimnis oder das Recht auf Meinungsfreiheit permanent verletzte.[36] Das gleichgeschaltete DDR-Parlament konnte die Arbeit des MfS ebenso wenig kontrollieren, wie der Bürger irgendeine Möglichkeit hatte, gegen dessen Maßnahmen gerichtliche Hilfe in Anspruch zu nehmen. Was der Staatssicherheitsdienst tun und lassen durfte, entschieden Stasi-Minister Mielke sowie die SED-Chefs Ulbricht und Honecker.

Für den Untergang des SED-Staates machen die Tschekisten vor allem zwei Schuldige verantwortlich: die greise Parteiführung unter Honecker und den Verräter im Kreml – Michail Gorbatschow. Das Politbüro, so klagen sie bis heute, habe in den letzten Jahren die innenpolitischen Probleme zunehmend der Stasi zugeschoben. Immer noch verletzt es ihren Stolz, dass sie für die SED jahrelang die Kastanien aus dem Feuer holen mussten und später zum Sündenbock gemacht wurden. Viele Bürgerrechtler, so ihre späte Erkenntnis, seien gar nicht gegen den Sozialismus gewesen und hätten durchaus als Bündnispartner gewonnen werden können. Mit einer offeneren Medienpolitik hätte man auch die Bevölkerung in die Lösung der Probleme einbeziehen können. Nur der SED-Führung habe es an einem Konzept gefehlt, um auf die wachsende Zahl von Ausreisewilligen zu reagieren. Die Stasi-Offiziere klammern sich an diese Illusionen, obwohl die Geschichte gezeigt hat, dass jeder Ansatz von Pluralismus sofort zu weitergehenden Ansprüchen führt und die Diktatur am Ende aus den Angeln hebt.

Zu Selbstkritik lassen sich die Insider nur in Ausnahmefällen hinreißen. Hin und wieder wurden Einwände laut gegen die Verfolgung kommunistischer Funktionäre in den fünfziger Jahren – doch diese sei ja nicht vom MfS ausgegangen, sondern von der SED und der Sowjetunion befohlen worden. Auch Mielkes paranoides Konzept der »Politisch-Ideologischen Diversion«, das jeden freien Gedanken als feindlich brandmarkte, ist manchem heute unangenehm, vor allem weil es selbst innerhalb der SED Diskussionen unmöglich machte. Den einen oder anderen befallen zuweilen auch nachträgliche Skrupel gegenüber den Zersetzungsmaßnahmen, die sogar nach Meinung mancher Obristen keine Rechtsgrundlage hatten. »Unverkennbar ist es nach wie vor für uns alle schwer, die Sicherheitspolitik der DDR und deren Umsetzung durch uns einer konstruktiven Selbstkritik zu unterziehen«, so das Resümee über einen Jour fixe im November 2003.[37]

Nachlesen kann man all dies in dem zweimonatlich erscheinenden Vereinsblättchen *IK-KORR*. Seiner Qualität nach erinnert es eher an die Mitteilungen eines Kleingärtnervereins als an Analysen hochrangiger Geheimdienstkader. Mit biederer Genügsamkeit und schulmeisterlicher Strenge werden dort die Abende ausgewertet, die im ehemaligen Gebäude des *Neuen Deutschland* stattfinden, einem tristen Ost-Berliner Plattenbau. Dass die Stasi auch mit der deutschen Sprache auf Kriegsfuß stand, kann man in den Heften noch heute studieren. »Die Übereinstimmung in diesem Wollen ebenso wie das Niveau der Diskussion an diesem Abend bestärken uns darin, die nächste solche Veranstaltung für Januar 1998 vorzubereiten«, lautet zum Beispiel einer der typischen Mielke-Sätze, für die zumeist Klaus Panster verantwortlich zeichnet, ein promovierter Oberstleutnant, der früher DDR-Soldaten überwachte.[38] Auch die Treffen selbst kommen vielfach einer Reise in die Vergangenheit gleich, so wenn Panster seinem Mitstreiter Wolfgang Schmidt bescheinigt, die Ausführlichkeit und Nüchternheit seiner Darstellung habe ihn an Fachschulungen im MfS erinnert.[39] Offenbar mangelt es den Obristen aber auch an intellektuellen Fähigkeiten, wenn etwa resümiert wird, dass das Thema »für einen Abend zu komplex« und für die Insider nicht zu »packen« gewesen sei.[40] Auch ein anderes Referat brachte sie scheinbar ins Schwitzen, so dass Panster, dem die Stasi-Hochschule einst einen Doktortitel verlieh, feststellen musste: »Das geschah auf hohem Abstraktionsniveau und unter Anwendung der naturgemäß nicht allen Teilnehmern geläufigen Fach-Terminologie, was zusätzliche Anstrengungen beim Zuhören und Nachdenken erfordert.«[41] Hatte das von DDR-Nostalgikern so gern beschworene Bildungssystem womöglich doch seine Grenzen?

Neben ihren monatlichen Zusammenkünften haben die Insider inzwischen vor allem das Internet für sich entdeckt. Unermüdlich bestückt Sprecher Schmidt die Homepage des Komitees, auf der er sich als knallharter Verfechter der SED-Diktatur präsentiert. Klickt man auf die von ihm betreuten Seiten, ist man mitten in der Welt der Stasi-Nostalgiker. Schon die Startseite wird zu beinahe einem Viertel vom Abzeichen des Staatssicherheitsdienstes eingenommen, auf dem eine rote Fahne mit DDR-Wappen und eine Faust mit Gewehr abgebildet sind. Das Abzeichen ist rot unterlegt und wie bei einem Grabstein mit dem Schriftzug »08.02.1950–15.01.1990« versehen. Daneben prangt der Text: »Wir sind ehemalige Mitarbeiter des MfS der DDR und an der wahrheitsgemäßen Aufarbeitung der Geschichte interessiert.« Dem Besucher wird »Erfolg beim Surfen in diesem politischen Tabubereich« gewünscht. Der erste Eintrag handelt von einem ominösen Solidaritätskomitee für »fünf kubanische Patrioten«, die von den USA »zu unmenschlichen Freiheitsstrafen« verurteilt worden seien – »nur weil diese ihr Land vor Terror schützen wollten«. Der zweite widmet sich dem Widerstandskämpfer Johann Burianek, der der »Kampfgruppe gegen Unmenschlichkeit« (KgU) angehörte und 1952 in der DDR hingerichtet wurde. Laut Insiderkomitee war er ein »Bandit« und »Anführer einer terroristischen Vereinigung«, den das Landgericht Berlin skandalöserweise rehabilitiert habe. In diesem Tenor geht es weiter bis zum Eintrag »10 Jahre Initiativgruppe Kundschafter des Friedens«, wo man ein Interview mit der ehemaligen Stasi-Agentin im Bundesnachrichtendienst Gabriele Gast findet. »Ich kenne niemanden, der es bereut, gegen die Bundesrepublik Deutschland gearbeitet zu haben«, erklärt sie dort. »Alle stehen zu dem, was sie getan haben und warum sie es taten.«[42]

Hilfsverband für Kriminelle

Besser organisiert als das Insiderkomitee ist ein Verein, in dem sich Hunderte Verantwortliche des DDR-Repressionsapparates zusammengeschlossen haben: die Gesellschaft zur rechtlichen und humanitären Unterstützung e.V. (GRH). Ehemalige Politbüromitglieder, Minister, Stasi-Offiziere und Grenzsoldaten haben sie 1993 gegründet, um zu verhindern, dass sie für ihre Verbrechen während der SED-Herrschaft bestraft werden. Die Initiative dazu ging von zwei früheren Stasi-Vernehmern – Frank Osterloh und Jürgen Strahl – aus, die im Januar 1990 eine Anwaltskanzlei eröffnet hatten, um belastete SED-Funktionäre vor einer Verurteilung zu schützen. Die Regimeträger sollten nicht nur juristisch, sondern auch finanziell und politisch unterstützt werden – ein Hilfsverband für Staatskriminelle, den das Berliner Finanzamt skandalöserweise als gemeinnützig anerkannt hat.

Unter den mehr als 1400 Vereinsmitgliedern (hinzu kommen 460 spendende Sympathisanten) finden sich Spitzenfunktionäre aus allen Bereichen des SED-Regimes. Die Liste der bekannten Namen reicht von Honecker-Nachfolger Egon Krenz über den letzten Stasi-Chef Schwanitz bis hin zum früheren Umweltminister Hans Reichelt, der die DDR in seiner sechzehnjährigen Amtszeit an den Rand einer ökologischen Katastrophe führte. Auch der einstige stellvertretende DDR-Generalstaatsanwalt Hans Bauer, der frühere Präsident des Obersten Gerichts Günther Sarge, der ehemalige Leipziger Stasi-Chef Manfred Hummitzsch und der frühere Gefängnischef von Berlin-Hohenschönhausen, Siegfried Rataizick, sind mit von der Partie. Zu den Mitgliedern zählen neben Polizisten, Armeeangehörigen, Richtern und Staatsanwälten vor allem ehemalige Stasi-Leute sowie mehr als vierhundert frühere Grenztruppenoffiziere. Mit Hummitzsch, dem Vereinsgeschäftsführer Dieter Stiebert und den Ex-Obersten Gotthold Schramm und Reinhard Grimmer gehören dem Vorstand mehrere hohe Stasi-Offiziere an.[43]

Die Satzung des Vereins liest sich wie die Gründungserklärung von Amnesty International: »Die GRH e.V. fördert die Hilfe für politisch, rassisch oder religiös Verfolgte und leistet Hilfe für die Opfer von Straftaten«, heißt es darin, »sie fördert das Andenken an Verfolgte.« Und um jeden Zweifel an diesen Zielen auszuschließen: »In Verwirklichung der Grundsätze eines sozialen und demokratischen Staatswesens und im Rahmen des Grundgesetzes der Bundesrepublik Deutschland wirkt die GRH e.V. in Übereinstimmung mit den internationalen Vereinbarungen über Bürger- und Menschenrechte parteipolitisch und konfessionell unabhängig für die umfassende Gewährleistung der Menschenrechte und hierbei insbesondere auf dem Gebiet der Strafrechtspflege.«[44]

Der so beschriebene Vereinszweck ist eine dreiste Lüge. In Wirklichkeit handelt es sich um einen Solidaritätsverein für an Straftaten beteiligte Funktionäre. Im Internet gibt die GRH selber an, dass sie für Bürger eintrete, »die wegen der im Rahmen der Verfassung und Rechtsordnung der DDR ausgeübten Tätigkeit einer Strafverfolgung ausgesetzt oder von ihr bedroht sind«. Laut Satzung wird der Zweck des Vereins insbesondere dadurch verwirklicht, dass Strafgefangene beraten und nach ihrer Entlassung betreut werden. Seinem Webauftritt zufolge setzt er sich außerdem für Bürger ein, »die außerhalb der DDR für deren staatliche

Einrichtungen tätig waren und wegen der ausgeübten Tätigkeit einer Strafverfolgung ausgesetzt oder von ihr bedroht sind« – eine bewusst nebulöse Umschreibung für ehemalige Stasi-Agenten in der Bundesrepublik. Schließlich kämpfe man »für Gerechtigkeit gegenüber Opfern, die Leben und Gesundheit im Dienst der DDR durch Straftaten anderer verloren haben« – womit die kleine Zahl früherer Grenzsoldaten gemeint ist, die bei der Bewachung des Todesstreifens verletzt oder getötet wurden.[45]

Der straff organisierte Verein fungiert als Sammelbecken für verstockte DDR-Funktionäre. In zahlreichen ostdeutschen Städten und Ost-Berliner Bezirken verfügt die Organisation über sogenannte Territoriale Arbeitsgruppen (TAG). Ob in Leipzig oder Potsdam, Dresden oder Chemnitz, Halle oder Suhl – überall sammeln sich die ehemaligen Systemträger, um sich gegenseitig zu unterstützen. Ihre politischen Aktivitäten bündeln sie dabei in zentralen Arbeitsgruppen (AG): von der AG Recht ehemaliger SED-Juristen über die AG Aufklärer einstiger DDR-Spione bis hin zur AG Sport, in der sich die Verantwortlichen für das DDR-Staatsdoping organisiert haben. Die Fäden für all dies laufen im Gebäude des früheren SED-Zentralorgans *Neues Deutschland* zusammen, das sich im Besitz der PDS befindet – hier residiert die Geschäftsstelle des Vereins.

Der Verein ist eine merkwürdige Mischung aus linksradikaler Antifa und DDR-Seniorenverband. So leiden die lokalen Arbeitsgruppen seit Jahren an Überalterung und schwindenden Mitgliedszahlen. Die Ortsgruppe Berlin-Lichtenberg entwickelte deshalb für ihre über 160 Mitglieder ein System von Ansprechpartnern, die nicht nur Papiere verteilen und Beiträge kassieren, sondern sich auch um die Genossen kümmern und sie bei Bedarf sogar zum Arzt fahren. Der Vorstand hat eigens eine AG Betreuung eingesetzt, die immer mehr zu tun hat. Auf der anderen Seite bedient sich die GRH moderner Kommunikationsmethoden, um ihre Botschaften weltweit an den Mann zu bringen. Neben der zentralen Homepage, die monatlich bis zu dreitausend Besucher verzeichnet, haben auch einige ihrer Arbeitsgruppen einen eigenen Internet-Auftritt.[46]

Bundesweit bekannt geworden ist die GRH durch ihren Kampf gegen die Gedenkstätte im ehemaligen Stasi-Gefängnis Berlin-Hohenschönhausen. Wer gegen die Bestrafung verantwortlicher SED-Funktionäre ist, muss nach der Logik des Vereins auch gegen den kritischen Umgang mit der DDR-Geschichte auftreten. Wenn es nach der GRH ginge, würde deshalb die Aufarbeitung der SED-Diktatur sofort beendet. So forderte ihr Vorsitzender Hans Bauer im September 2005 die »Auflösung aller Einrichtungen und Institutionen, die noch vom Geiste des Kalten Krieges von Hetze, Hass, Rache und Vergeltung geprägt sind und wirkliche Fortschritte bei der Herstellung der inneren Einheit verhindern. [...] Dies trifft insbesondere auf die ›Birthler-Behörde‹ und auf sogenannte Forschungs- und Gedenkstätten zu, die mit Steuergeldern künstlich am Leben erhalten werden.«[47] Auch die Vertreterversammlung des Vereins verlangte im Oktober 2006 die Auflösung aller Einrichtungen und Institutionen, »die vom Geiste des Kalten Krieges geprägt sind und die Herstellung der inneren Einheit verhindern«. Stattdessen solle ein Geschichtsbild vermittelt werden, »das den tatsächlichen historischen Entwicklungen und den internationalen Gegebenheiten entspricht«. Gleichzeitig kämpft die GRH für die »Aufhebung aller ehrverletzenden und diskriminierenden Rechtsvorschriften und Maßnahmen gegen Bürger, die sich für die DDR engagiert und Verantwortung getragen haben«.[48] Nach Auffassung des Vereins hätte überhaupt kein Verantwortlicher für die über vierzigjährige Unterdrückung in Ostdeutschland zur Rechenschaft gezogen werden dürfen. »Die DDR«, so ihr Vorsitzender Bauer im Frühjahr 2004, »war trotz aller Fehler und Mängel das bessere Deutschland.«[49]

Schaltstelle der Stasi-Obristen

Als heimliche Schaltstelle ehemaliger Stasi-Offiziere fungiert seit Jahren die AG Sicherheit der GRH. Zu deren Mitgliedern zählen führende MfS-Verantwortliche wie der ehemalige Mielke-Stellvertreter Wolfgang Schwanitz und der letzte Berliner Stasi-Chef

Siegfried Hähnel. Offiziell wird die Arbeitsgruppe, über deren Aktivitäten sich die Homepage des Vereins weitgehend ausschweigt, von Reinhard Grimmer geleitet, einst Mielkes Redenschreiber in der Zentralen Auswertungs- und Informationsgruppe (ZAIG) und Verfasser einer Doktorarbeit über die »Bekämpfung der gegen die Staats- und Gesellschaftsordnung der DDR gerichteten politischen Untergrundtätigkeit«.[50] Drahtzieher im Hintergrund ist jedoch Schwanitz, die graue Eminenz der ehemaligen Stasi-Leute mit einer typischen MfS-Biographie.

Schwanitz, geboren 1930, ist der ranghöchste noch lebende Stasi-Mann in Deutschland. Er wohnt unbehelligt in einer spießigen Wohnung in einem Hochhaus in der Leipziger Straße im Osten Berlins. In zahllosen Publikationen und Erklärungen verteidigte er in den letzten Jahren die menschenverachtenden Aktivitäten des Staatssicherheitsdienstes. Noch im Sommer 2006 beklagte er sich im *Spiegel*, dass die »BRD«, wie er die Bundesrepublik nennt, Gesetzesbrecher zu Opfern und Gesetzeshüter zu Tätern mache – gemeint waren Verfolgte und Verfolger des Staatssicherheitsdienstes. Die Verbrechen, die er selbst zu verantworten hat, bereiten ihm keinerlei schlechtes Gewissen. Dem Nachrichtenmagazin erklärte er auf eine entsprechende Frage: »Wenn man sich für einen revolutionären Weg entscheidet, und die DDR ist diesen Weg sehr mutig gegangen, dann darf man auch vor weiteren Konsequenzen nicht zurückschrecken.«[51]

Seine Karriere begann Schwanitz 1951 als kleiner Hauptwachtmeister in der Stasi-Kreisdienststelle von Berlin-Lichtenberg. Seine Kindheit hatte er größtenteils im Heim verbracht, da der Vater frühzeitig verstorben war und seine Mutter bei einer Bank das Geld verdienen musste. Die Oberschule verließ er ohne Abschluss – solche Biographien waren beim Staatssicherheitsdienst besonders beliebt, weil die Funktionäre sich später als dankbar und zuverlässig erwiesen. Nach einer Lehre bei der Deutschen Düngerzentrale und einer kurzen Tätigkeit im Chemiehandel »haben wir ihn zu uns genommen«, wie der erste Berliner Stasi-Chef Hans Fruck über seinen Schützling notierte.[52]

Beim Staatssicherheitsdienst stieg Schwanitz, der als einsatzfreudig, diszipliniert und verschwiegen galt und sich nebenher im »Zirkel Stalinbiographie« engagierte, in raschen Sprüngen nach oben: Schon 1954 wurde er stellvertretender Leiter der Kreisdienststelle in Berlin-Pankow und noch im selben Jahr Stasi-Chef von Berlin-Weißensee – er war damals gerade 24 Jahre alt. 1956 machte man ihn zum Vize, zwei Jahre später zum Leiter der Berliner Spionageabwehr, eine Schlüsselstellung des Terrors in der damals noch ungeteilten Stadt. »Er ist kritisch, unduldsam, bisweilen etwas impulsiv bei der Durchsetzung operativer Aufgaben«, heißt es in einer Beurteilung aus dem Jahr 1957.[53] Durch seinen schnellen Aufstieg, so eine andere Einschätzung, bestehe »die Gefahr, dass sein ausgeprägtes Selbstbewusstsein, welches teilweise in Selbstgefälligkeit zum Ausdruck kommt, zur Überheblichkeit führt«.[54] 1966 wurde er »Stellvertreter Operativ« in der Berliner Stasi-Verwaltung, bis er sie 1974 ganz übernahm.

Wie viele Menschen er auf seinem Weg nach oben ins Gefängnis beförderte, wird man kaum mehr feststellen können. Besonders nach dem Mauerbau, so geht jedoch aus seiner Kaderakte hervor, wurden »unter unmittelbarer Anleitung und Kontrolle des Genossen Major Schwanitz durch die Abteilung II eine Reihe wichtiger operativer Vorgänge mit großer politischer Bedeutung erfolgreich bearbeitet und liquidiert. Es handelt sich hierbei um gewaltsame Grenzdurchbrüche des Gegners, die durch zielstrebige Arbeit verhindert werden konnten und in deren Ergebnis eine Reihe von Feinden der Deutschen Demokratischen Republik inhaftiert wurden.«[55] Als Leiter der Stasi-Verwaltung Groß-Berlin war Schwanitz unter anderem für die Bekämpfung prominenter Bürgerrechtler wie Bärbel Bohley, Vera Lengsfeld oder Rainer Eppelmann verantwortlich. Unter anderem ließ er im Oktober 1983 eine ihrer Protestaktionen gegen die Atomrüstung durch »Zuführung« zur Polizei verhindern. Für die geplante Besetzung West-Berlins entwickelte er detaillierte Pläne, dort zwölf Stasi-Kreisdienststellen zu errichten. Die Ämter sollten die »Festnahme, Isolation bzw. Internierung der feindlichen Kräfte auf der Grundlage der vorhandenen Dokumente« organisieren.[56] Von seinen Vorgesetzten wurde Schwanitz jetzt mit Auszeichnungen und

Belobigungen geradezu überschüttet. 1984 ernannte ihn Mielke zum Generalleutnant, zwei Jahre später zu seinem Stellvertreter, zudem gehörte er dem SED-Zentralkomitee an.

Im November 1989 machte der neue DDR-Ministerpräsident Hans Modrow Schwanitz zum Chef des Staatssicherheitsdienstes. Noch vierzehn Tage nach dem Mauerfall erklärte dieser in einer geheimen Besprechung, dass es Aufgabe der Stasi sei, »die Regierung und die Parteiführung wirksam dabei zu unterstützen, die gefährlichen Entwicklungen in unserer Gesellschaft zunächst zu stoppen. [...] Wir müssen rechtzeitig aufklären, welche verfassungsfeindlichen Kräfte inszenieren mit welchem Ziel, vor allem unter welchen aggressiven, auf die Untergrabung des revolutionären Erneuerungsprozesses gerichtete Losungen, Demonstrationen und andere Aktivitäten.« Seinen Leuten befahl er deshalb, die oppositionellen Bürgerbewegungen mit IM zu unterwandern. »Es steht auf dem Spiel unsere Macht, darüber darf man sich keine Illusionen machen.«[57]

Wie früher arbeitet Schwanitz auch heute noch eng mit zwei anderen Mielke-Stellvertretern zusammen: Ex-Generalleutnant Gerhard Neiber und Ex-Generaloberst Werner Großmann. Auch Neiber, Jahrgang 1929, verließ die Schule ohne Abschluss und verdingte sich zunächst als Landarbeiter. 1949 nahm ihn der Staatssicherheitsdienst in Thüringen auf, der damals noch »Verwaltung zum Schutz der Volkswirtschaft« hieß. Nach mehreren Zwischenstationen wurde er 1955 stellvertretender Stasi-Chef in Schwerin und 1960 Leiter der Bezirksverwaltung Frankfurt (Oder). Zwanzig Jahre später berief ihn Mielke zu einem seiner vier Stellvertreter. Als solcher war er für die Durchführung von Gewaltakten, im Geheimdienstjargon »nasse Sachen«, zuständig. Nach der Wiedervereinigung saß er deshalb wegen Mordversuchs, Anstiftung zum Mord und versuchter Entführung in Untersuchungshaft – ohne dass es, wie dargelegt, je zu einer Verurteilung kam. Auch gegen den gleich alten Spionagechef Großmann ermittelten damals die Behörden. Ihm wurden Spionage, Urkundenfälschung und Bestechung vorgeworfen. Der gelernte Maurer war 1952 in den Nachrichtendienst der DDR eingetreten.

1956 wurde er stellvertretender Abteilungsleiter, 1975 Vizechef der Hauptverwaltung A (HVA). 1986 beerbte der fade Apparatschik Markus Wolf als Chef der Ost-Berliner Agentenzentrale.

Einige Jahre jünger ist Schwanitz' anderer Mitstreiter Hähnel. Der 1934 Geborene trat 1952 ohne Schulabschluss in ein Festnahmekommando des Staatssicherheitsdienstes in Chemnitz ein. 1954 wechselte er in die Vernehmerabteilung der Berliner Bezirksverwaltung, die damals ihre Gefangenen in einem dunklen Kellergefängnis an der Prenzlauer Allee hielt. 1962 übernahm er die Leitung dieser Abteilung, die in der DDR-Hauptstadt für Tausende Ermittlungsverfahren gegen Fluchtwillige und Andersdenkende verantwortlich war. 1974 wurde er in der Berliner Stasi-Verwaltung Schwanitz' Stellvertreter, zwölf Jahre später sein Nachfolger. Als Ost-Berliner Stasi-Chef war er in den letzten Jahren der DDR vor allem für die Bekämpfung von Bürgerrechtlern und Ausreiseantragstellern zuständig.

Dass die personellen Strukturen der Stasi die Auflösung des Ministeriums weitgehend überstanden hatten, wurde erstmals im März 2001 sichtbar, als eine Gruppe hochrangiger Obristen in der ehemaligen FDJ-Zeitung *Junge Welt* eine gemeinsame Erklärung veröffentlichte.[58] Dass sich gerade dieses Forum für sie fand, dürfte kein Zufall gewesen sein, da Chefredakteur Arnold Schölzel als IM »André Holzer« früher selbst für die Stasi gearbeitet hatte. Die Liste der 23 Unterzeichner las sich, als hätte Erich Mielke noch einmal zum zentralen Führungsseminar geladen: Von den stellvertretenden Ministern Neiber und Schwanitz über den Chef des zentralen Stasi-Gefängnisses in Berlin-Hohenschönhausen, Rataizick, bis zu den Leitern des Staatssicherheitsdienstes in Leipzig, Rostock und Halle waren fast alle vertreten, die beim MfS Rang und Namen hatten. Dutzende weitere Obristen schlossen sich noch nachträglich dem Aufruf an.[59] Wie meist bei ihren Veröffentlichungen stellten sie ihrem Namen stolz den militärischen Dienstgrad voran, als befänden sie sich lediglich altersbedingt im Ruhestand. »Unter Verwendung von falschem Zahlenmaterial, Verdrehung von Sachverhalten und der Erfindung von Schauermärchen wird versucht, die DDR als Unrechtsstaat darzustellen, und der Anschein erweckt, dass die Bürger der DDR flächendeckend überwacht und bespitzelt wurden«, protestierten die Stasi-Funktionäre in ihrer Erklärung. Die Inoffiziellen Mitarbeiter (IM), die von der »Notwendigkeit der Sicherung ihres Staates erfüllt« gewesen seien, hätten eine »ehrenhafte diskrete Aufgabe übernommen«, »Verfassungspflichten« erfüllt und mit ihrer »vorbeugenden, schadensverhütenden Tätigkeit« zur »Entlarvung von Spionen, kriminellen Menschenhändlern, Terroristen und anderen Feinden der DDR beigetragen«. Leider könnten die ehemaligen Führungsoffiziere den Schutz ihrer Inoffiziellen Mitarbeiter nicht mehr gewährleisten, doch die »anhaltende IM-Jagd in der BRD« müsse ein Ende finden.

In einem Interview mit der *Jungen Welt* setzten führende Obristen wie die ehemaligen Stasi-Chefs von Rostock und Halle, Rudi Mittig und Heinz Schmidt, wenig später noch eins drauf. Die von den IM geleistete Arbeit und deren Resultate, so Schmidt, seien »die eigentlichen Gründe für die würdelosen Attacken und Kampagnen derer, denen das MfS während des Kalten Krieges so manche Schlappe beibrachte«. Auch das »Vergeltungsbedürfnis« von Leuten, »deren Taten als Rechtsbrecher mit durch das Wirken unserer IM aufgedeckt wurden«, spiele eine Rolle. »Heute wollen die Täter von einst – darunter Mörder, Terroristen, Nazis, Spione, Schädlinge, Diversanten und skrupellose Menschenhändler – von solchen Verletzungen geltenden Rechts entweder nichts mehr wissen, oder sie geben sie als eine Art Heldentum aus, begangen durch ›Regimegegner‹, denen dafür Rehabilitierung, Märtyrertum samt gebührender Ehrung und Belobigung zustehe.«[60] Opferverbände forderten daraufhin die Staatsanwaltschaften in Halle und Berlin auf, Ermittlungen wegen Beleidigung aufzunehmen. Laut Paragraph 194 Strafgesetzbuch hätte die Tat sogar ohne Antrag verfolgt werden müssen, wenn »der Verletzte als Angehöriger einer Gruppe unter der nationalsozialistischen oder einer anderen Gewalt- und Willkürherrschaft verfolgt wurde [...] und die Beleidigung mit dieser Verfolgung zusammenhängt«. Doch keiner der Obristen wurde je zur Rechenschaft gezogen.

Der Aufruf vom März 2001 war der Beginn einer anhaltenden

Offensive ehemaliger Stasi-Kader gegen die kritische Aufarbeitung der SED-Diktatur. In Dutzenden Büchern, Veranstaltungen, Erklärungen und Interviews verharmlosen sie seitdem den Terror des Mielke-Imperiums. Sie rechtfertigen die Überwachung und Verfolgung der DDR-Bevölkerung, sie diskreditieren ihre Opfer in den Gefängnissen, und sie verleumden die Gedenkstätten, die heute an das Unrecht erinnern. Eingebettet in ein Netzwerk befreundeter Organisationen, Vereine und Medien, predigen sie einen heuchlerischen Geschichtsrevisionismus, der der Leugnung der nationalsozialistischen Verbrechen durch Rechtsradikale gleicht und gegen den die Abende des Insiderkomitees noch harmlos erscheinen.

Den ersten Erfolg verbuchten die Obristen 2002. Damals brachten sie eine zweibändige Veröffentlichung heraus, die den inneren Unterdrückungsapparat der Stasi – die sogenannte Abwehrarbeit des MfS – in epischer Breite rechtfertigte.[61] Zuvor hatte sich die Verklärung des Staatssicherheitsdienstes vor allem auf den Spionagebereich konzentriert, dessen langjähriger Chef Markus Wolf die Mär von der guten Aufklärung (im Ausland) und der bösen Abwehr (im Innern der DDR) unters Volk brachte. Jetzt wagten sich erstmals die Verantwortlichen für die Bespitzelung der DDR-Bevölkerung und die Inhaftierung Zehntausender mit einem eigenen Buch an die Öffentlichkeit. Das Werk war aus der erwähnten Alternativen Enquete-Kommission hervorgegangen, einhundert ehemalige Stasi-Mitarbeiter hatten daran mitgewirkt. Es war der lang ersehnte publizistische Gegenschlag der Stasi-Offiziere, der von Schwanitz und seinen Genossen in der AG Sicherheit ausgeführt wurde.

Die Liste der Autoren – elf Generäle, fünf Obristen und vier Oberleutnants – liest sich wie ein Who's who des Staatssicherheitsdienstes. Ein Großteil des noch lebenden Führungskorps beteiligte sich an der im Verlag Edition Ost erschienenen Rechtfertigungsschrift. Einige, wie Werner Irmler, einst Leiter der Zentralen Auswertungs- und Informationsgruppe, Karli Coburger, der oberste Verantwortliche für Festnahmen und Beschattungen, oder Gerhard Niebling, der Hauptbekämpfer von

Flüchtlingen und Ausreisewilligen, hatten sich in den fünfziger Jahren persönlich als Vernehmer im Stasi-Gefängnis Berlin-Hohenschönhausen hervorgetan. Durch systematischen Schlafentzug, monatelange Isolation und entwürdigende Beschimpfungen wurden die Häftlinge dort zu – vielfach falschen – Geständnissen gepresst. Die auf dieser Grundlage gefertigten Protokolle und Schlussberichte dienten anschließend als Beweismittel in Schau- und Geheimprozessen. Die Gerichte verhängten dann auf Vorschlag des Staatssicherheitsdienstes erbarmungslos harte Urteile, darunter auch die Todesstrafe. Ihre persönliche Beteiligung an diesem Terror hielt die Autoren nicht davon ab, zu behaupten, sie hätten sich stets an Recht und Gesetz gehalten.

Im April 2002 stellte die Zeitung *RotFuchs* das Buch in Berlin vor etwa zweihundert ehemaligen Stasi-Offizieren und PDS-Mitgliedern vor. »Es gibt keinen Grund zur Reue«, heizte Schwanitz im vollbesetzten Versammlungssaal des früheren Redaktionsgebäudes des *Neuen Deutschland* seinen Genossen ein. Das MfS sei in den vergangenen Jahren »vom Gegner und den Medien aufs Übelste verleumdet« worden. Auch sein Mitstreiter Grimmer unterstrich, dass Selbstkritik »dem Gegner in die Hände spielen würde«. Als sich in der Diskussion Sigrid Paul, eine ehemalige Inhaftierte aus dem Stasi-Gefängnis Hohenschönhausen, zu Wort meldete und berichtete, wie sie Blut und Urin aus einer Zelle habe schrubben müssen, schallte ihr nur höhnisches Gelächter entgegen. Mit Rufen wie »Halten Sie den Mund, halt's Maul!« wurde sie bald zum Schweigen gebracht. Einen zweiten Ex-Häftling, Herbert Pfaff, der von seinen Nachtverhören mit Schlägen ins Gesicht erzählte, zerrten die Ordner mit Gewalt aus dem Saal.[62]

Obwohl das 1250 Seiten starke Buch, dessen bürokratischer Stil an die stundenlangen Referate Erich Mielkes erinnert, auch für wohlmeinende Leser eine Zumutung darstellt, avancierte es in Stasi-Kreisen bald zum Bestseller: Von den großen Medien kaum beachtet, verkaufte der Verlag in nur einem Jahr rund achttausend Exemplare – bei einem Preis von 68 Euro. Die Erlöse wurden der GRH gespendet. Schon nach kurzer Zeit erschien das Buch in dritter Auflage, diesmal als billigeres Taschenbuch; bis

April 2006 hatte man weitere 4000 Stück verkauft. Diverse Stasi- und DDR-Nostalgiker-Vereine organisierten allein in den ersten beiden Jahren nach Erscheinen mehr als sechzig Lesungen, an denen über viertausend Zuhörer teilnahmen. Knapp siebzig Bibliotheken und Vorstände kommunistischer Parteien erhielten das Propagandawerk kostenlos zugeschickt. »Wir stärken das Selbstbewusstsein«, schilderte Schwanitz die Wirkung seines Buches, »das merken wir immer wieder auf den Lesungen. Das heißt, mit solchen Büchern lösen wir nachhaltige Impulse aus, die über die reinen Verkaufszahlen hinausreichen.«[63]

Eine Art filmisches Remake legten 2003 die Filmemacher Christian Klemke und Jan N. Lorenzen vor, als sie führende MfS-Offiziere baten, ihre einstige Tätigkeit vor der Kamera zu erläutern. In dem Dokumentarfilm »Alltag einer Behörde« kamen unter anderem die Obristen Zeiseweis, Schwanitz, Schmidt und Rataizick zu Wort – ohne dass deren Ausführungen kritisch hinterfragt wurden, wie Opferorganisationen beanstandeten. Die Interviewten bekundeten im April 2003, dass ihre Bereitschaft, für den Film Rede und Antwort zu stehen, durch Ankündigungen gefördert worden sei, man wolle ein Gegengewicht zu den üblichen diskriminierenden Darstellungen schaffen. Schwanitz zufolge war der Film ursprünglich sogar als »Flankierung« für die Buchpublikation gedacht. Die Obristen zeigten sich jedoch unzufrieden mit Auswahl und Zusammenstellung des Materials, weil es die MfS-Problematik auf eine Gegenüberstellung von Opfern und Tätern verkürze. Schwanitz kritisierte aber auch die eigenen Leute, von denen sich einige nicht genügend auf die Interviews vorbereitet hätten. »Nicht von allen Interviewten wurde beachtet, dass generell jede Aussage zu vermeiden ist, die geeignet sein kann, Schaden anzurichten«, so die Rüge des letzten Stasi-Chefs.[64]

Im selben Jahr erschien noch ein weiteres Buch ehemaliger Stasi-Mitarbeiter. Unter dem Titel »Kundschafter im Westen« gaben Insidersprecher Eichner und GRH-Vorstandsmitglied Schramm Erinnerungen von dreißig früheren Stasi-Spitzeln in der Bundesrepublik heraus. Maßgeblich beteiligt daran war die GRH-Arbeitsgruppe Aufklärer und der Verein »Kundschafter des

Friedens«. In einem Vorwort dankten die beiden Ex-Spionagechefs Wolf und Großmann den Herausgebern und erklärten, dass »unsere Hochachtung und unsere Dankbarkeit uneingeschränkt allen früheren Kundschaftern [gehören], egal, für welchen Bereich sie tätig waren. In freundschaftlicher Verbundenheit werden wir weiter an ihrer Seite stehen.« Auch der damalige GRH-Vorsitzende Siegfried Mechler schrieb, dass den Ex-Spionen »unsere uneingeschränkte Solidarität und Unterstützung« gelte.[65] Beim Lesen dieser Elogen gewinnt man den Eindruck, dass die Informanten, die die Demokratie in der Bundesrepublik zerstören wollten, in Stasi-Kreisen besonders hohen Respekt genießen.

Die MfS-Offiziere in der GRH beschränken sich aber nicht nur auf publizistische Aktivitäten. Seit Jahren machen sie auch gegen die Erinnerung an das SED-Unrecht durch Gedenkstätten und Hinweistafeln mobil. 2003 zum Beispiel protestierten sie mit einer Flut von Briefen an die Bürgermeisterin des Bezirks Lichtenberg und andere PDS-Politiker gegen das Vorhaben, an der ehemaligen Stasi-Zentrale in der Normannenstraße eine Gedenktafel anzubringen. Der Text auf der Tafel sollte daran erinnern, dass die Stasi »durch politische Willkür, Terror und Überwachung der Bevölkerung die Diktatur der SED sicherte« – in den Augen der Obristen eine Provokation. »Man nagelt die Lüge an die Wand und kreuzigt damit die Wahrheit«, erklärte Schwanitz in einem Interview.[66] Mit den Protesten wollte man die PDS, die in dem Bezirk die absolute Mehrheit hatte, dazu zwingen, die Pläne wieder auf Eis zu legen. Wegen des öffentlichen Drucks wagte sie das jedoch nicht, obwohl Fraktionsgeschäftsführer Jürgen Steinbrück bei einer Veranstaltung im März 2003 gestand, dass auch er nicht glücklich über die Tafel sei und diese gar nicht gebraucht werde.[67] Im Januar 2004 wurde das Schild schließlich angebracht.

Zu einer ähnlichen Protestaktion kam es, als der Berliner Bezirk Prenzlauer Berg einen ehemaligen Haftkeller, den die sowjetische Geheimpolizei und der Staatssicherheitsdienst genutzt hatten, kennzeichnen wollte. Die Bezirksverordnetenversammlung hatte 1998 einen entsprechenden Beschluss gefasst, doch das PDS-dominierte Bezirksamt setzte ihn jahrelang nicht um.

Als sich schließlich sogar eine Bürgerinitiative bildete, wurde das örtliche Heimatmuseum beauftragt, die Gefängnisgeschichte zu dokumentieren. Zusammen mit dem damaligen PDS-Kultursenator Thomas Flierl lobte der Bezirk einen Wettbewerb aus, dessen Gewinnerin das Gebäude mit einem 320 Meter langen Band mit Fragen umschließen wollte.

Die GRH lief monatelang Sturm gegen diese »geplante politische Provokation«. Auf zwei Bürgerversammlungen agitierte der damalige Vereinsvorsitzende Mechler gegen das Vorhaben. In seitenlangen Briefen versuchten er und die früheren Chefs der Stasi-Bezirksverwaltung Berlin, Schwanitz und Hähnel, die PDS und ihren Kultursenator von dem Vorhaben abzubringen. Sie verteidigten nicht nur die qualvollen Haftbedingungen in dem Gebäude, sondern verhöhnten auch die Opfer als Nazis und Kriminelle. So rechtfertigten sie in einem Schreiben vom April 2005 die Unterbringung der Gefangenen in feuchten Kellerzellen damit, dass damals »Wiederaufbau und die Schaffung von Wohnraum für die Bevölkerung« Vorrang gehabt hätten vor einer kurzfristigen Verbesserung der Haftbedingungen. Die Gefangenen seien keine unschuldigen Opfer gewesen, sondern wegen »Verbrechen gegen die Menschlichkeit und Kriegsverbrechen, Straftaten gegen die staatliche Sicherheit der DDR wie Spionage, Diversion, Terror, antidemokratische und faschistische Propaganda« inhaftiert worden. Gleichwohl werde so getan, »als ob nur angeblich ›harmlose Oppositionelle‹ in Untersuchungshaft genommen« worden seien.[68]

Auch nachdem man den Briefeschreibern die exemplarischen Biographien dreier Häftlinge übersandt hatte, die unschuldig in Haft genommen worden waren, setzte die GRH ihre Proteste fort. In einem neuerlichen Schreiben verglichen Mechler, Schwanitz und Hähnel das geplante »Denkzeichen« mit der Ehrung von SS-Gräbern auf dem Soldatenfriedhof in Bitburg durch den amerikanischen Präsidenten Ronald Reagan im Jahr 1985. »Aus Respekt vor Millionen Opfern des Faschismus müssen die Aktivitäten um das sogenannte Denkzeichen geradezu einer politischen Provokation à la Bitburg gleichen«, schrieben die Obristen. In einem ideologischen Rundumschlag wurden die Häftlinge in dem Brief erneut als Naziverbrecher diffamiert, die nur nach Recht und Gesetz verurteilt worden seien. Sogar am Begriff »Nationalsozialismus« auf einer der Tafeln nahmen die Autoren jetzt Anstoß, weil damit »offenkundig Assoziationen u.a. zum Sozialismusbegriff und zur DDR geweckt werden« sollten.[69] Als das Denkzeichen am 22. Oktober 2005 im Beisein des damaligen Bundestagspräsidenten Wolfgang Thierse eingeweiht wurde, trat die GRH zum offenen Protest an. Zusammen mit Vertretern des Insiderkomitees und kommunistischer Vereinigungen wie DKP, KPD und VVN/BdA marschierten Schwanitz und seine Genossen vor dem Gebäude auf und hielten Protestplakate gegen das »Gedenken für Nazis« in die Fernsehkameras. Weder Thierse noch jemand anderer schlug öffentlich Alarm.[70]

Die Hohenschönhausen-Lüge

Von Anfang an richteten sich die Attacken der Obristen vor allem gegen die Gedenkstätte im ehemaligen Untersuchungsgefängnis Berlin-Hohenschönhausen. Die Einrichtung ist in Stasi-Kreisen besonders verhasst, weil in der Regel frühere Häftlinge die Besucher durch das Gebäude führen. Sie berichten dabei aus eigener Anschauung, wie sie von Wärtern und Vernehmern des DDR-Staatssicherheitsdienstes behandelt wurden. Dass täglich ein Dutzend Busse vor der Gedenkstätte parkt, scharenweise Schüler kommen und die Besucherzahlen immer neue Rekorde erreichen, wurmt die früheren Stasi-Offiziere besonders. Wie ein Pfahl im Fleische liegt die Gedenkstätte mitten in ihrem Wohngebiet.

Schon 2002 hatte der frühere Gefängnischef Rataizick, der zugleich oberster Kontrolleur aller siebzehn Stasi-Untersuchungshaftanstalten gewesen war, in einem Beitrag für das Obristen-Buch schwere Vorwürfe gegen die Gedenkstätte erhoben: »Die ehemalige Untersuchungshaftanstalt (UHA) des MfS in Berlin-Hohenschönhausen ist als bundesdeutsche Gedenkstätte zur Kronzeugin gegen das MfS, seine Untersuchungsorgane und den

Untersuchungshaftvollzug gemacht worden. Und weil nicht sein kann, was nicht sein darf, werden Gräuelmärchen erfunden, werden falsche Behauptungen in die Welt gesetzt, wird eine infame Hetze gegen diese Untersuchungshaftanstalt und die anderen UHA des MfS sowie die dort tätigen Mitarbeiter [...] betrieben, um den angestrebten politischen Zweck zu erfüllen.«[71] Ein Ermittlungsverfahren wegen Beleidigung, das die Berliner Staatsanwaltschaft aufgrund einer Anzeige gegen Rataizick einleitete, wurde wenig später wieder eingestellt, weil für ein strafbares Verhalten »zureichende tatsächliche Anhaltspunkte« fehlten.[72] In seinem Text versuchte der Gefängnischef den Lesern weiszumachen, dass die Untersuchungshaft beim Staatssicherheitsdienst nicht nur auf DDR-Gesetzen, sondern auch auf völkerrechtlichen Bestimmungen wie der Allgemeinen Erklärung der Menschenrechte von 1948 und der Europäischen Konvention zum Schutz der Menschenrechte und Grundfreiheiten von 1950 beruht habe. Berichte von Opfern über quälende Haftbedingungen wischte er mit dem Satz vom Tisch: »Haftanstalten sind nirgendwo auf der Welt Sanatorien.« Sein Beitrag gipfelte schließlich in der Feststellung: »Wenn die Ausstellung zu den Verbrechen der faschistischen Wehrmacht überarbeitet werden musste, weil sich manche Bildunterschriften als nicht korrekt erwiesen, so ist bezogen auf die ›Gedenkstätte Berlin-Hohenschönhausen‹ zu konstatieren, hier sind nicht nur einzelne Bildunterschriften falsch, sondern die gesamte Ausstellung hat mit der Wahrheit über die DDR, das MfS, den Untersuchungshaftvollzug und die Untersuchungsorgane des MfS kaum etwas gemein.«[73] Dass es in der Gedenkstätte außer seinem eigenen Gefängnis gar keine Ausstellung gibt, war ihm offenbar entgangen.

Rataizick hat – wie viele seiner Kollegen – beim Staatssicherheitsdienst als kleiner Arbeiter große Karriere gemacht. Wie Schwanitz war er nicht bei seinen Eltern aufgewachsen; die Wurzellosen erwiesen sich als besonders ehrgeizig und formbar. Nach einer Klempnerlehre war Rataizick zunächst Schleifer und Beifahrer beim VEB Leichtmetallwerk in Rochlitz – bis ihn 1951 das MfS engagierte. Vom Wachmann in Halle und Berlin arbeitete er sich schrittweise zum Sach-, später Hauptsachbearbeiter der Gefängnisverwaltung hoch. 1958 wurde er Referatsleiter, 1963 – nur zwölf Jahre nach seinem Einstieg – schließlich Chef der Abteilung, was er 27 Jahre lang blieb, bis zur Auflösung der Stasi. Auch seine Frau arbeitete beim Staatssicherheitsdienst. Den jähen Fall nach der friedlichen Revolution hat er nie verwunden.

Rataizick war ein überzeugter Hardliner. Obwohl er wie kein anderer mit den menschlichen Tragödien konfrontiert war, die das Unterdrückungsregime der SED hervorbrachte, befielen ihn niemals Zweifel an der Richtigkeit seines Tuns. »Ich möchte keinen Tag missen, würde es jederzeit wieder machen«, erklärte er 2002 dem Journalisten Jürgen Schreiber, als der ihn porträtierte.[74] Seine Vorgesetzten bescheinigten ihm regelmäßig Gewissenhaftigkeit, Kompromisslosigkeit und Klassenhass. So bekam er 1965 fünfhundert Mark für seine Einsatzbereitschaft bei der Vorbereitung eines Prozesses gegen »vier Agenten imperialistischer Geheimdienste und Schleuserorganisationen« – eine von insgesamt 42 Belobigungen und Auszeichnungen während seiner Karriere. In einer Beurteilung von 1973 hieß es: »Hervorzuheben sind sein persönlicher Einsatz zur Gewährleistung einer den operativen Wach- und Sicherungserfordernissen entsprechenden Dienstdurchführung, der Absicherung von Gefangenentransporten und einer Vielzahl von Prozessen vor Gerichten der DDR.«[75] Für eine Arbeit über die »höheren Anforderungen an die Durchsetzung des Untersuchungshaftvollzugs und deren Verwirklichung in den Untersuchungshaftanstalten des MfS« verlieh ihm die Stasi-Hochschule in Potsdam 1984 sogar einen Doktortitel.[76] Und im Spannungsfall sollte seine Abteilung ein Isolierungslager für Andersdenkende einrichten. Selbst in der Freizeit hielt er Ausschau nach Feinden, so als er im Juni 1983 einen nichtsahnenden Schüler anschwärzte, der in einem Regionalzug den kirchlichen Aufnäher »Schwerter zu Pflugscharen« trug. »Als Sicherheits- und Rechtspflegeorgan waren wir darauf orientiert, die Errungenschaften unserer DDR zu schützen«, erläuterte Rataizick 2002 sein Selbstverständnis.[77]

Seit Jahren diskutieren er und seine Kollegen in ihren Zirkeln, wie man der Arbeit der Gedenkstätte in seinem früheren Gefängnis entgegentreten könne. Mehrfach haben sie sich in Führungen eingeschlichen und nach Fehlern gesucht, die sich der Einrichtung vorhalten ließen. Die Mielke-Stellvertreter Schwanitz und Neiber gaben sich sogar als sächsische Historiker aus, um die Gedenkstättenführer unauffällig beobachten zu können. Sie ließen dabei heimlich ein Tonbandgerät mitlaufen, damit sie das Gesagte später auswerten konnten. In Publikationen wie der des Ex-Vernehmers Herbert Kierstein schütteten die Obristen anschließend Hohn und Spott über die Opfer des Staatssicherheitsdienstes, deren Leidensgeschichten sie kurzerhand zu Phantasieprodukten erklärten.[78] Manchmal provozierten sie auch schon während der Führung und forderten von den ehemaligen Häftlingen »Beweise« für deren Beschreibungen – als hätte die Stasi über jede Demütigung ein Protokoll verfasst. Damit man ihre Spuren nicht zurückverfolgen kann, beschwerten sie sich sogar beim Berliner Datenschutzbeauftragten, dass die Gedenkstätte bei Gruppenführungen einen Ansprechpartner notierte.

Vor allem den Vorwurf, dass in Hohenschönhausen gefoltert wurde, wollen die Obristen nicht auf sich sitzen lassen. Dabei müssten sie es eigentlich besser wissen, schließlich haben viele von ihnen früher selbst dort gearbeitet, anfangs noch unter sowjetischer Anleitung. Auch Rataizick begann seine Karriere Anfang der fünfziger Jahre als Gefängniswärter im berüchtigten »U-Boot«, einem unterirdischen Zellentrakt, den die sowjetische Geheimpolizei 1947 von Häftlingen bauen ließ. »Fünf Monate lang wurde ich im Gefängnis Berlin-Hohenschönhausen in einer Wasserzelle gehalten«, berichtete später der stellvertretende KPD-Vorsitzende in der Bundesrepublik, Kurt Müller, der 1950/51 dort eingesperrt worden war. »Das war eine Zelle ohne Fenster und ohne jedes Möbel, auf deren Fußboden immer etwa zwei Zentimeter Wasser stand.«[79] Und sein Nachfolger Fritz Sperling, der fast drei Jahre dort gefangen gehalten wurde, schilderte dem Zentralkomitee nach seiner Freilassung, wie er bei den Verhören gequält worden war: »Ich wurde mit Fäusten geschlagen, ich wurde mit einem Vierkantlineal aus Stahl geschlagen. Bei einer

Vernehmung wurde ich an den Tisch gesetzt. Der Chef der sowjetischen Vernehmer-Brigade, welcher neben mir saß, schlug mir mit der flachen Hand in kurzen Intervallen an das kranke Herz, obwohl er wusste, dass ich zweimal einen Herzinfarkt hatte. Diese Tortur dauerte etwa zwei Stunden. In derselben Nacht wurde ich an die Schienbeine getreten, mit den Fäusten auf den Kopf geschlagen, und es wurden mir Haare ausgerissen. Bei einer anderen Vernehmung, die ohne Zeugen durchgeführt wurde, wurde mir die Brille zerschlagen. Die Platinfassung der Brille wurde gestohlen. Bei anderen Einzelvernehmungen musste ich stundenlang stehen. Die Hände waren mit Handschellen auf dem Rücken gefesselt, und ich musste das Gesicht zur Wand drehen. Zu den Vernehmungen wurde ich im Jahre 1951 bis 1952 überhaupt nur gefesselt geführt, obwohl keinerlei Fluchtmöglichkeit und keine Fluchtabsicht bestanden.«[80]

Der Kampf gegen die Gedenkstätte Berlin-Hohenschönhausen fand seinen vorläufigen Höhepunkt in einer Broschüre, die im Sommer 2005 unter dem Titel »Das Gruselkabinett des Dr. Hubertus Knabe(lari)« erschien. Ein ehemaliger Dozent der Pädagogischen Hochschule in Dresden, der dank des Einigungsvertrages weiterhin seinen Professorentitel führen darf, rechnet in der 128 Seiten starken Kampfschrift mit der Gedenkstätte ab, dass man noch heute Mitleid mit seinen Studenten bekommt: In wirrer Abfolge zitiert Horst Schneider aus allen möglichen Veröffentlichungen, nur nicht denen der Gedenkstätte, um anschließend die zitierten Aussagen der Einrichtung vorzuhalten. Insbesondere stört er sich daran, dass nicht Angehörige des früheren Gefängnispersonals, sondern ehemalige Insassen die Besucher über das Haftregime informieren. »Als ›Zeitzeugen‹ gelten hier wie auch anderswo zeitgeistgemäß ausschließlich sogenannte Opfer, selbst wenn sie als kriminelle Verbrecher gegen geltendes Recht der DDR oder Völkerrecht verstoßen haben«, so der Autor. Den Bericht eines früheren Häftlings, der 1947 mehrere inzwischen rekonstruierte Folterzellen einbauen musste, erklärt er kurzerhand für »offenkundige Geschichtsfälschung«, während Gefängnischef Rataizick als Kronzeuge fungiert, der es schließlich besser wissen muss und all dies leugnet. Schließlich kommt der Verfasser zum Lieblingsargument aller Stasi-Leute, wenn sie ihre Rechtschaffenheit unter Beweis stellen wollen: »Hätten sich nicht BRD-Staatsanwälte und Richter in Ermittlungen und Verfahren gestürzt, wenn auch nur vage Spuren für Folter beim MfS gefunden worden wären?«[81] Es gehört schon eine gehörige Portion Kaltschnäuzigkeit dazu, die unzureichenden Ermittlungen gegen Stasi-Angehörige jahrelang als »Siegerjustiz« zu verteufeln und anschließend deren unbefriedigende Ergebnisse als Persilschein zu benutzen.

Nach dem Erscheinen der Broschüre sorgte die GRH für deren größtmögliche Verbreitung. Zusammen mit dem Spotless-Verlag, der vom früheren Stasi-IM und Sportchef des *Neuen Deutschland*, Klaus Huhn, betrieben wird, organisierte man diverse Buchvorstellungen in Ostdeutschland. Geschäftsführer Stiebert schickte das Büchlein sogar an die Bildungsminister der Länder, um ihnen die Augen über die Gedenkstätte zu öffnen: »Was hier vor allem jungen Menschen an lügnerischen Behauptungen über unmenschliche Behandlungen, Folter und Tod vermittelt wird, spottet jeder Beschreibung«, hieß es in seinem Begleitbrief. »Es ist bestürzend, dass auf diesen Grundlagen bereits Unterrichtsmaterialien für Schulstunden und Projekttage herausgegeben werden.«[82] Auch Schulen, die im Internet vom Besuch des ehemaligen Stasi-Gefängnisses berichtet hatten, erhielten die Broschüre mit einer entsprechenden Belehrung kostenlos zugeschickt. Dank der Kampagne war das Heft nach Angaben der Herausgeber so gefragt, dass man innerhalb eines Jahres fünf Auflagen drucken musste.

Auf Einladung der Ortsgruppe Hohenschönhausen, der auch Rataizick angehört, wurde die Broschüre im Oktober 2005 vor 250 Mitgliedern der GRH und befreundeter Organisationen in unmittelbarer Nähe der Gedenkstätte vorgestellt. Als Versammlungsort diente eine ehemalige Stasi-Kantine, die der Bezirk Lichtenberg dem Verein zur Verfügung gestellt hatte. »Es wurde höchste Zeit, den jahrelangen Lügen und Verleumdungen, einer zügellosen Hetze entgegenzutreten, die Tag für Tag den Besuchern der sogenannten ›Gedenkstätte Hohenschönhausen‹

über die Haftbedingungen, über das ›Leiden‹ der Beschuldigten in der ehemaligen U-Haftanstalt des MfS durch Hassprediger eingetrichtert werden«, schrieb Joachim Hauck anschließend in den *GRH Mitteilungen* über die Veranstaltung. Das langjährige GRH-Vorstandsmitglied, in Stasi-Unterlagen als leitender Mitarbeiter der Hauptabteilung Personenschutz erfasst, betreut die TAG Hohenschönhausen. Der dreistündige Abend sei viel zu schnell vergangen, so Hauck, denn zahlreiche Besucher hätten sich zu Wort gemeldet. Unter ihnen seien auch die GRH-Mitglieder Rataizick, Schwanitz und Grimmer gewesen, die mit ihren Beiträgen »den toleranten Inhalt und kulturvollen Umgang« auf der Veranstaltung gefördert hätten. So wie an diesem Tage, an dem allein 75 Exemplare des Heftes verkauft worden seien, werde man sich auch künftig gegen die Gedenkstätte zur Wehr setzen.[83]

Strausberger Schüler, die die Gedenkstätte besucht hatten, berichteten im Oktober 2006 im MDR-Fernsehmagazin »Fakt« von einer ähnlichen Veranstaltung, bei der auch der frühere Gefängnischef aufgetreten sei: »Zu uns hat Herr Rataizick gesprochen und hat wirklich alles dementiert, was wir in Hohenschönhausen gesehen und auch erlebt haben«, erzählte eine Schülerin des Oberstufenzentrums Märkisch-Oderland, an das die GRH eine ihrer Broschüren geschickt hatte. »Für mich hat er es hingestellt, als wäre dort ein Spaßbad gewesen, er hat erzählt, dass dort ein Schwimmbad war für die Gefangenen, dass eine Bibliothek dort war, dass die Gefangenen regelmäßig Ausgang hatten.« Die Schüler befänden sich dadurch jetzt im Zwiespalt. »Es ist für uns eigentlich sehr schwierig, sich wirklich ein objektives Urteil zu bilden«, so die Schülerin zu »Fakt«-Redakteur Helmuth Frauendorfer.[84]

Öffentlich wahrgenommen wurden all diese Aktivitäten erst, als ehemalige Stasi-Mitarbeiter im März 2006 die Bürgerversammlung in Hohenschönhausen dazu nutzten, um vor den Augen von Journalisten, Bezirksvertretern und Opfern über die Gedenkstätte herzufallen. Da in Berlin die Wahlen vor der Tür standen, kritisierten Politiker und Medien vor allem das Verhalten des damaligen PDS-Kultursenators Thomas Flierl, der die Stasi-Offiziere, wie von ihnen verlangt, als »Zeitzeugen« angesprochen hatte und ihren Angriffen nicht entgegengetreten war – obwohl er qua Amt sogar als Stiftungsratsvorsitzender der Gedenkstätte fungierte. In einer Presseerklärung forderte ausgerechnet der GRH-Vorsitzende Bauer daraufhin die Kritiker auf, »sich schnellstens wieder auf den Boden des Grundgesetzes zu begeben«. Die GRH werde auch künftig ihre Positionen »gegen Ausgrenzung, Diffamierung und Abstrafung sowie gegen Geschichtsfälschung offensiv vertreten«. Wenn diese Positionen mit den herrschenden Auffassungen nicht übereinstimmten, sei das weder Verunglimpfung noch Beleidigung, sondern die Ausübung des Rechts auf Meinungsfreiheit.[85] In einer weiteren Erklärung verlangte der Vorstand sogar von Berlins Innensenator Ehrhart Körting (SPD), sich dafür zu entschuldigen, dass er den Verein mit Freundschaftsverbänden der Waffen-SS verglichen hatte. Im Vereinsblatt forderte Bauer seine Mitglieder auf: »Rücken wir enger zusammen. Üben wir Solidarität. Treten wir den Geschichtsfälschern entgegen und für eine faire, ehrliche und sachliche Geschichtsdiskussion in ganz Deutschland ein. Jetzt erst recht!«[86]

Wenige Wochen später, im April 2006, trafen sich die Stasi-Offiziere noch einmal zu einer Versammlung. Diesmal hatten sie ins ehemalige Ledigenwohnheim der Staatssicherheit in Lichtenberg eingeladen, das heute ein Hotel beherbergt. Ex-Vernehmer Peter Pfütze stellte dort sein neues Buch vor, in dem er behauptet, dass sich die Bundesregierung niemals über eine schlechte Behandlung der über dreitausend westdeutschen Häftlinge in DDR-Gefängnissen beschwert habe. Auch er will damit beweisen, dass sich die Stasi nichts zuschulden habe kommen lassen. Dass die Betroffenen ganz andere Erinnerungen haben, interessiert ihn nicht. »Mit den meisten hatte ich kein Mitleid«, sagt er heute, »waren ja Straftäter.« Zu der als Pressekonferenz deklarierten Veranstaltung kamen vor allem die eigenen Leute. Als ein ehemaliger Häftling aufstand und sie als »rotlackierte Faschisten« bezeichnete, versuchte Ex-Spionagechef Großmann ihn einzuschüchtern und drohte: »Ich erstatte Anzeige. Ich lasse mich nicht als Faschist bezeichnen.«[87]

Grenzertreffen in Berlin

Eine GRH-Arbeitsgruppe von ähnlich großer Bedeutung wie die AG Sicherheit ist die AG Grenze. In ihr haben sich seit 1994 ehemalige Angehörige der DDR-Grenztruppen zusammengeschlossen. Leiter dieser Arbeitsgruppe ist Ex-Oberstleutnant Manfred Kleemann. Zweimal im Jahr lädt sie zu sogenannten Grenzertreffen ein, an denen jeweils bis zu dreihundert ehemalige Grenzsoldaten teilnehmen. Darüber hinaus gibt es in Ostdeutschland aber auch noch diverse regionale Zusammenkünfte und Kameradschaften, bei denen ebenfalls Hunderte Ex-Grenzer zusammenkommen.[88] Mit bemerkenswertem Zynismus wird dabei regelmäßig das Grenzregime der DDR gerechtfertigt – als wäre es das Normalste der Welt, auf unbewaffnete Menschen wie auf Hasen zu schießen.

Die propagandistischen Reden auf den Grenzertreffen sind ebenso abstoßend wie realitätsfern. Wie in einer Sekte bestärken sich die Teilnehmer gegenseitig in der Vorstellung, die Mauer habe nicht der Verhinderung von Fluchtversuchen, sondern dem Schutz der DDR-Bevölkerung gedient. »Durch Sicherheit an den Grenzen gaben wir unserer Staatsführung die Möglichkeit, den friedlichen Aufbau der Volkswirtschaft zu beginnen und weiterzuführen«, erklärte etwa der ehemalige Generalmajor Bernhard Geier beim Herbsttreffen 2003. Geier war in den siebziger Jahren Kommandeur des Grenzkommandos Mitte, das die Berliner Mauer bewachte. Im August 1999 wurde er wegen Totschlags und Beihilfe zum Totschlag zu zweieinhalb Jahren Gefängnis verurteilt, nach vier Monaten Haft jedoch vorzeitig entlassen. Seine angebliche Haftunfähigkeit hinderte ihn nicht daran, drei Jahre später auf dem Grenzertreffen aufzutreten und die Mauer mit dem Argument zu verteidigen, dass es ihretwegen in der DDR weder Menschenschmuggel noch Wirtschaftsflucht gegeben habe. »Unserer Bevölkerung gaben wir die Sicherheit eines störungsfreien Lebens von außen.«[89]

In ähnlicher Weise rühmte der ehemalige Grenztruppenoberst Peter Freitag beim Frühjahrstreffen 2004 die tödlichen Sperranlagen mit Schießbefehl und Selbstschussapparaten. »Diese führten zwar zu einer gewissen Abschottung der DDR nach Westen, sie schützten aber auch die DDR-Bürger weitgehend vor Werten der westlichen Welt, wie Drogen- und Menschenhandel, grenzüberschreitende Kriminalität und Terrorismus in Schläferpositionen.«[90] Freitag, der früher an der Militärakademie »Friedrich Engels« Grenztruppenkommandeure ausbildete, ist heute Vorsitzender der GRH-Arbeitsgruppe Grenze International (AGGI) – sie wurde 2005 für die Zusammenarbeit mit ehemaligen Grenzern anderer sozialistischer Staaten gegründet – und Mitglied des Revolutionären Freundschaftsbundes (RFB). Obwohl er als Lehrstuhlleiter »Taktik der Grenztruppen« maßgeblich an der Durchsetzung des Grenzregimes mitgewirkt hatte, sprach ihn das Landgericht Berlin 2004 vom Vorwurf der Anstiftung zum Totschlag frei.

Besonders zynisch wird es dann, wenn die Verantwortlichen für Hunderte von Schwerverletzten und Toten auf die Opfer zu sprechen kommen. So behauptete Ex-Generalleutnant Karl Leonhardt – einst stellvertretender Grenztruppenchef, heute Vorstandsmitglied der GRH – beim Frühjahrstreffen 2004, die Grenzbestimmungen der DDR seien mit denen der Bundesrepublik und anderer europäischer Staaten durchaus vergleichbar gewesen. Ebenso wie dort seien auch in der DDR Versuche des Grenzübertritts außerhalb der offiziellen Grenzübergangsstellen gesetzlich verboten gewesen – um dann zu schlussfolgern: »Aufgabe aller Schutz- und Sicherheitsorgane war es, die Rechtsordnung entsprechend ihrer Verantwortlichkeit im zugewiesenen Bereich durchzusetzen, Rechtsbrecher festzunehmen und den zuständigen Untersuchungsorganen zuzuführen. Dabei musste in Fällen der Missachtung von Weisungen, von Widerstand oder Fluchtversuchen auch hin und wieder bewaffnete Gewalt angewendet werden.«[91] Auch Leonhardt ist ein rechtskräftig verurteilter Totschläger. Das Berliner Landgericht sah es 1996 als erwiesen an, dass er maßgeblich an den Befehlen zum Einsatz der Schusswaffe und zur Verlegung von Minen an der deutsch-deutschen Grenze mitgewirkt hatte. Für elffachen Totschlag und fünffachen Versuch bekam er drei Jahre und neun Monate Haft.

Nicht besser sind die Hetzreden des ehemaligen Stasi-Vernehmers Jürgen Strahl. Der Mitbegründer der GRH, der heute eine Anwaltskanzlei in Berlin-Charlottenburg betreibt, verteidigte unter anderem den letzten Chef der DDR-Grenztruppen, Dieter Teichmann. Auf dem Grenzertreffen im Herbst 2004 verkündete er zum Beispiel, »dass die Mauer weniger Opfer hatte als die Einigung« und dass »der Untergang der DDR 1990 die Notwendigkeit und die Richtigkeit der Grenzsicherung am 13. August 1961 historisch und anschaulich bestätigt« habe.[92] Zu Recht stellte der Sprecher der AG Grenze, Ex-Grenztruppenoberst Werner Wagner, auf dem Herbsttreffen 2005 fest: »Wir haben zwar unsere Uniform, aber nicht unsere Gesinnung abgelegt!«[93]

Höhepunkt dieses Zynismus ist es, wenn die Grenztoten für ihre Ermordung auch noch selbst verantwortlich gemacht werden. Das zeichnet zum Beispiel die Veröffentlichungen des früheren Leiters des Instituts für Strafrecht an der Ost-Berliner Humboldt-Universität, Erich Buchholz, aus.[94] Nach dem Ende des SED-Regimes trat er in verschiedenen Mauerprozessen als Verteidiger in Erscheinung. Zu seinen Mandanten gehörte auch der frühere Richter am Obersten Gericht der DDR Hans Reinwarth, der in den fünfziger Jahren gegen mehrere Menschen wegen politischer Aktivitäten die Todesstrafe verhängt hatte. 1994 wurde Reinwarth dafür wegen Rechtsbeugung in Tateinheit mit Totschlag zu drei Jahren und neun Monaten Haft verurteilt. Die Staatsanwaltschaft legte gegen das Urteil Revision ein, die jedoch nicht mehr verhandelt wurde, weil der Angeklagte zwischenzeitlich starb. In einem Sonderheft der GRH rechtfertigt Buchholz die Todesschüsse an der Mauer unter anderem mit dem Argument, dass »es die Grenzverletzer waren, die die Grenzsoldaten zum Handeln nach den Schusswaffengebrauchsbestimmungen veranlassten«. Die Mauerschützen hätten also quasi in Notwehr gehandelt. Den Flüchtlingen wirft Buchholz vor, ihre Beschießung selbst veranlasst zu haben, da »der Grenzverletzer bis zum Augenblick seiner Verletzung es stets selbst in der Hand hatte, die Verletzungsgefahr und erst recht die Lebensgefahr abzuwenden, indem er der Aufforderung der Grenzposten, stehen zu bleiben,

Folge geleistet hätte«. In einzelnen Fällen sei die Hartnäckigkeit von Fluchtwilligen jedoch so stark gewesen, dass sie buchstäblich »ins Feuer rannten« und sich auf diese Weise selbst getötet hätten. Dies gelte erst recht in den Fällen, in denen die Flüchtlinge in abgesperrte und als solche deutlich gekennzeichnete Minenfelder eingedrungen seien. »Bei den durch Minen getöteten Personen, den ›Minenopfern‹, ist noch viel eindeutiger, dass sie sich selbst verletzt oder getötet haben.«[95]

In den neunziger Jahren richteten sich die Aktivitäten der AG Grenze vor allem gegen die Versuche der Justiz, die Verbrechen an der innerdeutschen Grenze strafrechtlich aufzuarbeiten. Der Verein mühte sich nach Kräften, die Verantwortlichen für den Tod von Hunderten Flüchtlingen vor einer Bestrafung zu schützen. Unter anderem überreichte er dazu dem Petitionsausschuss des Bundestages 35 000 Unterschriften, mit denen er die Einstellung aller Strafverfahren forderte. Rechtskräftig verurteilte Totschläger wie der frühere Grenztruppenchef Klaus-Dieter Baumgarten wandten sich mit Hilfe des Vereins sogar an den UNO-Menschenrechtsausschuss in Genf. »Die ehemaligen Angehörigen der Grenztruppen der DDR sind die Personengruppe, die von der politischen Strafverfolgung der BRD-Justiz am stärksten betroffen ist«, heißt es in einer Selbstdarstellung der AG Grenze. »Bis in die jüngsten Tage fanden und finden Strafprozesse wegen Totschlag und Beihilfe zum Totschlag unter Verwendung der abstrusesten Konstruktionen statt, die bei Anwendung auf die Regierung der BRD alle Regierungsmitglieder und die verschiedensten Verantwortungsträger in dieser BRD hinter Schloss und Riegel bringen würden.«[96]

Die GRH half aber auch dann, wenn sich die Gerichte von einer Strafverfolgung partout nicht abbringen ließen. Bei den Prozessen gegen Politbüromitglieder, Grenztruppenoffiziere und Mauerschützen sorgte sie dafür, dass im Gerichtssaal ständig eine Meute geifernder Genossen saß, die den Angeklagten »moralische« Unterstützung gaben. Zugleich rief die Vereinigung zu Spenden auf, um die Verantwortlichen für die Mauertoten finanziell zu unterstützen. Auf diese Weise konnte sie zwischen 1995 und 2004 rund 125 000 Euro Prozesskostenhilfe und jährlich bis zu 30 000 Euro an sonstiger Unterstützung gewähren – alles in allem rund 500 000 Euro. Allein im Jahr 2003 verteilte die GRH über 60 000 Euro an ihre Genossen. Seit Januar 2006 beteiligt sich auch der Steuerzahler an der Subventionierung der Staatsverbrecher, da die GRH wieder als gemeinnützig anerkannt wurde, so dass Spenden und Mitgliedsbeiträge steuerlich abgesetzt werden können.

Die GRH bemühte sich, auch auf ehemalige Grenzsoldaten Einfluss zu gewinnen, die nicht dem Verein angehörten. Wenn die Funktionäre von geplanten Strafverfahren erfuhren, nahmen sie Kontakt zu den Angeklagten oder deren Angehörigen auf, um sie gegen die Justizbehörden aufzustacheln. Auf diese Weise übten sie einen erheblichen Gruppendruck auf die Ex-Grenzer aus. So verbuchten sie es als Erfolg, dass sich nur wenige Grenzsoldaten bereitgefunden hätten, ihre Schuld vor Gericht einzugestehen – trotz der »außerordentlich negativen Rolle« der ehemaligen Politbüromitglieder Günter Schabowski und Günther Kleiber, die sich »durch Lügen und Heuchelei relativ geringe Freiheitsstrafen und eine frühe Entlassung aus der Haft« erkauft hätten. »Diese wurden zwar für ihr Verhalten mit Bewährungsstrafen belohnt, aber sie werden bis an das Ende ihrer Tage damit leben müssen, dass sie von ihren ehemaligen Kampfgefährten verachtet werden«, so Ex-Grenztruppenvizechef Leonhardt.[97]

Zu einem regelrechten Märtyrer versuchte die GRH den letzten SED-Führer Egon Krenz aufzubauen. Als langjähriges Mitglied des Politbüros und ZK-Sekretär für Sicherheit hatte er das Grenzregime der DDR wesentlich mitzuverantworten. 1997 wurde er deshalb wegen Totschlags in vier Fällen zu sechseinhalb Jahren Haft verurteilt. In einer jahrelangen Kampagne forderte der Verein immer wieder seine Freilassung und überschüttete die Behörden mit entsprechenden Briefen. Krenz selbst erhielt schwülstige Solidaritätsadressen, die ihn noch im Gefängnis darin bestärkten, nicht das geringste Schuldgefühl für den Tod unschuldiger Menschen zu zeigen. So forderten die 234 Teilnehmer des Grenzertreffens im Herbst 2003 in einem Schreiben an die damalige Berliner Justizsenatorin Karin Schubert seine vorzeitige

Haftentlassung. Zwei Monate später, zu Weihnachten 2003, ordnete das Berliner Kammergericht tatsächlich die Freilassung an. In einem Brief hatten die Grenzer Krenz zuvor versichert: »Mit Aufmerksamkeit, aber auch mit Wut und Empörung haben wir zur Kenntnis genommen, dass die bundesdeutsche Politik und Justiz Dir, gegen Recht und Gesetz, noch immer die Freiheit verweigern. Wir sehen mit Sorge, wie Dein Leben durch die lange Haftzeit, durch Krankheit und soziale Einschränkungen im wachsenden Maße beeinträchtigt wird. Das Verhalten der BRD Dir und den anderen immer noch inhaftierten Genossen gegenüber ist Teil ihres Vorhabens, die Leistungen der DDR und ihrer Bürger aus dem Gedächtnis der Menschen und den Geschichtsbüchern zu streichen.«[98]

Kampf um das Geschichtsbild

Seitdem die Mauerschützenprozesse zum Abschluss gekommen sind, steht auch für die ehemaligen Grenztruppenoffiziere der Kampf um das Geschichtsbild im Vordergrund. Vor allem in den Medien und Gedenkstätten will man die Darstellung der DDR korrigieren. In Büchern, Veranstaltungen und Erklärungen predigen die Grenzer einen unverblümten Geschichtsrevisionismus. Das Internet ist voll mit ihren Grußworten, Aufrufen, pseudo-objektiven Geschichtsdarstellungen und politischen Hassgesängen. Seit April 2005 hat auch die AG Grenze eine eigene Homepage, die jeden Monat von mehr als tausend Besuchern frequentiert wird – ohne dass ein Staatsanwalt bislang dagegen vorgegangen wäre. Dabei heißt es in Paragraph 131 Strafgesetzbuch: »Wer Schriften, die grausame oder sonst unmenschliche Gewalttätigkeiten gegen Menschen oder menschenähnliche Wesen in einer Art schildern, die eine Verherrlichung oder Verharmlosung solcher Gewalttätigkeiten ausdrückt oder die das Grausame oder Unmenschliche des Vorgangs in einer die Menschenwürde verletzenden Weise darstellt, verbreitet [...], wird mit Freiheitsstrafe bis zu einem Jahr oder mit Geldstrafe bestraft.«[99]

Im Herbst 2003 beschäftigte sich das Grenzertreffen in Berlin-Lichtenberg zum ersten Mal ausführlicher mit der Frage, wie die Tradition der DDR-Grenztruppen in Deutschland wachgehalten werden könne. Als Redner hatte man unter anderem den ehemaligen stellvertretenden Verteidigungsminister der DDR, Fritz Streletz, eingeladen, den das Berliner Landgericht 1993 wegen Anstiftung zum Totschlag zu fünfeinhalb Jahren Haft verurteilt hatte. Der langjährige Sekretär des Nationalen Verteidigungsrates verkündete seinen Genossen, dass in den Gedenkstätten und Museen entlang der innerdeutschen Grenze »nur Hetze, Verleumdungen, Kriminalisierungen« zu verzeichnen seien.[100] Der einstige stellvertretende Grenztruppenchef Leonhardt forderte deshalb, dass die Grenzer »jede Möglichkeit zu einer öffentlichen Meinungsäußerung z.B. in Versammlungen, bei öffentlichen Kundgebungen oder in Form persönlicher oder schriftlicher Stellungnahmen in den Medien nutzen« sollten.[101]

Wie die Stasi-Obristen beschlossen auch die Grenztruppenoffiziere, mit einer eigenen Publikation der kritischen Aufarbeitung der DDR-Geschichte entgegenzutreten. Als Herausgeber sollten der langjährige Chef der Grenztruppen, Klaus-Dieter Baumgarten, und der ehemalige Kommandeursausbilder Peter Freitag auftreten. Ziel der Veröffentlichung war laut Freitag: »Wir müssen vor allem den etwa 500 000 ehemaligen DDR-Bürgern, die in 40 Jahren ehrlichen Herzens und mit großem persönlichen Einsatz ihrem Verfassungsauftrag zum Schutz der Staatsorgane der DDR nachkamen, eine begründete Zuversicht vermitteln, niemals einem System gedient zu haben, das höchstes kriminelles Unrecht war, sondern in Übereinstimmung mit der UNO-Charta einen wichtigen Beitrag zur Erhaltung des Friedens in Europa und gleichzeitig damit zum zuverlässigen Schutz der im Warschauer Vertrag vereinten sozialistischen Staatengemeinschaft geleistet zu haben […].«[102]

Die Grundzüge des Buches wurden erstmals auf dem Frühjahrstreffen 2004 vorgestellt. Baumgarten, den das Berliner Landgericht, wie erwähnt, wegen elffachen Totschlags und fünffachen Versuchs zu sechseinhalb Jahren Haft verurteilt hatte, würdigte vor über 280 Teilnehmern pathetisch den Einsatz der Grenzsoldaten, die »in der vorderen Linie des Warschauer Vertrages tagtäglich und stündlich bei Sturm, Regen, Schnee und Hitze ihren schweren Dienst verrichteten. Sie taten es in der Gewissheit, ihrem Volke zu dienen, dafür einen Beitrag zu leisten, dass der Kalte Krieg kein heißer wurde.« Mit dem geplanten Buch wolle man den Verzerrungen und Verfälschungen ihrer Geschichte entgegentreten und nachfolgenden Generationen ein wahres Bild der historischen Abläufe hinterlassen. Nach mehr als dreißigjährigem Dienst in den Grenztruppen könne er »wohl einschätzen, dass es bewusste Verfälschungen sind, was unter dem Mantel der ›Aufarbeitung der Geschichte der DDR‹« betrieben werde.[103]

Pünktlich zum Jahrestag des Mauerbaus im August 2004 lud der Verlag in Berlin zu einer Pressevorstellung des Buches ein.[104] Wider besseres Wissen behauptet Baumgarten darin, dass die Todesautomaten an den Grenzen vor allem das Eindringen westlicher Provokateure hätten verhindern sollen. Zudem hätten sie nur für jene eine Gefahr dargestellt, die sich dieser Gefahr wissentlich ausgesetzt hätten. Die Grenzsoldaten seien schließlich dazu erzogen worden, die Schusswaffe nur als letztes Mittel und unter strenger Beachtung der fixierten Einschränkungen einzusetzen. In Wirklichkeit, so ein Rezensent in der *Frankfurter Allgemeinen Zeitung*, hatte Baumgarten noch 1984 für die Ausbildung der Grenzer angeordnet: »Wirkungsvoller muss es uns gelingen, Abscheu und Hass gegenüber den imperialistischen Söldnern, allen antisozialistischen Elementen und ihren Helfershelfern zu erzeugen. […] Treffen mit dem ersten Schuss – das gilt auch für die tägliche Agitation.«[105] Als am ersten Tag des Ausbildungsjahres der zwanzigjährige Michael Schmidt aus hundertfünfzig Metern Entfernung mit Dauerfeuer erschossen wurde, ließ Baumgarten den Todesschützen mit der »Medaille für vorbildlichen Grenzdienst« und einer Geldprämie auszeichnen.

Das Rechtfertigungsbuch der DDR-Grenzer wurde in zahlreichen Veranstaltungen vorgestellt. Nicht nur die GRH, sondern auch die aus Steuermitteln finanzierte PDS-nahe Rosa-Luxemburg-Stiftung sorgte für seine Verbreitung. Bereits nach zwei

Monaten hatte man die ersten zweitausend Exemplare verkauft. Über die Resonanz berichtete Baumgarten im Dezember 2004 in einem Interview mit der *Jungen Welt*: »Viele ehemalige Angehörige der Grenztruppen quittieren dankbar, dass ihnen gleichsam aus berufenem Munde bestätigt wurde, nicht einem Unrechtsstaat gedient und damit kriminellen Absichten Vorschub geleistet zu haben, sondern dass sie in schwerer Zeit den Frieden sichern halfen.« Dass die Grenzsoldaten bei Wind und Wetter, bei Tag und Nacht einen Krieg verhindert hätten, werde ansonsten »konsequent verschwiegen«, während man »dieses oder jenes bedauerliche Schicksal« detailliert ausbreite. Mit erstaunlicher Geistesakrobatik schaffte es Baumgarten schließlich, die Verantwortung für die Mauertoten nicht der SED, sondern Hitler anzulasten: Die Grenze quer durch Deutschland sei kein Ausdruck fehlender Demokratie gewesen, sondern das Resultat des Zweiten Weltkrieges. »Ohne den 30. Januar 1933 hätte es keinen 1. September 1939, keinen 8. Mai 1945, keinen 7. Oktober 1949 und folglich auch keinen 13. August 1961 gegeben. Das ist die historische Kausalkette.«[106]

Um Einfluss auf die Gedenkstätten und Museen zur DDR-Geschichte zu nehmen, schlug der ehemalige stellvertretende Verteidigungsminister Streletz auf dem Grenzertreffen im Herbst 2003 vor, einen Gästebucheintrag von Michail Gorbatschow im Großformat zu drucken und den entsprechenden Einrichtungen zu übergeben – als vermeintlichen Beweis, dass die Grenzsoldaten lediglich ihrem gesetzlichen Auftrag und den Befehlen des Kreml gefolgt seien. Aus dem Eintrag ging nämlich hervor, dass der sowjetische Parteichef im April 1986 beim Besuch des Brandenburger Tores den Grenzsoldaten im üblichen Parteijargon seinen Respekt gezollt hatte. Günter Ganßauge, der frühere Leiter des von der DDR betriebenen Informationszentrums über die Grenzsicherung, das sich in einem Flügelhaus des Brandenburger Tores befunden hatte und hauptsächlich ausländischen Gästen vorbehalten war, machte sich schon bald daran, den Vorschlag umzusetzen, und bot das Plakat der Gedenkstätte Berliner Mauer an. Der Projektleiterin Maria Nooke stellte er dabei noch weitere Dokumente in Aussicht, »wenn wir die Garantie bekommen, dass sie veröffentlicht werden«.[107] Im Oktober 2005 sprach er bereits von einer »losen Zusammenarbeit« mit der Gedenkstätte und vermeldete stolz: »Die von uns zur Verfügung gestellten Dokumente sind in der Bibliothek zugänglich und einige werden auch in der Ausstellung gezeigt.«[108] Auch zu anderen Grenzmuseen hat der ehemalige Oberstleutnant Ganßauge, der am 13. August 1961 in Berlin mit zweitausend Mann die Grenze dichtzumachen half, entsprechende Kontakte aufgebaut.

Die Netzwerke der Grenzer reichen offenbar bis in die alte Bundesrepublik. So berichtete der ehemalige Grenzmajor Gerhard Lehmann auf dem Herbsttreffen 2003, dass seiner Kameradschaft »Florian Geyer« im Grenzmuseum »Point Alpha« – einem ehemaligen US-Beobachtungspunkt an der Grenze zwischen Hessen und Thüringen – ein Sitz im zwölfköpfigen Museumsbeirat zugestanden worden sei. Sie sei sogar an der Ausbildung der Museumsführer beteiligt gewesen und stelle einen der Gästebegleiter. Im Januar 2003 habe auch der ehemalige Grenztruppenchef Baumgarten dem Museum einen »Arbeitsbesuch« abgestattet. Den Bemühungen der Kameradschaft sei es unter anderem zu verdanken, dass »mangels Gegenvorschlägen unsere Konzeption für die Gestaltung der Ausstellung im Pavillon akzeptiert und zur Grundlage der professionellen Arbeit der Museumsdesigner genommen wurde«. Der Komplex Schusswaffenanwendung sei jetzt mit einem Zitat des DDR-Verteidigungsministers Heinz Keßler überschrieben: »Es hat nie einen Schießbefehl gegeben.« Auch die im Grenzdienst getöteten Soldaten hätten einen Platz in der Ausstellung bekommen, und die von der Kameradschaft gepflegten »Gedenkstätten« für diese würden auf einem sogenannten Grenzpfad erläutert. Ziel der Aktivitäten rund um das Museum sei es, »das Grenzregime als Teil der Auseinandersetzung im Kalten Krieg, als Kette von Ursachen und Wirkungen und nicht als Willkürakt einer Diktatur darstellen zu lassen«.[109] Der Verein, der das Grenzmuseum betreibt, hat nach Auskunft seines Vorsitzenden Berthold Dücker mittlerweile alle Kontakte zu ehemaligen Grenzern eingestellt. Auch die Tafel mit dem Keßler-Zitat wurde entfernt. Mit den Berichten über die angebliche Unterwanderung der Gedenkstätte habe man dieser gezielt schaden wollen.

Tätergewerkschaft ISOR

Während die GRH als Hilfsverein für straffällige DDR-Funktionäre gegründet wurde, kämpft eine andere Organisation dafür, dass die Privilegien der entmachteten Führungsschicht auch im vereinigten Deutschland erhalten bleiben. Die »Initiativgemeinschaft zum Schutz der sozialen Rechte ehemaliger Angehöriger bewaffneter Organe und der Zollverwaltung der DDR (ISOR)«, so der im besten Funktionärsdeutsch abgefasste Name, hat es sich zum Ziel gesetzt, dass die Kader des Regimes am Ende ihres Lebens mit üppigen Renten belohnt werden. Der Verein erhebt den Anspruch, die Interessen von Angehörigen der ehemaligen DDR-Sonderversorgungssysteme zu vertreten. »Im Mittelpunkt steht die Herstellung von Rentengerechtigkeit für alle vom Rentenstrafrecht Betroffenen mit juristischen und politischen Mitteln«, heißt es in einer Selbstdarstellung, in der die Beseitigung der SED-Privilegien zur Bestrafung umgedeutet wird.[110] Wie früher die »Hilfsorganisation auf Gegenseitigkeit der ehemaligen angehörigen der Waffen-SS (HIAG)« ist auch ISOR davon überzeugt, dass die Mitwirkung an einem Unterdrückungssystem nicht zu Nachteilen bei der Rentenberechnung führen darf. Sechzehn Jahre nach ihrer Gründung hat die Gewerkschaft der Täter die meisten ihrer Forderungen durchgesetzt (vgl. dazu Kapitel »Unterdrückung als Lebensleistung«, S. 184–200).

Der Kampfverband für Luxusrenten wurde im Juni 1991 unter maßgeblicher Beteiligung früherer Stasi-Mitarbeiter in der Mildred-Harnack-Oberschule im Berliner Bezirk Lichtenberg aus der Taufe gehoben. Zu diesem Zeitpunkt beriet der Bundestag darüber, wie die DDR-Renten dauerhaft in die gesetzliche Rentenversicherung der Bundesrepublik überführt werden sollten. Ein knappes Jahr später trug das Amtsgericht Berlin-Charlottenburg ISOR in das Vereinsregister ein. Den Zweck des Vereins verschleierte man mit der Formulierung, dass es um die »Unterstützung von natürlichen Personen, die Hilfe benötigen«, gehe, »sofern sie wegen ihrer früheren Tätigkeit Beschränkungen oder Verletzungen ihrer sozialen Rechte unterliegen«. Auch ISOR behauptet, »ausschließlich und unmittelbar gemeinnützige Zwecke« zu verfolgen.[111]

ISOR ist die schlagkräftigste Interessenorganisation ehemaliger DDR-Funktionäre. Der Verein hat mehr als 24 000 Mitglieder; weitere 7000 sind in den letzten Jahren verstorben. Die einstigen Regimeträger sind in 188 Territorialen Initiativgruppen (TIG) organisiert, die sich über ganz Ostdeutschland verteilen – mit unterschiedlichem Sozialprofil: In Berlin dominieren die früheren Stasi-Kader, in Strausberg sind es hauptsächlich Offiziere der Nationalen Volksarmee (NVA), an der Ostsee Angehörige der DDR-Volksmarine. Während Armeeangehörige, Polizisten und Gefängniswärter den größten Teil ihrer Forderungen durchgesetzt haben, ist der Kampf der Stasi-Offiziere um ihre Luxusrenten noch in vollem Gange.

Von der Öffentlichkeit weitgehend unbemerkt, hat ISOR erreicht, dass die von der SED-Führung gehätschelten Waffenträger fast alle ihre Privilegien zurückerhalten haben. In einem zähen juristischen und politischen Kampf gelang es dem Verein, die von Volkskammer und Bundestag beschlossenen Rentenbegrenzungen Schritt für Schritt rückgängig zu machen. Durch Tausende Widersprüche, Klagen und Petitionen hat er zahllosen Funktionären des SED-Regimes zu Luxusbezügen verholfen, von denen normale DDR-Rentner nur träumen können. Und anders als ursprünglich vorgesehen, bekommen sie kein ostdeutsches Aluminiumgeld, sondern kaufkräftige Euro, die von den Steuerpflichtigen aufgebracht werden müssen – obwohl die Empfänger niemals einen Cent in die bundesdeutsche Rentenkasse eingezahlt haben.

Für die ISOR-Mitglieder hat sich der Verein schon heute bezahlt gemacht. »Wenn wir vor 15 Jahren dem Rat der sogenannten Bürgerrechtler gefolgt wären«, erklärte der letzte Chef der DDR-Volkspolizei, Dieter Winderlich, im Juni 2006, »dann wäre

ISOR schon Geschichte. Wir sollten uns in Demut verkriechen, vor diesem und jenem für alles entschuldigen, ja nicht selbstbewusst unser Haupt erheben, sondern zufrieden sein mit dem, was uns SPD, CDU, FDP und Bündnis 90/Die Grünen an Rente zugestehen.« Durch den Verein jedoch habe man sich inzwischen manches Recht erkämpfen können.[112] Klaus Schlegel, Vorsitzender der TIG Berlin-Hohenschönhausen, die mit über 1350 Mitgliedern die größte Sektion bildet, rechnete sogar in Heller und Pfennig vor, wie sehr Stasi-Offiziere von ISOR profitiert hätten: Im Informationsblatt *ISOR aktuell* erklärte er, »dass allein der erkämpfte Zuwachs von 0,7 auf 1,0 Entgeltpunkte bei nur 10 Dienstjahren monatlich das ca. 26fache des Mitgliedsbeitrages« ausmache.[113] »15 Jahre erfolgreicher Kampf der ISOR e.V. zeigen, was eine solidarische Gemeinschaft erreichen kann, wenn sie mutig, konsequent und unbeirrt an ihren als richtig und gerecht verstandenen Zielen festhält und sich nicht entmutigen lässt«, triumphierte denn auch der Vorstand im Juni 2006 in einem Aufruf zum Jahrestag der Gründung. »Durch vielfältige politische und juristische Aktivitäten, oftmals gemeinsam getragen mit verschiedenen Betroffenenverbänden und linken Politikern, wurden für alle ehemaligen Angehörigen der bewaffneten Organe und der Zollverwaltung der DDR spürbare Verbesserungen ihrer Renten erreicht.«[114]

Für seinen Kampf verfügt der Verein über erstaunliche Ressourcen: Obwohl der Mitgliedsbeitrag gerade einmal 2,60 Euro pro Monat beträgt, kann sich ISOR eine eigene Geschäftsstelle leisten, die (wie die der GRH) in der einstigen Zentrale des *Neuen Deutschland* sitzt. Geleitet wird sie von Geschäftsführer Karl-Heinz Hypko, der früher im DDR-Innenministerium beschäftigt war. Für seine Mitglieder gibt der Verein ein eigenes monatliches Informationsblatt heraus.

Auch ISOR ist ein Verein alter Stasi-Kader. Der siebzehnköpfige Vorstand setzt sich zu mehr als der Hälfte aus hochrangigen MfS-Offizieren zusammen, wenngleich der Vorsitzende Horst Parton selbst nicht zum Mielke-Ministerium gehörte. Die Stasi-Offiziere kämpfen allesamt in eigener Sache. Während ein durchschnittlicher DDR-Bürger Ende der achtziger Jahre wenig mehr als 10000 Mark im Jahr verdiente, kamen die ISOR-Funktionäre auf das Drei- bis Vierfache. Der stellvertretende Vereinsvorsitzende Wolfgang Edelmann, einst Professor an der Stasi-Hochschule in Potsdam, kassierte zum Beispiel fast 40000 Mark Jahresgehalt. Genauso viel erhielt auch Pressesprecher Wolfgang Stuchly, früher Oberstleutnant der Spionageabwehr, der seine Doktorarbeit über die Überwachung westlicher Korrespondenten schrieb.[115] Auch der Leiter der Arbeitsgruppe Recht, Rainer Rothe, ehemals Mitarbeiter der Rechtsstelle des MfS und wie die anderen Träger eines Stasi-Doktortitels, verdiente so viel.[116] Heute arbeitet er in der Berliner Anwaltskanzlei Bleiberg und Schippert, die die DDR-Staatsfunktionäre juristisch vertritt. Kaum weniger bekam mit 37500 Mark Vereinsschriftführer Wolfgang Schmidt, der dem MfS als Chefauswerter diente und heute, wie erwähnt, die Internetseite des Insiderkomitees betreibt. Schatzmeister Hans-Peter Speck, einst Mitarbeiter der Stasi-Finanzabteilung, lag mit 36750 Mark ebenfalls weit über dem DDR-Durchschnittseinkommen. Spitzenreiter unter den ISOR-Funktionären ist jedoch Rolf Scheffel, früher Mitarbeiter des SED-Parteiapparates im MfS und gleichfalls Träger eines Stasi-Doktortitels – sein letztes Jahresgehalt betrug 46500 Mark.[117] Übertroffen wird er bloß noch vom letzten Stasi-Chef Schwanitz, der formal zwar nur einfaches ISOR-Mitglied ist, aber wie bei der GRH im Hintergrund die Fäden zieht. Sein letztes Gehalt betrug 68250 Mark.

ISOR arbeitet wie früher die SED. Als höchstes Gremium fungiert der Vorstand, der dem früheren Politbüro ähnelt. Nur alle vier Jahre dürfen die TIGs Delegierte zu einer Vertreterversammlung – gleichsam dem Parteitag von ISOR – entsenden. Dessen Aufgabe ist es, den Vorstand zu wählen, der, wie einst bei der SED, vom jeweils amtierenden vorgeschlagen wird. Der Vorstand stellt für jedes Halbjahr einen »Arbeitsplan« auf, der die aktuellen »Kampfziele« formuliert. Anschließend werden diese über ein Netz von »Landesbeauftragten«, »TIG-Vorsitzenden« und »Betreuern« von oben nach unten durchgestellt. Als Transmissionsriemen dienen die seit 1993 erscheinende Monatszeitschrift *ISOR aktuell* sowie das Internet. Dort betreibt ISOR seit sieben Jahren eine Homepage, die nach Vereinsangaben jeden Tag von über eintausend Besuchern frequentiert wird, pro Jahr also von mindestens 365 000 Nutzern.[118] Auch als Herausgeber eines Buches ist der Verein hervorgetreten.[119] In der 350 Seiten starken Publikation zieht er gegen die »Strafrenten« in Deutschland zu Felde – als gäbe es im Strafgesetzbuch einen Paragraphen, der die Kürzung von Rentenbezügen für ehemalige SED-Kader vorsieht.

Die Strategie von ISOR ist zweigleisig: Einerseits organisiert der Verein den juristischen Kampf gegen die Rentenbescheide seiner Mitglieder. Mit Hilfe ausgewählter Anwälte spielt man erfolgreich auf der Klaviatur des früher so verhassten Rechtsstaates. Andererseits versucht man, Abgeordnete und Institutionen durch organisierte Kampagnen unter Druck zu setzen. Wohl kaum ein anderer Interessenverband in Deutschland geht dabei so systematisch vor wie dieser.

Die juristischen Auseinandersetzungen liegen größtenteils in den Händen des Berliner Anwaltsbüros Benno Bleiberg und Mark Schippert. Zwischen ISOR und der Kanzlei gibt es eine enge Zusammenarbeit, der frühere Stasi-Jurist Rainer Rothe fungiert dabei als Bindeglied. Unterstützung erhielten die SED-Kader aber auch vom ehemaligen Sozialstaatssekretär in Mecklenburg-Vorpommern, Axel Azzola (SPD), der den Verein unter anderem beim Einlegen von Gerichtsbeschwerden beriet.[120] Der aus dem Westen stammende Jurist verteidigte früher die RAF-Terroristin Ulrike Meinhof und setzte sich später für angeklagte Mitarbeiter der DDR-Spionage ein.[121] Allein bis März 2004 betrieb das Büro Bleiberg und Schippert etwa 10 000 Rentenverfahren. Darüber hinaus führte es über hundert Musterklagen bei verschiedenen Gerichten und betreute elf Verfassungsbeschwerden ehemaliger MfS-Mitarbeiter. Insgesamt waren nach ISOR-Angaben bis April 2004 mehr als 15 000 Verfahren gegen Entgelt- und Rentenbescheide ehemaliger DDR-Kader anhängig. Mitglieder des Vereins brachten seit 1999 über neunzig Verfassungsbeschwerden vor das Bundesverfassungsgericht – eine wahre Massenproduktion von Klagen.

Der Kampf um höhere Täterrenten ist auch für die Juristen ein lukratives Geschäft. Allein das Urteil des Bundesverfassungsgerichts vom Juni 2004, mit dem es die Rentenbeschränkungen für bis zu 25 000 hochrangige DDR-Funktionäre für verfassungswidrig erklärte, bescherte dem Büro Bleiberg und Schippert rund fünfhundert gewonnene Verfahren. Die Kosten hierfür hat der Steuerzahler zu tragen. Doch die Anwälte stehen auch in der Sache auf Seiten der Waffenträger. »Ein langer Weg gemeinsamen Kampfes hat für viele unserer Mandanten zu Renten geführt, die ihrer Lebensleistung entsprechen«, schrieben die beiden im Januar 2003 den ISOR-Mitgliedern. »Unsere bisherigen Erfolge wurden vor allem dank der Solidarität, des Vertrauens und der realistischen Beurteilung der Tatsachen möglich, die uns mit ISOR und mit unseren Mandanten verbinden. So muss es bleiben, damit wir die Chance für weitere Erfolge nutzen können.«[122]

Mindestens ebenso wichtig ist der politische Kampf. Da der Verein bei den Medien nur geringe Resonanz findet, hat er sich eine besondere Form der Einflussnahme ausgedacht: In gut organisierten Kampagnen werden die Mitglieder angehalten, massenhaft Briefe an Politiker und Behörden zu schreiben. Allein von 1996 bis 1999 initiierte der Verein zum Beispiel 4500 Eingaben an den Petitionsausschuss des Bundestages. Dieser muss ihnen in einem förmlichen Verfahren nachgehen, das für den Ausschuss und die zuständigen Ministerien jedes Mal mit erheblichem Aufwand verbunden ist. 2001 übte man massiven Druck auf die rotrote Landesregierung von Mecklenburg-Vorpommern aus. Mit einer Postkartenaktion wurde die Staatskanzlei aufgefordert, eine Bundesratsinitiative zugunsten der ISOR-Forderungen zu starten, ansonsten werde man die Verantwortlichen bei der Landtagswahl abstrafen. Auf Betreiben der PDS brachte die Regierung von Harald Ringstorff ein Jahr später tatsächlich die gewünschte Initiative in die Länderkammer ein, dem Monatsblatt *ISOR aktuell* zufolge »ein Ergebnis des erzeugten Drucks auf die Politik«.[123] In einer anderen Kampagne beklagten sich die Funktionäre sogar beim UNO-Komitee für ökonomische, soziale und kulturelle Rechte, bis dieses der Bundesrepublik für die angebliche Benachteiligung ehemaliger DDR-Bürger eine Rüge aussprach. In Briefen an Bundestagsabgeordnete nutzt man die selbst organisierte Klageflut gerne auch als finanzielles Argument: »Eine gesetzliche Regelung durch die Politik wäre wahrscheinlich billiger, als wenn sie durch erneute Urteile des Bundesverfassungsgerichts dazu genötigt würde.«[124]

Im Juni 2004 rief ISOR eine neue Kampagne aus: Mitglieder, Familienangehörige und Sympathisanten sollten sich erneut mit Petitionen an den Bundestag wenden, um gegen die verbliebenen »Strafrenten« für Stasi-Offiziere und ihre Auftraggeber zu protestieren. Das »Kampfziel« lautete diesmal, 10000 Beschwerden abzusenden. Dafür stellte der Verein Musterpetitionen ehemaliger Stasi-Mitarbeiter ins Internet, die man nur noch abzuschreiben und geringfügig anzupassen brauchte. Ein anonymer Stasi-Auswerter – den Angaben nach kann es sich nur um Insiderkomiteesprecher Schmidt handeln – schreibt zum Beispiel, dass die Vergütung beim Staatssicherheitsdienst nicht anders als beim DDR-Innenministerium gewesen sei. Er fordert deshalb für sich dieselben Privilegien, wie dessen Mitarbeiter sie mittlerweile genießen. »Es geht mir dabei nicht nur um die Aufhebung einer finanziellen Benachteiligung, sondern vor allem auch um die Beendigung der Diskriminierung meiner persönlichen Lebensleistung, um eine Frage der Menschenwürde«, schließt er seinen fünfseitigen Brief. Die Abgeordneten des Bundestages sollen seinen 25-jährigen Einsatz für die Verfolgung Andersdenkender bei der Rentenberechnung als »Lebensleistung« anerkennen.[125]

Noch dicker trägt ein anderer Petitent auf, bei dem es sich den Angaben zufolge nur um GRH-Vorstandsmitglied Grimmer (MfS-Jahresgehalt: 37500 Mark) handeln kann. Mitleidsheischend berichtet er den Mitgliedern des Petitionsausschusses, dass er nach seiner Entlassung aus dem DDR-Staatssicherheitsdienst bei einer Großbäckerei gearbeitet habe. Nach einem Arbeitsunfall und wegen der schweren körperlichen Arbeit sei er 1994 Invalidenrentner geworden. Anschließend klagt er über die Entscheidung des Bundesverfassungsgerichtes vom Juni 2004,

Stasi-Mitarbeitern auch weiterhin die Rente eines DDR-Durchschnittsverdieners zu zahlen. »Diese politisch motivierte willkürliche Rentenbeschneidung trifft mich deshalb doppelt, weil ich durch die Erwerbsunfähigkeit wegen Schwerbehinderung keine Möglichkeit mehr hatte und habe, mir weitere Rentenpunkte zu erarbeiten«, heißt es in seinem Brief.[126] Dass er trotzdem in der Lage war, ein über tausendseitiges Buch über den Staatssicherheitsdienst herauszugeben, von dem binnen kurzem mehr als 10000 Exemplare verkauft wurden, verschwieg er den Abgeordneten ebenso wie seine umtriebigen Aktivitäten als Chef der AG Sicherheit.

Die Kampagne stieß bei früheren Stasi-Mitarbeitern auf regen Zuspruch. Wie zu Zeiten des sozialistischen Wettbewerbs stellten sich die Vereinsgruppen vor Ort ehrgeizige »Kampfaufgaben« – nämlich in einer bestimmten Zeit eine festgelegte Anzahl Petitionen abzusenden. Und wie früher versuchten sie dabei, die eigenen Planziele noch zu übertreffen. So wollte die TIG Schwerin ursprünglich mit mindestens zweihundert Petitionen ihren »Beitrag in der gegenwärtigen Etappe des Kampfes gegen das Rentenstrafrecht« leisten. Den Betreuern kam dabei die Aufgabe zu, »in individuellen Gesprächen die erforderliche Unterstützung zu geben, insbesondere den Älteren und Kranken auch direkte Hilfe bei der Abfassung ihrer Petitionen. Unterstützt wurden sie von den Vorstandsmitgliedern, die Ansprechpartner für jeweils einen oder mehrere Betreuer waren.«[127] Bis März 2005 konnte man in Schwerin auf diese Weise stolze 351 Petitionen vermelden. Insgesamt registrierte der ISOR-Vorstand bis November 2005 nicht weniger als siebentausend individuelle Eingaben.

Eine weitere Kampagne richtete sich gegen die Stasi-Akten-Behörde und das Bundesverwaltungsamt. Ziel war es, an die Gehaltsberechnungen des MfS heranzukommen. Mit diesen Unterlagen will man eine erneute Verfassungsbeschwerde vorbereiten, um den Karlsruher Richtern zu »beweisen«, dass Stasi-Mitarbeiter keine überhöhten Gehälter bezogen hätten. Erneut rief der ISOR-Vorstand dazu auf, massenhaft Briefe abzuschicken. Das Vereinsblatt veröffentlichte entsprechende Musterschreiben, wie immer mit großer Resonanz. Allein die TIG Schwerin vermeldete im März 2005, dass sie 261 Schreiben an die beiden Behörden verschickt habe. Ein Sammelantrag von ISOR an das Bundesministerium für Arbeit und Soziales, von dem man ebenfalls Einkommensdaten haben will, fand sogar über 22 000 Unterzeichner.

Die Kampagnen blieben nicht ohne Eindruck: Nach jahrelanger Weigerung stellt die Stasi-Akten-Behörde dem Verein inzwischen umfangreiches Aktenmaterial zur Verfügung, obwohl dies durch das Stasi-Unterlagen-Gesetz eigentlich ausgeschlossen werden sollte. »Die Bereitschaft der Birthler-Behörde ist ein bedeutender Erfolg der Petitionen und Briefe einer großen Zahl von ISOR-Mitgliedern«, frohlockte der Vorstand im Juli 2005.[128] Mit der Durchsicht betraute er ausgerechnet den ehemaligen Stasi-Professor und heutigen Vizevereinsvorsitzenden Edelmann – Akteneinsicht der etwas anderen Art. Gleichzeitig forderte ISOR dazu auf, weitere Briefe an das Innen- und das Sozialministerium zu schicken, um auch dort an Unterlagen zu gelangen.

Die Chancen, dass der Verein mit den begehrten Papieren einen weiteren juristischen Sieg einfährt, sind groß. Er braucht sie für eine neue Verfassungsbeschwerde, mit der er die letzten Rentenbegrenzungen für DDR-Staatskader beseitigen will. Die Verfassungsrichter hatten im Juni 2004 erklärt, eine weitere Entscheidung über das Thema sei nur möglich, wenn neue »rechtserhebliche Tatsachen« vorgelegt würden. Die Aussichten der Beschwerde soll jetzt ein Gutachten klären, für das man bereits wichtige Unterstützer gewonnen hat: Autor ist Detlef Merten, Ordinarius für öffentliches Recht an der Deutschen Hochschule für Verwaltungswissenschaften Speyer. Merten, Mitglied des Verfassungsgerichtshofes in Rheinland-Pfalz, ist schon früher dagegen aufgetreten, die Stasi-Renten zu begrenzen. Für seine Gutachtertätigkeit wird er nicht nur von ISOR bezahlt. Der Deutsche Bundeswehrverband, der im Osten Deutschlands fest im Griff ehemaliger NVA-Offiziere ist, hat ebenfalls seine Beteiligung zugesagt. Bündnispartner von ISOR ist – nicht nur in dieser Frage – außerdem der Bund der Ruhestandsbeamten, Rentner und Hinterbliebenen (BRH) im

Deutschen Beamtenbund, der sich früher vor allem für die Pensionen ehemaliger NSDAP-Mitglieder eingesetzt hat. Seine Parole von der »Wertneutralität des Rentenrechts« haben sich die Stasi-Offiziere schnell zu eigen gemacht.

Hasstiraden gegen Gedenkstätten

Während die PDS den Eindruck zu erwecken versucht, ISOR kämpfe lediglich für soziale Belange, wird in kaum einer anderen Organisation der Untergang der SED-Diktatur so offen bedauert wie hier. Die in der Vereinssatzung festgeschriebene »Achtung des Grundgesetzes« ist pure Heuchelei. »15 Jahre ›deutsche Einheit‹«, so hieß es beispielsweise 2005 in einer Erklärung des Vorstands zum Jahrestag der Wiedervereinigung, »sind auch 15 Jahre Verteufelung der DDR und der Entwertung ostdeutscher Biografien und Erfahrungen, vor allem mittels Diffamierung der DDR-Grenztruppen und des zur Inkarnation alles Bösen hochstilisierten MfS. Weitgehend gleichgeschaltete Medien sowie diverse Stiftungen und Gedenkstätten vergiften die öffentliche Atmosphäre mit offenkundigen Lügen und einer Flut von Halbwahrheiten.«[129]

Wann immer es dazu Gelegenheit gibt, äußert sich der Verein mit dieser Stoßrichtung – und vergiftet damit selbst das Meinungsklima. So erklärte er in einer Pressemitteilung zum Ausgang der letzten Bundestagswahl: »Ehemalige Mitarbeiter der Schutz-, Sicherheits- und Rechtspflegeorgane der DDR unterliegen nach wie vor einer permanenten Hetz- und Verleumdungskampagne durch Politiker, Medien und professionelle Antikommunisten.« Er forderte deshalb die neu gewählten Abgeordneten auf, sich für die Beseitigung der »Entartungen« bei der Herstellung der Einheit Deutschlands einzusetzen. Dazu gehöre vor allem »die Beseitigung der beleidigenden, anmaßenden und die Würde der Menschen verletzenden Beurteilungen der Geschichte und der Menschen in Ostdeutschland. Schluss mit der Hetze und Verleumdung gegenüber ehemaligen Verantwortungsträgern der DDR!«[130]

Diese Forderung machte auch die Vertreterversammlung im November 2005 zum Schwerpunkt der weiteren Vereinsarbeit. In einer einstimmig verabschiedeten Entschließung hieß es: »Die entschiedene Zurückweisung von Verleumdungen und Lügen über Rolle und Tätigkeit der ehemaligen bewaffneten Organe der DDR, speziell zum MfS, und die Verbreitung der Wahrheit über deren staatsrechtliche Stellung und Aufgaben sind von grundsätzlicher Bedeutung. Mit Lügen, Verzerrungen und Halbwahrheiten soll letztlich das Rentenstrafrecht gerechtfertigt werden.«[131] Und auf einer Festveranstaltung zum fünfzigsten Jahrestag der Gründung der Nationalen Volksarmee der DDR erklärte ISOR-Vorsitzender Horst Parton in einem Grußwort: »Auch wenn der Zeitgeist es anders sieht: Der Dienst in der NVA war ein Ehrendienst. [...] Mit Sorge und Unverständnis registrieren wir, dass im 16. Jahr des Anschlusses der DDR an die BRD Objektivität und Sachlichkeit im Umgang mit der Geschichte weiter entfernt erscheinen als jemals zuvor. [...] Es entstehen immer neue ›Gedenkstätten‹ und ›Denkzeichen‹, in denen die DDR als ›Unrechtsstaat‹ und Gewaltherrschaft diffamiert wird.«[132]

Vor diesem Hintergrund verwundert es nicht, dass sich ISOR mit Publikationen, Veranstaltungen und Erklärungen aktiv am Geschichtsrevisionismus ehemaliger Stasi-Mitarbeiter beteiligt. Im Januar 2004 etwa empörte sich der ISOR-Vorstand in einem Schreiben an PDS-Chef Lothar Bisky über die erwähnte Gedenktafel an der ehemaligen Stasi-Zentrale in Berlin.[133] Die Ortsgruppe Berlin-Treptow forderte in einem Brief an die PDS-Fraktion von Berlin-Lichtenberg sogar die Beseitigung der Tafel.[134] In nahezu jeder Ausgabe von *ISOR aktuell* wird zudem für mindestens eines der mittlerweile zahlreichen Bücher ehemaliger Stasi-Offiziere geworben. Meistens werden sie den Mitgliedern verbilligt zum »Subskriptionspreis« angeboten, um die in Deutschland geltende Buchpreisbindung zu unterlaufen. Wie der ehemalige Stasi-Chef von Gera, Dieter Lehmann, in *ISOR aktuell* berichtete, durfte auch der frühere Mielke-Stellvertreter Schwanitz mit vier weiteren Obristen sein Buch zur »Abwehrarbeit« des MfS auf einer überfüllten Mitgliederversammlung des Vereins vorstellen.

»Soweit ich informiert bin, gab es bisher über 50 derartige Veranstaltungen. Den Autoren sei dafür gedankt, denn mit dieser Arbeit richten sie die ehemaligen Mitarbeiter des MfS auf.«[135]

Zu den Lieblingen von ISOR gehört Ex-Honecker-Anwalt Friedrich Wolff, der seit Jahren das SED-Justizsystem verharmlost, obwohl – oder besser: weil – er selbst in zahlreichen politischen DDR-Prozessen als Verteidiger auftrat. In *ISOR aktuell* durfte er zum Beispiel behaupten, dass es unter der SED weder Folter noch Zwangsadoptionen gegeben habe, obgleich beides vielfach belegt ist. Und über die angebliche Ausgrenzung der ehemaligen offiziellen und inoffiziellen Stasi-Mitarbeiter sagte er, diese diene nur dazu, »einen erheblichen Teil der Sozialisten aus der DDR« aus dem öffentlichen Leben auszuschließen. Wolffs Forderung: »Die Wahrheit über die DDR und ihre Organe muss verbreitet werden. Es darf kein Zurückweichen vor den nebulösen Verdächtigungen geben, es muss vielmehr gezeigt werden, dass fundamentale Grundrechte durch Ungleichbehandlung, Diskriminierung und Verleumdung verletzt werden und Deutschland in eine Richtung gelenkt wird, die in Jahrhunderten nur Unglück über seine Bürger gebracht hat.«[136]

Auch an der Kampagne gegen die Gedenkstätte im ehemaligen Stasi-Gefängnis Berlin-Hohenschönhausen beteiligte sich der Verein. So druckte *ISOR aktuell* einen Artikel von Ex-Generalmajor Coburger, in dem dieser gegen die Aufstellung eines Original-Gefangenenwaggons des DDR-Innenministeriums zu Felde zieht. »Nun wird den bisherigen Lügen in Hohenschönhausen über angebliche ›Folterzellen‹ und ›Wasserzellen‹ eine weitere Lüge hinzugefügt«, so der 1990 entlassene Generalmajor.[137] Im Oktober 2005 organisierte ISOR in Dresden eine Veranstaltung mit dem Autor und dem Verleger der erwähnten Broschüre, in der die Gedenkstätte als »Gruselkabinett« bezeichnet wird. Wenig später berichtete GRH-Aktivist Hauck im ISOR-Vereinsblatt über die Vorstellung der Broschüre in Hohenschönhausen und geißelte die »jahrelangen Lügen« und die »zügellose Hetze« der Gedenkstätte.[138] Im April 2006 kam auch GRH-Chef Hans Bauer mit einer Erklärung zu Wort, in der er die Verhöhnung früherer Stasi-Häftlinge durch Stasi-Mitarbeiter als »Ausübung des Rechts auf Meinungsfreiheit« bezeichnete.[139]

Der enge Schulterschluss zwischen ISOR und den früheren MfS-Offizieren hat an Bedeutung zugenommen, seit der Verein nur noch für höhere Stasi-Renten streiten muss. Nachdem das Bundesverfassungsgericht im Juni 2004 die Rentenbeschränkungen für nahezu alle anderen Funktionäre aufgehoben hatte, fand im Oktober eine außerordentliche Vertreterversammlung statt, bei der Ex-Stasi-Chef Schwanitz nicht zufällig als Erster das Wort erhielt. Im Februar 2005 luden er und ISOR-Vorsitzender Parton zu einer Beratung mit über einhundert leitenden Ex-Stasi-Offizieren aus ganz Ostdeutschland ein. In einem offenen Brief an alle ehemaligen Geheimpolizisten und deren Angehörige appellierten sie an die »noch abseits stehenden ehemaligen Mitarbeiter« des MfS und seines Nachfolgers, des Amtes für Nationale Sicherheit (AfNS), dem Verein beizutreten. »Stärkt die Reihen der ISOR e.V.! […] Weist Lügen und Verleumdungen über die DDR und das MfS/AfNS sachlich und entschieden zurück; helft, die Wahrheit zu verbreiten«, hieß es darin.[140] Ähnliche Veranstaltungen fanden auch in der Provinz statt – offenbar mit Erfolg, denn in der Folge konnte die durch Todesfälle und Austritte zurückgehende Mitgliederzahl von ISOR wieder stabilisiert werden.

Das Bündnis mit der PDS

Die Stasi-Verbände arbeiten nicht nur untereinander eng zusammen. Durch die Linkspartei.PDS haben sie auch in der Politik einen Bündnispartner, der ihre Forderungen immer wieder in die Parlamente und in die Öffentlichkeit bringt. So sprach sich die Partei, wie erwähnt, immer wieder gegen die Überprüfungen des öffentlichen Dienstes auf frühere Stasi-Tätigkeiten aus. Dem Stasi-Unterlagen-Gesetz, das 1991 von allen anderen Parteien im Konsens beschlossen wurde, verweigerte sie ihre Zustimmung. Als der Bundestag im November 2006 beschloss, dass nur noch ein kleiner Personenkreis weiter überprüft werden kann, lehnte die PDS auch das ab. Mehrfach brachte die PDS zudem Anträge ein, die darauf zielten, Bundesbürger zu »amnestieren«, die im Westen für die Stasi spioniert hatten.

Mit Verve unterstützt die Partei besonders den Kampf um höhere Stasi-Renten. Wiederholt legte sie im Bundestag Gesetzentwürfe vor, die den Waffenträgern der SED ihre alten Privilegien zurückgeben sollten. »Die PDS ist erst dann zufrieden, wenn es kein Rentenstrafrecht mehr gibt«, erklärte PDS-Chef Lothar Bisky im Dezember 2004 auf einer Tagung des Ostdeutschen Kuratoriums von Verbänden (OKV), des erwähnten Zusammenschlusses von DDR-Nostalgikern, dem auch GRH und ISOR angehören.[141] Und die stellvertretende Bundestagspräsidentin Petra Pau sagte im Mai 2005 vor dem Parlament: »Das Rentensystem sollte als Strafsystem missbraucht werden. Die PDS hat immer gemahnt, dass das sachfremd und politisch falsch ist.« Die Partei habe deshalb alle Betroffenen ständig ermutigt, dagegen zu klagen, denn »das Rentenstrafrecht […] ist Unrecht«.[142] Für eine Anhörung im Bundestag im April 2006 nominierte die Linkspartei sogar den stellvertretenden ISOR-Vorsitzenden und Stasi-Professor Edelmann als Sachverständigen, erst im letzten Moment zog sie ihn wieder zurück. Wenig später bekräftigte der Parteivorstand erneut, dass das angebliche Rentenstrafrecht beseitigt werden müsse. In »ausgewählten Musterfällen« sicherte er den Stasi-Offizieren sogar ihre rechtliche Vertretung zu.[143]

Die Linkspartei ist mit den Stasi-Verbänden auch personell eng vernetzt. Viele Parteimitglieder gehören gleichzeitig ISOR, GRH oder dem Insiderkomitee an. Wahrscheinlich haben die meisten Ex-Funktionäre die mehrfach umbenannte SED nie verlassen. Da die Parteiführung in der Öffentlichkeit jedoch nicht mit den Obristen in Verbindung gebracht werden will, gibt es dazu nur wenige Angaben. Zu den Initiatoren des Insiderkomitees gehörte zum Beispiel der frühere Offizier der Stasi-Spionageabwehr Jörg Seidel, der zum Zeitpunkt der Gründung zugleich Mitglied des Berliner PDS-Vorstandes war; in den Anfängen des Komitees fungierte er als dessen Pressesprecher. Auch Insidersprecher Hartmann tritt regelmäßig bei der PDS in Erscheinung. Ähnliche

Überschneidungen sind auch für die GRH belegt. Der ehemalige Grenztruppenoberst Karl-Heinz Kathert gibt im Internet zum Beispiel an, Mitglied der PDS und der Arbeitsgruppe Grenze International der GRH zu sein. Und der Fraktionsgeschäftsführer der PDS in Lichtenberg, Jürgen Steinbrück, einst Oberstleutnant bei den Grenztruppen, ließ es sich nicht nehmen, seine einstigen Kampfgenossen auf dem Grenzertreffen im Frühjahr 2004 persönlich zu begrüßen. Vom Landeschef der PDS in Mecklenburg-Vorpommern, Peter Ritter, einem ehemaligen NVA-Offizier, weiß man ebenfalls, dass er Mitglied von ISOR ist.

Während sich die Stasi-Vereine den Anschein parteipolitischer Unabhängigkeit geben, arbeiten sie in Wahrheit eng mit der Linkspartei zusammen. Wie ISOR-Geschäftsführer Hypko im April 2006 auf Nachfrage einräumte, unterhält sein Verein »recht gute Beziehungen« zur Linkspartei.[144] Tatsächlich stellt die Partei dem Verein nicht nur kostenlos Tagungsräume zur Verfügung, sondern entsendet auch regelmäßig hohe Politiker zu seinen Zusammenkünften. ISOR revanchiert sich dafür mit entsprechender Wahlkampfunterstützung. So appellierte der Vereinsvorsitzende Parton im Vorfeld der Bundestagswahl 2005 an seine Mitglieder: »Wählt die Liste der Linkspartei/PDS, der Partei, die als einzige der im Bundestag vertretenen Parteien konsequent gegen das Rentenstrafrecht eintritt. Helft dieser Partei, aussichtsreiche Direktmandate zu gewinnen, und entscheidet Euch ansonsten für solche Direktkandidaten, von denen Ihr annehmen könnt, dass sie unsere Forderungen nach sozialer Gerechtigkeit und Gleichbehandlung wirksam vertreten werden. Es muss uns endlich gelingen, das Kräfteverhältnis im deutschen Bundestag zu verändern.«[145] Nach dem Wahlerfolg der Partei – sie erhielt 8,7 Prozent der Zweitstimmen – bedankte sich die frisch gekurte Bundestagsabgeordnete Martina Bunge, Vorsitzende des Gesundheitsausschusses, bei ISOR »für die erwiesene Unterstützung«. Auf der Vertreterversammlung im November 2005 überbrachte sie persönlich »herzliche Grüße von der Linkspartei« und sprach sich »für die Stärkung der Arbeitsbeziehungen« zu ISOR aus. Denkbar sei zum Beispiel, durch Anträge im Bundestag den Zugang zu den von den Stasi-Offizieren begehrten Einkommensdaten zu befördern, um »stufenweise, verbunden mit außerparlamentarischen Aktionen und gerichtlichem Vorgehen, weiter voranzukommen«.[146]

Vor allem die stellvertretende PDS-Fraktionsvorsitzende im Bundestag, Gesine Lötzsch, zugleich Parteivorsitzende in Berlin-Lichtenberg, sowie Bundestagsvizepräsidentin Petra Pau genießen bei ISOR geradezu Heldenstatus. Sie haben in der zurückliegenden Legislaturperiode – sieht man von den SPD-Abweichlern Hans-Joachim Hacker und Götz-Peter Lohmann ab – als Einzige im Bundestag dafür gekämpft, die Renten ehemaliger Stasi-Offiziere weiter anzuheben. »Wir ziehen den Hut vor den beiden mutigen Frauen Petra Pau und Gesine Lötzsch«, heißt es in einem Bericht über eine erweiterte Vorstandssitzung der TIG Berlin-Köpenick von Mai 2005.[147] Und über eine Veranstaltung in Berlin-Lichtenberg, die wenige Tage später stattfand, wird berichtet: »Großen Beifall erhielt die Bundestagsabgeordnete Dr. Gesine Lötzsch für ihre Aussage, dass die PDS den Kampf für die Beseitigung des noch bestehenden Rentenstrafrechts aktiv unterstützt. Die Teilnehmer dankten ihr und Petra Pau für die klare Haltung in der Bundestagssitzung am 12. Mai 2005.«[148]

Auch die innenpolitische Sprecherin der Linksfraktion im Bundestag, Ulla Jelpke, hat ein inniges Verhältnis zu den früheren Mitarbeitern des DDR-Staatssicherheitsdienstes. Zusammen mit der Fraktionsvorsitzenden der PDS im brandenburgischen Landtag, Kerstin Kaiser, die einst selber IM war und als Studentin ihre Kommilitonen anschwärzte, nahm sie im Mai 2006 an einem von der GRH organisierten Treffen ehemaliger MfS-Offiziere in Strausberg teil. Auf der Veranstaltung griff Ex-Oberst Schramm, als Abteilungsleiter früher für die Vorbereitung von Sabotageakten in der Bundesrepublik zuständig, die Stasi-Akten-Behörde massiv an und unterstellte ihr, einen »Wust von Lügen« zu verbreiten. Diesen werde man jetzt entgegentreten. Jelpke zeigte sich ausdrücklich solidarisch mit den Stasi-Leuten und erklärte zu deren Rentenforderungen: »Ich stehe auf Eurer Seite und werde mit Euch dafür kämpfen, dass dieses Unrecht beseitigt wird.«[149] In einer schriftlichen Stellungnahme verteidigte sie wenig später ihren Auftritt bei den Obristen noch und bezeichnete es als politisches Kalkül, »dass gerade jetzt wieder die Stasi-Platte aufgelegt wird«. Damit solle nur von den massiven Rechtsbrüchen der westdeutschen Geheimdienste abgelenkt werden. Sie könne nichts Verwerfliches daran finden, dass Stasi-Mitarbeiter im Westen Rüstungsindustrie, Verteidigungsministerien und NATO-Stäbe ausgekundschaftet hätten. Kein Wort findet sich in Jelpkes Erklärung darüber, dass die Staatssicherheit in erster Linie zur Kontrolle und Unterdrückung der DDR-Bevölkerung existierte.[150]

Beste Beziehungen unterhält ISOR auch zur PDS in Mecklenburg-Vorpommern. Dort war die Bundestagsabgeordnete Bunge früher Sozialministerin. Als die Linkspartei in der Schweriner Regierung saß, startete das Land, wie erwähnt, eine Bundesratsinitiative zugunsten von ISOR. Im Juli 2002 bedankte sich der Verein dafür bei »allen Ministern im Kabinett von Ministerpräsident Dr. Harald Ringstorff«. Die damalige PDS-Fraktionschefin im Schweriner Landtag, Angelika Gramkow, bekundete öffentlich ihre Solidarität mit dem Verein und wünschte sich eine »zielorientierte Zusammenarbeit«.[151] Die Eggesiner Ortsgruppe der PDS lud mit den ehemaligen Spionagechefs Wolf und Großmann gleich zweimal frühere Mielke-Stellvertreter zu Veranstaltungen ein.

Auch in Sachsen sind PDS und ehemalige Stasi-Offiziere eng liiert. Für den Wahlkampf der Linkspartei sammelte die Leipziger ISOR-Gruppe vor der Bundestagswahl 2005 fast zweitausend Euro. Ihr Sprecher Siegfried Lorenz, einst Oberstleutnant beim Staatssicherheitsdienst, begründete dies im April 2006 mit den Worten: »Die Linkspartei unterstützt unser Anliegen.«[152] ISOR und GRH dürfen im Leipziger Parteihaus der PDS kostenlos Räume nutzen, obwohl im GRH-Vorstand der frühere Stasi-Bezirkschef Hummitzsch sitzt, der bei der Unterdrückung der Demokratiebewegung in Leipzig eine Schlüsselrolle spielte. Die PDS weist auf ihrer Internet-Seite auch regelmäßig auf die Sprechstunden der beiden Vereinigungen hin. Im April 2006 moderierte der sächsische PDS-Fraktionschef Peter Porsch persönlich eine Veranstaltung in Dresden, auf der die Stasi-Offiziere Schramm und Kierstein im Abgeordneten-Büro der PDS über »Geheimdienste und Demokratie« diskutieren durften. Der Obristen-Abend wurde von der Linkspartei auch im Internet beworben.

In Berlin gibt es ebenfalls enge Verbindungen zwischen den einstigen Stasi-Funktionären und der Linkspartei. Er habe immer gut mit der GRH zusammengearbeitet, wenn es um Rentenfragen ging, erklärte beispielsweise der frühere Berliner Partei- und Fraktionschef Stefan Liebich im Mai 2006.[153] Und als Petra Pau 2005 auf dem Wahlforum der GRH in Marzahn-Hellersdorf auftrat, bezog die heutige Bundestagsvizepräsidentin laut Vereinsblatt »die bekannten Positionen der PDS und versicherte als Einzige, dass sie sich im Falle der Wiederwahl in der Fraktion und im Bundestag für die von unseren Organisationen vertretenen Forderungen einsetzen werde«.[154] Als die Grünen deshalb im April 2006 ihre Wahl zur Vizepräsidentin des Parlaments in Frage stellten, erklärte sie wider besseres Wissen, dass sie weder bei Veranstaltungen eines Verbandes ehemaliger MfS-Mitarbeiter aufgetreten sei noch diese unterstützt habe.[155] Die Zeitung ihres Kreisverbandes hatte dem Berliner Senat im Dezember 2005 sogar vorgeworfen, in den Umbau der Gedenkstätte Berlin-Hohenschönhausen in eine »›Geschichtsfälscherwerkstatt‹ zum Zwecke der Volksverhetzung rund 19 Mio. Euro« investiert zu haben, um anschließend zu fragen, warum die Staatsanwaltschaft gegen deren Leiter »noch kein Verfahren gemäß Grundgesetz wegen Volksverhetzung eingeleitet« habe.[156]

Unterstützung fordern die Stasi-Offiziere auch von der Linkspartei im Berliner Bezirk Lichtenberg. Auf dem Grenzertreffen im Frühjahr 2004 fragte der Chef der AG Sicherheit, Grimmer, den anwesenden PDS-Vertreter, was die Bezirksverordnetenversammlung denn unternehme, »um die Lügen zu Hohenschönhausen mit zu entlarven und dagegen aufzutreten«. Von den Parteigenossen verlangte er, sich dafür einzusetzen, dass die Wahrheit über das MfS verbreitet werde – und nicht noch Gelder bewilligt würden, »damit das Lügenszenario in Hohenschönhausen in einem Ausmaß demonstriert wird, dass es uns schüttelt, wie Kinder und Jugendliche im Sinne des Antikommunismus erzogen werden sollen«.[157] Bezirksbürgermeisterin Christina Emmrich (PDS) lud laut Insidersprecher Schmidt ihn und seine Genossen im Frühjahr 2006 persönlich zu der Versammlung in Hohenschönhausen ein, bei der es dann zu dem geschilderten Eklat kam.

Die PDS tritt dem Geschichtsrevisionismus ihrer Bündnispartner in keiner Weise offen entgegen. Wenn Spitzenvertreter der Partei zu ISOR-Treffen kommen, schweigen sie dazu – oder schlagen noch in dieselbe Kerbe. So bezeichnete PDS-Chef Bisky im Dezember 2004 die Geschichtspolitik als eines von vier Handlungsfeldern möglicher Zusammenarbeit mit ISOR, GRH und weiteren im OKV organisierten Verbänden. Dabei gehe es unter anderem um die entschiedene Zurückweisung von Versuchen, die DDR als »Folgediktatur« und »Unrechtsstaat« zu diskreditieren.[158] Mit Wolfgang Hartmann und Klaus Panster hatte er einige Jahre zuvor gleich zwei Mitglieder des Insiderkomitees zur Historischen Konferenz der PDS eingeladen. Anschließend veröffentlichte er ihre Referate in einem Sammelband, wobei er sie im Autorenverzeichnis schamvoll als »Juristen« ausgab.[159] Auch die Bundestagsabgeordneten Lötzsch und Bunge, die an der ISOR-Vertreterversammlung im November 2005 teilnahmen, stießen sich in keiner Weise an der zitierten dort verabschiedeten Entschließung. Genauso schweigend saß der Berliner Kultursenator Flierl dabei, als sich der einstige Hohenschönhauser Gefängnischef Rataizick auf der Versammlung im März 2006 darüber beschwerte, dass sich seine früheren Häftlinge als Opfer bezeichneten.

Unwichtige alte Männer?

ISOR, GRH und Insiderkomitee haben zusammen mehr als 25 000 Mitglieder. Sie geben drei monatliche Publikationen heraus, betreiben vier verschiedene Websites mit jährlich ca. 400 000 Nutzern und treffen sich regelmäßig in annähernd zweihundert Ortsgruppen. Die Zahl der in ihrem Umfeld entstandenen Bücher liegt weit über zwanzig, und alle paar Wochen organisieren sie irgendwo in Deutschland eine Veranstaltung. Sie sind vernetzt mit der Linkspartei und deren Rosa-Luxemburg-Stiftung sowie mit weiteren Organisationen wie dem Solidaritätskomitee für die Opfer der politischen Verfolgung in Deutschland, der Gesellschaft für Bürgerrecht und Menschenwürde (GBM), dem Ostdeutschen Kuratorium von Verbänden (OKV), der Deutschen Kommunistischen Partei (DKP), der Kommunistischen Partei Deutschlands (KPD), dem Revolutionären Freundschaftsbund e.V. (RFB) oder der Vereinigung der Verfolgten des Naziregimes/Bund der Antifaschisten (VVN/BdA). Sie finden ein ständiges publizistisches Forum in Zeitungen wie *Neues Deutschland, Junge Welt* oder *RotFuchs* sowie in Verlagen wie *Edition Ost, Spotless* oder *GNN*. Alles Aktivitäten »alter, unwichtiger Männer«, wie der Berliner Journalist Andreas Förster im Frühjahr 2006 schrieb?[160]

Wer meint, man könne die Vereinigungen ehemaliger Staatssicherheitsmitarbeiter ignorieren, da sie über kurz oder lang von allein aussterben, der unterschätzt das Problem. Von der Öffentlichkeit unbemerkt, haben sich die entmachteten Funktionäre des SED-Regimes wieder aufgerappelt und reorganisiert. Nachdem sie zunächst den Abwehrkampf gegen Strafverfahren und Rentenbeschneidungen geführt haben, geht es ihnen jetzt um etwas, das nicht nur sie betrifft: das zukünftige Bild der untergegangenen DDR. War sie eine von der Sowjetunion oktroyierte Diktatur, in der die Freiheit des Menschen mit Füßen getreten wurde, oder womöglich doch ein ehrenhafter Versuch, eine bessere Gesellschaft aufzubauen? Noch ist offen, als was der zweite deutsche Staat in Erinnerung bleiben wird, und die Systemträger werden alles daran setzen, dass die Frage zu ihren Gunsten beantwortet wird.

Schon 1994 warnte der ehemalige DDR-Bürgerrechtler Ehrhart Neubert vor den langfristigen Folgen der neuen Stasi-Aktivitäten. »Die MfS-Lobby ist vor allem am rechtlichen Schutz und der Arbeitsplatzsicherung von ehemaligen MfS-Mitarbeitern und IM interessiert. Generell wird darüber hinaus versucht, auf die öffentliche Meinung Einfluss zu nehmen, um eine gewisse Akzeptanz gegenüber den Ehemaligen zu erreichen und den öffentlichen Aufklärungswillen zu brechen.«[161] Ein gutes Jahrzehnt später sind die Obristen dabei deutlich vorangekommen. Auch wenn ihnen in den Massenmedien überwiegend Ablehnung entgegenschlägt, haben sie unterhalb dieser Ebene viel erreicht. Nur eine Minderheit der Ostdeutschen ist heute noch der Meinung, dass ehemalige Stasi-Mitarbeiter im öffentlichen Dienst nichts verloren haben. »Es wäre kurzsichtig, die hier als symptomatisch aufgezeigten Elaborate, ihre Lügen und Legenden um den Spionage-, Spitzel- und Unterdrückungsapparat der zweiten deutschen Diktatur, in ihrer propagandistischen Wirkung zu unterschätzen«, schrieb denn auch der Nestor der Stasi-Forschung, Karl Wilhelm Fricke, nach den Auftritten der Stasi-Kader im Frühjahr 2006. »Ihre Spekulation auf ein kurzes Gedächtnis ist gerechtfertigt. Davon lebt ihr Geschichtsrevisionismus, der die Wahrheit selektiert oder auf den Kopf stellt.«[162]

Die Folgen ihrer Aktivitäten treffen zunächst sie selbst. Nach der friedlichen Revolution vom Herbst 1989 gab es auch für Stasi-Mitarbeiter die Chance, sich von den Lebenslügen des SED-Staates zu befreien und durch kritische Aufarbeitung der Vergangenheit ihre Menschlichkeit zurückzugewinnen. Der Zorn des Volkes und die Enthüllungen über Amtsmissbrauch, Wahlfälschungen und Unterdrückung hatten deutlich gemacht, dass die sozialistische Ideologie nur die Diktatur einer kleinen Clique korrupter Funktionäre verschleiert hatte. Auch viele Systemträger begannen, über das untergegangene Regime und ihre eigene Rolle darin nachzudenken. Doch die zaghaften Ansätze zur geistigen Selbstbefreiung sind lange Geschichte. Fast zwei Jahrzehnte nach ihrer Entmachtung versichern sich die einstigen Funktionäre durch ihre Vereine, Veranstaltungen und Veröffentlichungen gegenseitig, doch im Recht gewesen zu sein. Um ihr Leben zu verteidigen, belügen sie sich ständig selbst, nicht individuell im privaten Kreis, sondern kollektiv und sich wechselseitig bestärkend. Wie die Neonazis haben sie sich einen geschlossenen kommunikativen Raum geschaffen, in den die Wirklichkeit kaum noch eindringen kann. Sie haben sich dadurch selbst dazu verurteilt, das Leben in der Lüge bis zu ihrem Ableben weiterzuführen.

Das alles wäre eher ein Fall für den Psychiater, wenn die Aktivitäten der einstigen Staatskader nicht gesellschaftliche Rückwirkungen hätten. Viele Opfer sind verstört, dass sie zum zweiten Mal in ihrem Leben zu Kriminellen erklärt werden, die zu Recht in Haft gekommen seien, da sie gegen Gesetze der DDR verstoßen hätten. Die unzureichende öffentliche Würdigung ihres Schicksals macht sie doppelt empfindlich für die unerwarteten Angriffe der ehemaligen Stasi-Offiziere, durch die sie erneut unter Rechtfertigungsdruck geraten. Bei vielen brechen die alten Wunden wieder auf, die gerade erst notdürftig verheilt waren. Für Matthias Melster etwa, der den Aufmarsch der Stasi-Offiziere in Hohenschönhausen miterlebte, war der Auftritt des Gefängnischefs wie ein Albtraum, in dem die Geschichte plötzlich zurückgedreht wird. Nicht nur die alten Erinnerungen kamen hoch, sondern auch neue Angstgefühle, wie er es vorher nicht für möglich gehalten hatte. »Ich zittere immer noch am ganzen Körper, wenn ich daran denke«, sagte er danach zu einem Journalisten.[163] Als 21-Jähriger war er mit seiner Freundin bei einem Fluchtversuch verhaftet und in der Stasi-Untersuchungshaftanstalt Hohenschönhausen fünf Monate lang verhört worden. Als das SED-Regime 1989 gestürzt wurde, hätte er sich nie im Leben vorstellen können, dass die alten Kader siebzehn Jahre später wiederauferstehen würden. Allein die verletzten Seelen der Verfolgten zu schützen wäre Grund genug, dem Treiben der Obristen ein Ende zu setzen.

Auch Hans-Eberhard Zahn, der sieben Jahre im Gefängnis saß, betrachtet die Aktivitäten der alten Stasi-Kader mit einer Mischung aus Staunen und Abscheu. Der Diplompsychologe versucht mit professioneller Neugier herauszufinden, warum sich die ehemaligen Offiziere des Staatssicherheitsdienstes noch immer nicht geschlagen geben. Er meint, die Obristen wollten sich nachträglich bestätigen, dass ihr Leben einen positiven Sinn hatte – eine »Reduktion kognitiver Dissonanz«, wie er sagt, bei der das innere Unbehagen vermindert wird, indem man die äußere Wirklichkeit umdeutet. Zahn geht gern zu ihren Versammlungen, um die Reaktionen zu erleben, wenn er etwa erklärt, dass die DDR neben dem Nazi-Reich die zweite Missgeburt der deutschen Geschichte gewesen sei. Auch die Buchvorstellung der GRH im Oktober 2005 besuchte er, bei der die Gedenkstätte Hohenschönhausen als »Gruselkabinett« bezeichnet wurde. Als Beiratsvertreter und Ex-Häftling im Stasi-Arbeitslager nahm er dabei die Erinnerungsstätte in Schutz. Doch die Stasi-Offiziere verbreiten seitdem ein erfundenes »Zitat« – Zahn habe behauptet, in der Gedenkstätte werde »gelogen, sogar schlimm gelogen«.[164] Auch ein schriftlicher Protest hat sie nicht dazu gebracht, den Satz aus ihren Publikationen zu tilgen. »Es sind die Methoden der Zersetzung, die hier wieder funktionieren«, kommentierte der *Spiegel* den Vorgang.[165]

Noch gravierender sind die Folgen für den nicht direkt betroffenen Teil der Gesellschaft. Die ständige Wiederholung der Unwahrheit, das lehrt die Erfahrung, führt zu einer unmerklichen Verschiebung der Wahrnehmung. Wie ein Bazillus nistet sich der Zweifel gegenüber der Wirklichkeit ein, wenn die Lüge nur oft genug wiederholt wird. Je geringer das Wissen, desto schwächer sind die Abwehrkräfte und desto leichter haben es die geistigen Brandstifter mit ihren einfachen Parolen. Jugendliche werden unsicher, wenn sie durch das Internet erfahren, dass ihnen in der Schule oder im Fernsehen möglicherweise etwas Falsches gesagt wurde. Frühere DDR-Bürger, die niemals etwas mit dem Regime zu tun hatten, fühlen sich angesprochen, wenn Stasi-Offiziere oder PDS-Politiker die Kritik am SED-System als Angriff auf ihre Biographien bezeichnen. Wie bei den Rechtsradikalen wird die Umdeutung der Geschichte zur Gefahr, wenn sie in der Gesellschaft auf fruchtbaren Boden fällt. Längst hat sich im Osten Deutschlands ein hartgesottener Geschichtsrevisionismus breitgemacht, der das demokratische System der Bundesrepublik lieber heute als morgen scheitern sehen möchte.

Politik und Medien haben das Treiben der Funktionäre lange Zeit ignoriert. Oft haben sie es sogar noch gefördert, indem sie den DDR-Nostalgikern ein Forum gegeben haben. Die Hasstiraden des letzten SED-Chefs Krenz gegen die angebliche Siegerjustiz in Deutschland, die Verklärung des Staatssicherheitsdienstes durch Stasi-Vize Wolf, die Beschönigung des Unterdrückungsregimes in der DDR durch führende PDS-Politiker – all dies haben die

Medien vielfach unkritisch weitergegeben und auf diese Weise mit dazu beigetragen, den Boden für die Wiederkehr der alten Kader zu bereiten. Auch jene, die mit der PDS Bündnisse und Koalitionen eingegangen sind, ohne dass diese das SED-Regime öffentlich und eindeutig verurteilt hätte, haben die Verharmlosung der DDR-Vergangenheit mitbefördert. Keiner anderen Partei würde man es in Deutschland durchgehen lassen, sich nach außen als demokratische Kraft zu gerieren, heimlich aber mit den Anhängern einer totalitären Diktatur zu kooperieren.

Die Auftritte der Obristen im Frühjahr 2006 haben die Öffentlichkeit aufgerüttelt. Auch der Film »Das Leben der Anderen«, der erstmals ein großes Kinopublikum mit den Methoden des Staatssicherheitsdienstes konfrontierte, hat viele sensibilisiert. Nach dem Aufmarsch der Funktionäre in Hohenschönhausen verabschiedete das Berliner Abgeordnetenhaus eine Resolution, in der es sich schützend vor die Opfer stellte; SPD und PDS strichen darin allerdings die von der Opposition vorgesehene Kritik am Verhalten des Kultursenators Flierl. Wenige Tage später fand im Plenarsaal eine Veranstaltung statt, bei der ehemalige Gefangene über ihre Haftzeit berichteten. »Wir, das Abgeordnetenhaus von Berlin«, erklärte Parlamentspräsident Walter Momper (SPD), »werden nicht zulassen, dass die Täter von gestern ihre an Gewalt und Unterdrückung reiche Geschichte verfälschen und Lügen über die Vergangenheit verbreiten. Wir werden nicht zulassen, dass Stasi-Kader die Deutungshoheit über die Geschichte der DDR an sich ziehen. Wir wollen keine solche Geschichtsrevision. Wir wollen schonungslose Aufarbeitung, und wir werden auch der rosaroten DDR-Nostalgie entgegentreten, wo immer sie die Gewaltherrschaft verklären will.«[166]

Während die Berliner Landespolitik mit Empörung auf die Stasi-Auftritte reagierte, gab es auf Bundesebene lange keine Reaktionen. Als die CDU/CSU-Bundestagsfraktion im April 2006 eine aktuelle Stunde über die Vorkommnisse anberaumen wollte, legte sich die SPD quer, weil sie darin eine Art Vorwahlkampf für die Berliner Abgeordnetenhauswahl im September sah. Um den Koalitionsfrieden nicht zu gefährden, verständigten sich Union und SPD darauf, stattdessen über die Probleme an der Rütli-Schule in Berlin-Neukölln zu debattieren. Nur Bundespräsident Horst Köhler meldete sich im Juni öffentlich zu Wort und forderte mehr Wachsamkeit gegenüber Versuchen ehemaliger Stasi-Mitarbeiter, die DDR-Geschichte umzuschreiben.[167] Im November stattete Köhler der Gedenkstätte dann einen Besuch ab. Nach einem Rundgang durch das Gefängnis und einem Gespräch mit ehemaligen Häftlingen erklärte er: »Wir haben einer Sache nicht die nötige Aufmerksamkeit geschenkt: Die Erinnerungen an das SED-Regime dürfen nicht verblassen. Und die Opfer dürfen nicht in die Defensive geraten und sich fragen: Wer schützt eigentlich mich?«[168] Wie dringlich diese Frage war, zeigte sich einen Tag später, als der ehemalige Häftling Dieter von Wichmann, der Köhler geführt hatte, plötzlich von seinem einstigen Vernehmer zu Hause angerufen wurde. »Wir haben uns damals doch sehr gut miteinander unterhalten«, sagte Ex-Oberst Peter Pfütze am Telefon und warf Wichmann vor, dem Bundespräsidenten Lügen erzählt zu haben.

Während man in Deutschland mit Hingabe über Maßnahmen gegen Gammelfleisch, Passivrauchen oder Gewaltvideos debattiert, hat bislang niemand ernsthaft die Frage aufgeworfen, wie man die Opfer des Staatssicherheitsdienstes – und die Gesellschaft – vor dem Geschichtsrevisionismus der Stasi-Kader schützen kann. Zuallererst wäre es erforderlich, der schleichenden Verklärung der DDR-Vergangenheit in der Öffentlichkeit entgegenzutreten. Gefordert sind hier vor allem Politik und Medien, die den größten Einfluss auf die Meinungsbildung haben. Es reicht nicht aus, an Gedenktagen einen Kranz niederzulegen und einige salbungsvolle Worte zu sprechen. Vielmehr braucht die Aufklärung über die kommunistische Diktatur einen deutlich höheren Stellenwert – auch in finanzieller Hinsicht – als bisher. Und Bündnisse mit der PDS dürfen nur dann eingegangen werden, wenn die Partei das SED-Regime glaubwürdig verurteilt hat. Ein erster Schritt dazu wäre ein Ausschluss der Ewiggestrigen aus der Linkspartei und ein Unvereinbarkeitsbeschluss, der die gleichzeitige Mitgliedschaft in der Partei und einem der Stasi-Verbände verbietet.

Darüber hinaus müssen alle rechtlichen Möglichkeiten genutzt werden, um gegen den Geschichtsrevisionismus vorzugehen. Nach der Abgabenordnung darf ein Verein nur dann als gemeinnützig anerkannt werden, wenn er auch einen gemeinnützigen Zweck fördert – wie Kunst und Kultur, Umwelt- oder Denkmalschutz, Sport oder Gesundheit sowie mildtätige und kirchliche Zwecke. Die Arbeit des Vereins muss zudem der Allgemeinheit zugute kommen, und er darf seine Mittel nur für satzungsgemäße Zwecke ausgeben und nicht den eigenen Mitgliedern zukommen lassen. Nach diesen Kriterien müsste das Berliner Finanzamt für Körperschaften den Stasi-Verbänden schleunigst die Gemeinnützigkeit aberkennen, damit diese nicht länger vom Steuerzahler subventioniert werden. Zudem dürften Polizei und Staatsanwaltschaft nicht mehr die Augen davor verschließen, dass die Verherrlichung von Gewalttaten, die Billigung von Straftaten, die Verunglimpfung der Bundesrepublik und die Verleumdung von Teilen der Bevölkerung strafbar sind – und zwar nicht nur, wenn sie von rechts kommen.[169]

Der Bundestag ist außerdem gefordert, durch Gesetzesänderungen den Schutz der Opfer zu verbessern – zum Beispiel beim Versammlungsrecht. Warum können Aufmärsche vor Gedenkstätten verboten werden, wenn die Verhöhnung von Opfern der nationalsozialistischen Gewaltherrschaft droht, nicht aber dann, wenn es um die Opfer der SED geht? Der damalige Bundesinnenminister Otto Schily (SPD) hatte 2004 vorgeschlagen, dass eine Versammlung verboten werden kann, wenn sie »an einem Ort stattfindet, der in eindeutiger Weise an die Opfer einer organisierten menschenunwürdigen Behandlung erinnert und er als nationales Symbol für diese Behandlung anzusehen ist, und die Versammlung geeignet ist, diese menschenunwürdige Behandlung der Opfer zu billigen, zu leugnen oder zu verharmlosen«.[170] Auf Druck seiner Partei wurde daraus die Formulierung, dass eine Demonstration verboten werden kann, wenn »die Versammlung oder der Aufzug an einem Ort stattfindet, der als Gedenkstätte von historisch herausragender, überregionaler Bedeutung an die Opfer der menschenunwürdigen Behandlung unter der *nationalsozialistischen* Gewalt- und Willkürherrschaft erinnert«.[171]

Diese Ungleichbehandlung muss den Opfern der SED-Diktatur wie eine zynische Zurücksetzung erscheinen.

Und es gibt weitere Asymmetrien: Warum ist es in Deutschland untersagt, den Holocaust zu leugnen, nicht aber den Massenmord im sowjetischen Gulag? Warum darf man nicht mit einem Hakenkreuz auf dem T-Shirt herumlaufen, wohl aber mit Hammer und Sichel oder rotem Stern? Warum wird bestraft, wer Propagandamittel verbreitet, die dazu bestimmt sind, Bestrebungen einer ehemaligen nationalsozialistischen Organisation fortzusetzen, nicht aber jemand, der Aktivitäten von SED und Staatssicherheitsdienst fortführen will? Um Missverständnissen vorzubeugen: Es geht nicht darum, DDR und Nationalsozialismus gleichzusetzen. Aber die Opfer beider Diktaturen haben Anspruch auf denselben Schutz des Gesetzgebers. In den meisten osteuropäischen Ländern – auch solchen, die unter dem Nationalsozialismus besonders gelitten haben – ist dies längst Realität, nur in Deutschland sind die kommunistisch Verfolgten schutzlos.

Bleibt schließlich das letzte Instrument, das der Rechtsstaat besitzt, um die Demokratie vor ihren Feinden zu schützen – das Verbot verfassungsfeindlicher Zusammenschlüsse. In Artikel 9 Absatz 2 des Grundgesetzes heißt es dazu klipp und klar: »Vereinigungen, deren Zweck oder deren Tätigkeit den Strafgesetzen zuwiderlaufen oder die sich gegen die verfassungsmäßige Ordnung oder gegen den Gedanken der Völkerverständigung richten, sind verboten.« Die Verfassungsväter reagierten damit auf die Erfahrungen der Weimarer Republik, als zahlreiche Organisationen unter dem Schutz der unbeschränkten Vereinigungsfreiheit die Demokratie sturmreif geschossen hatten. Wenn ein Verein in seinen Publikationen, seinem Auftreten in der Öffentlichkeit und in der Grundeinstellung seiner Funktionäre die verfassungsmäßige Ordnung untergraben, beseitigen oder nicht unwesentlich beeinträchtigen will, muss er laut Verfassung verboten werden. Achtet er nicht die im Grundgesetz genannten Menschenrechte, insbesondere das Recht auf Leben und freie Entfaltung, sowie die Souveränität des Volkes, die Demokratie und den Rechtsstaat, müssen der Bundesinnenminister oder die zuständige Landesbehörde ein Ermittlungsverfahren einleiten. Auf diese Weise wurden in Deutschland etwa die islamistische Organisation »Kalifatsstaat« und der rechtsradikale »Nationale Block« verboten.

Im Gegensatz zu anderen extremistischen Gruppierungen oder der Scientology-Sekte werden die Stasi-Verbände jedoch nicht einmal vom Verfassungsschutz beobachtet. ISOR zum Beispiel tauchte 1997 zum letzten Mal im Verfassungsschutzbericht auf. Die Behörde erklärte später, dass die Voraussetzungen für eine weitere Beobachtung fehlten, denn »tatsächliche Anhaltspunkte für fortwirkende Strukturen und Tätigkeiten des Aufklärungs- und Abwehrdienstes der ehemaligen DDR« ließen sich nicht mehr finden – obwohl der Verein maßgeblich von früheren Stasi-Leuten gelenkt wird.[172] Immerhin ließen die Innenminister von Brandenburg und Berlin, Jörg Schönbohm und Ehrhart Körting, nach den Auftritten in Hohenschönhausen im Frühjahr 2006 prüfen, ob der Verfassungsschutz die GRH beobachten sollte. Die Expertise, die die Berliner Verfassungsschützer dazu vorlegten, war jedoch so schlecht, dass nicht einmal der Name von Ex-Stasi-Chef Schwanitz richtig geschrieben wurde. Die Arbeitsgruppe Sicherheit, in der er und die übrigen Obristen organisiert sind, fand überhaupt keine Erwähnung. Auf dieser Grundlage teilte das Landesamt für Verfassungsschutz in einem internen Schreiben vom 1. August 2006 den brandenburgischen Kollegen mit, »dass zum jetzigen Zeitpunkt keine Anhaltspunkte dafür vorliegen, dass die GRH Bestrebungen verfolgt, die gegen die freiheitliche demokratische Grundordnung gerichtet sind«. Dagegen hieß es in einem wenig später erstellten Vermerk der brandenburgischen Verfassungsschützer: »Fest steht, dass die GRH offen eine Verherrlichung oder Verharmlosung des untergegangenen sozialistischen Systems und eine Diffamierung des demokratischen Rechtsstaates betreibt.«[173] Beobachtet wird der Verein bis heute weder in Berlin noch in Brandenburg.

In den letzten Jahrzehnten hat sich Deutschland den Ruf erworben, die Auseinandersetzung mit dem nationalsozialistischen Unrechtsregime besonders gründlich zu führen. Eine vergleichbare Sensibilität gegenüber der kommunistischen Diktatur hat es dagegen bislang nicht entwickelt. Die Aufarbeitung der NS-Verbrechen, so scheint es manchmal, hat die Deutschen paradoxerweise nicht sensibler, sondern eher blind gemacht für die Untaten anderer Regime. Dass die meisten SED- und Stasi-Funktionäre heute keinerlei Unrechtsbewusstsein haben, liegt auch daran, dass ihre Taten immer vor der Folie des Nationalsozialismus beurteilt und im Vergleich dazu als relativ harmlos eingestuft werden.

Bei der Auseinandersetzung mit der kommunistischen Diktatur ist die Bundesrepublik in den letzten Jahren sogar deutlich hinter andere europäische Staaten zurückgefallen. In Polen, Ungarn und Tschechien ist das Tragen kommunistischer Symbole per Gesetz untersagt. In Lettland und Litauen ist die kommunistische Partei, in Tschechien der Jugendverband verboten. In Polen sind nationalsozialistische und kommunistische Verbrechen gleichermaßen von der Verjährung ausgenommen. Nur in Deutschland werden die beiden Spielarten totalitärer Herrschaft mit zweierlei Maß gemessen.

Der antitotalitäre Konsens, die einzig vernünftige Schlussfolgerung aus dem blutigen 20. Jahrhundert, ist hierzulande selbst in höchsten Regierungskreisen nicht selbstverständlich. So schlug Bundesjustizministerin Brigitte Zypries (SPD) im Januar 2007 zu Beginn der deutschen EU-Ratspräsidentschaft ein einheitliches europäisches Strafrecht vor, durch das eine Verherrlichung des Nationalsozialismus verhindert werden soll. Den Wünschen mehrerer osteuropäischer Staaten, auch kommunistische Symbole in eine solche Initiative einzubeziehen, erteilte sie jedoch eine Absage. Ihre wenig überzeugende Begründung lautete, dass »das eine neue Debatte eröffnet und damit auch die Schwierigkeit der Definition«.

Vielleicht hilft den Deutschen ja ein Blick über den Tellerrand. Der tschechische Innenminister Ivan Langer, dessen Land 1938/39 von deutschen Truppen besetzt wurde, hat erklärt, dass für ihn die Definition klar auf der Hand liege: »Kommunismus und Nazismus sind beides Bewegungen, die ausgerichtet waren auf die Unterdrückung der Menschenrechte und die Hunderttausende bis Millionen von Opfern auf der ganzen Welt gefordert haben. Und meiner Meinung nach sollten wir, wenn wir gegen die Propagierung solcher Bewegungen kämpfen wollen, auch keinen Unterschied zwischen dem Nazismus und dem Kommunismus machen.«[174]

Die Parlamentarische Versammlung des Europarates forderte bereits 1996 Maßnahmen, um das Erbe der totalitären kommunistischen Systeme zu bereinigen. Im Januar 2006 unterstrich sie erneut die Notwendigkeit, die begangenen Verbrechen klar zu verurteilen. »Die totalitären kommunistischen Regime, die im letzten Jahrhundert in Mittel- und Osteuropa herrschten und in mehreren Staaten der Welt noch immer an der Macht sind, waren ausnahmslos durch schwere Menschenrechtsverletzungen gekennzeichnet«, heißt es in der Resolution 1481. »Die Verletzungen unterschieden sich je nach Kultur, Land und geschichtlicher Epoche und umfassten Morde an und Hinrichtungen von einzelnen Personen und großen Menschengruppen, Tod in Konzentrationslagern, Verhungern, Deportationen, Folter, Sklavenarbeit und andere Formen physischen Massenterrors, Verfolgung auf der Grundlage von Volkszugehörigkeit oder Religion, Verletzung der Gewissens-, Gedanken- und Meinungsfreiheit, der Pressefreiheit sowie auch fehlenden politischen Pluralismus.« Diese Verbrechen seien mit der Theorie des Klassenkampfes und dem Prinzip der Diktatur des Proletariats gerechtfertigt worden. Die Auslegung beider Prinzipien habe die »Eliminierung« von Menschen legitimiert, die als schädlich für den Aufbau einer neuen Gesellschaft und insofern als Feinde der totalitären kommunistischen Regime betrachtet worden seien.

Auf den Sturz der kommunistischen Regime in Mittel- und Osteuropa, so heißt es in der Resolution weiter, folgte nicht in allen Fällen eine internationale Untersuchung über die von ihnen begangenen Verbrechen. Darüber hinaus seien die Urheber dieser Verbrechen von der internationalen Gemeinschaft nicht, wie es nach den durch den Nationalsozialismus begangenen Verbrechen der Fall gewesen sei, vor Gericht gestellt worden. Dementsprechend existiere auch nur ein sehr geringes öffentliches Bewußtsein von den Untaten der totalitären kommunistischen Regime.

Kommunistische Parteien seien in einigen Ländern nach wie vor legal und aktiv, auch wenn sie sich in einigen Fällen nicht von den Verbrechen distanziert hätten, die von totalitären kommunistischen Regimen verübt wurden. »Die Versammlung ist überzeugt, dass Geschichtsbewusstsein eine der Voraussetzungen für die künftige Vermeidung vergleichbarer Verbrechen darstellt. Außerdem spielen die moralische Bewertung und Verurteilung begangener Verbrechen bei der Aufklärung junger Menschen eine wichtige Rolle. Eine klare Position der internationalen Gemeinschaft zur Vergangenheit kann ihnen bei ihrem künftigen Handeln als Leitbild dienen. Darüber hinaus ist die Versammlung überzeugt, dass die noch lebenden Opfer von Verbrechen totalitärer kommunistischer Regime oder ihre Angehörigen für ihr Leiden Mitgefühl, Verständnis und Anerkennung verdienen.«[175] Es wird Zeit, dass man sich auch in Deutschland diese Haltung zu eigen macht.

Anmerkungen

Abkürzungen

BGBl	Bundesgesetzblatt
BGH	Bundesgerichtshof
BStU	Bundesbeauftragte(r) für die Unterlagen des Staatssicherheitsdienstes der ehemaligen Deutschen Demokratischen Republik
BV	Bezirksverwaltung
BVerfG	Bundesverfassungsgericht
BVerwG	Bundesverwaltungsgericht
LG	Landgericht
LStU	Landesbeauftragte(r) für die Unterlagen des Staatssicherheitsdienstes der ehemaligen DDR
OLG	Oberlandesgericht
PID	Parteiinformationsdienst der PDS
VG	Verwaltungsgericht

Erstes Kapitel: Die schöne Welt der Diktatur

1 Liebesgrüße aus Moskau, *Superillu*, 7. Dezember 2006.
2 Manfred Wekwerth, Für Mischa, *Junge Welt*, 27. November 2006.
3 Traueranzeige für Markus Wolf, *Neues Deutschland*, 17. November 2006.
4 Demokratie-Feindlichkeit der Ostdeutschen steigt, *Hamburger Abendblatt*, 14. September 2006.
5 Was uns im Gedächtnis bleibt, *Usedom-Kurier*, 17. Juni 2006.
6 Wolle, Die heile Welt der Diktatur, S. 14.

7 »Da befällt einen die wilde Schwermut«, *Der Tagesspiegel*, 3. August 2005.
8 Vorwärts in die Vergangenheit, *Berliner Zeitung*, 13. Dezember 2006.
9 Nur wenige wussten, wer Erich war, *Berliner Kurier*, 29. Mai 2004.
10 Arnswald/Bongertmann/Mählert, DDR-Geschichte im Unterricht, S. 113–143.
11 Klaus Schroeder, Was wir vergessen, das war nicht, *Der Tagesspiegel*, 18. Mai 2006.
12 Arnswald/Bongertmann/Mählert, DDR-Geschichte im Unterricht, S. 113–143.
13 Arnswald, Zum Stellenwert des Themas DDR-Geschichte in den Lehrplänen der deutschen Bundesländer, S. 43.
14 Mätzing, Das Ministerium für Staatssicherheit in aktuellen Geschichts- und Politikschulbüchern, S. 11–15.
15 Arnswald/Bongertmann/Mählert, DDR-Geschichte im Unterricht, S. 80, 85.
16 Mätzing, Das Ministerium für Staatssicherheit in aktuellen Geschichts- und Politikschulbüchern, S. 17, 32.
17 Pasternack, Gelehrte DDR, S. 8.
18 Behrens/Ciupke/Reichling, Die Auseinandersetzung mit der DDR-Geschichte in der politischen Erwachsenenbildung, S. 73.
19 Stiftung zur Aufarbeitung der SED-Diktatur/Forschungsinstitut Medien Tenor, Vom gemeinsamen Anliegen zur Randnotiz, S. 12, 21.
20 Reuth/Bönte, Das Komplott, S. 153.
21 Hertle/Stephan (Hg.), Das Ende der SED, S. 433.
22 Stephan (Hg.), »Vorwärts immer, rückwärts nimmer!«, S. 276.
23 Vgl. Nakath/Neugebauer/Stephan (Hg.), »Im Kreml brennt noch Licht«.
24 Hertle/Stephan (Hg.), Das Ende der SED, S. 332.
25 Reuth/Bönte, Das Komplott, S. 189.
26 Hornbogen/Nakath/Stephan (Hg.), Außerordentlicher Parteitag der SED/PDS, S. 61.
27 Ebenda, S. 95.
28 Ebenda, S. 310.
29 Moreau/Neu, Die PDS zwischen Linksextremismus und Linkspopulismus, S. 9.
30 Neugebauer/Stöss, Die PDS.
31 Deutscher Bundestag: Schlussbericht der Unabhängigen Kommis-

sion zur Überprüfung des Vermögens der Parteien und Massenorganisationen der DDR, 24. August 2006, Drucksache 16/2466, S. 14.

32 Moreau/Lang, PDS, S. 35.

33 Ebenda, S. 36.

34 Abschlussbericht, Bundestagsdrucksache 16/2466, S. 16.

35 Verlorene Spuren, *Der Spiegel*, 21. August 2006.

36 Deutscher Bundestag: Beschlussempfehlung und Bericht des 2. Untersuchungsausschusses nach Artikel 44 des Grundgesetzes, 28. Mai 1998, Drucksache 13/10900, S. 206 f.

37 Ebenda, S. 206 f.

38 Moreau/Neu, Die PDS zwischen Linksextremismus und Linkspopulismus, S. 31.

39 Moreau, Was will die PDS?, S. 86.

40 Ebenda, S. 85.

41 Gregor Gysi, Ingolstädter Manifest. Wir – mitten in Europa. Plädoyer für einen neuen Gesellschaftsvertrag, *Neues Deutschland*, 17. Februar 1994, S. 9 ff.

42 Honeckers letzter Mann, *taz*, 24. August 2004.

43 Der Strippenzieher, *Berliner Zeitung*, 16. September 2004.

44 Honeckers letzter Mann, *taz*, 24. August 2004.

45 Mann aus dem Kreml, *Der Spiegel*, 23. August 2004.

46 Stechbarth, Soldat im Osten.

47 Lothar Vatter: Militärhistorisches Forum der Linkspartei.PDS Werder Havel, http://werder.pmittelmark.de/modules.php?name=News&file=article&sid=65.

48 Eckert, Zwischen Revision und Nostalgie, S. 35.

49 Moreau, Was will die PDS?, S. 143.

50 Ditfurth, Ostalgie oder linke Alternative, S. 107.

51 Schumann, Hoffnung PDS, S. 33–56.

52 Im Juli 2005 hat die PDS sich umbenannt. Sie tritt seither überwiegend als »Die Linkspartei.PDS« auf. In einigen westdeutschen Landesverbänden verzichtet sie auf den Zusatz PDS.

53 Empörung über Modrow, *Frankfurter Allgemeine Zeitung*, 29. April 2006.

54 Bundesamt für Verfassungsschutz, Verfassungsschutzbericht 2005, S. 106.

55 Satzung der Kommunistischen Plattform der PDS, *Mitteilungen der KPF*, Heft 1/1993, S. 15.

56 Moreau, Die PDS. Profil einer antidemokratischen Partei, S. 194.

57 Sahra Wagenknecht, Marxismus und Opportunismus. Kämpfe in der sozialistischen Bewegung gestern und heute, *Weißenseer Blätter*, Nr. 4/1992, S. 12–26, hier S. 13.
58 Wagenknecht, Vom Kopf auf die Füße?
59 »Was sich die Linke selbst schuldig ist …«, *Unsere Zeit*, 5. Februar 1993.
60 »In großer Sorge«, *Neues Deutschland*, 18. Mai 1995.
61 Streit um SED bringt Koalition in die Krise, *Berliner Zeitung*, 2./3. Dezember 2006.
62 Der Arbeiteraufstand – was geschah am 17. Juni 1953?, *Neues Deutschland*, 3./4. Mai 2003.
63 Zwangsvereinigung kein Parteitags-Thema, *Der Tagesspiegel*, 23. April 2001.
64 Mauer im Kopf, *Der Tagesspiegel*, 26. Juni 2001.
65 Die PDS hat sich vom Stalinismus der SED unwiderruflich befreit. Erklärung des Parteivorstandes der PDS zum 13. August 2001.
66 Die Mauer verläuft durch die PDS, *Der Tagesspiegel*, 24. August 2005.
67 Empörung über Modrow, *Frankfurter Allgemeine Zeitung*, 29. April 2006.
68 Ein Urteil über die Geschichte, über das Recht. Stellungnahme des Parteivorstandes der PDS zur Verurteilung von Egon Krenz und anderen, *PID*, Nr. 35, 29. August 1997, S. 8–10.
69 Zensur für Denkmale aus DDR-Tagen, *Neues Deutschland*, 16. Juni 2006.
70 Lenin kommt ins Depot, *Berliner Zeitung*, 29. September 2006.
71 Moreau, Was will die PDS?, S. 137.
72 Linkspartei kämpft mit ihren Nostalgikern, *Berliner Zeitung*, 13. Juni 2006.
73 Empörung über Modrow, *Frankfurter Allgemeine Zeitung*, 29. April 2006.
74 Siehe dazu Kapitel »Aufmarsch der alten Kader«, S. 253 ff.
75 »Ich sage mal etwas Löbliches über die Stasi«, *Die Welt*, 27. April 2006; Vorwärts – ins Gemümmel, *Berliner Zeitung*, 30. April 2006.
76 Gysi nimmt Stasi-Mitarbeiter in Schutz, *ddp*, 30. April 2006.
77 BV Leipzig, Abteilung XX/7: Vorschlag vom 25. August 1980; BStU, ZA, AP 8765/91, Bl. 19.
78 MfS, SWT/Abt. XV: Schreiben an die BV Leipzig vom 28. Juni 1979, BStU, ZA, AP 74150/92, Bl. 171.

79 SWT/Abt. XV: Einschätzung der Person Dr. Bisky, Lothar, 8. August 1980; BStU, ZA, AP 74150/92, Bl. 48.
80 BStU, Ast. Pdm., Abt. XX, HFF 267.
81 Erklärung des Vorsitzenden der PDS Lothar Bisky, 29. Juli 2003.
82 IM-Vorgang »Willy«; BStU, ZA, AIM 4166/81. Vgl. ausführlich: Knabe, Die unterwanderte Republik, S. 320–326.
83 Diether Dehm, Unter dem Wolfspelz. Ehrenbürger Biermann? Er ist doch nur noch ein Schatten seiner selbst, *Der Tagesspiegel*, 21. Januar 2006.
84 »Ich habe nicht in Spitzelrolle gelebt«, *Der Tagesspiegel*, 26. Januar 2001.
85 »Garten nicht so intensiv bestellt«, *Freies Wort*, 12. Juli 2006.
86 PDS-Abgeordneter für »parlamentsunwürdig« erklärt, *Spiegel Online*, 13. Juli 2006.
87 Ebenda.
88 Damals in Budapest, *Thüringische Allgemeine*, 28. November 2005.
89 BV für Staatssicherheit, Abteilung XX: Aktennotiz vom 5. März 1984; BStU, Ast. Leipzig, AOPK 316/85, Bd. 1, Bl. 35.
90 BV für Staatssicherheit, Abteilung XX/9: Schreiben an die HVA vom 20. März 1984; BStU, Ast. Leipzig, AOPK 316/85, Bd. 1, Bl. 62.
91 Deutscher Bundestag: Bericht des Ausschusses für Wahlprüfung, Immunität und Geschäftsordnung zu dem Überprüfungsverfahren des Abgeordneten Dr. Gregor Gysi gemäß § 44b Abs. 2 Abgeordnetengesetz vom 29. Mai 1998, Drucksache 13/10893, S. 42.
92 Ebenda, S. 11.
93 Ebenda, S. 11.
94 Ebenda, S. 12.
95 Ebenda, S. 13 f.
96 Ebenda, S. 18.
97 Ebenda, S. 18 f.
98 Ebenda, S. 23.
99 Ebenda, S. 26.
100 Ebenda, S. 26.
101 Ebenda, S. 27.
102 Ebenda, S. 46.
103 Ebenda, S. 29.
104 Gregor Gysi und die drei Möglichkeiten, *Die Welt*, 9. Juni 2006.
105 Bericht des Bundestagsimmunitätsausschusses (s. Anm. 91), S. 3.

Zweites Kapitel: Täter ohne Strafe

1 Hauptabteilung I: Maßnahmeplan vom 26. April 1976, dokumentiert in: Lienicke/Bludau, Todesautomatik, S. 409.

2 Hauptabteilung I: Analyse über Delikte und politisch-operative Sachverhalte sowie feindlich-negative Pläne, Absichten und Aktivitäten mit terroristischem Charakter vom 31. Oktober 1977, auszugsweise dokumentiert in: ebenda, S. 442f.

3 LG Berlin: Urteil gegen Wolfgang Singer und Helmut Heckel, Az. 25 Js 2/97 (531) Ks (8/97).

4 BGH: Urteil gegen Wolfgang Singer und Helmut Heckel, Az. 5 StR 14/04.

5 Vgl. Hans-Hermann Hertle/Gerhard Sälter, Die Todesopfer an Mauer und Grenze, *Deutschland Archiv*, Nr. 4/2006, S. 667–676, hier S. 670 f.

6 Vgl. Sauer/Plumeyer, Der Salzgitter-Report, S. 79.

7 Forum zur Aufklärung und Erneuerung e.V., Die Aufarbeitung von DDR-Staatskriminalität und Justizverbrechen, S. 68.

8 Vgl. Sauer/Plumeyer, Der Salzgitter-Report, S. 79.

9 Christoph Schaefgen, Zehn Jahre Aufarbeitung des Staatsunrechts in der DDR, *Neue Justiz*, Nr. 1/2000, S. 2.

10 Fricke, Entführungsaktionen der DDR-Staatssicherheit, S. 1180 f.

11 Heinz Schröder/Jürgen Wilke, Politische Strafgefangene in der DDR. Versuch einer statistischen Beschreibung, *Historical Social Research*, Vol. 23 (1998), No. 4, S. 3–78, hier S. 39.

12 Schnehen, Im Strom der Zeit, S. 80.

13 Deutscher Bundestag: Ausschuss für Kultur und Medien, Wortprotokoll 21. Sitzung, Protokoll Nr. 16/21, S. 30 f.

14 Mironenko/Niethammer/von Plato, Sowjetische Speziallager in Deutschland 1945–1950, Bd. 1, S. 101.

15 Vgl. Henke/Woller (Hg.), Politische Säuberung in Europa; Vollnhals (Hg.), Entnazifizierung; Weinke, Die Verfolgung von NS-Tätern im geteilten Deutschland.

16 Marxen/Werle, Die strafrechtliche Aufarbeitung von DDR-Unrecht, S. 155.

17 Marxen/Werle, Strafjustiz und DDR-Unrecht, Bd. 1: Wahlfälschung, S. XXXV.

18 Roman Grafe/Christoph Schaefgen, »Wenig aufbauend ist die zahlenmäßige Bilanz unserer Arbeit«. Die Strafverfolgung von SED-Unrecht 1990–1998, *Deutschland Archiv*, Nr. 1/1999, S. 6.

19 Ebenda, S. 7.
20 Ebenda, S. 6f.
21 Anlage I zum Einigungsvertrag: Besondere Bestimmungen zur Überleitung von Bundesrecht, Sachgebiet C, Abschnitt II, Nr. 1, Punkt b, in: Die Verträge zur Einheit Deutschlands, S. 164.
22 BVerfG: Beschluss vom 24. Oktober 1996, dokumentiert in: Marxen/Werle (Hg.), Strafjustiz und DDR-Unrecht, Bd. 2/2: Gewalttaten an der deutsch-deutschen Grenze, S. 609.
23 Forum zur Aufklärung und Erneuerung e.V., Die Aufarbeitung von DDR-Staatskriminalität und Justizverbrechen, S. 69.
24 Roman Grafe/Christoph Schaefgen, »Wenig aufbauend ist die zahlenmäßige Bilanz unserer Arbeit«. Die Strafverfolgung von SED-Unrecht 1990–1998, *Deutschland Archiv*, Nr. 1/1999, S. 7.
25 Deutscher Bundestag: Ausschuss für Kultur und Medien, Wortprotokoll 21. Sitzung, Protokoll Nr. 16/21, S. 24.
26 BGH: Urteil vom 13. Dezember 1993, Az. 5 StR 76/93.
27 BGH: Urteil vom 15. September 1995, Az. 5 StR 713/94. Pressemitteilung des Bundesgerichtshofes Nr. 56/95 vom 15. September 1995.
28 BGH: Urteil vom 9. Dezember 1993, Az. 4 StR 416/93.
29 Vgl. OLG Dresden: Urteil vom 24. September 1997, Az. 1 Ss 235/97.
30 Vgl. ebenda.
31 BGH: Beschluss des Großen Senats für Strafsachen vom 25. Juli 1995, Az. GSSt 1995.
32 BGH: Beschluss vom 22. April 1998, Az. 5 StR 5/98.
33 BGH: Urteil vom 5. März 1998, Az. 5 StR 494/97.
34 LG Bautzen: Urteil vom 17. Oktober 1995, Az. 1 KLs 183 Js 5993/91.
35 Marxen/Werle, Die strafrechtliche Aufarbeitung von DDR-Unrecht, S. 156–221. Auf dieser Untersuchung beruhen, wenn nicht anders angegeben, auch die nachfolgenden Zahlen. Vgl. Roman Grafe/Christoph Schaefgen, »Wenig aufbauend ist die zahlenmäßige Bilanz unserer Arbeit«. Die Strafverfolgung von SED-Unrecht 1990–1998, *Deutschland Archiv*, Nr. 1/1999, S. 7.
36 BGH: Urteil vom 25. April 1996, Az. 5 StR 54/96. Vgl. Rudolf Wassermann, Justizterror – ungeahndet, *Deutschland Archiv*, Nr. 6/1996, S. 938–940, hier S. 938.
37 Staatsanwaltschaft Berlin: Auswertung über die Bewältigung der Regierungs- und Vereinigungskriminalität und des Justizunrechts mit aktuellem Verfahrensstand (Stand: 3. Oktober 2000), S. 5.

38 Vgl. Pieper, »Roter Terror« in Cottbus.

39 Leonore Ansorg, Die juristische Aufarbeitung von DDR-Unrecht im Strafvollzug. Ermittlungsverfahren gegen ehemalige Angehörige der Strafvollzugsanstalt Brandenburg nach 1989, *Deutschland Archiv*, Nr. 4/2005, S, 589–597.

40 Christoph Schaefgen, Zehn Jahre Aufarbeitung des Staatsunrechts in der DDR, *Neue Justiz*, Nr. 1/2000, S. 3.

41 Peter Jaskulski/Christian Rudolph/Horst Böttger/Wolfgang Grüneberg/Albert Mautsch: Zu den Ursachen und Bedingungen für die Herausbildung feindlich-negativer Einstellungen in feindlich-negative Handlungen von DDR-Bürgern. Konsequenzen für die weitere Erhöhung der Effektivität der Vorbeugung und Bekämpfung feindlich-negativer Handlungen durch das MfS; BStU, ZA, JHS 21975.

42 Ilko-Sascha Kowalczuk, »Es hat ihn keiner gezwungen« – Ein Arzt im Dienste der Stasi, http://www.bpb.de/themen/IW2LBJ,0,0,Alles_schon_vergessen_19922001.html.

43 Renate Oschlies, »In der Haft war alles möglich«. Stasi-Arzt vom Vorwurf der Körperverletzung an Häftlingen freigesprochen, *Berliner Zeitung*, 23. September 2000.

44 Vgl. Fricke, Akten-Einsicht, S. 116.

45 Vgl. Knabe, Die unterwanderte Republik, S. 308–312.

46 Christoph Schaefgen, Zehn Jahre Aufarbeitung des Staatsunrechts in der DDR, *Neue Justiz*, Nr. 1/2000, S. 2.

47 Knabe, Die unterwanderte Republik, S. 307.

48 Vgl. Welsch, Ich war Staatsfeind Nr. 1.

49 Staatsanwaltschaft Berlin: Auswertung über die Bewältigung der Regierungs- und Vereinigungskriminalität und des Justizunrechts mit aktuellem Verfahrensstand (Stand: 3. Oktober 2000), S. 5. Zu Hübsch: Ein Stacheldraht der Erinnerung, *Berliner Zeitung*, 15. Januar 2000.

50 Der Generalbundesanwalt: Verfügung vom 24. Juli 1995, dokumentiert in: Marxen/Werle (Hg.), Strafjustiz und DDR-Unrecht, Bd. 4/1: Spionage, S. 340.

51 *ISOR aktuell*, Nr. 6/2006, S. 5.

52 BGH: Urteil vom 26. November 1980, Az. 3 StR 393/80; BGH: Urteil vom 7. März 1984, Az. 3 StR 550/83.

53 BGH: Urteil vom 29. April 1994, Az. 3 StR 528/93.

54 Vgl. Johnson/Verschoth, Freigeworfen.

55 Roman Grafe/Christoph Schaefgen, »Wenig aufbauend ist die zah-

lenmäßige Bilanz unserer Arbeit«. Die Strafverfolgung von SED-Unrecht 1990–1998, *Deutschland Archiv*, Nr. 1/1999, S. 8.

56 Marxen/Werle (Hg.), Strafjustiz und DDR-Unrecht, Bd. 2/1: Gewalttaten an der deutsch-deutschen Grenze, S. XXXVII.

57 Staatsanwaltschaft Neuruppin: Schreiben an Peter Ewert vom 10. September 1997, S. 4–6; Archiv Gedenkstätte Berlin-Hohenschönhausen.

58 Marxen/Werle, Die strafrechtliche Aufarbeitung von DDR-Unrecht, S. 212.

59 Grafe, Deutsche Gerechtigkeit, S. 19, 248, 250.

60 Staatsanwaltschaft Berlin: Auswertung über die Bewältigung der Regierungs- und Vereinigungskriminalität und des Justizunrechts mit aktuellem Verfahrensstand (Stand: 3. Oktober 2000), S. 5.

61 Marxen/Werle (Hg.), Strafjustiz und DDR-Unrecht, Bd. 2/1: Gewalttaten an der deutsch-deutschen Grenze, S. XXXVII.

62 Marxen/Werle, Die strafrechtliche Aufarbeitung von DDR-Unrecht, S. 114.

63 Marxen/Werle (Hg.), Strafjustiz und DDR-Unrecht, Bd. 3: Amtsmissbrauch und Korruption, S. XXXVIII.

64 Marxen/Werle (Hg.), Strafjustiz und DDR-Unrecht, Bd. 1: Wahlfälschung, S. XXXVII f.

65 Marxen/Werle, Die strafrechtliche Aufarbeitung von DDR-Unrecht, S. 147–221.

66 Krenz allein zu Haus, *Der Tagesspiegel*, 20. Dezember 2003.

67 Vgl. Brauckmann, Amnesty International als Feindobjekt der DDR; Wüst, Die Internationale Gesellschaft für Menschenrechte im Visier der Staatssicherheit der DDR.

68 Thoralf Staudt, Wer hat Angst vor Rosenholz?, *Die Zeit*, 22. Juni 2006.

69 Bundesbeauftragte für die Stasi-Unterlagen: Pressemitteilung vom 21. Juni 2006.

70 Schönbohm: SPD blockiert Stasi-Aufarbeitung im Westen, *Die Welt*, 10. Juli 2006.

71 Unterwanderte Republik? *Frankfurter Allgemeine Zeitung*, 28. Juni 2006.

72 Die Enthüllungen passen in eine Fußnote, *Frankfurter Allgemeine Zeitung*, 6. September 2006.

73 OLG Düsseldorf: Urteil vom 6. Dezember 1993, Az. IV-40/92.

74 BVerfG: Beschluss vom 15. Mai 1995, Az. 2 BvL 19/91.

75 »Angeklagte« erheben ihre Stimme, *Junge Welt*, 13. November 2006.

76 Die Anklageschriften gegen Wagenbreth und Männchen sind abgedruckt in: Marxen/Werle (Hg.), Strafjustiz und DDR-Unrecht, Bd. 4/1: Spionage, S. 463–550 und S. 717–751.

77 Joachim Lampe, Referat, in: Forum zur Aufklärung und Erneuerung e.V., Die Aufarbeitung von DDR-Staatskriminalität und Justizverbrechen, S. 84.

78 Ebenda.

79 Ebenda.

80 »Ein relativ hohes Sicherheitsrisiko«. Die CIA verdächtigt einen Bonner SPD-Referenten, *Der Spiegel*, 6. Oktober 1986.

81 OLG Düsseldorf: Urteil vom 17. November 1994, dokumentiert in: Marxen/Werle (Hg.), Strafjustiz und DDR-Unrecht, Bd. 4/1: Spionage, S. 935–979, hier S. 974.

82 Gast, Kundschafterin des Friedens.

83 Vgl. § 14 Abs. 2 Thüringisches Polizeiorganisationsgesetz vom 14. Mai 1991 und § 5 Thüringisches Beamtenrechtliches Vorschaltgesetz vom 17. Juli 1991.

84 Zweiter Tätigkeitsbericht des Berliner Landesbeauftragten für die Unterlagen des Staatssicherheitsdienstes der ehemaligen Deutschen Demokratischen Republik (1995), Abgeordnetenhaus von Berlin, Drucksache 13/204, S. 8 f.

85 IM-Registrierungen der Bezirksverwaltung Halle und der Kreisdienststellen Halle und Halle-Neustadt des MfS 1968–1989, dokumentiert in: Verein Zeit-Geschichte(n) Halle (Hg.), Darf man das?, S. 74 f.

86 Die Stasi-Listen in Bild, *Bild Halle*, 20. Juli 1992.

87 Der Tag, an dem es alle wussten, *Mitteldeutsche Zeitung*, 12. Juli 2002.

88 Vgl. Kleine Anfrage der Abgeordneten Peter Krause und Jörg Schwäblein, CDU, vom 2. März 2006, Drucksache des Thüringer Landtags 749. Die Zahlen zu den anderen Bundesländern sind den Berichten der Landesbeauftragten und der Bundesbeauftragten für die Stasi-Unterlagen entnommen.

89 Debatte zu Stasi-Überprüfung an Kasseler Hochschule vertagt, *Frankfurter Allgemeine Zeitung*, 10. Juli 1998; Keine Stasi-Überprüfung für Professoren in Kassel, *die tageszeitung*, 10. Juli 1998; Keine Suche nach Stasi-Spitzeln, *Hessische/Niedersächsische Allgemeine*, 9. Juli 1998; Kasseler Professoren sollen sich »gaucken« lassen, *Frankfurter Allgemeine Zeitung*, 13. Juli 1998 (Regionalteil).

90 Vgl. dazu Knabe, Der diskrete Charme der DDR, S. 166–232.
91 Altstalinisten in Schlüsselpositionen in Lauerstellung, *Zeit-Fragen*, Nr. 38, 1. Juni 1997.
92 LStU Sachsen: Tätigkeitsbericht 1995, Dresden 1996, S. 22 f.
93 Die Frist lief ursprünglich bis zum 3. Oktober 1992, wurde dann aber bis zum 31. Dezember 1993 verlängert. Vgl. Anlage I zum Einigungsvertrag: Besondere Bestimmungen zur Überleitung von Bundesrecht, dokumentiert in: Die Verträge zur Einheit Deutschlands, S. 471 f.
94 Sächsisches Ministerium des Innern: Schreiben an den Autor vom 20. November 2006.
95 1500 Ex-Stasi-Leute bei der Polizei und Grenzschutz, *Die Welt*, 5. Dezember 2006.
96 Gregor Gysi vom MDR überprüft, Pressemitteilung des MDR, 29. April 2004.
97 Charité heuert Ex-Stasi-Major an, *Die Welt*, 3. Juni 2005.
98 »Ich fordere eine Debatte«, *Süddeutsche Zeitung*, 14. Januar 1998.
99 Die Birthler-Behörde hat ein Stasi-Problem, *Die Welt*, 29. November 2006.
100 Herr T., Frau A. und ein paar seltsame Vorgänge in der Gauck-Behörde, *Berliner Zeitung*, 25. Mai 1997.
101 Vgl. Report Baden-Baden, 23. Juni 1997.
102 Herr T., Frau A. und ein paar seltsame Vorgänge in der Gauck-Behörde, *Berliner Zeitung*, 25. Mai 1997.
103 »Wir wollen doch nicht dauerhaft den Rechtsstaat außer Kraft setzen«, Interview mit Wolfgang Thierse, Deutschlandradio, 2. November 2006.
104 Grimmer/Irmler/Opitz/Schwanitz (Hg.), Die Sicherheit, S. 7; Advokat des Ostens, *Die Welt*, 6. Januar 2006; »Die unsinnige Aufarbeitung muß eingestellt werden«, *Junge Welt*, 2. November 2006; »Das ist eine hochgradig verlogene Debatte«, *Der Tagesspiegel*, 20. Dezember 2006.
105 LStU Berlin: Tätigkeitsbericht 1996, Abgeordnetenhaus von Berlin, Drucksache 13/1395, S. 8.
106 LStU Sachsen-Anhalt, Tätigkeitsbericht 1998.
107 Hartung/Holl, Anwaltliche Berufsordnung.
108 Grafe, Deutsche Gerechtigkeit, S. 156.
109 Die Qualifizierung der vorbeugenden und offensiven Bekämpfung staatsfeindlicher Aktivitäten der Verdeckten Kriegführung unter den gegenwärtigen Bedingungen des Klassenkampfes, BStU, ZA,

JHS, 21834; Zur Rolle und zum Vorgehen der Geheimdienste imperialistischer Hauptländer und Südafrikas sowie der Geheimdienste prokapitalistischer Staaten bei der Verwirklichung der neokolonialen Politik des Imperialismus gegen die Staaten sozialistischer Entwicklung/Orientierung und die kämpfenden Befreiungsorganisationen im subsaharischen Afrika, BStU, ZA, JHS 21959; Die politisch-operative Sicherung der Reise- und Auslandskader für nichtsozialistische Staaten und Westberlin, BStU, ZA, JHS 21977; Für die Arbeit des MfS bedeutsame politisch-rechtliche Grundfragen des Westberlinproblems und sich daraus ergebende politisch-operative Schlussfolgerungen und Aufgaben. Von der Arbeit liegt nur eine Zusammenfassung vor: BStU, ZA, ZAIG 7696.

110 LStU Berlin: Tätigkeitsbericht 1996, Abgeordnetenhaus von Berlin, Drucksache 13/1395, S. 8.

111 Vgl. die Kaderakte Osterlohs, BStU, ZA, HA KuSCH, 30050/M.

112 Helmut Möller/Peter Jaskulski/Frank Osterloh: Politische und völkerrechtliche Aspekte der Arbeit des MfS zur offensiven Zurückweisung der von Staatsorganen bzw. Feindeinrichtungen der BRD ausgehenden Einmischung in innere Angelegenheiten der DDR, BStU, ZA, JHS 21902.

113 »In der Haft war alles möglich«, *Berliner Zeitung,* 23. September 2000.

114 Grafe, Deutsche Gerechtigkeit, S. 69.

115 Vgl. Der Denunziant, *Berliner Zeitung*, 16. Juni 2005.

116 Landtag Brandenburg: Debatte zum Bericht des Parlamentarischen Untersuchungsausschusses 1/3 des Landtages »Aufklärung der früheren Kontakte des Ministerpräsidenten Dr. Manfred Stolpe zu Organisationen des Staatsapparates der DDR, der SED sowie zum Staatssicherheitsdienst und der in diesem Zusammenhang erhobenen Vorwürfe«, Schriften des Landtages Brandenburg, Heft 2 (1994), S. 10.

117 Hilsberg droht der Absturz, *Märkische Allgemeine Zeitung,* 18. Oktober 2002.

118 Peter Raue, Das Neue Forum und die hallesche »IM-Liste« – auch eine Prozessgeschichte, in: Verein Zeit-Geschichte(n) Halle (Hg.), Darf man das?, S. 54–70, hier S. 59 f.

119 BGH: Urteil vom 12. Juli 1994, Az. VI ZR 1/94.

120 BVerfG: Beschluss vom 23. Februar 2000, Az. 1 BvR 1582/94.

121 Liste ehemaliger Stasi-Mitarbeiter im Internet, *Berliner Zeitung,* 8. Januar 2001.

122 BVerfG: Beschluss vom 25. Oktober 2005, Az. BvR 1696/98.

123 In Zukunft mit Schere im Kopf, *die tageszeitung*, 18. November 2005.

124 Zitiert nach einer Erklärung des MDR-Unternehmenssprechers Eric Marcuse vom 14. Oktober 2002.

125 www.buskeismus.de.

126 Gegendarstellung, *Die Welt*, 25. Juli 2001.

127 Gregor Gysi und die drei Möglichkeiten, *Die Welt*, 9. Juni 2006.

128 LG Hamburg: Urteil vom 24. September 2004, Az. 324 O 512/04.

129 »Leugnen und Vertuschen«, *Sächsische Zeitung*, 30. August 2004.

130 HVA, Abteilung X: Auskunftsbericht über Wallraff, Günter (IM Wagner), vom 25. November 1976, BStU, ZA, HA XX 2961, S. 6f. Vgl. Auskunft über »Wagner«, *Focus*, 25. Mai 1998, S. 34–38; Auf Seite 17 verplaudert, *Focus*, 2. November 1998, S. 58–62.

131 LG Hamburg: Urteil vom 17. Dezember 2004, Az. 324 O 699/03.

132 LG Berlin: Urteil vom 4. Juli 2006, Az. 27 O 428/06.

133 Wenn die Stasi ewig klingelt, *Berliner Zeitung*, 13. Januar 2007.

134 Ein Feindbild soll vergessen werden, *Süddeutsche Zeitung*, 26./27. November 2005.

135 Verbot verbieten, *Der Tagesspiegel*, 3. Dezember 2006.

136 »Sogar für Überschriften werden Vorschriften gemacht«, *Die Welt*, 7. Juli 2006.

137 Vertrag über die Schaffung einer Währungs-, Wirtschafts- und Sozialunion zwischen der Bundesrepublik Deutschland und der DDR vom 18. Mai 1990, dokumentiert in: Die Verträge zur Einheit Deutschlands, S. 1–23, hier S. 10.

138 §27 Abs. 1 des Gesetzes zur Angleichung der Bestandsrenten an das Nettorentenniveau der Bundesrepublik Deutschland und zu weiteren rentenrechtlichen Regelungen – Rentenangleichungsgesetz – vom 28. Juni 1990 (GBl der DDR I, S. 495). Vgl. Gesetz über die Sozialversicherung vom 28. Juni 1990, GBl der DDR I, Nr. 38, S. 486.

139 Einigungsvertrag, Anlage II Kapitel VIII Sachgebiet H Abschnitt III Nr. 9, in: Die Verträge zur Einheit Deutschlands, S. 534f.

140 Rentenüberleitungsgesetz (RÜG) vom 25. Juli 1991; Anspruchs- und Anwartschaftsüberführungsgesetz (AAÜG) vom 25. Juli 1991, BGBl I, S. 1606, 1677.

141 Gesetz zur Ergänzung des Rentenüberleitungsgesetzes (Rü-ErgG) vom 24. Juni 1993, BGBl I, S. 1038.

142 Aussetzungs- und Vorlagebeschluss des Sozialgerichts Gotha vom 9. Juni 1995, Az. S 5/An-649/94.

143 Aussetzungs- und Vorlagebeschluss des Bundessozialgerichts vom 14. Juni 1995, Az. 4 RA 98/94.

144 Gesetzentwurf der PDS vom 13. Januar 1995, von Bündnis 90/Die Grünen vom 25. Januar 1995, vom Land Berlin vom 29. September 1995; Deutscher Bundestag: Änderungsgesetz zur Rentenüberleitung vom 27. September 1996, BGBl I/1996, S. 1674.

145 Vgl. Peter Eisenfeld, Wer wird im Rentenrecht eigentlich bestraft? Ein Beitrag zur Novellierung des Rentenüberleitungsgesetzes, *Deutschland Archiv*, Nr. 6/1996, S. 934–938, hier S. 936.

146 BVerfG: Urteil vom 28. April 1999, Az. 1 BvL 32/95, 1 BvR 2105/95.

147 BVerfG: Urteil vom 28. April 1999, Az. 1 BvL 34/95.

148 BVerfG: Urteil vom 28. April 1999, Az. 1 BvL 11/94, Az. 1 BvL 33/95, 1 BvR 1560/97.

149 Ebenda.

150 Angelika Barbe, Wie gerecht ist der Rechtsstaat? Oder: Die fatale Pauschalierung von Opfern und Tätern, Deutschlandfunk, Politisches Feuilleton, 4. Mai 1999.

151 Deutscher Bundestag: Entwurf eines Zweiten Gesetzes zur Änderung und Ergänzung des Anspruchs- und Anwartschaftsüberführungsgesetzes, 23. März 2003, Drucksache 14/5640, S. 2.

152 45 000 Mark! Rentennachschlag für Margot Honecker, *Bild Berlin*, 16. März 2001.

153 Deutscher Bundestag: Stenografischer Bericht, 171. Sitzung, 18. Mai 2001, Plenarprotokoll 14/171, S. 16 792 f.

154 Thüringer Staatskanzlei: Pressemitteilung 32/06, 10. Februar 2006.

155 BVerfG: Urteil vom 23. Juni 2004, Az. 1 BvL 3/98, 9/02 und 2/03. Vgl. Mehr Rente für etliche Ex-DDR-Funktionäre, *Sächsische Zeitung*, 7. Juli 2004; Nicht jeder Staatsdiener verdiente zu Unrecht gut, *Sächsische Zeitung*, 8. Juli 2004; Berlin muss höhere Renten für DDR-Funktionäre zahlen, *Berliner Zeitung*, 9. Juli 2004.

156 Deutscher Bundestag: Beschlussempfehlung und Bericht des Ausschusses für Gesundheit und Soziale Sicherung zu dem Gesetzentwurf der Fraktionen SPD und Bündnis 90/Die Grünen – Drucksache 15/5314 –, Drucksache 15/5488.

157 Nach § 6 AAÜG wird folgenden Personengruppen bei der Rente ein DDR-Durchschnittseinkommen angerechnet: 1. Mitglied, Kandidat oder Staatssekretär im Politbüro der SED, 2. Generalsekretär, Sekretär oder Abteilungsleiter des Zentralkomitees der SED sowie Mitarbeiter der Abteilung Sicherheit bis zur Ebene der Sektorenleiter

oder die jeweiligen Stellvertreter, 3. Erster oder Zweiter Sekretär der SED-Bezirks- oder Kreisleitung sowie Abteilungs- oder Referatsleiter für Sicherheit oder Abteilungsleiter für Staat und Recht, 4. Minister, stellvertretender Minister oder stimmberechtigtes Mitglied von Staats- oder Ministerrat oder ihre jeweiligen Stellvertreter, 5. Vorsitzender des Nationalen Verteidigungsrates, Vorsitzender des Staatsrates oder Vorsitzender des Ministerrates sowie in diesen Ämtern ernannte Stellvertreter, 6. Staatsanwalt in den für vom Ministerium für Staatssicherheit sowie dem Amt für Nationale Sicherheit durchzuführenden Ermittlungsverfahren zuständigen Abteilungen I der Bezirksstaatsanwaltschaften, 7. Staatsanwalt der Generalstaatsanwaltschaft der DDR, 8. Mitglied der Bezirks- oder Kreis-Einsatzleitung, 9. Staatsanwalt oder Richter der I-A-Senate.

158 Höhere Rente für Abteilungsleiter in DDR-Behörde, *Berliner Zeitung*, 8./9. Oktober 2005.

159 Höhere Rente für ehemalige DDR-Funktionäre, *Süddeutsche Zeitung*, 6. Dezember 2005; DDR-Topverdiener erhalten Rentennachschlag, *Spiegel Online*, 27. Oktober 2006.

160 Stasi-Mitarbeiter sollen Ausgleich für Dienstbeschädigungen erhalten, *Das Parlament*, 13. Februar 2006.

161 Geld für Stasi-Leute nur nach Prüfung, *Das Parlament*, 10. April 2006.

162 Bundesfinanzministerium: Schreiben an die Bundestagsabgeordnete Susanne Jaffke vom 19. Juli 2004, Anlage 2. Vgl. Teure Strafrenten, *Focus*, 30. August 2004.

163 Soli für Margot, *Der Spiegel*, 14. April 2003.

164 Ost-Länder fordern 650 Millionen Euro mehr für Renten, *Märkische Oderzeitung*, 19. September 2006.

Drittes Kapitel: Opfer ohne Lobby

1 Vu, Inhaftiert, S. 98.

2 Wolfgang Kockrow im Gespräch mit dem Autor am 14. Dezember 2006.

3 Enquete-Kommission »Aufarbeitung von Geschichte und Folgen der SED-Diktatur in Deutschland«: Bericht vom 31. Mai 1994, dokumentiert in: Deutscher Bundestag (Hg.), Materialien der Enquete-Kommission »Aufarbeitung von Geschichte und Folgen der SED-Diktatur in Deutschland«, Bd. 1, S. 178–778, hier S. 639.

4 Horst Schüler: Schreiben an die Teilnehmer der Öffentlichen Anhörung des Kulturausschusses des Bundestages zur Novellierung des Stasi-Unterlagengesetzes vom 22. Oktober 2006, Archiv des Verfassers.
5 Bundesgesetz zur Entschädigung für Opfer der nationalsozialistischen Verfolgung vom 18. September 1953, BGBl I 1953, 1387.
6 Rehabilitierungsgesetz vom 6. September 1990, § 2, GBl der DDR I Nr. 60, 18. September 1990.
7 Rehabilitierungsgesetz vom 6. September 1990, § 37, GBl der DDR I Nr. 60, 18. September 1990.
8 Deutscher Bundestag (Hg.), Protokolle der Volkskammer der DDR: 10. Wahlperiode, 5. April bis 2. Oktober 1990 (Bd. 3: Protokoll der 26. bis 38. Sitzung), S. 1621.
9 Vertrag zwischen der Bundesrepublik Deutschland und der DDR über die Herstellung der Einheit Deutschlands vom 31. August 1990 (Einigungsvertrag), Artikel 17, dokumentiert in: Die Verträge zur Einheit Deutschlands, S. 51.
10 Deutscher Bundestag: Denkschrift zum Einigungsvertrag, Drucksache 11/7760, S. 355–378, hier S. 363.
11 Gesetz über die Rehabilitierung und Entschädigung von Opfern rechtsstaatswidriger Strafverfolgungsmaßnahmen im Beitrittsgebiet (Strafrechtliches Rehabilitierungsgesetz – StrRehaG) vom 29. Oktober 1992, § 1, BGBl I 1992, S. 1814.
12 Zitiert nach Siegmund, Opfer ohne Lobby?, S. 119 f., 129.
13 StrRehaG (s. Anm. 11), § 1, BGBl I 1992, S. 1814.
14 Deutscher Bundestag, Protokoll der 16. Sitzung des Innenausschusses am 25. Juni 2003 (Manuskript), S. 18.
15 Janka, Spuren eines Lebens, S. 317.
16 Ebenda, S. 401.
17 StrRehaG (s. Anm. 11), § 21, BGBl I 1992, S. 1814.
18 Für Bürgerrechtler Hilsberg kommt Bewegung in Parteienstreit um SED-Opferrente, *Leipziger Volkszeitung*, 16. Januar 2004.
19 Nur wenige Anträge auf Entschädigung, *Nordkurier*, 14. Januar 2004.
20 Helmut Radzuweit: Leserbrief, *Berliner Zeitung*, 18./19./20. Mai 2002.
21 Freyberger/Frommer/Maercker/Steil, Gesundheitliche Folgen politischer Haft in der DDR, S. 26.
22 Ebenda, S. 25 f.
23 Müller/Stephan (Hg.), Die Vergangenheit läßt uns nicht los, S. 128, 133.

24 Help e.V.: Pressemitteilung vom 3. März 2005.
25 Storck, Karierte Wolken, S. 100, 103.
26 DDR-Zwangsarbeiter: So wurden wir ausgebeutet, *Bild am Sonntag*, 23. September 2001.
27 Ebenda. Vgl. auch Bastian/Neubert, Schamlos ausgebeutet.
28 DDR-Opfer verklagen Berlin, *Frankfurter Rundschau*, 14. Mai 2002. Vgl. Schmidt-Pohl, Haftzwangsarbeit.
29 Politische DDR-Häftlinge wollen Entschädigung wie NS-Zwangsarbeiter, *dpa*, 11. Mai 2002.
30 Richtlinie Nr. 1/76 zur Entwicklung und Bearbeitung Operativer Vorgänge (OV), GVS MfS o008-100/76, dokumentiert in: Gill/Schröter, Das Ministerium für Staatssicherheit, S. 346–402, hier S. 389 ff.
31 JHS Potsdam/Juristische Fachschule Potsdam (Hg.), Hochschuldirektstudium/Fachschulstudium Rechtswissenschaft, Lehrstuhl I, Studienmaterial, Teil III, VVS JHS o001-190/85/III, Potsdam 1986, S. 88.
32 Vgl. Bernd Eisenfeld, Widerständiges Verhalten im Spiegel von Statistiken und Analysen des MfS, in: Henke/Engelmann (Hg.), Aktenlage, S. 160 ff.
33 Jürgen Fuchs, Landschaften der Lüge (III), *Der Spiegel*, 2. Dezember 1991, S. 94–108, hier S. 104.
34 Jürgen Fuchs, Unter Nutzung der Angst, *BF informiert*, 2/1994, Berlin 1994, S. 39.
35 Pingel-Schliemann, Zersetzen, S. 350 f.
36 Entwurf eines Gesetzes zur Verbesserung der Rechtsstellung der Opfer der SED-Diktatur, Bundestagsdrucksache Nr. 13/3038 vom 21. November 1995, S. 2.
37 Schreiben von Bundesjustizminister Schmidt-Jortzig an den stellvertretenden Vorsitzenden der CDU/CSU-Fraktion Krüger vom 21. Juni 1996, dokumentiert in: Jürgen Fuchs, Den spezifischen Formen des DDR-Terrors gerecht werden. »Zersetzungsmaßnahmen« des MfS. Vortrag zur Anhörung der Bundestagsfraktion von Bündnis 90/Grüne am 17. März 1997 in Bonn »Aufarbeitung am Ende?«, S. 6 ff. (Manuskript, auszugsweise veröffentlicht in: *Frankfurter Rundschau*, 23. April 1997).
38 Deutscher Bundestag, 13. Wahlperiode, 175. Sitzung, 15. Mai 1997, hier S. 15 807.
39 Deutscher Bundestag: Entwurf eines Zweiten Gesetzes zur Bereinigung von SED-Unrecht (2. SED-Unrechtsbereinigungsgesetz – 2.

SED-UnBerG), Drucksache 12/4994 des Deutschen Bundestages, S. 16 ff.

40 Zitiert nach Siegmund, Opfer ohne Lobby?, S. 128 f.

41 Walter-Jürgen Lehmann/Oskar Tritt/Dr. Klaus Wimmer, Das zweite Gesetz zur Bereinigung von SED-Unrecht – Berufliche und verwaltungsrechtliche Rehabilitierung (Teil 1), *Neue Justiz*, Nr. 8/1994, S. 351.

42 Vgl. Bundesratsdrucksache Nr. 363/01 vom 1. Juni 2001.

43 BVerwG: Urteil vom 12. Februar 1998, Az. 3 C 25.97.

44 Widerstand lohnt sich nicht, *Focus*, 2. Juni 2003.

45 Siebenter Tätigkeitsbericht des Berliner Landesbeauftragten für die Unterlagen des Staatssicherheitsdienstes der DDR, Berlin 2001.

46 Peter Eisenfeld, Defizite bei der Rehabilitierung politisch Verfolgter des SED-Regimes, *Deutschland Archiv*, Nr. 1/2002, S. 59–74, hier S. 59.

47 Verbände der Verfolgten kommunistischer Gewaltherrschaft: Schweriner Erklärung zur Ehrenpension vom 14. Mai 2005.

48 Deutscher Bundestag: Entwurf eines Dritten Gesetzes zur Bereinigung von SED-Unrecht, 27. Juni 2000, Drucksache 14/3665.

49 SED-Unrechts-Opfer ziehen bundesweit vor die Gerichte, *Leipziger Volkszeitung*, 25. April 2004.

50 DDR-Häftlinge klagen in Karlsruhe, *Der Tagesspiegel*, 9. August 2002.

51 Deutscher Bundestag: Entwurf eines Dritten Gesetzes zur Bereinigung von SED-Unrecht, 6. Mai 2003, Drucksache 15/932.

52 SPD lehnt Rente für SED-Opfer ab, *Süddeutsche Zeitung*, 5. Juni 2003; Deutscher Bundestag: Stenografischer Bericht, 49. Sitzung, 6. Juni 2003, Plenarprotokoll 15/49, S. 4156 f.

53 Beschlussempfehlung und Bericht des Ausschusses für Gesundheit und Soziale Sicherung vom 28. Januar 2004, Bundestagsdrucksache Nr. 15/2412, S. 5.

54 Laufen Nothilfen für Verfolgte 2005 aus?, *Neues Deutschland*, 30. Januar 2004.

55 Keine Opferrente für DDR-Zeit, *Frankfurter Rundschau*, 30. Januar 2004.

56 Mehr Geld für Stasi-Opfer, *Berliner Zeitung*, 16. Juni 2006.

57 Umstrittene Rente, *Der Spiegel*, 24. Juli 2006; Keine Opferpension, *Der Spiegel*, 19. Juni 2006.

58 250 Euro Rente für bedürftige SED-Opfer, *Berliner Zeitung*, 24. Januar 2007.

59 Nur für arme Opfer, *Der Tagesspiegel*, 28. Januar 2007.
60 Jure Knezovic, Kroatisches Beispiel, *Der Stacheldraht*, 3. Juli 2004.
61 Schnehen, Im Strom der Zeit, S. 30.
62 Kreisgericht Bützow: Urteil vom 1. April 1953, zitiert nach Werkentin, Politische Strafjustiz in der Ära Ulbricht, S. 64.
63 Gesetz über die Aufhebung rechtsstaatswidriger Verwaltungsentscheidungen im Beitrittsgebiet und die daran anknüpfenden Folgeansprüche (VwRehaG): § 1 Abs. 1 Satz 1, BGBl I 1994, 1311.
64 Gesetz über die Aufhebung rechtsstaatswidriger Verwaltungsentscheidungen im Beitrittsgebiet und die daran anknüpfenden Folgeansprüche (VwRehaG): § 1 Abs 1 Satz 1, BGBl I 1994, 1311.Ebenda.
65 Zitiert nach Siegmund, Opfer ohne Lobby?, S. 127. Vgl. Sabine Leutheusser-Schnarrenberger, Das zweite Gesetz zur Bereinigung von SED-Unrecht, in: Deutsch-Deutsche Rechts-Zeitschrift, Heft 6/1993, S. 162–167.
66 Gesetz zur Regelung offener Vermögensfragen (Vermögensgesetz – VermG), § 1 Abs. 8.
67 Laut Artikel 143 Absatz 3 des Grundgesetzes haben die Regelungen des Einigungsvertrages auch insoweit Bestand, als sie vorsehen, dass Eingriffe in das Eigentum auf dem Gebiet der ehemaligen DDR nicht mehr rückgängig gemacht werden.
68 Schnehen, Im Strom der Zeit, S. 13.
69 Anlage III zum Einigungsvertrag: Gemeinsame Erklärung der Regierungen der Bundesrepublik Deutschland und der Deutschen Demokratischen Republik vom 15. Juni 1990, dokumentiert in: Die Verträge zur Einheit Deutschlands, S. 567.
70 Paffrath, Macht und Eigentum, S. 375.
71 BVerwG: Urteil vom 29. Juni 2006, Az. 7 C 18.05, S. 12.
72 Vgl. Tappert, Die Wiedergutmachung von Staatsunrecht der SBZ/DDR, S. 182–187.
73 Gesetz über den Verkauf von Mauer- und Grenzgrundstücken an die früheren Eigentümer (Mauergrundstücksgesetz – MauerG) vom 15. Juli 1996.
74 VG Berlin: Urteil vom 2. Mai 2000, Az. 31 A 456.99, S. 5.
75 BVerwG: Beschluss vom 19. Dezember 2001, Az. 8 B 130.01, S. 3.
76 VG Berlin: Urteil vom 17. August 2000, Az. 22 A 149.97; BVerwG: Beschluss vom 28. Dezember 2000, Az. 8 B 250.00, S. 4.
77 VG Berlin: Urteil vom 21. Dezember 2004, Az. 29 A 249.99, S. 8 f.
78 BVerwG: Beschluss vom 17. November 2005, Az. 7 B 28.05, S. 3.

Viertes Kapitel: Die Stasi lebt

1 Sperrgebiet Berlin-Hohenschönhausen. Markierung des öffentlichen Stadtraums, Video-Mitschnitt der Bürgerversammlung am 14. März 2006.
2 Ammer, Die Machthierarchie der SED, S. 846 f.
3 Vgl. Gill/Schröter, Das Ministerium für Staatssicherheit.
4 Schröter, Erfahrungen mit einem Gesprächskreis, S. 352.
5 Neubert, Vergebung oder Weißwäscherei. Hier ist auch die Erklärung der Initiative »Recht und Versöhnung« dokumentiert (S. 182 ff).
6 Hartmann, Nachdenken über den Umgang mit der Geschichte des MfS, S. 217.
7 Rüddenklau, Störenfried, S. 78.
8 *Zwie-Gespräch*, Nr. 9 (1992), S. 17–21.
9 *Zwie-Gespräch*, Nr. 15 (1993), S. 1–7.
10 *Zwie-Gespräch*, Nr. 27 (1995), S. 1–10.
11 *Zwie-Gespräch*, Nr. 21 (1994), S. 1–5.
12 *Zwie-Gespräch*, Nr. 21 (1994), S. 1–5.
13 *Zwie-Gespräch*, Nr. 27 (1995), S. 1–10.
14 *Zwie-Gespräch*, Nr. 27 (1995), S. 1–10.
15 *Zwie-Gespräch*, Nr. 27 (1995), S. 1–10.
16 *Zwie-Gespräch*, Nr. 21 (1994), S. 1–5.
17 *Zwie-Gespräch*, Nr. 27 (1995), S. 1–10.
18 Zwischen Fata Morgana und Vereinsregister?, *Süddeutsche Zeitung*, 13. Juli 1992.
19 Grimmer/Irmler/Opitz/Schwanitz (Hg.), Die Sicherheit, S. 39.
20 Landesamt für Verfassungsschutz Berlin, Bericht vom 9. Juli 1992, auszugsweise dokumentiert in: http://www.mfs-insider.de/Erkl/VERFSCH.htm.
21 MfS-Insiderkomitee im Visier, *Die Welt*, 6. Juni 1992.
22 Vgl. Eichner/Dobbert, Headquarters Germany.
23 Hartmann, Wolff war's nicht, es war Wolf, S. 280; ders., Gedanken gegen den Strom; ders., Aufklärer in der BRD.
24 Zentrale Planvorgabe für 1976 und den Perspektivzeitraum bis 1980, Dezember 1975; BStU, ZA, DSt. 102260, S. 31.
25 Beförderungsvorschlag vom 17. Dezember 1962; BStU, ZA, KS 4551/90, Bl. 59. Worum es sich bei dem Vorgang »Schorf« handelte, konnte bislang nicht geklärt werden.
26 Generalleutnant Kienberg: Vorschlag zur Auszeichnung mit dem

Kampforden »Volk und Vaterland« in Silber vom 19. April 1989; BStU, ZA, KS 4551/90, Bl. 119.

27 Wolfgang Hartmann, Was wollen wir, was können wir, was sollen wir?, *IK-KORR*-Spezial Nr. 1 (1994).

28 Ebenda.

29 Vgl. Bohnsack/Bremer, Auftrag Irreführung; Die Rote Fahne (Hg.): Die Wahrheit über das MfS; Eichner/Schramm (Hg.), Kundschafter im Westen; dies. (Hg.), Spionage für den Frieden; Enterlein, Vom Broadway zum Adlergestell; Gast, Kundschafterin des Friedens; Gebauer, Doppelagent; Grimmer/Irmler/Opitz/Schwanitz (Hg.), Die Sicherheit; Großmann, Bonn im Blick; Günther, Wie Spione gemacht werden; Hahn (Hg.), Ausgedient; Karau, Stasiprotokolle; Kierstein/Sieberer, Verheizt und vergessen; Liebscher, Im Paradies der Erinnerungen; Pfütze, Besuchszeit; Nitsche, Diplomat im besonderen Einsatz; Richter/Rösler, Wolfs West-Spione; Schwarz, Bis zum bitteren Ende; Stuckmann, Verdammte Kommunisten; Wolf, In eigenem Auftrag; ders., Spionagechef im geheimen Krieg; ders., Die Kunst der Verstellung.

30 *Neues Deutschland*, 10. März 1993.

31 Das politische Wirken der Kirchen in der DDR und die Reaktionen des MfS, *Deutschland Archiv*, Nr. 4/1994, S. 374–391. Vgl. auch die Erwiderung von Ehrhart Neubert, Meister der Legende. Ein Kommentar zum Text des »Insider-Komitees«, ebenda, S. 391–407.

32 Hartmann, Nachdenken über den Umgang mit der Geschichte des MfS, S. 217.

33 *IK-KORR*, Nr. 1/1997.

34 http://www.mfs-insider.de/Allgemein/faltbl1.htm.

35 *IK-KORR*, Nr. 4/2002.

36 Artikel 27 Absatz 1 der DDR-Verfassung von 1974 lautete: »(1) Jeder Bürger der Deutschen Demokratischen Republik hat das Recht, den Grundsätzen dieser Verfassung gemäß seine Meinung frei und öffentlich zu äußern. Dieses Recht wird durch kein Dienst- oder Arbeitsverhältnis beschränkt. Niemand darf benachteiligt werden, wenn er von diesem Recht Gebrauch macht.« Artikel 31 Absatz 1 lautete: »Post- und Fernmeldegeheimnis sind unverletzbar.« Vgl. Verfassung der Deutschen Demokratischen Republik vom 6. April 1968 in der Fassung des Gesetzes zur Ergänzung und Änderung der Verfassung der Deutschen Demokratischen Republik vom 7. Oktober 1974, in: GBl der DDR I, Nr. 47 vom 27. September 1974, S. 425 ff.

37 *IK-KORR*, Nr. 7/2003.
38 *IK-KORR*, Nr. 2/1997.
39 *IK-KORR*, Nr. 7/2003.
40 *IK-KORR*, Nr. 1/1998.
41 *IK-KORR*, Nr. 4/1998. Frank Büttner/Klaus Panster/Jürgen Stiewe/Mathias Heinrich: Anforderungen und Maßnahmen der politisch-operativen Arbeit, die sich für die Gewährleistung der Datensicherheit bei der EDV-Anwendung in der Volkswirtschaft ergeben; BStU, ZA, JHS 22026.
42 http://www.mfs-insider.de.
43 Dem Vorstand gehörten 2006 an: Hans Bauer, Günter Seidel, Herbert Damm, Hans-Herbert Nehmer, Heinz Lübbe, Dieter Stiebert, Gotthold Schramm, Manfred Kleemann, Günter Leo, Manfred Hummitzsch, Manfred Dietze, Reinhard Grimmer und Erhard Richter. Vorsitzender der GRH ist Hans Bauer (Vorgänger: Hans Reichelt und Siegfried Mechler). Geschäftsführer ist Dieter Stiebert (Vorgänger: Bernhard Riebe).
44 § 2 der Satzung der Gesellschaft zur rechtlichen und humanitären Unterstützung e.V. (GRH e.V.) in der Fassung vom 9. Oktober 2004.
45 http://www.grh-ev.org/html/was_ist_die_grh_.htm.
46 http://www.grh-ev.org; http://www.grenztruppen-der-DDR.de.
47 Hans Bauer, Beitrag der GRH auf dem Kolloquium des Ostdeutschen Kuratoriums von Verbänden (OKV) am 29. September 2005 zum Thema 15 Jahre Einheit, http://grh-ev.org/html/body_soinfgt-nov2005.HTM, S. 41.
48 *GRH Mitteilungen*, 10A-2006, Sonderausgabe vom 16. Oktober 2006.
49 http://grh-ev.org/html/body_sonderinfo_april_04.HTM, S. 15.
50 Erich Falz/Fritz Meyer/Klaus Herzog/Gunter Liebewirth/Horst Sachs/Hans-Georg Schulze/Hans-Dieter Tronicke/Reinhard Grimmer/Gerhard Scherf/Uwe Kärsten, Die Qualifizierung der politisch-operativen Arbeit des MfS zur vorbeugenden Verhinderung und Bekämpfung der gegen die Staats- und Gesellschaftsordnung der DDR gerichteten politischen Untergrundtätigkeit; BStU, ZA, JHS 21886.
51 Matthias Geyer, Das Leben des anderen, *Der Spiegel*, 14. August 2006, S. 58–63, hier S. 63.
52 Staatssekretariat für Staatssicherheit, Verwaltung Groß-Berlin: Schreiben an Alfred Neumann vom 12. Juli 1954; BStU, ZA, KS 1262/90, Bl. 24.

53 Verwaltung Groß-Berlin, Abteilung II: Beurteilung des Genossen Schwanitz, Wolfgang, vom 30. Dezember 1957; BStU, ZA, KS 1262/90, Bl. 95.

54 Ministerium für Staatssicherheit, Verwaltung Groß-Berlin: Einschätzung vom 27. Januar 1961; BStU, ZA, KS 1262/90, Bl. 108.

55 Vorschlag zur Auszeichnung mit dem »Vaterländischen Verdienstorden« vom 8. Juli 1963; BStU, ZA, KS 1262/90, Bl. 113.

56 Leiter der Bezirksverwaltung für Staatssicherheit Berlin: Linienspezifische Aufgaben der BV Berlin, 5. August 1985, S. 1 f.; BStU, ASt Berlin, A 1011/2.

57 Dienstbesprechung anlässlich der Einführung des Gen. Generalleutnant Schwanitz als Leiter des Amtes für Nationale Sicherheit durch den Vorsitzenden des Ministerrates der DDR, Gen. Hans Modrow, 21. November 1989; BStU, ZA, ZAIG 4886, Bl. 39 und Bl. 33.

58 »Kameradschaftliche Beziehungen«, *Junge Welt*, 19. März 2001.

59 Zu den insgesamt 89 Unterzeichnern gehörten unter anderem die ehemaligen stellvertretenden Minister Gerhard Neiber und Wolfgang Schwanitz, der Mielke-Adjutant Generalmajor Hans Carlsohn, der Chef der zentralen Gefängnisabteilung, Siegfried Rataizick, der Leiter der zentralen Vernehmerabteilung, Rolf Fister, der Chef der für die Bekämpfung politischer Untergrundtätigkeit zuständigen Hauptabteilung XX, Generalmajor Paul Kienberg, der Leiter der für die Bekämpfung von Flucht und Ausreise zuständigen Zentralen Koordinierungsgruppe, Gerhard Niebling, der Leiter der Stasi-Postkontrolle, Rudi Strobel, der Chef der Zentralen Auswertungs- und Informationsgruppe (ZAIG), Werner Irmler, der Rektor der Stasi-Hochschule in Potsdam, Generalmajor Willi Opitz sowie die Chefs der Stasi-Bezirksverwaltungen in Berlin, Leipzig, Rostock, Gera, Erfurt und Halle, Siegfried Hähnel, Manfred Hummitzsch, Rudolf Mittig, Dieter Dangrieß, Josef Schwarz und Heinz Schmidt.

60 Den Osten beherrschbar machen, *Junge Welt*, 20. April 2001.

61 Grimmer/Irmler/Opitz/Schwanitz (Hg.), Die Sicherheit.

62 Beifall für Stasi-Generäle – Opfer aus dem Saal geworfen, *dpa*, 23. April 2002; Sicher ist sicher, *Berliner Zeitung*, 24. April 2002; Horch und Guck und Schreib, *Der Tagesspiegel*, 24. April 2002.

63 »Wir wussten, was der Westen vorhat«, *Junge Welt*, 14. Februar 2004.

64 *IK-KORR*, Nr. 4/2003, S. 3.

65 Eichner/Schramm (Hg.), Kundschafter im Westen, S. 8, 382.

66 »Wir wussten, was der Westen vorhat«, *Junge Welt*, 14. Februar 2004.

67 Kein Konsens bei Konsensobjekt, *Neues Deutschland*, 31. März 2004.

68 Schreiben der GRH vom 7. April 2004 an den Senator für Wissenschaft, Forschung und Kultur, Dr. Thomas Flierl, http://grh-ev.org/html/body_grh-information_2-2006.HTM, S. 3 ff.

69 Schreiben der GRH vom 29. September 2004 an den Senator für Wissenschaft, Forschung und Kultur, Dr. Thomas Flierl, http://grh-ev.org/html/body_grh-information_2-2006.HTM, S. 16 ff.

70 Wolfgang Schmidt, Denkzeichen oder Geschichtsklitterung, *GRH Mitteilungen*, 11-2005.

71 Rataizick, Der Untersuchungshaftvollzug im MfS, S. 495.

72 Schreiben der Staatsanwaltschaft Berlin vom 22. Mai 2002, Az. 78 Js 41/02.

73 Rataizick, Der Untersuchungshaftvollzug im MfS, S. 516.

74 Dressiert, lebenslang, *Der Tagesspiegel*, 15. Mai 2002.

75 Ministerium für Staatssicherheit: Beurteilung vom 28. Dezember 1973; BStU, ZA, Dos. 3284/92, Bl. 12–14, hier Bl. 13.

76 Siegfried Rataizick/Volkmar Heinz/Werner Stein/Heinz Conrad: Die aus den politisch-operativen Lagebedingungen des MfS resultierenden höheren Anforderungen an die Durchsetzung des Untersuchungshaftvollzugs und deren Verwirklichung in den Untersuchungshaftanstalten des MfS; BStU, ZA, JHS 21961.

77 Dressiert, lebenslang, *Der Tagesspiegel*, 15. Mai 2002.

78 Vgl. Kierstein/Sieberer, Verheizt und vergessen.

79 Kurt Müller, Offener Brief an den DDR-Ministerpräsidenten Otto Grotewohl vom 31. Mai 1956, abgedruckt in: *Aus Politik und Zeitgeschichte*, B 11/1990, 9. März 1990, S. 28.

80 Fritz Sperling, Bericht vom 14. Mai 1956, zitiert nach: Jahnke, »… ich bin nie ein Parteifeind gewesen«, S. 83 f.

81 Schneider, Das Gruselkabinett des Dr. Hubertus Knabe(lari), S. 34, 91.

82 GRH: Schreiben an die Bildungsministerin des Landes Rheinland-Pfalz vom 25. Oktober 2005.

83 Achim Hauck, Wachsende Solidarität gegen Geschichtsklitterung!, *GRH Mitteilungen*, 11-2005, Ergänzungsblatt 1. November 2005.

84 Alte Stasi-Seilschaften, Fakt, 2. Oktober 2006, http://www.mdr.de/fakt/3547428.html.

85 GRH: Erklärung zur Debatte um die »Gedenkstätte« Berlin-Ho-

henschönhausen vom 26. März 2006, http://www.grh-ev.org/html/body_erklarung_26__3__06.HTM.

86 Hans Bauer, Die Freiheit der anderen, *GRH Mitteilungen*, 4-2006, S. 2.

87 Die Stasi-Rentner, *Die Zeit*, 20. Juli 2006.

88 Die größte ist die Kameradschaft Florian Geyer e.V., die am 26. Januar 1998 gegründet wurde und über hundert Mitglieder hat, vorwiegend ehemalige Angehörige des Dermbacher Grenzregiments.

89 Generalmajor a.D. Bernhard Geier, Dienst der Grenztruppen der DDR und Tradition, http://grh-ev.org/html/body_sonderinfo_herbst_03.HTM, S. 12 f.

90 Peter Freitag, Redebeitrag auf dem Frühjahrstreffen 2004 der Arbeitsgruppe Grenze, http://grh-ev.org/html/body_sonderinfo_april_04.HTM, S. 16.

91 Karl Leonhardt, Redebeitrag auf dem Frühjahrstreffen 2004 der Arbeitsgruppe Grenze, http://grh-ev.org/html/body_sonderinfo_april_04.HTM, S. 23.

92 Jürgen Strahl, Redebeitrag auf dem Herbsttreffen 2004 der Arbeitsgruppe Grenze, http://grh-ev.org/html/body_sonderinfo_herbst_04.htm, S. 16–19.

93 Werner Wagner, Redebeitrag auf dem Grenzertreffen am 29. Oktober 2005, http://grh-ev.org/html/body_soinfgtnov2005.HTM, S. 25.

94 Vgl. Buchholz, Dem Unrecht wehren; ders., Unrechtsstaat DDR? Rechtsstaat BRD?

95 Erich Buchholz, Bundesdeutsche Gerichte und die historische Wahrheit. Zur Beweisführung in Strafverfahren, *GRH-Information*, Nr. 5/2006.

96 http://grh-ev.org/html/body_ag_grenze.html.

97 Karl Leonhardt, Grußschreiben und Diskussionsbeitrag zu Traditionen der Grenztruppen der DDR, http://grh-ev.org/html/body_sonderinfo_herbst_03.HTM, S. 17.

98 Grenzertreffen: Schreiben an Egon Krenz vom 25. Oktober 2003, http://grh-ev.org/html/body_sonderinfo_herbst_03.HTM, S. 33 f.

99 § 131 Strafgesetzbuch (StGB) der Bundesrepublik Deutschland.

100 Fritz Streletz, Zur Spezifik der Aufgaben der Grenztruppen der DDR, http://grh-ev.org/html/body_sonderinfo_herbst_03.HTM, S. 20–24, hier S. 22.

101 Karl Leonhardt, Grußschreiben und Diskussionsbeitrag zu Traditio-

nen der Grenztruppen der DDR, http://grh-ev.org/html/body_sonderinfo_herbst_03.HTM, S. 14–18, hier S. 16.

102 Peter Freitag, Zu Problemen am Sachbuch der Grenztruppen der DDR, http://grh-ev.org/html/body_sonderinfo_herbst_03.HTM, S. 31–33, hier S. 31.

103 Klaus-Dieter Baumgarten, Referat zum Grenzertreffen am 27. März 2004, http://grh-ev.org/html/body_sonderinfo_april_04.HTM, S. 3–12, hier S. 4 f.

104 Baumgarten/Freitag (Hg.), Die Grenzen der DDR.

105 Roman Grafe, Honeckers Menschenjäger, *Frankfurter Allgemeine Zeitung*, 5. April 2005.

106 »Die Grenze durch Deutschland war keine DDR-Erfindung«, *Junge Welt*, 18./19. Dezember 2004.

107 Günter Ganßauge, Redebeitrag auf dem Grenzertreffen am 27. März 2004, http://grh-ev.org/html/body_sonderinfo_april_04.HTM, S. 29 f.

108 Günter Ganßauge, Redebeitrag auf dem Grenzertreffen am 29. Oktober 2005, http://grh-ev.org/html/body_soinfgtnov2005.HTM, S. 11 f.

109 Gerhard Lehmann, Die Traditionsarbeit der Kameradschaft Florian Geyer e.V., http://grh-ev.org/html/body_sonderinfo-herbst_03.HTM, S. 24–27.

110 Wer ist ISOR?, www.isor-sozialverein.de/02.htm.

111 Satzung der Initiativgemeinschaft zum Schutz der sozialen Rechte ehemaliger Angehöriger bewaffneter Organe und der Zollverwaltung der DDR – ISOR – e.V., http://www.isor-sozialverein.de/satzung.htm.

112 *ISOR aktuell*, Nr. 6/2006, S. 6.

113 Wer nicht kämpft, hat schon verloren, *ISOR aktuell*, Nr. 11/2003, S. 2.

114 Aufruf zum 15. Jahrestag der Gründung von ISOR e.V., *ISOR aktuell*, Nr. 6/2006, S. 1.

115 Ulrich Wollermann/Wolfgang Stuchly/Siegfried Neubert/Diethardt Gellert/Werner Kalfürst: Grundfragen der politisch-operativen Abwehrarbeit zu Korrespondenten und Journalisten des nichtsozialistischen Auslandes; BStU, ZA, JHS 21949.

116 Rainer Rothe/Reiner Thiede: Grundfragen der Nutzung des Völkerrechts und der zwischenstaatlichen Beziehungen der DDR bei der Vorbeugung, Aufdeckung und Bekämpfung von Terror- und anderen operativ bedeutsamen Gewaltakten gegen die DDR; BStU, ZA, JHS 21920.

117 Rolf Scheffel/Lothar Wellschmied/Dieter Dangrieß/Horst Fried-

rich/Gernot Riemer/Peter Dambowsky: Die Stellung mittlerer leitender Kader im Leitungssystem des MfS, ihre Aufgaben sowie Wege zur Qualifizierung ihrer Arbeit; BStU, ZA, JHS 21989.

118 http://www.isor-sozialverein.de.

119 ISOR e.V. (Hg.), Wertneutralität des Rentenrechts.

120 Stasi-Verein bedankt sich bei Ringstorffs Regierung, *Bild Rostock*, 26. August 2002, S. 3.

121 Nach dem letzten Gefecht winkt eine höhere Rente, *Freie Presse Chemnitz*, 12. Juli 2002.

122 *ISOR aktuell*, Nr. 1/2003, S. 1.

123 Stasi-Verein bedankt sich bei Ringstorffs Regierung, *Bild Rostock*, 26. August 2002, S. 3.

124 ISOR: Schreiben an MdB Hartmut Büttner vom 2. April 2004.

125 Petition zum Fortbestehen der rentenrechtlichen Diskriminierung der ehemaligen Mitarbeiter des MfS bei gleichzeitiger Aufhebung des Strafrentenrechts für alle übrigen DDR-Bürger durch die Entscheidungen des Bundesverfassungsgerichtes vom 22. und 23.06.2004, http://www.isor-sozialverein.de/Hilfen/PetWS.htm, S. 6.

126 Petition eines ehem. Mitarbeiters der ZAIG des MfS, http://www.isor-sozialverein.de/Hilfen/Neue%20Pet.201204/Pet_GrZAIG.htm.

127 *ISOR aktuell*, Nr. 4/2005, S. 3.

128 *ISOR aktuell*, Nr. 7/2005, S. 1.

129 Erklärung des Vorstands der ISOR e.V. zum 15. Jahrestag des Anschlusses der DDR an die BRD, *ISOR aktuell*, Nr. 9/2005, S. 1.

130 *ISOR aktuell*, Nr. 10/2005, S. 1.

131 Entschließung der Vertreterversammlung der ISOR e.V. vom 12. November 2005, *ISOR aktuell*, Nr. 12/2005, S. 2.

132 Grußworte der ISOR e.V. zur Veranstaltung des 50. Jahrestages der Gründung der NVA, *ISOR aktuell*, Nr. 3/2006, S. 1 f.

133 *ISOR aktuell*, Nr. 2/2004, S. 6.

134 *ISOR aktuell*, Nr. 5/2004, S. 3.

135 *ISOR aktuell*, Nr. 4/2004, S. 5.

136 Ein Plädoyer gegen die Delegitimierung der DDR. Interview mit Rechtsanwalt Dr. Friedrich Wolff, *ISOR aktuell*, Nr. 11/2005, S. 1 f.

137 *ISOR aktuell*, Nr. 5/2004, S. 4.

138 *ISOR aktuell*, Nr. 11/2005, S. 5 f.

139 Erklärung des Vorstandes der GRH zur Debatte um die »Gedenkstätte« Berlin-Hohenschönhausen, *ISOR aktuell*, Nr. 4/2006, S. 2.

140 Horst Parton/Wolfgang Schwanitz, Offener Brief vom 16. Februar 2005, *ISOR aktuell*, Nr. 3/2005, S. 1.
141 Erweiterte Präsidiumssitzung des Ostdeutschen Kuratoriums von Verbänden, *ISOR aktuell*, Nr. 1/2005, S. 2.
142 Petra Pau, »Rentenstrafrecht ist Unrecht«, *ISOR aktuell*, Nr. 6/2005, S. 1.
143 PDS lehnt längere Frist für Stasi-Überprüfungen ab, *Der Tagesspiegel*, 14. Juni 2006.
144 Stasi-Leute bauen auf Linkspartei, *Leipziger Volkszeitung*, 1. April 2006.
145 Horst Parton, Deutschland hat die Wahl oder hat Deutschland die Wahl?, *ISOR aktuell*, Nr. 8/2005, S. 2.
146 *ISOR aktuell*, Nr. 1/2006, S. 2.
147 *ISOR aktuell*, Nr. 6/2005, S. 3.
148 *ISOR aktuell*, Nr. 7/2005, S. 4.
149 Heikle Kontakte zwischen Linkspartei und früheren Stasi-Offizieren, *Der Spiegel*, 27. Mai 2006.
150 Ulla Jelpke, Erklärung vom 29. Mai 2006, www.ulla-jelpke.de.
151 Stasi-Verein bedankt sich bei Ringstorffs Regierung, *Bild Rostock*, 26. August 2002, S. 3.
152 Stasi-Leute bauen auf Linkspartei, *Leipziger Volkszeitung*, 1. April 2006.
153 Dem Wirken der Stasi-Kader auf der Spur, *Berliner Morgenpost*, 11. Mai 2006.
154 *GRH Mitteilungen*, 11-2005.
155 Petra Pau nennt Stasi-Vorwürfe »absurd«, *Berliner Morgenpost*, 6. April 2006.
156 Das Gruselkabinett des Dr. Hubertus Knabe(lari), *Marzahn-Hellersdorf links*, Dezember 2005, S. 8.
157 Reinhard Grimmer, Der 60. Jahrestag der Befreiung vom Hitlerfaschismus und die Wahrheit über die DDR und das MfS, http://grh-ev.org/html/body_sonderinfo-april_04.HTM, S. 36 f.
158 Erweiterte Präsidiumssitzung des Ostdeutschen Kuratoriums von Verbänden, *ISOR aktuell*, Nr. 1/2005, S. 2.
159 Bisky/Czerny/Schumann (Hg.), Die PDS – Herkunft und Selbstverständnis.
160 Alte, unwichtige Männer, *Berliner Zeitung*, 13. April 2006.
161 Ehrhart Neubert, Meister der Legende. Ein Kommentar zum Text des »Insider-Komitees«, *Deutschland Archiv*, Nr. 4/1994, S. 391–407, hier S. 393.

162 Karl Wilhelm Fricke, Geschichtsrevisionismus aus MfS-Perspektive. Ehemalige Stasi-Kader wollen ihre Geschichte umdeuten, *Deutschland Archiv*, Nr. 3/2006, S. 490–496, hier S. 494.

163 Opfer: »Ich zittere immer noch am ganzen Körper«, *Berliner Morgenpost*, 21. März 2006.

164 http://www.mfs-insider.de/ErKl/Zahn.htm.

165 Matthias Geyer, Das Leben des anderen, *Der Spiegel*, 14. August 2006, S. 58–63, hier S. 63.

166 Walter Momper, Rede zur Veranstaltung »Zeichen setzen – Schauspieler und ehemalige Häftlinge des MfS lesen Zeitzeugenberichte« am 4. April 2006 im Berliner Abgeordnetenhaus, http://www.parlament-berlin.de.

167 *Südthüringer Zeitung*, 17. Juni 2006.

168 Stasi-Verbrechen: Köhler gegen Verniedlichung der DDR-Diktatur, *Spiegel online*, 14. November 2006.

169 Laut § 131 Strafgesetzbuch (Gewaltdarstellung) wird mit Freiheitsstrafe bis zu einem Jahr oder mit Geldstrafe bestraft, »wer Schriften, die grausame oder sonst unmenschliche Gewalttätigkeiten gegen Menschen oder menschenähnliche Wesen in einer Art schildern, die eine Verherrlichung oder Verharmlosung solcher Gewalttätigkeiten ausdrückt oder die das Grausame oder Unmenschliche des Vorgangs in einer die Menschenwürde verletzenden Weise darstellt, verbreitet«. Laut § 140 (Belohnung und Billigung von Straftaten) wird mit Freiheitsstrafe bis zu drei Jahren oder mit Geldstrafe bestraft, wer Mord, Totschlag, eine schwere Körperverletzung, Menschenraub, Verschleppung »in einer Weise, die geeignet ist, den öffentlichen Frieden zu stören, öffentlich, in einer Versammlung oder durch Verbreiten von Schriften billigt«. Laut § 90a Strafgesetzbuch (Verunglimpfung des Staates und seiner Symbole) wird mit Freiheitsstrafe bis zu drei Jahren oder mit Geldstrafe bestraft, »wer öffentlich, in einer Versammlung oder durch Verbreiten von Schriften die Bundesrepublik Deutschland oder eines ihrer Länder oder ihre verfassungsmäßige Ordnung beschimpft oder böswillig verächtlich macht«. Laut § 130 (Volksverhetzung) wird mit Freiheitsstrafe von drei Monaten bis zu fünf Jahren bestraft, wer »die Menschenwürde anderer dadurch angreift, daß er Teile der Bevölkerung beschimpft, böswillig verächtlich macht oder verleumdet«.

170 Demonstrationen vor Gedenkstätten, *Spiegel online*, 21. Juni 2004.

171 § 15 Abs. 2 Versammlungsgesetz (Hervorhebung durch den Verfasser).

172 Nach dem letzten Gefecht winkt eine höhere Rente, *Freie Presse Chemnitz*, 12. Juli 2002.

173 Vermerk: Gesellschaft zur Rechtlichen und Humanitären Unterstützung e.V. (GRH), o. Verf., (Brandenburgisches Landesamt für Verfassungsschutz), o. Jahr (Oktober 2006).

174 Verbot von NS-Propaganda: Langer für Einbeziehung kommunistischer Symbole, http://www.radio.cz/de/artikel/87296.

175 Europarat: Entschließung 1481 vom 26. Januar 2006 betr. die Notwendigkeit der internationalen Verurteilung von Verbrechen totalitärer kommunistischer Regime, http://www.coe.int/t/d/Com/Dossiers/PV-Sitzungen/2006-01/Entschl1481_Kommunist.asp.

Bibliographie

Ammer, Thomas, Die Machthierarchie der SED, in: Materialien der Enquete-Kommission des Deutschen Bundestages »Aufarbeitung von Geschichte und Folgen der SED-Diktatur in Deutschland«, Band II, 2, Baden-Baden 1995, S. 803–867

Arnswald, Ulrich, Zum Stellenwert des Themas DDR-Geschichte in den Lehrplänen der deutschen Bundesländer. Eine Expertise im Auftrag der Stiftung zur Aufarbeitung der SED-Diktatur, Berlin 2004

Arnswald, Ulrich/Ulrich Bongertmann/Ulrich Mählert, DDR-Geschichte im Unterricht. Schulbuchanalysen – Schülerbefragung – Modellcurriculum, Berlin 2006

Bastian, Uwe/Neubert, Hildigund, Schamlos ausgebeutet. Das System der Haftzwangsarbeit politischer Gefangener des SED-Staates, Berlin 2003

Baumgarten, Klaus-Dieter/Peter Freitag (Hg.), Die Grenzen der DDR. Geschichte, Fakten, Hintergründe, Berlin 2004

Behrend, Manfred, Eine Geschichte der PDS. Von der zerbröckelnden Staatspartei zur Linkspartei, Köln 2006

Behrens, Heidi/Paul Ciupke/Norbert Reichling, Die Auseinandersetzung mit der DDR-Geschichte in der politischen Erwachsenenbildung, Bildungswerk der Humanistischen Union NRW, Essen 2006

Bohnsack, Günter/Herbert Bremer, Auftrag Irreführung. Wie die Stasi Politik im Westen machte, Hamburg 1992

Brauckmann, Roland, Amnesty International als Feindobjekt der DDR, Berlin 1996 (Schriftenreihe des Berliner Landesbeauftragten für die Unterlagen des Staatssicherheitsdienstes der ehemaligen DDR, Bd. 3)

Buchholz, Erich, Dem Unrecht wehren. Ein Berliner Jurist erzählt, Berlin 2006

Buchholz, Erich, Unrechtsstaat DDR? Rechtsstaat BRD? Ein Jurist antwortet, Berlin 2006

Bundesamt für Verfassungsschutz, Verfassungsschutzbericht 2005, Köln 2005
Deutscher Bundestag (Hg.), Materialien der Enquete-Kommission »Aufarbeitung von Geschichte und Folgen der SED-Diktatur in Deutschland« (12. Wahlperiode des Deutschen Bundestags), Bd. 1, Baden-Baden 1995
Ditfurth, Christian von, Ostalgie oder linke Alternative. Meine Reise durch die PDS, Köln 1998
Eckert, Rainer, Zwischen Revision und Nostalgie. Strukturen, Umfeldorganisationen und Geschichtsverständnis der PDS, in: Friedrich-Ebert-Stiftung, Landesbüro Brandenburg (Hg.), Die PDS. Strukturen, Programm, Geschichtsverständnis, Potsdam 1995, S. 24–36
Eichner, Klaus/Andreas Dobbert, Headquarters Germany. Die USA-Geheimdienste in Deutschland, Berlin 1997
Eichner, Klaus/Ernst-Jürgen Langrock, Der Drahtzieher. Vernon Walters – Geheimdienstgeneral im Kalten Krieg, Berlin 2005
Eichner, Klaus/Gotthold Schramm (Hg.), Kundschafter im Westen. Spitzenquellen der DDR-Aufklärung erinnern sich, Berlin 2003
Eichner, Klaus/Gotthold Schramm (Hg.), Spionage für den Frieden. Eine Konferenz in Berlin am 7. Mai 2004. Alle Referate und Beiträge, Berlin 2004
Enterlein, Günter, Vom Broadway zum Adlergestell. Ein DDR-Spion als Diplomat in New York, Berlin 2002
Falkner, Thomas/Dieter Huber, Aufschwung PDS. Rote Socken – zurück an die Macht, München 1994
Forum zur Aufklärung und Erneuerung e.V., Die Aufarbeitung von DDR-Staatskriminalität und Justizverbrechen, Berlin 2004
Freyberger, Harald J./Jörg Frommer/Andreas Maercker/Regina Steil, Gesundheitliche Folgen politischer Haft in der DDR, Dresden 2003
Fricke, Karl Wilhelm (unter Mitarbeit von Gerhard Ehlert), Entführungsaktionen der DDR-Staatssicherheit und die Folgen für die Betroffenen, in: Materialien der Enquete-Kommission »Überwindung der Folgen der SED-Diktatur im Prozeß der deutschen Einheit«, Baden-Baden 1999, S. 11, 1208
Fricke, Karl Wilhelm, Akten-Einsicht. Rekonstruktion einer politischen Verfolgung, Berlin 1996
Gast, Gabriele, Kundschafterin des Friedens. 17 Jahre Topspionin der DDR beim BND, Frankfurt a.M. 1999
Gebauer, Karl, Doppelagent. Erinnerungen, Berlin 1999

Gill, David/Ulrich Schröter, Das Ministerium für Staatssicherheit. Anatomie des Mielke-Imperiums, Berlin 1991
Grafe, Roman, Deutsche Gerechtigkeit. Prozesse gegen DDR-Grenzschützen und ihre Befehlsgeber, München 2004
Grimmer, Reinhard/Werner Irmler/Willi Opitz/Wolfgang Schwanitz (Hg.), Die Sicherheit. Zur Abwehrarbeit des MfS, Berlin 2002
Großmann, Werner, Bonn im Blick. Die DDR-Aufklärung aus der Sicht ihres letzten Chefs, Berlin 2001
Günther, Heinz, Wie Spione gemacht werden, Berlin o.J. [1992]
Hahn, Reinhardt (Hg.), Ausgedient. Ein Stasi-Major erzählt, Halle/Leipzig 1990
Hartmann, Wolfgang, Aufklärer in der BRD, in: Blätter für deutsche und internationale Politik, Nr. 9/1997, S. 1123 ff.
Hartmann, Wolfgang, Gedanken gegen den Strom. Über Bürger der Alt-BRD im Dienste der DDR-Auslandsaufklärung, in: Unfrieden in Deutschland. Weißbuch 5, Unrecht im Rechts-Staat. Strafrecht und Siegerjustiz im Beitrittsgebiet, Berlin 1995, S. 311–318
Hartmann, Wolfgang, Nachdenken über den Umgang mit der Geschichte des MfS, in: Lothar Bisky/Jochen Czerny/Michael Schumann (Hg.), Die PDS. Herkunft und Selbstverständnis, Berlin 1996, S. 216–225
Hartmann, Wolfgang, Wolff war's nicht, es war Wolf, in: Klaus Eichner/Gotthold Schramm (Hg.), Kundschafter im Westen. Spitzenquellen der DDR-Aufklärung erinnern sich, Berlin 2003, S. 266–287
Hartung, Wolfgang/Thomas Holl, Anwaltliche Berufsordnung, München 1997
Henke, Klaus-Dietmar/Hans Woller (Hg.), Politische Säuberung in Europa. Die Abrechnung mit Faschismus und Kollaboration nach dem Zweiten Weltkrieg, München 1991
Henke, Klaus-Dietmar/Roger Engelmann (Hg.), Aktenlage. Die Bedeutung der Unterlagen des Staatssicherheitsdienstes für die Zeitgeschichtsforschung, Berlin 1995
Hertle, Hans-Hermann/Gert-Rüdiger Stephan (Hg.), Das Ende der SED. Die letzten Tage des Zentralkomitees, Berlin 1997
Hornbogen, Lothar/Detlef Nakath/Gerd-Rüdiger Stephan (Hg.), Außerordentlicher Parteitag der SED/PDS. Protokoll der Beratungen am 8./9. und 16./17. Dezember 1989 in Berlin, Berlin 1999
ISOR e.V. (Hg.), Wertneutralität des Rentenrechts. Strafrente in Deutschland?, Berlin ²2005
Jahnke, Karl Heinz, »... ich bin nie ein Parteifeind gewesen«. Der tragische Weg der Kommunisten Fritz und Lydia Sperling, Köln 1993

Janka, Walter, Spuren eines Lebens, Berlin 1991
Johnson, William O./Anita Verschoth, Freigeworfen. Wolfgang Schmidt – Glanz und Elend einer deutschen Karriere, Berlin 1992
Karau, Gisela, Stasiprotokolle. Gespräche mit ehemaligen Mitarbeitern des »Ministeriums für Staatssicherheit« der DDR, Frankfurt a.M. 1992
Kierstein, Herbert/Manfred Sieberer, Verheizt und vergessen. Ein US-Agent und die DDR-Spionageabwehr, Berlin 2005
Knabe, Hubertus, Der diskrete Charme der DDR. Stasi und Westmedien, Berlin 2001
Knabe, Hubertus, Die unterwanderte Republik. Stasi im Westen, Berlin 1999
Liebscher, Manfred, Im Paradies der Erinnerungen… Autobiographie, Berlin 2002
Lienicke, Lothar/Franz Bludau, Todesautomatik. Die Staatssicherheit und der Tod des Michael Gartenschläger an der Grenzsäule 231, Hamburg 2001
Marxen, Klaus/Gerhard Werle (Hg.), Strafjustiz und DDR-Unrecht. Dokumentation, Bd. 1: Wahlfälschung, Berlin/New York 2000
Marxen, Klaus/Gerhard Werle (Hg.), Strafjustiz und DDR-Unrecht. Dokumentation, Bd. 2/1: Gewalttaten an der deutsch-deutschen Grenze, Berlin/New York 2002
Marxen, Klaus/Gerhard Werle (Hg.), Strafjustiz und DDR-Unrecht. Dokumentation, Bd. 2/2: Gewalttaten an der deutsch-deutschen Grenze, Berlin/New York 2002
Marxen, Klaus/Gerhard Werle (Hg.), Strafjustiz und DDR-Unrecht. Dokumentation, Bd. 3: Amtsmissbrauch und Korruption, Berlin/New York 2002
Marxen, Klaus/Gerhard Werle (Hg.), Strafjustiz und DDR-Unrecht. Dokumentation, Bd. 4/1: Spionage, Berlin/New York 2004
Marxen, Klaus/Gerhard Werle, Die strafrechtliche Aufarbeitung von DDR-Unrecht. Eine Bilanz, Berlin 1999
Mätzing, Heike Christina, Das Ministerium für Staatssicherheit in aktuellen Geschichts- und Politikschulbüchern (Juli 2006). Expertise des Georg-Eckert-Instituts für Internationale Schulbuchforschung im Auftrag des Ministeriums für Bildung, Jugend und Sport des Landes Brandenburg, Braunschweig 2006
Mechtel, Dieter/Ulrich Schröter, Beiträge zum Umgang mit der Staatssicherheits-Vergangenheit. Dokumentation einer Diskussion in der Zeitschrift »Zwie-Gespräch« zwischen 1991 und 1995, Berlin 1996

Moreau, Patrick (in Zusammenarbeit mit Jürgen Lang und Viola Neu), Was will die PDS?, Frankfurt a.M./Berlin 1994

Moreau, Patrick, Die PDS. Profil einer antidemokratischen Partei, München 1998

Moreau, Patrick, PDS. Anatomie einer postkommunistischen Partei, Bonn/Berlin 1992

Moreau, Patrick/Jürgen P. Lang, PDS. Das Erbe der Diktatur, Politische Studien, Sonderdruck 1/1994, Grünwald 1994

Moreau, Patrick/Viola Neu, Die PDS zwischen Linksextremismus und Linkspopulismus, Konrad-Adenauer-Stiftung, Interne Studien Nr. 76/1994, Sankt Augustin 1994

Müller, Klaus-Dieter/Annegret Stephan (Hg.), Die Vergangenheit läßt uns nicht los. Haftbedingungen politischer Gefangener in der SBZ/DDR und deren gesundheitliche Folgen, Berlin 1998

Nakath, Detlef/Gero Neugebauer/Gerd-Rüdiger Stephan (Hg.), »Im Kreml brennt noch Licht«. Die Spitzenkontakte zwischen SED/PDS und KPdSU 1989–1991, Berlin 1998

Neubert, Ehrhart, Vergebung oder Weißwäscherei. Zur Aufarbeitung der Stasiproblematik in den Kirchen, Freiburg i.Br. 1993

Neugebauer, Gero, SED, DDR und MfS – was waren das noch mal? Bemerkungen darüber, wie sich die PDS in programmatischen Aussagen mit der Geschichte der ehemaligen DDR befasst, hg. von der Friedrich-Ebert-Stiftung, Bonn 1995

Neugebauer, Gero/Richard Stöss, Die PDS. Geschichte, Organisation, Wähler, Konkurrenten, Opladen 1996

Nitsche, Rudolf, Diplomat im besonderen Einsatz. Eine DDR-Biographie, Schkeuditz 1994

Paffrath, Constanze, Macht und Eigentum. Die Enteignungen 1945–1949 im Prozess der deutschen Wiedervereinigung, Köln 2003

Pasternack, Peer, Gelehrte DDR. Die DDR als Gegenstand der Lehre an deutschen Universitäten 1990–2000, hg. vom Institut für Hochschulforschung an der Martin-Luther-Universität Halle-Wittenberg, Wittenberg 2001

Pfütze, Peter, Besuchszeit. Westdiplomaten in besonderer Mission, Berlin 2006

Pieper, Bernd, »Roter Terror« in Cottbus. 17 Monate in Gefängnissen der DDR, Berlin 1997

Pingel-Schliemann, Sandra, Zersetzen. Strategien einer Diktatur, Berlin 2002

Rataizick, Siegfried, Der Untersuchungshaftvollzug im MfS, in: Reinhard

Grimmer/Werner Irmler/Willi Opitz/Wolfgang Schwanitz (Hg.), Die Sicherheit. Zur Abwehrarbeit des MfS, Berlin 2002, Bd. 2, S. 495–519
Reuth, Ralf Georg/Andreas Bönte, Das Komplott. Wie es wirklich zur deutschen Einheit kam, München 1993
Richter, Peter/Klaus Rösler, Wolfs West-Spione. Ein Insider-Report, Berlin 1992
Die Rote Fahne (Hg.), Die Wahrheit über das MfS. Interview und weitere Beiträge, Berlin 2006
Rüddenklau, Wolfgang, Störenfried. DDR-Opposition 1986–1989, Berlin 1992
Runge, Irene/Uwe Stelbrink, Markus Wolf: »Ich bin kein Spion« – Gespräche mit Markus Wolf, Berlin 1990
Sauer, Heiner/Hans-Otto Plumeyer, Der Salzgitter-Report. Die Zentrale Erfassungsstelle berichtet über Verbrechen im SED-Staat, München 1991
Schmidt-Pohl, Jürgen (Hg.), DDR-Haftzwangsarbeit, Schwerin 2002
Schnehen, Margarete von, Im Strom der Zeit. Vertriebener Mittelstand – verlorene Arbeitsplätze, Bd. II, Limburg an der Lahn 2006
Schneider, Horst, Das Gruselkabinett des Dr. Hubertus Knabe(lari), Berlin [5]2006
Schröter, Ulrich, Erfahrungen mit einem Gesprächskreis, in: Ulrike Poppe/Rainer Eckert/Ilko-Sascha Kowalczuk (Hg.), Zwischen Selbstbehauptung und Anpassung. Formen des Widerstands und der Opposition in der DDR, Berlin 1995, S. 344–352
Schumann, Michael, Hoffnung PDS. Reden, Aufsätze, Entwürfe 1989–2000, Berlin 2004
Schwarz, Josef, Bis zum bitteren Ende. 35 Jahre im Dienste des MfS. Der Leiter der Erfurter Bezirksverwaltung des MfS berichtet über sein Leben, Schkeuditz 1994
Siegmund, Jörg, Opfer ohne Lobby? Ziele, Strukturen und Arbeitsweise der Verbände der Opfer des DDR-Unrechts, 2., überarb. Aufl., Berlin 2003
Sinakowski, Andreas, Das Verhör, Berlin 1991
Stechbarth, Horst, Soldat im Osten. Erinnerungen und Erlebnisse aus fünf Jahrzehnten, Prora 2006
Stephan, Gert-Rüdiger (Hg.), »Vorwärts immer, rückwärts nimmer!« Interne Dokumente zum Zerfall von SED und DDR 1988/89, Berlin 1994
Stiftung zur Aufarbeitung der SED-Diktatur/Forschungsinstitut Medien Tenor, Vom gemeinsamen Anliegen zur Randnotiz – DDR, Wie-

dervereinigung und der Prozeß der Deutschen Einheit im Spiegel der Medien. Medien-Inhaltsanalyse 1994–2004, Berlin 2005
Storck, Matthias, Karierte Wolken. Lebensbeschreibungen eines Freigekauften, Moers 1993
Stuckmann, Heinz D., Verdammte Kommunisten. Die Bekenntnisse des IM »Dietrich«, Berlin 2006
Tappert, Wilhelm, Die Wiedergutmachung von Staatsunrecht der SBZ/DDR durch die Bundesrepublik Deutschland nach der Wiedervereinigung, Berlin 1995
Verein Zeit-Geschichte(n) Halle (Hg.), Darf man das? Die Veröffentlichung von Stasi-Listen in Halle an der Saale im Sommer 1992 und die Folgen. Dokumentation einer Auseinandersetzung, Halle 2004
Die Verträge zur Einheit Deutschlands. Textausgabe mit Sachverzeichnis und einer Einführung, hg. von Ingo von Münch, München o. J.
Vollnhals, Clemens (Hg.), Entnazifizierung. Politische Säuberung und Rehabilitierung in den vier Besatzungszonen 1945–1949, München 1991
Vu, Franziska, Inhaftiert. Fotografien und Berichte aus der Untersuchungshaftanstalt der Staatssicherheit, Berlin 2006
Wagenknecht, Sahra, Vom Kopf auf die Füße? Zur Hegelkritik des jungen Marx oder das Problem einer dialektisch-materialistischen Wissenschaftsmethode, Bonn 1997
Weinke, Annette, Die Verfolgung von NS-Tätern im geteilten Deutschland. Vergangenheitsbewältigungen 1949–1969 oder: Eine deutsch-deutsche Beziehungsgeschichte im Kalten Krieg, Paderborn 2002
Welsch, Wolfgang, Ich war Staatsfeind Nr. 1. Als Fluchthelfer auf der Todesliste der Stasi, Frankfurt a. M. 2001
Werkentin, Falco, Politische Strafjustiz in der Ära Ulbricht, Berlin [2]1997
Wilkening, Christina, Staat im Staate. Auskünfte ehemaliger Stasi-Mitarbeiter, Berlin 1990
Wolf, Markus, Die Kunst der Verstellung. Dokumente, Gespräche und Interviews, Berlin 1998
Wolf, Markus, In eigenem Auftrag. Bekenntnisse und Einsichten, München 1991
Wolf, Markus, Spionagechef im geheimen Krieg. Erinnerungen, München 1997
Wolle, Stefan, Die heile Welt der Diktatur. Alltag und Herrschaft in der DDR 1971–1989, Bonn 1998
Wüst, Jürgen, Die Internationale Gesellschaft für Menschenrechte im Visier der Staatssicherheit der DDR, Frankfurt a. M. 1997

Abkürzungen

AfNS	Amt für Nationale Sicherheit
AG	Arbeitsgruppe
AGGI	Arbeitsgruppe Grenze international
BGH	Bundesgerichtshof
BGS	Bundesgrenzschutz
BND	Bundesnachrichtendienst
DRK	Deutsches Rotes Kreuz
FDJ	Freie Deutsche Jugend
GBM	Gesellschaft für Bürgerrecht und Menschenwürde e.V.
GMS	Gesellschaftlicher Mitarbeiter für Sicherheit
GRH	Gesellschaft zur rechtlichen und humanitären Unterstützung e.V.
HVA	Hauptverwaltung A
IM	Inoffizieller Mitarbeiter
IMA	Inoffizieller Mitarbeiter mit Arbeitsakte
ISOR	Initiativgemeinschaft zum Schutz der sozialen Rechte ehemaliger Angehöriger bewaffneter Organe und der Zollverwaltung der DDR e.V.
KPF	Kommunistische Plattform (in der PDS)
LPG	Landwirtschaftliche Produktionsgenossenschaft
MdI	Ministerium des Innern der DDR
MDR	Mitteldeutscher Rundfunk
MfS	Ministerium für Staatssicherheit
NDR	Norddeutscher Rundfunk
NVA	Nationale Volksarmee

OibE	Offizier im besonderen Einsatz
OKV	Ostdeutsches Kuratorium von Verbänden
RAF	Rote-Armee-Fraktion
RFB	Revolutionärer Freundschaftsbund
RIAS	Rundfunk im amerikanischen Sektor
SBZ	Sowjetische Besatzungszone
SDS	Sozialistischer Deutscher Studentenbund
StGB	Strafgesetzbuch
TAG	Territoriale Arbeitsgruppe
TIG	Territoriale Initiativgruppe
UHA	Untersuchungshaftanstalt
VEB	Volkseigener Betrieb
VOS	Vereinigung der Opfer des Stalinismus
VVN-BdA	Vereinigung der Verfolgten des Naziregimes – Bund der Antifaschisten
WDR	Westdeutscher Rundfunk
ZAIG	Zentrale Auswertungs- und Informationsgruppe
ZERV	Zentrale Ermittlungsstelle für Regierungs- und Vereinigungskriminalität
ZK	Zentralkomitee

Personenregister